本书的出版得到国家重点文物保护专项补助经费资助

本书为"考古中国——河套地区聚落与社会研究"项目阶段性成果

本书的出版得到国家社科基金青年项目（项目号：20CKG004）
"宁夏隆德沙塘北塬遗址发掘资料的整理与研究"资助

"考古中国"重大项目　甲编第003号

宁夏回族自治区文物考古研究所丛刊之三十九

隆德沙塘北塬遗址考古发掘报告

（第一册）

宁夏回族自治区文物考古研究所
隆德县文物管理所　编　著

文物出版社

图书在版编目（CIP）数据

隆德沙塘北塬遗址考古发掘报告 / 宁夏回族自治区
文物考古研究所, 隆德县文物管理所编著. —— 北京 : 文
物出版社, 2024. 12. —— ISBN 978-7-5010-8601-6

Ⅰ. K878.05

中国国家版本馆CIP数据核字第20242K81D9号

隆 德 沙 塘 北 塬 遗 址 考 古 发 掘 报 告

编　　著：宁夏回族自治区文物考古研究所
　　　　　隆德县文物管理所

封面设计：秦　彧
责任编辑：秦　彧　张晓雯
责任印制：张　丽

出版发行：文物出版社
社　　址：北京市东城区东直门内北小街2号楼
邮　　编：100007
网　　址：http://www.wenwu.com
邮　　箱：wenwu1957@126.com
经　　销：新华书店
印　　刷：北京荣宝艺品印刷有限公司
开　　本：889mm×1194mm　1/16
印　　张：131　插页：2
版　　次：2024年12月第1版
印　　次：2024年12月第1次印刷
书　　号：ISBN 978-7-5010-8601-6
定　　价：1800.00元（全五册）

Archaeological Excavation Report on the
Shatang Beiyuan Site in Longde (I)

by

Ningxia Institute of Cultural Relics and Archaeology

Longde County Cultural Relics Administration

Cultural Relics Press

编辑委员会

内容简介

　　沙塘北塬遗址位于宁夏南部六盘山西麓的隆德县沙塘镇街道村北侧塬地上，地处渝河北侧二级阶地，面积约 6 万平方米。经考古调查，渝河流域分布有丰富的新石器时代遗址，其中沙塘北塬遗址是比较重要的一处。2013、2015、2016 年，宁夏文物考古研究所对该遗址进行了主动性考古发掘，发掘面积近 2400 平方米，出土了丰富的龙山时代晚期遗存。发掘清理的遗迹有房址、灰坑、墓葬、陶窑、灰沟等，出土遗物有陶器、石器、骨器、玉器等，为研究宁夏南部地区龙山时代晚期遗存面貌提供了丰富的新资料。

　　本报告全面系统地公布了沙塘北塬遗址历年考古发掘资料，包括遗址的发掘概况、地层堆积、房址、灰坑、墓葬和结语几个方面。本书将所有出土遗物都归到各自出土单位内进行详细介绍，并对每个遗迹单位的陶器标本进行了详细统计，为研究者提供客观、翔实的考古发掘资料。

　　本报告的出版将对研究宁夏南部地区龙山时代晚期遗存的性质、源流、与周邻地区考古学文化的关系以及建立宁夏地区新石器时代考古学文化的时空框架具有重要意义。

Abstract

The Beiyuan site is located at Beiyuan, Jiedao Village, Shatang Township, Longde County. It is distributed on a terrace along the western foothills of the Liupan Mountains in southern Ningxia, covering an area of approximately 60,000 square meters. The Yuhe River Valley, where the site is situated, is rich in Neolithic sites, and the Beiyuan site is one of the more significant ones in the region. In 2013, 2015, and 2016, the Ningxia Institute of Cultural Relics and Archaeology conducted proactive excavations at this site, covering nearly 2,400 square meters, unearthing abundant remains dated from the late Longshan period. The excavations revealed house structures, ash pits, tombs, pottery kilns, and ash ditches, and unearthed artifacts including pottery, stone tools, bone tools, and jade artifacts. These findings provide valuable new data for studying the late Longshan period remains in southern Ningxia.

This report systematically introduces the archaeological excavation data of the Beiyuan site over the years, including an overview of this region, summary of each excavation, as well as stratigraphic accumulation, house structures, ash pits, tombs, and other remains. All unearthed artifacts are categorized according to their excavation units and detailed descriptions are provided. Elaborate statistics of the pottery specimens from each relic unit are also included.

Providing objective and comprehensive data, the publication of this report holds significant importance for studying the nature, origins of the archaeological remains of late Longshan period in southern Ningxia as well as the cultural relationship between the archaeological culture of this region and the neighboring cultures. It is also important for establishing a spatiotemporal framework of Neolithic archaeology in the Ningxia region.

目　录

（第一册）

（第二册）

（第三册）

（第四册）

（第五册）

插图目录

插表目录

第一章　绪言

第一节　隆德县地理环境

隆德县位于宁夏回族自治区南部的六盘山西麓，隶属于宁夏回族自治区固原市，地理位置位于北纬 35°21′～35°46′、东经 105°48′～106°15′。北部与固原市原州区张易镇接壤，东部与固原市泾源县相连，西北与固原市西吉县相邻，西南与甘肃省静宁县相接，南与甘肃省庄浪县相连。县域东西宽 41、南北长 47 千米，总面积 991 平方千米。居于银川、西安、兰州三省会城市之中，312 国道和"青兰高速"东西穿境而过。县内辖 3 镇 10 乡，常住人口为 109451 人，县政府位于城关镇。

隆德县地处黄土高原中部，系祁连山地槽与华北地台的过渡带，属地质学意义上的陇中高原。地势东高西低，由六盘山朝北、西、南三向分野绵延，台塬梁峁交织，丘陵山地遍布，溪涧河流蜿蜒。县境最东部为六盘山地，长约 41 千米，总面积约 125 平方千米。六盘山是县内最大的山峰，近南北走向，主峰海拔超过 2500 米，最高峰米缸山达 2942 米。从东向西流经县域的十字河、好水河、渝河、甜水河、甘渭河、庄浪河等七条河流，都发源于六盘山，最后均注入葫芦河，其中渝河是隆德县境内流域面积最大的一条河流。县境南北部主要为黄土丘陵沟壑山地，分布范围广，主要在观庄、好水、杨河、张程、凤岭、山河、奠安等乡镇，总面积为 513 平方千米。县境中部及七条河流侵蚀区域形成河谷川道区，呈间断葫芦状，主要分布在城关、沙塘、神林、联财、温堡及其他乡镇，总面积约 150 平方千米。全县海拔 1720～2900 米，丘陵山地约占总面积的 63.8%。

隆德县境内气候属中温带大陆性半湿润向半干旱过渡性气候。春低温寒冷，夏短暂多雹，秋阴涝早霜，冬寒冷少雪，素有"溽暑有风还透骨，芳春积雪不开花"之说。隆德全年气候冷凉，年最高气温 26℃～28℃，最低气温零下 21℃～24℃。全年日照时间 2200 多小时，无霜期 110～140 天。年平均降水量 745.4 毫米，自西北向东南递增。从时间来看，全年降水量最多为 8 月份，占全年降水量 22.2%～24.4%，最少为 12 月份，占全年降水量 0.6%～0.7%。年均蒸发量是 773～978 毫米，是降水量的 1 倍以上。河谷川道农牧区属湿润干旱过渡地带，气候温暖干燥；黄土丘陵农林区半干燥温热，气温干旱少雨；六盘山西麓水源涵养林区寒湿多雨，植被丰茂。

第二节　隆德县历史沿革

隆德县位于六盘山西麓，地处黄河中上游区域，是华夏人文始祖伏羲、轩辕、炎帝活动的重要地区。早在远古时期，就有先民生息，人们依山傍水，在山高林密的峰梁谷涧边狩猎游牧，在地势平坦的河谷二阶台地上刀耕火种，世代繁衍，生生不息，创造了辉煌灿烂的远古文明。从考古调查、发掘资料来看，境内分布有丰富的新石器时代遗存，其文化序列为：仰韶文化早期—仰韶文化中期—仰韶文化晚期—龙山晚期。

禹定九州。据《史记·夏本纪》记载："黑水西河惟雍州，弱水既西，泾属渭汭。"《汉书·地理志》云："张掖居延县西北有居延泽，古文以为流沙。"隆德属于夏人的统辖范围。商时境内为鬼方居住。商后期，戎族与鬼方杂居。周时，隆德仍为西戎所在地。春秋时期，秦国崛起，秦穆公时期，秦人攻灭和臣服了十二个西戎部落，遂称霸整个西戎地区。秦昭王时期，秦国又灭义渠戎，隆德地境正式并入秦国版图，隶属北地郡朝那县管辖。

秦朝隆德隶属北地郡乌氏县。西汉初因袭秦制，属北地郡管辖。汉武帝元鼎三年（公元前114年）北地郡析置为北地、安定二郡。东汉时期，隆德地境仍隶属安定郡。

三国时期，隆德地区属魏国安定郡管辖。东晋时，隆德地区属平凉郡管辖。北魏太武帝始光四年（427年），夏国灭亡，安定郡降魏。南北朝时期，隆德一带隶属北魏秦州之地。

隋时，隆德地区改隶平凉郡。唐朝为原州监牧地，成为当时唐帝国在北方重要的牧马业基地之一。

北宋初期，始筑堡驻军，隆德一带归属渭州管理。大中祥符四年（1011年），渭州钤辖曹玮上书朝廷，建议在六盘山下筑城建堡，以备守御，宋真宗赵恒从之。大中祥符七年（1014年）筑笼竿城。庆历三年（1043年），在笼竿城设德顺军，在羊牧隆城设隆德寨，属渭州，隶秦凤路，初辖一县四寨，即陇干县和笼竿城、静边寨、隆德寨、得胜寨；后辖一县一城六军寨，即陇干县、水洛城和静边寨、隆德寨、得胜寨、通边寨、治平寨、怀远寨。其中陇干县附设于德顺军城即笼竿城内。宋仁宗康定二年（1041年）二月，在好水川发生著名的宋夏好水川之战。南宋时期，宋军又与金兵在隆德地区展开争夺战，德顺军时而为金人占领，时而为宋军收复，数易其主。金熙宗皇统二年（1142年），金升德顺军为德顺州，隶属熙秦路，辖陇干县、水洛县、威戎县、隆德县、通边县、治平县六县，辖得胜寨、宁安寨、静边寨、怀远寨四寨及中安堡一堡。同年，随着德顺军升州，隆德寨也升为县，正式分治立政，肇始建县。隆德县城设在羊牧隆城（今宁夏西吉县火家集），与德顺州城即今日的隆德县城相距30千米。金贞祐四年（1216年）四月，金升德顺州为防御州。十月，金升德顺防御州为节镇军，更名陇安节镇军，设元帅府。

蒙元时期，六盘山及隆德地区为蒙古成吉思汗大军攻占。元初复设德顺州，辖隆德县、陇干县等。元朝大德八年（1304年），元廷并陇干县入德顺州，不久又裁省德顺州设静宁州，辖隆德县，属陕西行省巩昌路。隆德县治从羊牧隆城迁入原德顺州治所笼竿城。

明朝建立后，徐达率军平定六盘山地区，洪武二年（1369年）四月占领隆德县，隶属陕西布政使司平凉府静宁州。明世宗嘉靖三十八年（1559年），隆德县直隶平凉府。

清顺治三年（1646年），隆德县入清，直属陕西省平凉府。

1913年，隆德县隶属民国甘肃省陇东道，此后又隶属甘肃省泾原道。

1949年8月3日，隆德解放，隆德县隶属甘肃平凉地区。1958年10月25日，宁夏回族自治区成立。同月，隆德县并入宁夏回族自治区，隶属宁夏回族自治区固原专区。2002年，固原地区撤地设市，隆德县隶属固原市。

　　自 20 世纪 80 年代以来，隆德县先后荣获"全国文化先进县""中国现代民间绘画画乡""中国书法之乡""中国民间文化艺术之乡""国家非物质文化遗产项目保护先进集体"等荣誉称号。

第二章 发掘概况与报告编写

第一节 遗址概况

沙塘北塬遗址位于隆德县沙塘镇街道村北侧塬地上（图2-1；彩版一，1、2），312国道和"青兰高速"分别在遗址的南侧和北侧穿过。遗址北靠山丘，南邻渝河河川，坐落于渝河北侧黄土台地上，台地地势北部略高，南部略低，东西两侧为水冲沟，台地南侧底部为沙塘镇街道村，西南侧为一废弃的砖厂，南距渝河河道约500米。遗址区东西长约300、南北宽约200米，面积约6万平方米，中心点地理坐标为北纬35°35′21.8″、东经105°59′18.2″，海拔1924米（图2-2）。

沙塘北塬遗址在1984年宁夏第一次文物普查、全国第二次文物普查时发现，1988年被隆德县人民政府公布为县级重点文物保护单位，2010年被宁夏回族自治区人民政府公布为区级重点文物保护单位。2013年4月，宁夏文物考古研究所对该遗址进行了复查和勘探（彩版二，1、2）。

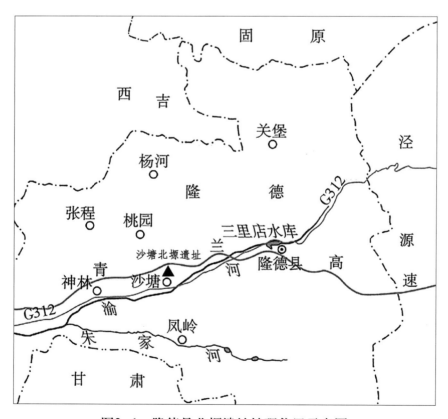

图2-1 隆德县北塬遗址地理位置示意图

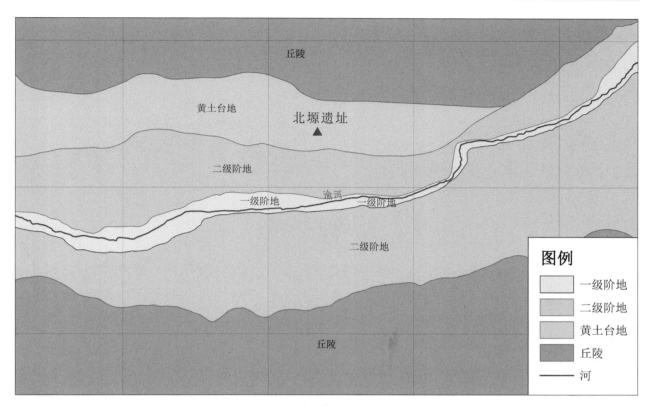

图2-2 北塬遗址地形示意图

沙塘北塬遗址遭受自然和人为破坏较为严重。遗址东西两侧为雨水冲刷形成的大小沟壑，对遗址造成一定的破坏。遗址区现为耕地，当地居民修整田地及农田改造对遗址造成了较大的破坏，原始地层被严重破坏。遗址西侧和西南侧因修路和砖厂取土也破坏严重。在遗址区暴露的断面上发现有房址、灰坑等遗迹。

第二节 发掘概况

经过调查，隆德县渝河流域分布有丰富的新石器时代遗址，沙塘北塬遗址是其中一处较为重要的遗址。为全面了解六盘山西麓地区新石器时代遗存的文化面貌、考古学文化编年序列及与周邻地区考古学文化的关系，宁夏文物考古研究所在隆德渝河流域开展了一系列的考古工作，首先于2013、2015、2016年先后对沙塘北塬遗址进行了三次主动性考古发掘。

一 2013年发掘

2013年3～5月，宁夏回族自治区文物考古研究所对渝河流域进行了系统的考古调查，同时对沙塘北塬遗址进行了较为详细的勘探，对遗址的范围、文化堆积情况进行了初步了解。2013年6～11月，对该遗址进行了发掘，发掘面积420平方米，清理房址7座、灰坑93个，出土遗物有陶器、石器及骨器等，其中陶器最为丰富（彩版三，1）。

本年度发掘领队为樊军，参加发掘的工作人员有杨剑、王晓阳、刘世友，考古技工有吕建平、朱争争、蒋广全、陈国强等。本年度发掘面积虽小，但对遗址的文化堆积状况、文化内涵有了较为深入的认识。

为了使该流域考古工作能保持连续性和系统性，并且学术目标更明确，2013年度发掘结束后进行了系统的总结和规划，2014年编制了"以沙塘北塬遗址为中心的渝河流域考古工作五年（2015~2019）计划"，获得了国家文物局的批准并立项。随后在2015、2016年连续对沙塘北塬遗址进行了考古发掘，取得了较大的收获。

二　2015年发掘

2015年4~12月，宁夏文物考古研究所联合吉林大学边疆考古研究中心对沙塘北塬遗址进行了再次发掘，本次发掘也为吉林大学考古专业本科生及研究生提供田野教学实习平台。本年度发掘面积850平方米，清理房址12座、灰坑152个、灰沟2条、墓葬1座、陶窑3座，出土遗物有陶器、石器及骨器等，其中陶器最为丰富（彩版三，2）。

本年度发掘领队为樊军，工作人员有杨剑、王晓阳、井中伟、魏凯、刘世友、高科、魏军林等，吉林大学的硕士研究生及本科生共计30余人参加了发掘。参加发掘的考古技工有马海生、韩海鸥、陈啸等。

三　2016年发掘

2016年4~12月，宁夏文物考古研究所继续对该遗址进行了发掘，发掘面积1075平方米。清理房址11座、灰坑155个、灰沟2条、墓葬12座、陶窑2座，出土遗物有陶器、石器及骨器等，其中陶器最为丰富（彩版四）。

本年度发掘领队为樊军，工作人员有杨剑、王晓阳，考古技工有朱争争、朱争强、朱阿敏、马海生等，吉林大学硕士研究生霍耀、胡子尧、夏福德、张玲、隗元丽、陈小玲等参与了考古发掘工作（彩版五，1、2）。

四　布方概况

沙塘北塬遗址考古发掘布方采用象限法，按顺时针方向划分为Ⅰ、Ⅱ、Ⅲ、Ⅳ象限（图2-3；彩版六~一四）。

2013年发掘区位于第Ⅲ区，共布5米×5米探方15个，探方编号：ⅢT0101、ⅢT0102、ⅢT0201、ⅢT0202、ⅢT0503、ⅢT0504、ⅢT0505、ⅢT0602、ⅢT0603、ⅢT0604、ⅢT0605、ⅢT0702、ⅢT0703、ⅢT0704、ⅢT0705。

2015年发掘区大部分位于第Ⅲ区，小部分位于第Ⅱ区，共布5米×5米探方34个。第Ⅱ区探方编号为：ⅡT1101（彩版一五、一六）、ⅡT1102、ⅡT1103、ⅡT1201、ⅡT1202、ⅡT1203、

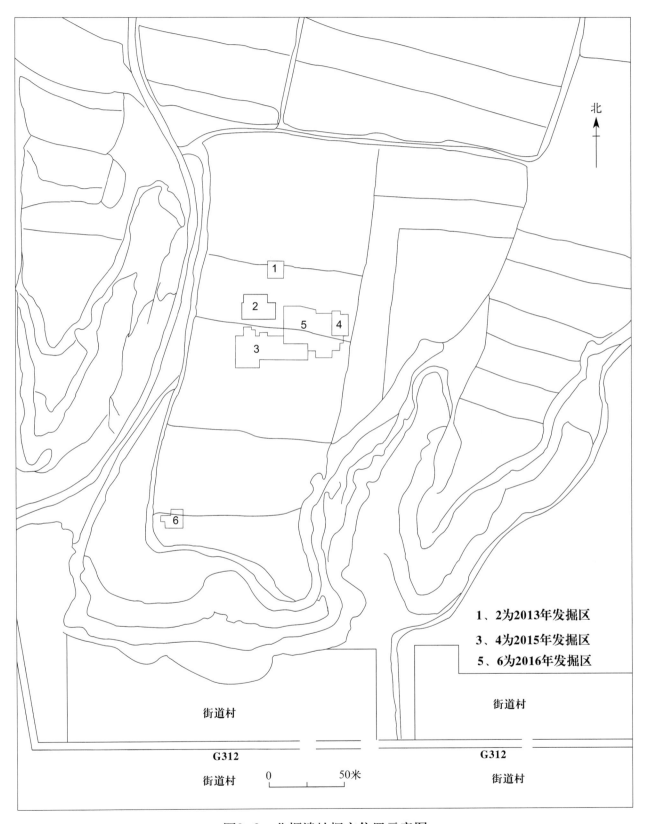

1、2为2013年发掘区

3、4为2015年发掘区

5、6为2016年发掘区

街道村

街道村

G312

G312

街道村

街道村

0　　　　　　50米

北

图2-3　北塬遗址探方位置示意图

ⅡT0707、ⅡT0708、ⅡT0807、ⅡT0808、ⅡT0907、ⅡT0908。第Ⅲ区探方编号为：ⅢT0905、
ⅢT1001、ⅢT1002、ⅢT1003、ⅢT1004、ⅢT1005、ⅢT1006、ⅢT1101、ⅢT1102、ⅢT1103、
ⅢT1104（彩版一七、一八）、ⅢT1105、ⅢT1106、ⅢT1201、ⅢT1202、ⅢT1203、ⅢT1204、
ⅢT1205、ⅢT1206、ⅢT1304（彩版一九、二〇）、ⅢT1305、ⅢT1306。

　　2016年发掘区大部分位于第Ⅱ区，小部分位于第Ⅲ区，共布5米×5米探方39个。第Ⅱ区
探方编号为：ⅡT0601、ⅡT0602、ⅡT0603、ⅡT0604、ⅡT0701、ⅡT0702、ⅡT0703、ⅡT0704、
ⅡT0705、ⅡT0706（彩版二一）、ⅡT0801、ⅡT0802、ⅡT0803、ⅡT0804、ⅡT0805（彩版
二二）、ⅡT0806、ⅡT0902、ⅡT0903、ⅡT0904、ⅡT0905、ⅡT0906、ⅡT1002、ⅡT1003、
ⅡT1005、ⅡT1006、ⅡT1007、ⅡT1105、ⅡT1106、ⅡT1107、ⅡT1206。第Ⅲ区探方编号为：
ⅢT2716、ⅢT2715、ⅢT2818、ⅢT2817、ⅢT2816、ⅢT2615、ⅢT2917、ⅢT2916、ⅢT2915
（图2-4~6）。

第三节　报告编写

　　考古报告是全面展示一个遗址发掘资料的载体，所以考古报告的体例也是非常重要的。传统
的考古报告往往是发掘者先对各类遗存进行细致的分期，然后按照分期的年代先后选择典型的遗
存单位进行公布，这样一部分资料将无法公布，同时发掘者在分期及类型学的研究上往往将自己
的主观认识传递给读者，这为其他学者后来的研究工作带来不便。

　　近年出版的一些新的考古报告在体例上打破了传统报告，将遗迹单位放在一个大的时代里，
然后将各类遗物归属于每个遗迹单位进行介绍，不做细致的分型定式，这样将发掘原始资料较为
全面、客观、真实地报道出来，可供读者进行研究。

　　沙塘北塬遗址出土遗存文化内涵单纯，时代明确，本报告将对清理的遗迹进行分类介绍，出
土遗物从属于各遗迹单位，不做详细的分型定式。传统报告中没有将各地层内出土的标本进行完
全的报道，本报告将所有新石器时代地层单位内出土的遗物归到所属探方地层内进行报道。遗址
文化内涵分析、性质判定、分期与年代、生业经济、聚落形态、动植物研究、人骨研究等将在
《隆德沙塘北塬遗址综合研究》一书中呈现。

　　本报告是沙塘北塬遗址考古发掘资料的全面、系统的公布，在发掘和整理期间发表的相关报
道和论述若与本报告不一致者，皆以本报告为准。

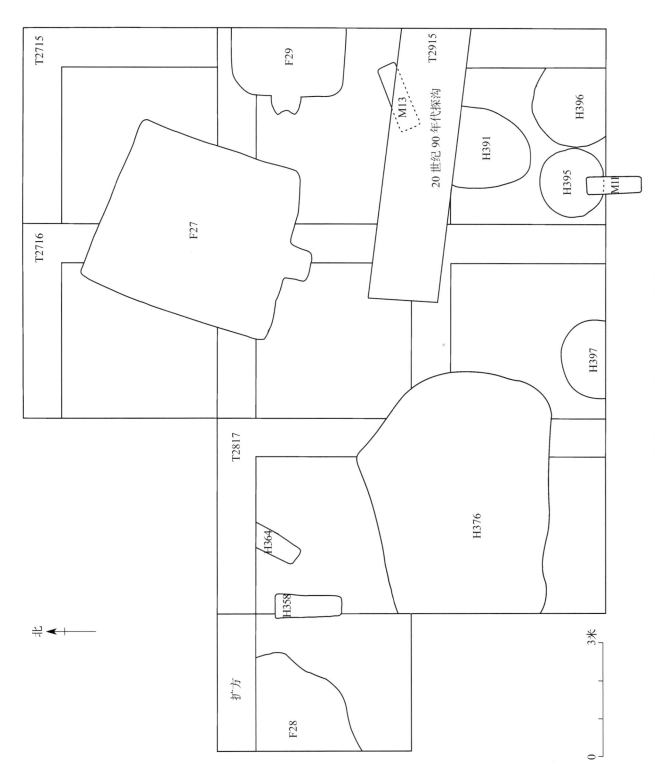

图2-6　北塘遗址发掘遗迹总平面图（二）

第三章 地层堆积

沙塘北塬遗址位于渝河北侧黄土台地上，地形较为平坦，原始地貌因修整田地和生产活动遭到破坏。通过发掘，沙塘北塬遗址地层堆积不甚复杂，虽然每年度发掘区位置不同，但大部分探方地层堆积较为统一。因此，为了准确地说明发掘区的地层堆积，我们以具有代表性的探方的地层为例进行介绍。

沙塘北塬遗址每个探方地层内都有遗物出土，我们全部按单位进行了采集和整理。下文将新石器时代地层内出土的各类遗物按各自地层单位进行介绍。

第一节 地层介绍

一 2013年地层堆积

2013年发掘的探方不连续，可分为南北两个发掘区。北区有4个探方，南区有11个探方。下面以Ⅲ T0101、Ⅲ T0201的东壁和Ⅲ T0201、Ⅲ T0202南壁为例介绍2013年发掘区地层堆积。

1. ⅢT0101、ⅢT0201东壁

根据土质土色、包含物，Ⅲ T0101、Ⅲ T0201东壁地层可分5层（图3-1）。

第①层：浅褐色，土质软，结构疏松，北高南低略呈坡状堆积，厚0.07～0.34米。堆积遍布整个探方。包含有植物根系、砖块、瓦块及少量陶片，为现代耕土层。

第②层：浅黄色，土质疏松，结构较疏松，水平堆积，厚0～0.46米。堆积仅分布于Ⅲ T0101北部。包含少量植物根系及零星陶片，为现代垫土层。

第③层：深灰色，土质疏松，结构较疏松，坡状堆积，厚0～0.53米。堆积分布于Ⅲ T0101南部、Ⅲ T0201全方。包含少量植物根系及零星近代瓦片、陶片，为近现代层。

第④层：浅灰色，土质疏松，结构较疏松，略呈坡状堆积，厚0.23～0.52米。堆积分布于两个探区。包含少量红烧土颗粒和草木灰，出土少量陶片，为新石器时代地层。

第⑤层：浅褐色，土质疏松，结构较疏松，坡状堆积，厚0～0.19米。堆积仅分布于Ⅲ T0201南部。包含少量红烧土颗粒和草木灰，出土少量陶片，为新石器时代地层。

2. ⅢT0201、ⅢT0202南壁

根据土质土色、包含物，Ⅲ T0201、Ⅲ T0202南壁地层可分6层（图3-2）。

第①层：浅褐色，土质软，结构疏松，水平状堆积，厚0.20～0.30米。堆积遍布整个探方。包含有较多的植物根系，出土零星瓦块及少量陶片，为现代耕土层。

第②层：仅分布于ⅢT0101探方的东部与北部，探方南侧未分布。

第③层：深灰色，土质疏松，结构较疏松，水平状堆积，厚0.55～0.85米。遍布ⅢT0201、ⅢT0202整个探方。包含少量植物根系，出土零星瓦片、陶片，为近现代层。

第④层：浅灰色，土质疏松，结构较疏松，大致呈水平状堆积，厚0.17～0.52米。堆积遍布整个探方。包含少量红烧土颗粒和草木灰，出土少量陶片，为新石器时代地层。

第⑤层：浅褐色，土质疏松，结构较疏松，坡状堆积，厚0.23～0.52米。堆积遍布整个探方。包含少量红烧土颗粒和草木灰，出土少量陶片，为新石器时代地层。

第⑥层：土色浅灰，土质软，结构疏松，略呈波状堆积，厚0.28～0.50米。堆积仅分布于T0202探方内。包含少量红烧土颗粒和草木灰，出土少量陶片，为新石器时代地层。

二　2015年地层堆积

2015年发掘区地层相对统一，大部分探方地层分4层，第①、②层为现代层，第③、④层为新石器时代文化层。下面以ⅡT1101、ⅢT1101、ⅢT1102、ⅢT1103、ⅢT1104、ⅢT1105、ⅢT1106南壁，ⅢT1004、T1104、ⅢT1204、ⅢT1304东壁为例介绍2015年发掘区地层堆积。

1. ⅡT1101、ⅢT1101～ⅢT1106南壁

根据土质土色、包含物，ⅡT1101、ⅢT1101～ⅢT1106南壁的地层可以分为4层（图3-3）。

第①层：浅褐色，土质软，结构疏松，水平状堆积，厚0.08～0.24米。遍布整个探方区。包含有较多的植物根系，出土零星现代砖块、瓦块及少量陶片，为现代耕土层。

第②层：深灰色，土质疏松，结构较疏松，水平状堆积，厚0.05～0.21米。遍布整个探方区。包含少量植物根系，出土零星瓦片、陶片，为现代垫土层。

第③层：浅灰色，土质疏松，结构较疏松，略呈波状堆积，厚0.06～0.36米。遍布整个探方区。包含少量红烧土颗粒和草木灰，出土少量陶片，为新石器时代地层。

第④层：浅褐色，土质疏松，结构较疏松，水平状堆积，厚0～0.50米。遍布整个探方区。包含少量红烧土颗粒和草木灰，出土少量陶片，为新石器时代地层。

2. ⅢT1004、ⅢT1104、ⅢT1204、ⅢT1304东壁

根据土质土色、包含物，ⅢT1004、ⅢT1104、ⅢT1204、ⅢT1304东壁地层可分8层（图3-4）。

第①层：浅褐色，土质软，结构疏松，水平状堆积，厚0.14～0.25米。包含有较多的植物根系，出土零星现代砖块、瓦块及少量陶片，为现代耕土层。

第②层：深灰色，土质疏松，结构较疏松，水平状堆积，厚0.10～0.35米。遍布整个探方区。包含少量植物根系，出土零星近代瓦片、陶片，为近现代地层。

第③层：浅灰色，土质疏松，结构较疏松，略呈波状堆积，厚0.14~0.48米。遍布整个探方区。包含少量红烧土颗粒和草木灰，出土少量陶片，为近现代地层。

第④层：浅褐色，土质疏松，结构较疏松，略呈坡状堆积，厚0~0.38米。遍布整个探方。包含少量红烧土颗粒和草木灰，出土少量陶片，为新石器时代地层。

第⑤层：浅灰色，土质疏松，结构较疏松，坡状堆积，厚0~0.43米。仅分布于探方南部。包含少量红烧土颗粒和草木灰，出土少量陶片，为新石器时代地层。

第⑥层：浅褐色，土质疏松，结构较疏松，坡状堆积，厚0~0.43米。仅分布于探方南部。包含少量红烧土颗粒和草木灰，出土少量陶片，为新石器时代地层。

第⑦层：浅褐色，土质疏松，结构较疏松，坡状堆积，厚0~0.59米。仅分布于探方南部。包含少量红烧土颗粒和草木灰，出土少量陶片，为新石器时代地层。

第⑧层：浅灰色，土质疏松，结构较疏松，水平状堆积，厚0.27~0.54米。分布于ⅢT1204探方内。包含零星炭粒，出土少量陶片，为新石器时代地层。

三　2016年地层堆积

2016年绝大部分探方分布在第Ⅱ象限，地层相对统一。下面以ⅡT0603~ⅡT1003西壁为例进行介绍。

ⅡT0603、ⅡT0703、ⅡT0803、ⅡT0903、ⅡT1003西壁

根据土质土色、包含物，ⅡT0603~ⅡT1003西壁地层可分5层（图3-5）。

第①层：浅褐色，土质软，结构疏松，北高南低，水平状堆积，厚0.09~0.28米。遍布整个探方。包含有较多的植物根系，零散近代砖块、瓦块，出土少量陶片，为现代耕土层。

第②层：深灰色，土质疏松，结构较疏松，北高南低，略呈坡状堆积，厚0~0.28米。基本遍布整个探方。包含少量植物根系，出土零星瓦片、陶片，为近现代地层。

第③层：浅灰色，土质疏松，结构较疏松，坡状堆积，厚0~0.83米。分布于探方北部。包含少量红烧土颗粒和草木灰，出土少量陶片，为近现代地层。

第④层：浅褐色，土质疏松，结构较疏松，基本呈水平状堆积，厚0~0.19米。分布于探方南部。包含少量红烧土颗粒和草木灰，出土少量陶片，为新石器时代地层。

第⑤层：浅灰色，土质疏松，结构较疏松，坡状堆积，厚0~0.59米。分布于探方北部。包含少量红烧土颗粒和草木灰，出土少量陶片，为新石器时代地层。

第二节　地层出土遗物

主要介绍新石器时代地层出土遗物。晚期地层出土遗物较少，而且年代以近现代为主，不进行介绍。下面以每个探方的新石器时代地层为单位进行介绍。

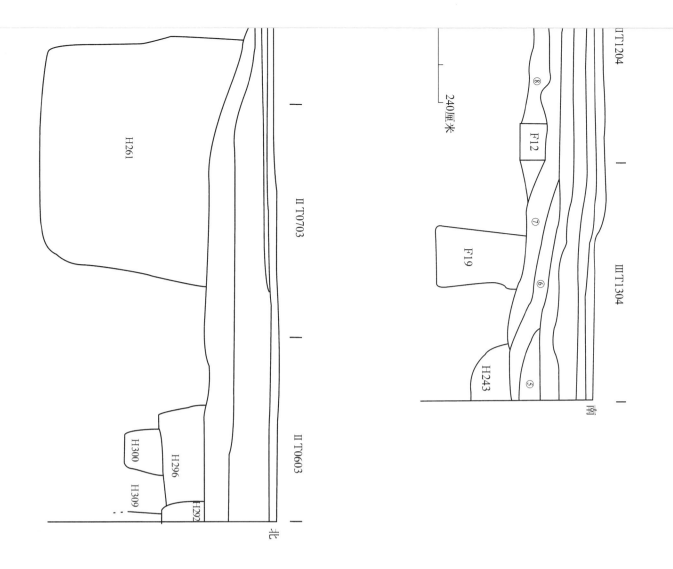

ⅡT1204

⑧

F12

⑦

F19

ⅢT1304

⑥

⑤

H243

南

240厘米

H261

ⅡT0703

ⅡT0603

H300

H296

H309

H292

北

H20

车

表3-2 T0101④层陶片统计表

纹饰 \ 陶质 陶色	泥质				夹砂				合计
	橙黄	灰	红	灰底黑彩	橙黄	灰	红	褐	
素面	14	2	4		3				23
绳纹	4				6				10
篮纹	9	1			1				11
麻点纹					35				35
附加堆纹＋绳纹＋篮纹					1				1

（3）其他地层

其他地层出土陶片见下表（表3-3）。

表3-3 T0101⑤层陶片统计表

纹饰 \ 陶质 陶色	泥质				夹砂				合计
	橙黄	灰	红	灰底黑彩	橙黄	灰	红	褐	
素面	9		4		7				20
绳纹	2								2
篮纹	5	3			1				9
麻点纹					9				9

2. ⅢT0102

ⅢT0102 属于新石器时代地层有②～④层。

（1）ⅢT0102②层

出土石刀 1 件，出土少量陶片，以陶器腹部残片为主，无可辨器形标本，所以不具体介绍，只进行陶系统计（表3-4）。

表3-4 T0102②层陶片统计表

纹饰 \ 陶质 陶色	泥质				夹砂				合计
	橙黄	灰	红	灰底黑彩	橙黄	灰	红	褐	
素面	1	2							3
绳纹			1						1
篮纹	3	2							5
麻点纹							2		2

石刀 1 件。

标本ⅢT0102②：1，页岩。长方形，器表通体磨光，器身有残缺痕迹，器身中间靠刃部有一对向钻孔，外孔 0.8、内孔 0.4 厘米。刃部有使用过程中留下的缺口，刃长 9.3 厘米，刃角 48.7°。残长 10.2、宽 4.5、厚 0.7 厘米，重 56 克（图3-7，1；彩版二三，4）。

1. ⅢT0101

ⅢT0101 属于新石器时代地层有③～⑤层。

（1）ⅢT0101③层

出土石刀和石镞各 1 件。出土少量陶片，以陶器腹部残片为主，无可辨器形标本，所以不具体介绍，只进行陶系统计（表 3-1）。

表3-1　T0101③层陶片统计表

纹饰	陶质	泥质				夹砂				合计
	陶色	橙黄	灰	红	灰底黑彩	橙黄	灰	红	褐	
素面		40	2	5		6				53
绳纹			1			8		7		16
篮纹		8	9	2						19
麻点纹						20				20
附加堆纹									1	1

石刀　1 件。

标本ⅢT0101③：1，页岩。器身有磨制痕迹，双面刃。残长 2.1、宽 4、厚 0.16 厘米，重 2.47 克（图 3-6，1；彩版二三，1）。

石镞　1 件。

标本ⅢT0101③：2，页岩。器体呈扁三角形，两侧边缘均为双面磨制的刃部，尖端及尾端均残。长 1.6、宽 1.1、厚 0.2 厘米（图 3-6，2；彩版二三，2）。

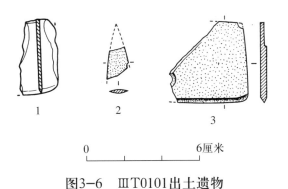

0　　　　　　　6厘米

图3-6　ⅢT0101出土遗物

1、3.石刀ⅢT0101③：1、ⅢT0101④：1　2.石镞ⅢT0101③：2

（2）ⅢT0101④层

出土石刀 1 件，出土少量陶片，以陶器腹部残片为主，无可辨器形标本，所以不具体介绍，只进行陶系统计（表 3-2）。

石刀　1 件。

标本ⅢT0101④：1，页岩。器表一面为磨光面，另一面为节理面。在石刀偏刃部残断处有一残对向钻孔。刃残长 3.6 厘米，刃角 47.5°。残长 4、宽 4.2、厚 0.4 厘米，重 10.2 克（图 3-6，3；彩版二三，3）。

表3-2　T0101④层陶片统计表

纹饰 \ 陶色	泥质				夹砂				合计
	橙黄	灰	红	灰底黑彩	橙黄	灰	红	褐	
素面	14	2	4		3				23
绳纹	4				6				10
篮纹	9	1			1				11
麻点纹					35				35
附加堆纹＋绳纹＋篮纹					1				1

（3）其他地层

其他地层出土陶片见下表（表3-3）。

表3-3　T0101⑤层陶片统计表

纹饰 \ 陶色	泥质				夹砂				合计
	橙黄	灰	红	灰底黑彩	橙黄	灰	红	褐	
素面	9		4		7				20
绳纹	2								2
篮纹	5	3			1				9
麻点纹					9				9

2. ⅢT0102

ⅢT0102属于新石器时代地层有②～④层。

（1）ⅢT0102②层

出土石刀1件，出土少量陶片，以陶器腹部残片为主，无可辨器形标本，所以不具体介绍，只进行陶系统计（表3-4）。

表3-4　T0102②层陶片统计表

纹饰 \ 陶色	泥质				夹砂				合计
	橙黄	灰	红	灰底黑彩	橙黄	灰	红	褐	
素面	1	2							3
绳纹				1					1
篮纹	3		2						5
麻点纹							2		2

石刀　1件。

标本ⅢT0102②：1，页岩。长方形，器表通体磨光，器身有残缺痕迹，器身中间靠刃部有一对向钻孔，外孔0.8、内孔0.4厘米。刃部有使用过程中留下的缺口，刃长9.3厘米，刃角48.7°。残长10.2、宽4.5、厚0.7厘米，重56克（图3-7，1；彩版二三，4）。

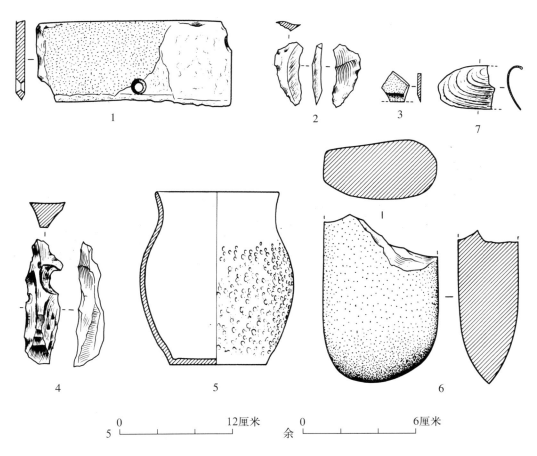

图3-7 ⅢT0102出土遗物

1.石刀ⅢT0102②：1　2.陶质残片ⅢT0102③：3　3.石器残片ⅢT0102③：1　4.石叶ⅢT0102③：2　5.陶圆腹罐ⅢT0102④：2
6.石斧ⅢT0102④：1　7.蚌壳ⅢT0102④：3

（2）ⅢT0102③层

出土石器2件，出土少量陶片，以陶器腹部残片为主，无可辨器形标本，所以不具体介绍，只进行陶系统计（表3-5）。

表3-5 T0102③层陶片统计表

纹饰 / 陶质·陶色	泥质				夹砂				合计
	橙黄	灰	红	灰底黑彩	橙黄	灰	红	褐	
素面	11		3		1	1			16
绳纹					1				1
篮纹	7	1	1		1				10
麻点纹					15				15
刻划纹					2				2
附加堆纹					2				2

陶质残片　1件。

标本ⅢT0102③：3，泥质灰陶。表面有修整痕迹。残长3.3、宽1.5、厚0.36厘米，重1.09

克（图3-7，2）。

石器残片　1件。

标本ⅢT0102③：1，石英岩。器表磨光，器身有残缺痕迹。现残长1.45、宽1.3、厚0.2厘米，重0.51克（图3-7，3；彩版二三，5）。

石叶　1件。

标本ⅢT0102③：2，石英岩。器体呈长方形，器表凹凸不平，石叶背面有八处打击疤痕，左侧有一打击凹口。现残长6.7、厚1.2厘米，重16.3克（图3-7，4；彩版二三，6）。

（3）ⅢT0102④层

出土少量陶片，以腹部残片为主，可辨器形有圆腹罐，另出土石斧、蚌壳各1件（表3-6、7）。

表3-6　T0102④层器形数量统计表

器形 \ 陶质 陶色	泥质				夹砂				合计
	红	橙黄	灰	黑	红	橙黄	灰	黑	
圆腹罐					1				1

表3-7　T0102④层陶片统计表

纹饰 \ 陶质 陶色	泥质				夹砂				合计
	橙黄	灰	红	灰底黑彩	橙黄	灰	红	褐	
素面	3	3	5		4		2		17
绳纹					3				3
篮纹	4	1	5		2		1		13
刻划纹					1				1
麻点纹					8		3		11
附加堆纹＋绳纹								1	1
麻点纹＋篮纹					3				3
戳印纹					1				1

圆腹罐　1件。

标本ⅢT0102④：2，夹砂红陶。侈口，圆唇，矮领，束颈，圆腹，平底。颈部素面，腹部饰麻点纹。口径13.2、高18.2、底径10.2厘米（图3-7，5；彩版二四，1）。

石斧　1件。

标本ⅢT0102④：1，石英砂岩。器表通体磨光，中腰至基部残，两面磨制光滑，两侧稍粗糙，双面磨刃。刃长4.3厘米，刃角58.3°，器身残长8.8、宽6.1、厚3厘米，重238.1克（图3-7，6；彩版二四，2）。

蚌壳　1件。

标本ⅢT0102④：3，残，器身未见钻孔。残长2.9、宽2.3厘米（图3-7，7；彩版二四，3）。

3. ⅢT0201

ⅢT0201属于新石器时代地层有②～⑤层。

（1）ⅢT0201②层

出土少量陶片，以腹部残片为主，可辨器形有圆腹罐、高领罐、盆、鬶等（表3-8、9）。

表3-8　T0201②层器形数量统计表

器形＼陶质＼陶色	泥质				夹砂				合计
	红	橙黄	灰	黑	红	橙黄	灰	黑	
鬶足						1			1
圆腹罐		1				3			4
盆	1	2				1			4
高领罐		1							1

表3-9　T0201②层陶片统计表

纹饰＼陶质＼陶色	泥质				夹砂				合计
	橙黄	灰	红	灰底黑彩	橙黄	灰	红	褐	
素面	64	3	17		23	1	3		111
绳纹	5	1			28	1	2		37
篮纹	52		17		11	2	1		83
刻划纹	1								1
麻点纹					56	4	6		66
附加堆纹					3				3
附加堆纹＋绳纹					1				1
附加堆纹＋篮纹					1				1
麻点纹＋篮纹							1		1

圆腹罐　4件。

标本ⅢT0201②：2，夹砂橙黄陶。侈口，圆唇，高领，束颈，上腹圆，下腹残。颈部素面，上腹饰麻点纹。残高7.2、残宽9.4厘米（图3-8，1）。

标本ⅢT0201②：7，夹砂橙黄陶。侈口，圆唇，高领，束颈，颈部以下残。颈部饰斜向篮纹，篮纹之上饰刻划纹。残高5.4、残宽5.6厘米（图3-8，2）。

标本ⅢT0201②：8，夹砂橙黄陶。侈口，圆唇，高领，束颈，颈部以下残。颈部饰横向篮纹。残高5.3、残宽8.5厘米（图3-8，3）。

标本ⅢT0201②：9，泥质橙黄陶。侈口，圆唇，高领，束颈，颈部以下残。素面。残高5.3、残宽5.7厘米（图3-8，4）。

高领罐　1件。

标本ⅢT0201②：10，泥质橙黄陶。喇叭口，窄平沿，圆唇，高领，束颈，颈部以下残。素面。残高3.5、残宽9厘米（图3-8，5）。

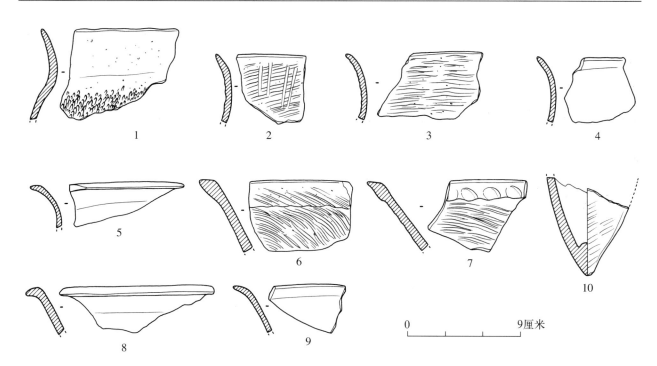

图3-8　ⅢT0201出土遗物

1～4.圆腹罐ⅢT0201②：2、7、8、9　5.高领罐ⅢT0201②：10　6～9.盆ⅢT0201②：3～6　10.鬶足ⅢT0201②：1

盆　4件。

标本ⅢT0201②：3，夹砂橙黄陶。敞口，窄平沿，尖唇，斜直腹，底残。口沿外侧有一周折棱，器表饰斜向篮纹。残高5.6、残宽8.3厘米（图3-8，6）。

标本ⅢT0201②：4，泥质橙黄陶。敞口，窄平沿，尖唇，斜直腹，底残。口沿外侧饰一周折棱，折棱经手指按压呈波状，腹部饰斜向篮纹。残高5.6、残宽6.9厘米（图3-8，7）。

标本ⅢT0201②：5，泥质红陶。敞口，折沿，圆唇，斜直腹，底残。素面，内壁素面磨光。残高3.7、残宽12.4厘米（图3-8，8）。

标本ⅢT0201②：6，泥质橙黄陶。敞口，折沿，圆唇，斜直腹，底残。素面。残高4、残宽6厘米（图3-8，9）。

鬶足　1件。

标本ⅢT0201②：1，夹砂橙黄陶。牛角状空心足。器表饰篮纹，有烟炱。残高7.8、残宽6厘米（图3-8，10）。

（2）ⅢT0201③层

地层出土陶片见下表（表3-10）。

表3-10　T0201③层陶片统计表

| 陶色 | 泥质 | | | | 夹砂 | | | | 合计 |
纹饰	橙黄	灰	红	灰底黑彩	橙黄	灰	红	褐	
素面	17		2		10				29
绳纹	1	4			20				25

续表

纹饰 \ 陶色	泥质				夹砂				合计
	橙黄	灰	红	灰底黑彩	橙黄	灰	红	褐	
篮纹	14	2					1		17
弦纹		1							1
麻点纹					5				5
附加堆纹 + 篮纹	1								1
篮纹 + 绳纹	1						1		2

（3）ⅢT0201④层

出土大量陶片，以腹部残片为主，可辨器形有圆腹罐、花边罐、单耳罐、高领罐、盆，另出土石刀1件（表3-11、12）。

表3-11　T0201④层器形数量统计表

器形 \ 陶色	泥质				夹砂				合计
	红	橙黄	灰	黑	红	橙黄	灰	黑	
圆腹罐						3	1		4
花边罐						2			2
单耳罐		1			1				2
高领罐	1								1
盆		2							2

表3-12　T0201④层陶片统计表

纹饰 \ 陶色	泥质				夹砂				合计
	橙黄	灰	红	灰底黑彩	橙黄	灰	红	褐	
素面	66		36				7		109
绳纹	1				13	2			16
篮纹	64	9	19		5				97
刻划纹	1								1
附加堆纹						2			2
麻点纹					50	2			52
附加堆纹 + 麻点纹						1			1
麻点纹 + 篮纹					1				1

圆腹罐　4件。

标本ⅢT0201④：1，夹砂橙黄陶。侈口，圆唇，矮领，束颈，颈部以下残。颈部饰横向篮纹。残高4.7、残宽6.2厘米（图3-9，1）。

标本ⅢT0201④：3，夹砂橙黄陶。侈口，圆唇，高领，束颈，颈部以下残。颈部饰横向篮纹，篮纹下饰麻点纹。残高4.7、残宽7.2厘米（图3-9，2）。

标本ⅢT0201④：5，夹砂橙黄陶。侈口，尖唇，高领，束颈，颈部以下残。素面。残高4.8、

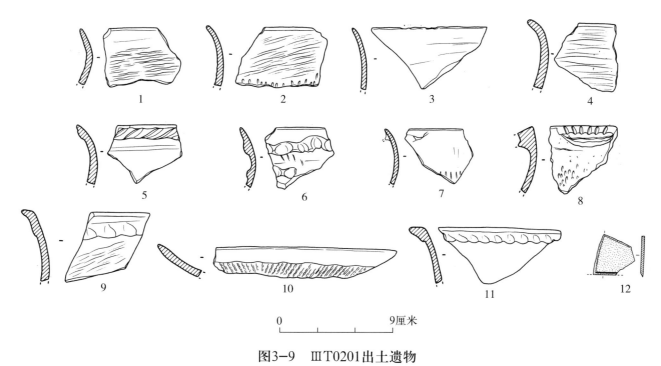

图3-9　ⅢT0201出土遗物

1~4.圆腹罐ⅢT0201④：1、3、5、9　5、6.花边罐ⅢT0201④：2、7　7、8.单耳罐ⅢT0201④：4、6　9.高领罐ⅢT0201④：8
10、11.盆ⅢT0201④：10、11　12.石刀ⅢT0201④：12

残宽9.2厘米（图3-9，3）。

标本ⅢT0201④：9，夹砂灰陶。侈口，圆唇，高领，束颈，颈部以下残。颈部饰横向宽篮纹。残高5.4、残宽5.1厘米（图3-9，4）。

花边罐　2件。

标本ⅢT0201④：2，夹砂橙黄陶。侈口，圆唇，矮领，束颈，颈部以下残。口沿外侧饰一周附加泥条，泥条之上饰斜向戳印纹，颈部素面。残高4.7、残宽5.9厘米（图3-9，5）。

标本ⅢT0201④：7，夹砂橙黄陶。侈口，圆唇，矮领，束颈，颈部以下残。颈部饰两周附加泥条，泥条经手指按压呈波状。残高5、残宽5.5厘米（图3-9，6）。

单耳罐　2件。

标本ⅢT0201④：4，泥质橙黄陶。侈口，圆唇，高领，束颈，上腹斜，下腹残。口沿外侧有残耳根部。颈部素面磨光，上腹饰竖向刻划纹。残高4.4、残宽5.5厘米（图3-9，7）。

标本ⅢT0201④：6，夹砂红陶。侈口，方唇，矮领，束颈，上腹斜，下腹残。连口残耳。耳上端饰戳印纹，上腹饰麻点纹。残高5.4、残宽5.5厘米（图3-9，8）。

高领罐　1件。

标本ⅢT0201④：8，泥质红陶。喇叭口，窄平沿，圆唇，高领，束颈，颈部以下残。口沿外侧有一周折棱，颈部饰斜向篮纹，内壁素面磨光。残高5、残宽5厘米（图3-9，9）。

盆　2件。

标本ⅢT0201④：10，泥质橙黄陶。敞口，圆唇，斜弧腹，底残。口沿外侧有一周折棱，腹部饰斜向绳纹，内壁素面磨光。残高2.3、残宽14.6厘米（图3-9，10）。

标本ⅢT0201④：11，泥质橙黄陶。敞口，折沿，圆唇，斜直腹，底残。口沿外侧饰一周折棱，腹部素面。残高4.3、残宽9.8厘米（图3-9，11）。

石刀　1件。

标本ⅢT0201④：12，页岩。器表有打磨痕迹，器身有残缺痕迹，单面刃石刀，现残刃长1.76厘米，刃角48.5°，残长3.25、宽3、厚0.23厘米，重3.21克（图3-9，12；彩版二四，4）。

（4）ⅢT0201⑤层

出土少量陶片，以腹部残片为主，可辨器形有圆腹罐、双耳罐，另出土石镞1件、骨器1件（表3-13）。

表3-13　T0201⑤层器形数量统计表

器形＼陶质陶色	泥质				夹砂				合计
	红	橙黄	灰	黑	红	橙黄	灰	黑	
圆腹罐					2	4			6
双耳罐							1		1

圆腹罐　6件。

标本ⅢT0201⑤：3，夹砂橙黄陶。侈口，圆唇，高领，束颈，上腹斜，下腹残。颈部饰横向篮纹，上腹饰竖向绳纹。口径14、残高8厘米（图3-10，1）。

标本ⅢT0201⑤：4，夹砂橙黄陶。侈口，尖唇，矮领，束颈，上腹圆弧，下腹残。器表饰竖向绳纹，颈部纹饰模糊。口径17、残高10厘米（图3-10，2）。

标本ⅢT0201⑤：5，夹砂红陶。侈口，圆唇，矮领，束颈，上腹圆弧，下腹残。颈部饰横向篮纹，上腹饰竖向绳纹。口径13、残高8厘米（图3-10，3）。

标本ⅢT0201⑤：6，夹砂橙黄陶。侈口，尖唇，高领，束颈，上腹斜，下腹残。颈部素面，上腹饰竖向绳纹。口径10.2、残高7.2厘米（图3-10，4）。

标本ⅢT0201⑤：8，夹砂橙黄陶。侈口，圆唇，矮领，束颈，上腹圆弧，下腹残。颈部素面，上腹饰麻点纹。口径23.4、残高12厘米（图3-10，5）。

标本ⅢT0201⑤：9，夹砂红陶。侈口，方唇，矮领，束颈，上腹圆，下腹残。颈部素面，上腹饰麻点纹。口径20.8、残高10厘米（图3-10，6）。

双耳罐　1件。

标本ⅢT0201⑤：7，夹砂灰陶。侈口，方唇，高领，束颈，上腹弧，下腹残。拱形双耳。耳面上下端饰戳印纹，颈部饰斜向篮纹，上腹饰竖向绳纹。口径20.6、残高10.2厘米（图3-10，7）。

石镞　1件。

标本ⅢT0201⑤：1，页岩。器体呈扁三角形，两侧边缘均为双面磨制的刃部，尖部磨制尖锐，尾端残损。长2.4、宽1、厚0.2厘米（图3-10，8；彩版二四，5）。

骨器　1件。

标本ⅢT0201⑤：2，肢骨磨制而成，表面光滑，顶端尖锐，顶端呈三角状，比较尖锐。残长6.82、宽3.15、厚0.39厘米，重10.89克（图3-10，9；彩版二四，6）。

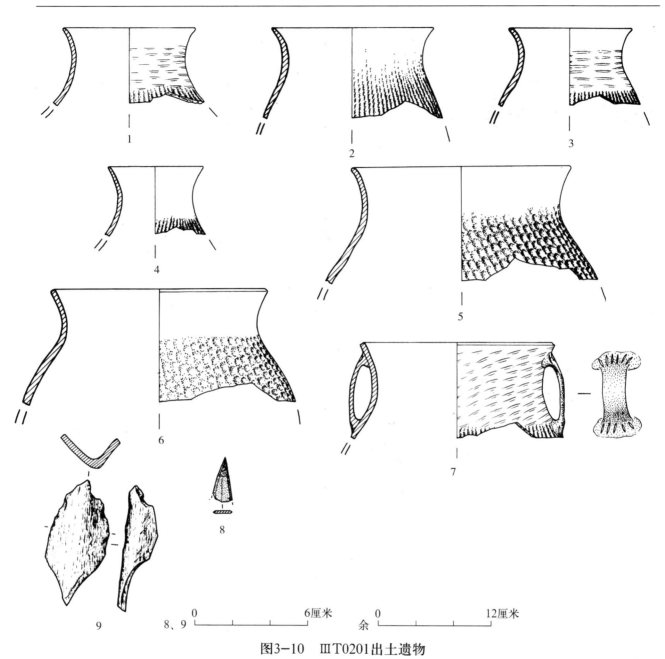

图3-10　ⅢT0201出土遗物

1～6.圆腹罐ⅢT0201⑤：3～6、8、9　7.双耳罐ⅢT0201⑤：7　8.石镞ⅢT0201⑤：1　9.骨器ⅢT0201⑤：2

4. ⅢT0202

ⅢT0202属于新石器时代地层有②～⑦层。

（1）ⅢT0202②层

出土少量陶片，以腹部残片为主，可辨器形有花边罐、大口罐（表3-14、15）。

花边罐　1件。

标本ⅢT0202②：2，夹砂橙黄陶。侈口，圆唇，高领，束颈，颈部以下残。颈部饰一周附加泥条，泥条经手指按压呈波状，泥条之下饰麻点纹，纹饰较稀疏。残高4、残宽6.4厘米（图3-11，1）。

表3-14　T0202②层器形数量统计表

器形 ＼ 陶质 陶色	泥质				夹砂				合计
	红	橙黄	灰	黑	红	橙黄	灰	黑	
大口罐					1				1
花边罐							1		1

表3-15　T0202②层陶片统计表

纹饰 ＼ 陶质 陶色	泥质				夹砂				合计
	橙黄	灰	红	灰底黑彩	橙黄	灰	红	褐	
素面	33	4	3		7		3		50
绳纹		2	1		8	2			13
篮纹	15	2	2						19
附加堆纹					1				1
麻点纹					22				22
附加堆纹＋绳纹							1		1
戳印纹							1		1

大口罐　1件。

标本ⅢT0202②：1，夹砂红陶。直口，方唇，上腹直，下腹残。口沿外侧有一周折棱，器表通体饰麻点纹。残高5.6、残宽8.5厘米（图3-11，2）。

（2）ⅢT0202③层

地层出土陶片见下表（表3-16）。

表3-16　T0202③层陶片统计表

纹饰 ＼ 陶质 陶色	泥质				夹砂				合计
	橙黄	灰	红	灰底黑彩	橙黄	灰	红	褐	
素面	5		3		11	3	1		23
绳纹	2								2
篮纹	8				1	2			11
麻点纹					16	3	2		21
附加堆纹					3				3

（3）ⅢT0202④层

出土大量陶片，以腹部残片为主，可辨器形有圆腹罐、花边罐、高领罐、盆、瓶，另出土陶刀1件（表3-17、18）。

圆腹罐　7件。

标本ⅢT0202④：2，夹砂橙黄陶。侈口，圆唇，矮领，束颈，颈部以下残。素面，有烟炱。残高4.9、残宽7厘米（图3-11，3）。

表3-17 T0202④层器形数量统计表

器形 \ 陶质 陶色	泥质				夹砂				合计
	红	橙黄	灰	黑	红	橙黄	灰	黑	
花边罐					1	6	1		8
圆腹罐					3	4			7
高领罐	1	2	1						4
盆	2	2							4
瓶		1							1

表3-18 T0202④层陶片统计表

纹饰 \ 陶质 陶色	泥质				夹砂				合计
	橙黄	灰	红	灰底黑彩	橙黄	灰	红	褐	
素面	100	19	65		72		4		260
绳纹	3	1	10		40	1			55
篮纹	76	6	35		41	2	3		163
麻点纹			1		177	2	12		192
附加堆纹					4		1		5
附加堆纹＋绳纹		1							1
附加堆纹＋篮纹							1		1
附加堆纹＋麻点纹					3				3

标本ⅢT0202④：5，夹砂红陶。侈口，圆唇，高领，束颈，颈部以下残。颈部饰斜向篮纹。残高5.3、残宽8.7厘米（图3-11，4）。

标本ⅢT0202④：16，夹砂红陶。侈口，方唇，矮领，束颈，颈部以下残。颈部饰横向篮纹。残高3.1、残宽5.8厘米（图3-12，1）。

标本ⅢT0202④：18，夹砂橙黄陶。微侈口，方唇，矮领，束颈，上腹斜，下腹残。口沿外侧有一周折棱，器表饰斜向篮纹。残高4.5、残宽7.9厘米（图3-12，2）。

标本ⅢT0202④：21，夹砂橙黄陶。侈口，圆唇，高领，束颈，颈部以下残。颈部饰横向篮纹。残高4.2、残宽4.6厘米（图3-12，3）。

标本ⅢT0202④：22，夹砂橙黄陶。侈口，圆唇，高领，束颈，颈部以下残。素面。残高3.6、残宽7厘米（图3-12，4）。

标本ⅢT0202④：17，夹砂红陶。直口，方唇，上腹斜，下腹残。器表饰麻点纹。残高4.2、残宽8.9厘米（图3-12，5）。

花边罐 8件。

标本ⅢT0202④：1，夹砂橙黄陶。侈口，尖唇，矮领，束颈，上腹圆，下腹残。颈部饰一周附加泥条，泥条经手指按压呈波状，上腹饰麻点纹。残高6.5、残宽8.1厘米（图3-11，5）。

标本ⅢT0202④：6，夹砂橙黄陶。侈口，尖唇，矮领，束颈，上腹斜弧，下腹残。颈部饰一

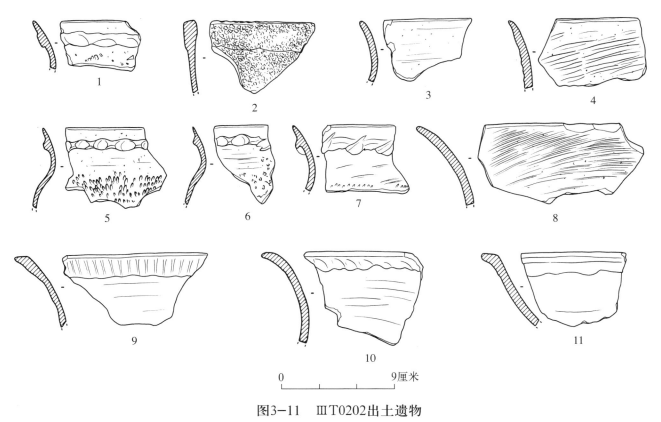

图3—11　ⅢT0202出土遗物

1、5～7.花边罐ⅢT0202②：2、ⅢT0202④：1、6、8　2.大口罐ⅢT0202②：1　3、4.圆腹罐ⅢT0202④：2、5　8～10.高领罐
ⅢT0202④：3、4、7　11.盆ⅢT0202④：9

周附加泥条，泥条经手指按压呈波状，上腹饰麻点纹。残高6.3、残宽4.4厘米（图3—11，6）。

标本ⅢT0202④：8，夹砂灰陶。侈口，圆唇，高领，束颈，颈部以下残。沿下饰一周泥条，泥条之上饰斜向戳印纹，下颈部饰斜向篮纹。残高5.4、残宽7厘米（图3—11，7）。

标本ⅢT0202④：12，夹砂橙黄陶。侈口，圆唇，矮领，束颈，颈部以下残。颈部饰一周附加泥条，泥条经手指按压呈波状。残高4、残宽4.3厘米（图3—12，6）。

标本ⅢT0202④：13，夹砂橙黄陶。侈口，尖唇，矮领，束颈，颈部以下残。颈部饰一周附加泥条，泥条经手指按压呈波状，有烟炱。残高3.7、残宽5.8厘米（图3—12，7）。

标本ⅢT0202④：19，夹砂红陶。侈口，尖唇，高领，束颈，颈部以下残。口沿外侧饰一周附加泥条，泥条经手指按压呈波状，颈部饰篮纹。残高4.1、残宽4.9厘米（图3—12，8）。

标本ⅢT0202④：24，夹砂橙黄陶。侈口，尖唇，矮领，束颈，上腹斜，下腹残。颈部饰一周附加泥条，泥条经手指按压呈波状，上腹饰竖向绳纹。口径12.2、残高4.8厘米（图3—12，9）。

标本ⅢT0202④：25，夹砂橙黄陶。侈口，方唇，高领，束颈，上斜弧，下腹残。口沿外侧有一周折棱，折棱之上饰戳印纹，颈部素面，颈、腹间饰一周附加泥条，泥条经手指按压呈波状，上腹饰竖向绳纹。口径24、残高9.8厘米（图3—12，10）。

高领罐　4件。

标本ⅢT0202④：3，泥质橙黄陶。喇叭口，圆唇，高领，束颈，颈部以下残。颈部饰斜向篮纹。残高6.4、残宽13.3厘米（图3—11，8）。

标本ⅢT0202④：4，泥质灰陶。喇叭口，窄平沿，圆唇，高领，束颈，颈部以下残。口沿外侧饰一周折棱，素面磨光。残高5.7、残宽11.6厘米（图3-11，9）。

标本ⅢT0202④：7，泥质橙黄陶。喇叭口，圆唇，高领，束颈，颈部以下残。口沿外侧饰一按压痕迹，颈部素面。残高7.5、残宽9.5厘米（图3-11，10）。

标本ⅢT0202④：14，泥质红陶。喇叭口，折沿，圆唇，高领，束颈，颈部以下残。颈部饰斜向篮纹。残高4.2、残宽9.8厘米（图3-12，11）。

盆　4件。

标本ⅢT0202④：9，泥质红陶。敞口，折沿，圆唇，斜弧腹，底残。口沿外侧有一周折棱，腹部素面。残高5.9、残宽8.4厘米（图3-11，11）。

标本ⅢT0202④：10，泥质红陶。敞口，方唇，斜弧腹，底残。器表饰篮纹，内壁素面磨光。残高3.2、残宽11.4厘米（图3-12，12）。

标本ⅢT0202④：11，泥质橙黄陶。敞口，折沿，圆唇，斜弧腹，底残。口沿外侧有一周按压花边，腹部素面。残高5、残宽5.4厘米（图3-12，13）。

标本ⅢT0202④：20，泥质橙黄陶。敞口，方唇，斜直腹，底残。口沿外侧有一周按压花边，腹部素面。残高3、残宽8.5厘米（图3-12，14）。

瓶　1件。

标本ⅢT0202④：23，泥质橙黄陶。小喇叭口，细长颈，颈部以下残。素面。残高5.3、残宽6厘米（图3-12，15）。

陶刀　1件。

标本ⅢT0202④：15，泥质灰陶。陶片打制而成，长方形，基部未打磨，一侧边有一残孔，双面打制刃部，器表饰篮纹。刃长7.8厘米，器身长8.1、宽4.6厘米（图3-12，16）。

（4）ⅢT0202⑤层

出土少量陶片，以腹部残片为主，可辨器形有圆腹罐、高领罐、斝、尊，另出土石器、骨器、蚌饰各1件（表3-19、20）。

表3-19　T0202⑤层器形数量统计表

器形 陶色 陶质	泥质				夹砂				合计
	红	橙黄	灰	黑	红	橙黄	灰	黑	
斝						1			1
圆腹罐						4	1		5
高领罐		2							2
尊	1								1

圆腹罐　5件。

标本ⅢT0202⑤：2，夹砂灰陶。侈口，圆唇，高领，束颈，颈部以下残。素面。残高5.5、残宽8.6厘米（图3-13，1）。

标本ⅢT0202⑤：3，夹砂橙黄陶。侈口，圆唇，高领，束颈，上腹斜弧，下腹残。颈部素

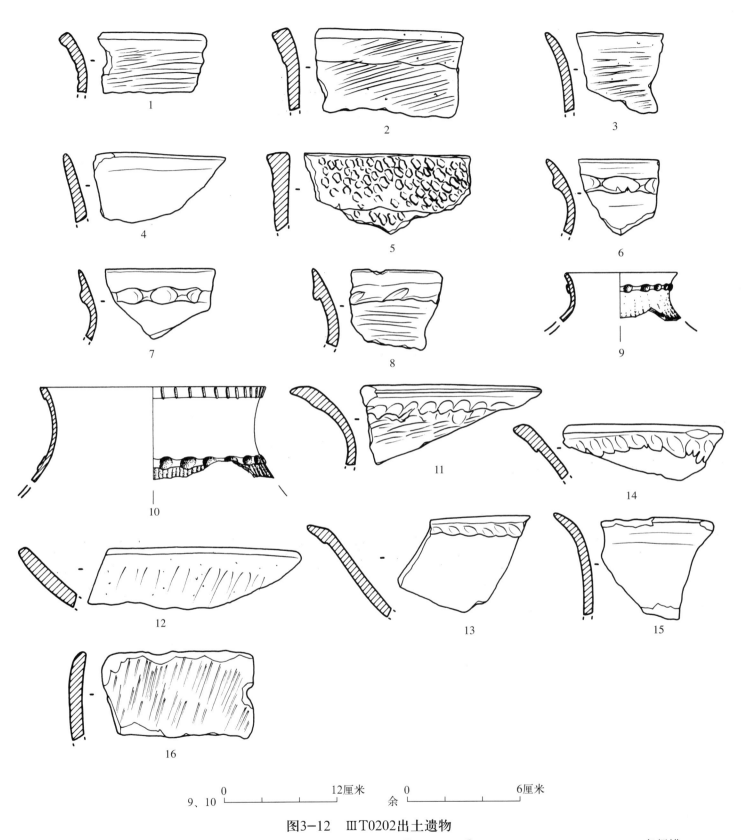

9、10 ├─────0─────┤─────12厘米─────┤　　余 ├─────0─────┤─────6厘米─────┤

图3-12　ⅢT0202出土遗物

1～5.圆腹罐ⅢT0202④：16、18、21、22、17　6～10.花边罐ⅢT0202④：12、13、19、24、25　11.高领罐
ⅢT0202④：14　12～14.盆ⅢT0202④：10、11、20　15.瓶ⅢT0202④：23　16.陶刀ⅢT0202④：15

面，上腹饰竖向绳纹。残高9.4、残宽9.7厘米（图3-13，2）。

　　标本ⅢT0202⑤：4，夹砂橙黄陶。侈口，圆唇，高领，束颈，上腹斜，下腹残。颈部饰篮纹且有刮抹痕迹，上腹饰竖向绳纹。残高7、残宽10.2厘米（图3-13，3）。

表3-20　T0202⑤层陶片统计表

纹饰＼陶色（陶质）	泥质				夹砂				合计
	橙黄	灰	红	灰底黑彩	橙黄	灰	红	浅白	
素面	28	4	14		17			1	64
绳纹	15				1		3		19
篮纹	13		6		7		5		31
麻点纹					37	1			38
附加堆纹					1	1			2
附加堆纹＋麻点纹							1		1

　　标本ⅢT0202⑤：7，夹砂橙黄陶。侈口，尖唇，高领，束颈，颈部以下残。口沿外侧饰一周附加泥条，器表饰篮纹。残高5.2、残宽5.2厘米（图3-13，4）。

　　标本ⅢT0202⑤：8，夹砂橙黄陶。侈口，圆唇，矮领，束颈，颈部以下残。颈部饰篮纹。残高4.1、残宽7厘米（图3-13，5）。

　　高领罐　2件。

　　标本ⅢT0202⑤：5，泥质橙黄陶。喇叭口，圆唇，高领，束颈，颈部以下残。素面磨光。残高5.5、残宽7.5厘米（图3-13，6）。

　　标本ⅢT0202⑤：6，泥质橙黄陶。喇叭口，圆唇，高领，束颈，颈部以下残。口沿外侧有一周折棱，呈波状，腹部素面。残高3、残宽7.8厘米（图3-13，7）。

　　斝　1件。

　　标本ⅢT0202⑤：1，夹砂橙黄陶。敛口，方唇，上腹斜，下腹残。腹部饰一周附加泥条，泥条经手指按压呈波状，素面。残高5.8、残宽7.9厘米（图3-13，8）。

　　尊　1件。

　　标本ⅢT0202⑤：12，泥质红陶。敞口，平沿，圆唇，高领，束颈，鼓腹，底残。器表素面磨光。口径23、残高9.8厘米（图3-14，1）。

　　石器　1件。

　　标本ⅢT0202⑤：9，石英岩。单面刃石器，石器有磨制痕迹，表面光滑。刃长4.3厘米，刃角67.4°，现存长7.16、宽2.19、厚1.46厘米，重39.4克（图3-13，9；彩版二五，1）。

　　蚌饰　1件。

　　标本ⅢT0202⑤：10，由贝壳制成，为装饰所用，在贝壳顶端边缘有一圆形钻孔，贝壳两头均残。残长5.7、宽2.9、圆孔直径0.6厘米（图3-13，10；彩版二五，2）。

　　骨器　1件。

　　标本ⅢT0202⑤：11，用肢骨磨制而成，表面光滑，前端有磨制刃部。现存残长10.15、宽

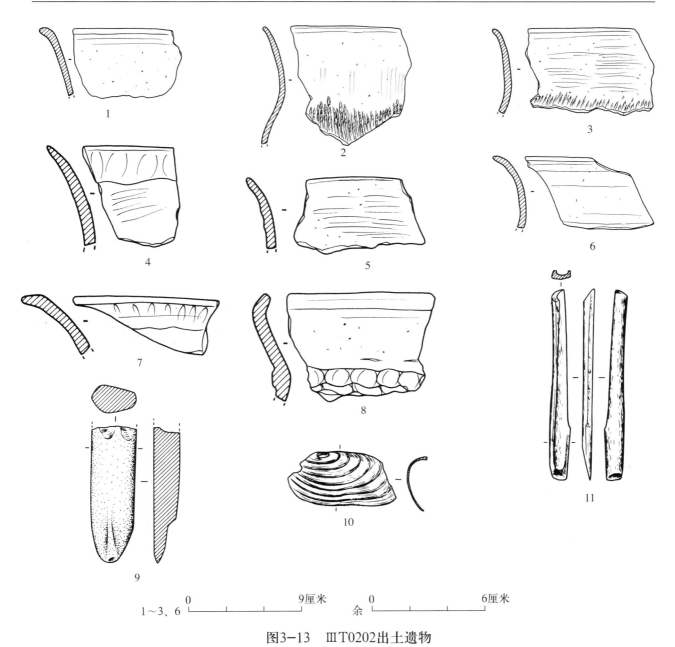

图3-13　ⅢT0202出土遗物

1~5.圆腹罐ⅢT0202⑤：2~4、7、8　6、7.高领罐ⅢT0202⑤：5、6　8.斝ⅢT0202⑤：1　9.石器ⅢT0202⑤：9　10.蚌饰 ⅢT0202⑤：10　11.骨器ⅢT0202⑤：11

0.97、厚 0.29 厘米，重 4.18 克（图 3-13，11；彩版二五，3）。

（5）ⅢT0202⑥层

出土少量陶片，以腹部残片为主，可辨器形有双耳罐（表 3-21、22）。

双耳罐　1件。

标本ⅢT0202⑥：1，泥质红陶。侈口，圆唇，高领，束颈，鼓腹，平底。连口拱形双耳。器表素面磨光。口径 7、高 7.6、底径 3 厘米（图 3-14，2；彩版二五，4）。

（6）ⅢT0202⑦层

出土少量陶片，以腹部残片为主，可辨器形有高领罐（表 3-23、24）。

表3-21　T0202⑥层器形数量统计表

器形 ＼ 陶质 陶色	泥质				夹砂				合计
	红	橙黄	灰	黑	红	橙黄	灰	黑	
双耳罐	1								1

表3-22　T0202⑥层陶片统计表

纹饰 ＼ 陶质 陶色	泥质				夹砂				合计
	橙黄	灰	红	灰底黑彩	橙黄	灰	红	褐	
素面	20				15				35
绳纹	3				4				7
篮纹	9				4				13
麻点纹					22				22
篮纹＋麻点纹					2				2

表3-23　T0202⑦层器形数量统计表

器形 ＼ 陶质 陶色	泥质				夹砂				合计
	红	橙黄	灰	黑	红	橙黄	灰	黑	
高领罐		1							1

表3-24　T0202⑦层陶片统计表

纹饰 ＼ 陶质 陶色	泥质				夹砂				合计
	橙黄	灰	红	灰底黑彩	橙黄	灰	红	褐	
素面		2	3		14	1			20
绳纹	14				2		1		17
篮纹	9		5						14
麻点纹					25				25
附加堆纹＋篮纹＋麻点纹							1		1

高领罐　1件。

标本ⅢT0202⑦：1，泥质橙黄陶。喇叭口，圆唇，高领，束颈，颈部以下残。沿下有一周按压痕迹饰戳印纹，颈部饰斜向篮纹，内壁素面磨光。残高6、残宽11.3厘米（图3-14，3）。

5. ⅢT0503

ⅢT0503属于新石器时代地层有②～④层。

ⅢT0503②层

出土少量陶片，以腹部残片为主，可辨器形有圆腹罐（表3-25、26）。

圆腹罐　1件。

标本ⅢT0503②：1，夹砂红陶。侈口，方唇，矮领，束颈，上腹圆，下腹残。颈部素面，上

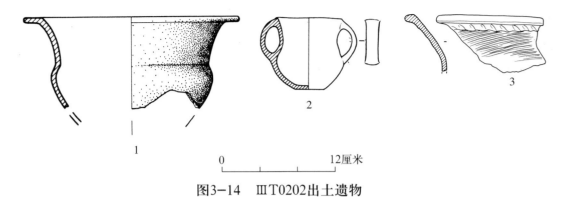

图3-14 ⅢT0202出土遗物

1.尊ⅢT0202⑤：12 2.双耳罐ⅢT0202⑥：1 3.高领罐ⅢT0202⑦：1

腹饰麻点纹。口径19、残高14.6厘米（图3-15）。

表3-25 T0503②层器形数量统计表

陶质	泥质				夹砂				合计
器形 陶色	红	橙黄	灰	黑	红	橙黄	灰	黑	
圆腹罐					1				1

表3-26 T0503②层陶片统计表

陶质	泥质				夹砂				合计
纹饰 陶色	橙黄	灰	红	灰底黑彩	橙黄	灰	红	褐	
素面	9				3				12
绳纹	5								5
篮纹	4				2				6
麻点纹					5				5
麻点纹＋篮纹					1				1

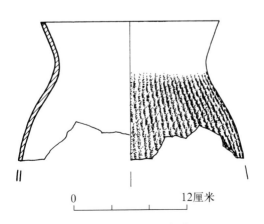

图3-15 ⅢT0503出土圆腹罐ⅢT0503②：1

6. ⅢT0504

ⅢT0504属于新石器时代地层有②～④层。

ⅢT0504②层

出土少量陶片，以腹部残片为主，可辨器形有盆（表3-27、28）。

盆　1件。

标本ⅢT0504②：1，泥质红陶。敞口，平沿，尖唇，斜弧腹，底残。素面。口径29.8、残高4.4厘米（图3-16）。

表3-27　T0504②层器形数量统计表

器形＼陶质陶色	泥质				夹砂				合计
	红	橙黄	灰	黑	红	橙黄	灰	黑	
盆	1								1

表3-28　T0504②层陶片统计表

纹饰＼陶质陶色	泥质				夹砂				合计
	橙黄	灰	红	灰底黑彩	橙黄	灰	红	褐	
素面	2	1	3		2				8
绳纹					1		1		2
篮纹	1	2					2		5
麻点纹					2				2

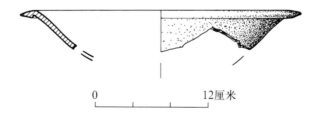

0　　　　　　　　12厘米

图3-16　ⅢT0504出土盆ⅢT0504②：1

7. ⅢT0505

ⅢT0505属于新石器时代地层有①～③层。

（1）ⅢT0505①层

出土石刀1件，出土少量陶片，以陶器腹部残片为主，无可辨器形标本，所以不具体介绍，只进行陶系统计（表3-29）。

石刀　1件。

标本ⅢT0505①：1，两面平整，边缘打磨痕迹较明显，两个双面刃，器身有一对向钻孔，外孔0.7、内孔0.38厘米。一面有五个钻痕但未通。残长3、残宽4.6、厚0.3厘米（图3-17，1；彩版二五，5）。

表3-29　T0505①层陶片统计表

纹饰＼陶色	泥质				夹砂				合计
	橙黄	灰	红	灰底黑彩	橙黄	灰	红	褐	
素面	5		1		2				8
绳纹					7				7
篮纹＋绳纹					1				1
篮纹	7								7
麻点纹					4				4

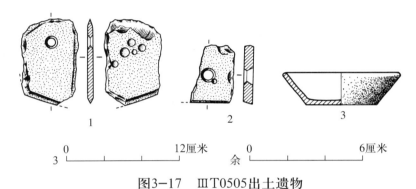

3

0　　　　　　　12厘米　　0　　　　　6厘米
余

图3-17　ⅢT0505出土遗物
1、2.石刀ⅢT0505①：1、ⅢT0505②：1　3.盆ⅢT0505③：1

（2）ⅢT0505②层

出土石刀1件，出土少量陶片，以陶器腹部残片为主，无可辨器形标本，所以不具体介绍，只进行陶系统计（表3-30）。

表3-30　T0505②层陶片统计表

纹饰＼陶色	泥质				夹砂				合计
	橙黄	灰	红	灰底黑彩	橙黄	灰	红	褐	
素面	17	2	2		3				24
绳纹					4		1		5
篮纹	7				4				11
麻点纹					9				9

石刀　1件。

标本ⅢT0505②：1，石英岩。器身残存呈长方形，器表通体磨光。残长2.1、残宽3、厚0.4厘米，重5.3克。刃部已破坏不存在，器身有一对向钻孔，两面外钻孔口径大小不一，大孔0.8、小孔0.6、内孔0.5厘米（图3-17，2）。

（3）ⅢT0505③层

出土少量陶片，以腹部残片为主，可辨器形有盆（表3-31、32）。

盆　1件。

表3-31　T0505③层器形数量统计表

器形＼陶色＼陶质	泥质				夹砂				合计
	红	橙黄	灰	黑	红	橙黄	灰	黑	
盆		1							1

表3-32　T0505③层陶片统计表

纹饰＼陶色＼陶质	泥质				夹砂				合计
	橙黄	灰	红	灰底黑彩	橙黄	灰	红	褐	
素面	20	2	8		7				37
绳纹	2				1				3
篮纹	22								22
麻点纹					38				38

标本ⅢT0505③：1，泥质橙黄陶。敞口，圆唇，斜直腹，平底。器表素面。口径12.4、高3.4、底径7.5厘米（图3-17，3；彩版二六，1）。

8. ⅢT0602

ⅢT0602属于新石器时代地层有①～④层。

（1）ⅢT0602①层

出土少量陶片，以腹部残片为主（表3-33）。

表3-33　T0602①层陶片统计表

纹饰＼陶色＼陶质	泥质				夹砂				合计
	橙黄	灰	红	灰底黑彩	橙黄	灰	红	褐	
素面			1		2				3
篮纹					2				2
麻点纹					12				12
麻点纹＋篮纹							1		1

（2）ⅢT0602②层

出土少量陶片，以腹部残片为主，可辨器形有花边罐（表3-34、35）。

表3-34　T0602②层器形数量统计表

器形＼陶色＼陶质	泥质				夹砂				合计
	红	橙黄	灰	黑	红	橙黄	灰	黑	
花边罐						2			2

花边罐　2件。

标本ⅢT0602②：1，夹砂橙黄陶。侈口，圆唇，高领，束颈，上腹斜，下腹残。颈部饰一周附加泥条，泥条经手指按压呈波状，上腹饰麻点纹，有一泥饼。残高6.1、残宽5厘米（图3-18，1）。

表3-35　T0602②层陶片统计表

纹饰 \ 陶色	泥质				夹砂				合计
	橙黄	灰	红	灰底黑彩	橙黄	灰	红	褐	
素面			3		7				10
绳纹					20				20
篮纹					1				1
麻点纹					34				34
附加堆纹					1				1
附加堆纹＋绳纹					2				2

标本ⅢT0602②：2，夹砂橙黄陶。侈口，锯齿唇，高领，束颈，颈部以下残。口沿外侧有一周折棱，素面，有烟炱。残高4.4、残宽4.7厘米（图3-18，2）。

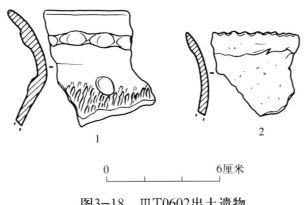

0 　　　　　6厘米

图3-18　ⅢT0602出土遗物

1、2.花边罐ⅢT0602②：1、2

9. ⅢT0603

ⅢT0603属于新石器时代地层有②～④层。

（1）ⅢT0603②层

出土少量陶片，以腹部残片为主，可辨器形有花边罐、盆（表3-36、37）。

表3-36　T0603②层器形数量统计表

器形 \ 陶色	泥质				夹砂				合计
	红	橙黄	灰	黑	红	橙黄	灰	黑	
盆		1							1
花边罐						1			1

花边罐　1件。

标本ⅢT0603②：2，夹砂橙黄陶。侈口，圆唇，矮领，束颈，颈部以下残。口沿外侧饰一周附加泥条，泥条经手指按压呈波状，有烟炱。残高3.3、残宽3.2厘米（图3-19，1）。

表3-37　T0603②层陶片统计表

纹饰 \ 陶质 \ 陶色	泥质				夹砂				合计
	橙黄	灰	红	灰底黑彩	橙黄	灰	红	褐	
素面	13	3	5		1		6		28
绳纹	2		3		5		2		12
篮纹	2	1	1		1				5
麻点纹			3		9		4		16
附加堆纹					1				1

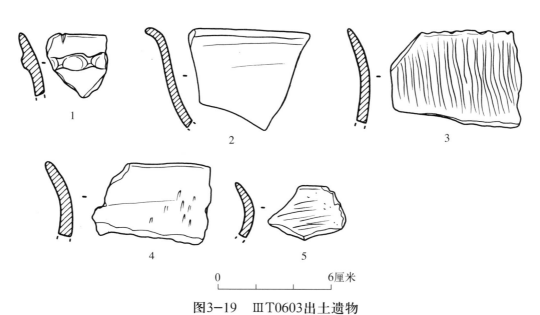

图3-19　ⅢT0603出土遗物

1、3.花边罐ⅢT0603②：2、ⅢT0603③：1　2.盆ⅢT0603②：1　4、5.圆腹罐ⅢT0603④：1、2

盆　1件。

标本ⅢT0603②：1，泥质橙黄陶。敞口，圆唇，斜弧腹，底残。素面。残高5.2、残宽6.4厘米（图3-19，2）。

（2）ⅢT0603③层

出土少量陶片，以腹部残片为主，可辨器形有花边罐（表3-38、39）。

表3-38　T0603③层器形数量统计表

器形 \ 陶质 \ 陶色	泥质				夹砂				合计
	红	橙黄	灰	黑	红	橙黄	灰	黑	
花边罐						1			1

花边罐　1件。

标本ⅢT0603③：1，夹砂橙黄陶。侈口，锯齿唇，高领，束颈，颈部以下残。颈部饰竖向篮纹。残高5、残宽7厘米（图3-19，3）。

表3-39　T0603③层陶片统计表

纹饰 ＼ 陶质／陶色	泥质				夹砂				合计
	橙黄	灰	红	灰底黑彩	橙黄	灰	红	褐	
素面	15	4	5		12	2			38
绳纹	1				7				8
篮纹	15	1	5		3				24
麻点纹					12				12
附加堆纹							1		1

（3）ⅢT0603④层

出土少量陶片，以腹部残片为主，可辨器形有圆腹罐（表3-40、41）。

圆腹罐　2件。

标本ⅢT0603④：1，夹砂红陶。侈口，圆唇，矮领，束颈，颈部以下残。素面。残高4.2、残宽6.3厘米（图3-19，4）。

标本ⅢT0603④：2，夹砂橙黄陶。侈口，圆唇，束颈，颈部以下残。颈部饰横向篮纹。残高2.8、残宽4.1厘米（图3-19，5）。

表3-40　T0603④层器形数量统计表

器形 ＼ 陶质／陶色	泥质				夹砂				合计
	红	橙黄	灰	黑	红	橙黄	灰	黑	
圆腹罐					1	1			2

表3-41　T0603④层陶片统计表

纹饰 ＼ 陶质／陶色	泥质				夹砂				合计
	橙黄	灰	红	灰底黑彩	橙黄	灰	红	褐	
素面	3	1	1		3				8
绳纹	1				5		1		7
篮纹							2		2
麻点纹					10				10
附加堆纹＋篮纹＋绳纹					1				1

10. ⅢT0604

ⅢT0604属于新石器时代地层有③～⑦层。

（1）ⅢT0604③层

出土少量陶片，以腹部残片为主，可辨器形有圆腹罐、单耳罐（表3-42、43）。

圆腹罐　1件。

标本ⅢT0604③：3，夹砂橙黄陶。侈口，圆唇，矮领，束颈，上腹斜，下腹残。颈部饰斜向篮纹，上腹饰竖向绳纹。残高5.9、残宽5厘米（图3-20，1）。

表3-42　T0604③层器形数量统计表

器形 \ 陶质 陶色	泥质				夹砂				合计
	红	橙黄	灰	黑	红	橙黄	灰	黑	
单耳罐	1						1		2
圆腹罐						1			1

表3-43　T0604③层陶片统计表

纹饰 \ 陶质 陶色	泥质				夹砂				合计
	橙黄	灰	红	灰底黑彩	橙黄	灰	红	褐	
素面	42	3	13		8		1		67
绳纹	4		1		9		4		18
篮纹	13	1	1		4				19
麻点纹					24		3		27
刻划纹					1				1
附加堆纹					1				1
交错绳纹	1								1

单耳罐　2件。

标本Ⅲ T0604③：1，泥质红陶。侈口，圆唇，高领，束颈，上腹斜，下腹残。拱形单耳。耳面上饰篮纹。残高7.4、残宽7厘米（图3-20，2）。

标本Ⅲ T0604③：2，夹砂灰陶。侈口，圆唇，高领，束颈，上腹圆，下腹残。拱形单耳。颈部素面，上腹饰交错刻划纹。残高6.8、残宽6.8厘米（图3-20，3）。

（2）Ⅲ T0604④层

出土少量陶片，以腹部残片为主，可辨器形有花边罐（表3-44、45）。

表3-44　T0604④层器形数量统计表

器形 \ 陶质 陶色	泥质				夹砂				合计
	红	橙黄	灰	黑	红	橙黄	灰	黑	
花边罐							1		1

表3-45　T0604④层陶片统计表

纹饰 \ 陶质 陶色	泥质				夹砂				合计
	橙黄	灰	红	灰底黑彩	橙黄	灰	红	褐	
素面	3				1				4
线纹	1								1
篮纹	5								5
麻点纹					1				1
席纹	1								1
附加堆纹＋绳纹					1				1

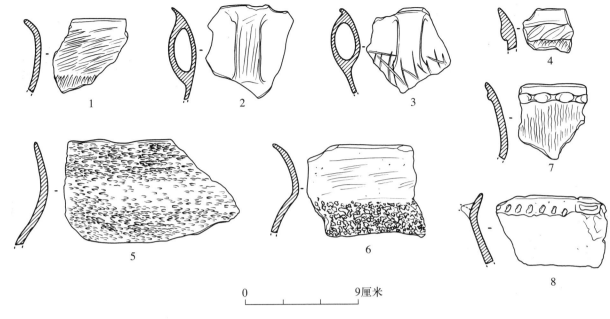

图3-20　ⅢT0604出土遗物

1、5、6.圆腹罐ⅢT0604③：3、ⅢT0604⑤：1、2　2、3.单耳罐ⅢT0604③：1、2　4、7.花边罐ⅢT0604④：1、ⅢT0604⑤：3
8.斝ⅢT0604⑤：4

花边罐　1件。

标本ⅢT0604④：1，夹砂灰陶。侈口，尖唇，颈部残。口沿外侧饰一周附加泥条，泥条经手指按压呈波状，泥条下饰竖向绳纹。残高3.5、残宽4厘米（图3-20，4）。

（3）ⅢT0604⑤层

出土少量陶片，以腹部残片为主，可辨器形有圆腹罐、花边罐、斝（表3-46、47）。

表3-46　T0604⑤层器形数量统计表

陶质 器形　　　陶色	泥质				夹砂				合计
	红	橙黄	灰	黑	红	橙黄	灰	黑	
圆腹罐						2			2
花边罐						1			1
斝						1			1

表3-47　T0604⑤层陶片统计表

陶质 纹饰　　　陶色	泥质				夹砂				合计
	橙黄	灰	红	灰底黑彩	橙黄	灰	红	褐	
素面	7				18	6			31
绳纹			1		9				10
篮纹	7		2						9
附加堆纹	1								1
麻点纹						1			1

纹饰　　　　　陶质	泥质				夹砂				合计
陶色	橙黄	灰	红	灰底黑彩	橙黄	灰	红	褐	
戳印纹		1			1				2
附加堆纹＋绳纹					1				1

圆腹罐　2件。

标本ⅢT0604⑤：1，夹砂橙黄陶。侈口，圆唇，高领，束颈，上腹圆，下腹残。器表饰麻点纹。残高8.3、残宽14厘米（图3-20，5）。

标本ⅢT0604⑤：2，夹砂橙黄陶。侈口，圆唇，高领，束颈，上腹圆，下腹残。颈部饰横向篮纹，上腹饰麻点纹。残高7.3、残宽9厘米（图3-20，6）。

花边罐　1件。

标本ⅢT0604⑤：3，夹砂橙黄陶。侈口，圆唇，高领，束颈，颈部以下残。口沿外侧饰一周附加泥条，泥条经手指按压呈波状，颈部饰竖向绳纹。残高6、残宽5.5厘米（图3-20，7）。

罜　1件。

标本ⅢT0604⑤：4，夹砂橙黄陶。敛口，圆唇，上腹直，下腹残。沿外侧饰一周戳印纹，并有一圆孔，腹部素面，有烟炱。残高5.6、残宽8.9厘米（图3-20，8）。

11. ⅢT0605

ⅢT0605属于新石器时代地层有①～④层。

（1）ⅢT0605①层

出土少量陶片，以腹部残片为主，可辨器形有花边罐、盆（表3-48、49）。

表3-48　T0605①层器形数量统计表

器形　　　　　陶质	泥质				夹砂				合计
陶色	红	橙黄	灰	黑	红	橙黄	灰	黑	
花边罐							1		1
盆	1								1

表3-49　T0605①层陶片统计表

纹饰　　　　　陶质	泥质				夹砂				合计
陶色	橙黄	灰	红	灰底黑彩	橙黄	灰	红	褐	
素面	10	2			7				19
绳纹			4						4
篮纹	4	1					1		6
麻点纹							8		8
附加堆纹					2				2

花边罐　1件。

标本Ⅲ T0605①：1，夹砂灰陶。侈口，尖唇，高领，束颈，上腹斜，下腹残。颈部饰一周附加泥条，泥条经手指按压呈波状，上腹饰麻点纹。残高5.6、残宽5.8厘米（图3-21，1）。

盆　1件。

标本Ⅲ T0605①：2，泥质红陶。敞口，平沿，尖唇，斜弧腹，底残。口沿外侧饰一周折棱，腹部饰横向篮纹。口径24、残高4.8厘米（图3-21，2）。

（2）Ⅲ T0605②层

出土少量陶片，以腹部残片为主，可辨器形有花边罐、高领罐、盆、钵（表3-50、51）。

表3-50　T0605②层器形数量统计表

| 器形 | 陶质 | 泥质 | | | | 夹砂 | | | | 合计 |
	陶色	红	橙黄	灰	黑	红	橙黄	灰	黑	
高领罐		1								1
盆		1								1
钵							1			1
花边罐							1			1

表3-51　T0605②层陶片统计表

| 纹饰 | 陶质 | 泥质 | | | | 夹砂 | | | | 合计 |
	陶色	橙黄	灰	红	灰底黑彩	橙黄	灰	红	褐	
素面		12	2	3		11				28
绳纹		2		1		11				14
篮纹		10		2		4				16
麻点纹						20				20
附加堆纹						2				2
刻划纹		1								1
戳印纹		1								1

花边罐　1件。

标本Ⅲ T0605②：4，夹砂橙黄陶。侈口，锯齿唇，高领，束颈，上腹圆，下腹残。素面。口径12、残高9厘米（图3-21，3）。

高领罐　1件。

标本Ⅲ T0605②：1，泥质红陶。喇叭口，圆唇，高领，束颈，颈部以下残。沿下饰横向篮纹，颈部素面。残高7.1、残宽10.9厘米（图3-21，4）。

盆　1件。

标本Ⅲ T0605②：2，泥质红陶。敞口，方唇，斜直腹，底残。口沿外侧有一周折棱，腹部饰横向篮纹。残高4.8、残宽9.4厘米（图3-21，5）。

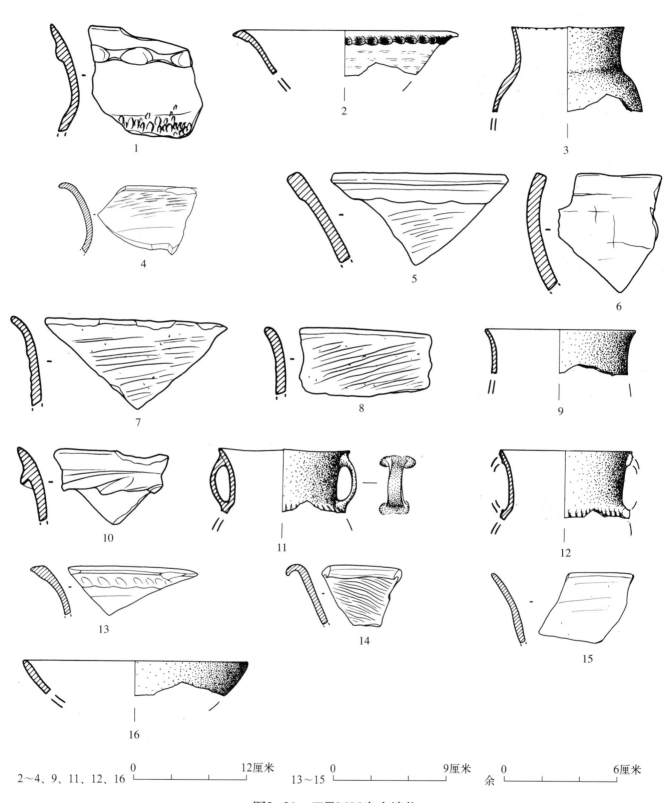

图3-21　ⅢT0605出土遗物

1、3、10.花边罐ⅢT0605①：1、ⅢT0605②：4、ⅢT0605③：4　2、5、14~16.盆ⅢT0605①：2、ⅢT0605②：2、
ⅢT0605③：1、6、10　4、13.高领罐ⅢT0605②：1、ⅢT0605③：5　6.钵ⅢT0605②：3　7~9.圆腹罐ⅢT0605③：2、3、9
11、12.双耳罐ⅢT0605③：7、8

钵 1件。

标本ⅢT0605②：3，夹砂橙黄陶。微敛口，方唇，弧腹，底残。素面，腹部泥条盘筑痕迹明显。残高6.2、残宽5.5厘米（图3-21，6）。

（3）ⅢT0605③层

出土少量陶片，以腹部残片为主，可辨器形有圆腹罐、花边罐、双耳罐、高领罐、盆（表3-52、53）。

表3-52 T0605③层器形数量统计表

器形 / 陶质 / 陶色	泥质				夹砂				合计
	红	橙黄	灰	褐	红	橙黄	灰	黑	
盆	1	2							3
圆腹罐						3			3
花边罐						1			1
高领罐			1						1
双耳罐						2			2

表3-53 T0605③层陶片统计表

纹饰 / 陶质 / 陶色	泥质				夹砂				合计
	橙黄	灰	红	灰底黑彩	橙黄	灰	红	褐	
素面	53	2	4		18				77
绳纹		4			24				28
篮纹	22	5							27
麻点纹					47				47
附加堆纹	1								1
麻点纹＋篮纹					2				2

圆腹罐 3件。

标本ⅢT0605③：2，夹砂橙黄陶。侈口，圆唇，高领，束颈，颈部以下残。颈部饰横向篮纹。残高4.7、残宽9.7厘米（图3-21，7）。

标本ⅢT0605③：3，夹砂橙黄陶。侈口，圆唇，矮领，束颈，颈部以下残。颈部饰横向篮纹，有烟炱。残高3.5、残宽7.2厘米（图3-21，8）。

标本ⅢT0605③：9，夹砂橙黄陶。侈口，圆唇，高领，束颈，颈部以下残。颈部素面。口径16.2、残高4.8厘米（图3-21，9）。

花边罐 1件。

标本ⅢT0605③：4，夹砂橙黄陶。侈口，尖唇，高领，束颈，颈部以下残。颈部饰一周附加泥条呈斜凸棱状。残高3.9、残宽6.1厘米（图3-21，10）。

双耳罐 2件。

标本ⅢT0605③：7，夹砂橙黄陶。侈口，圆唇，高领，束颈，上鼓腹，下腹残。连口拱形双耳，颈部素面，上腹部饰竖向刻划纹。口径 13.8、残高 6.6 厘米（图 3-21，11）。

标本ⅢT0605③：8，夹砂橙黄陶。侈口，圆唇，高领，束颈，上鼓腹，下腹残。口沿及腹部均有残耳根部，颈部素面，上腹饰竖向绳纹。口径 14、残高 7.2 厘米（图 3-21，12）。

高领罐　1 件。

标本ⅢT0605③：5，泥质褐陶。喇叭口，平沿，尖唇，高领，束颈，颈部以下残。口沿外侧饰一周附加泥条，泥条经手指按压呈波状。素面磨光且刮抹痕迹明显。残高 3.9、残宽 10.2 厘米（图 3-21，13）。

盆　3 件。

标本ⅢT0605③：1，泥质橙黄陶。敞口，卷沿，圆唇，斜直腹，底残。腹部饰斜向篮纹。残高 4.8、残宽 6.4 厘米（图 3-21，14）。

标本ⅢT0605③：6，泥质橙黄陶。敞口，圆唇，斜弧腹，底残。素面磨光。残高 5.6、残宽 5.7 厘米（图 3-21，15）。

标本ⅢT0605③：10，泥质红陶。敞口，圆唇，斜弧腹，底残。素面。口径 23.6、残高 3.6 厘米（图 3-21，16）。

12. ⅢT0702

ⅢT0702 属于新石器时代地层有②～④、⑥层。

（1）ⅢT0702②层

出土大量陶片，以腹部残片为主，可辨器形有圆腹罐、花边罐、双耳罐、高领罐（表 3-54、55）。

表3-54　T0702②层器形数量统计表

器形 \ 陶质 陶色	泥质				夹砂				合计
	红	橙黄	灰	黑	红	橙黄	灰	黑	
花边罐						1			1
圆腹罐		1			1	2			4
高领罐		2							2
双耳罐		2							2

表3-55　T0702②层陶片统计表

纹饰 \ 陶质 陶色	泥质				夹砂				合计
	橙黄	灰	红	灰底黑彩	橙黄	灰	红	褐	
素面	79	7	10		26				122
绳纹		1			25				26
篮纹	53		8		2		1		64
麻点纹					54		2		56
戳印纹		1							1
附加堆纹							2		2
麻点纹＋篮纹					1				1

圆腹罐　4件。

标本ⅢT0702②：2，夹砂红陶。侈口，尖唇，高领，束颈，颈部以下残。颈部饰竖向篮纹。口径14、残高4.4厘米（图3-22，1）。

标本ⅢT0702②：3，夹砂橙黄陶。侈口，圆唇，高领，束颈，颈部以下残。肩部饰竖向绳纹。口径13.2、残高6.6厘米（图3-22，2）。

标本ⅢT0702②：8，泥质橙黄陶。侈口，圆唇，高领，束颈，上腹斜弧。下腹残。素面。口径28、残高7.5厘米（图3-22，3）。

标本ⅢT0702②：9，夹砂橙黄陶。侈口，圆唇，高领，束颈，颈部以下残。素面。口径18、残高7.4厘米（图3-22，4）。

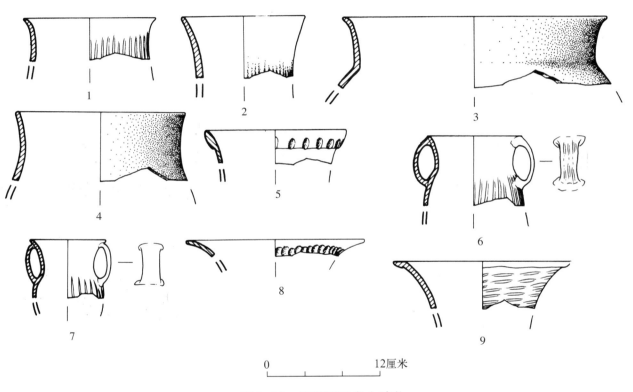

图3-22　ⅢT0702出土遗物

1～4.圆腹罐ⅢT0702②：2、3、8、9　5.花边罐ⅢT0702②：1　6、7.双耳罐ⅢT0702②：6、7　8、9.高领罐ⅢT0702②：4、5

花边罐　1件。

标本ⅢT0702②：1，夹砂橙黄陶。侈口，尖唇，束颈，颈部以下残。口沿外侧饰一周附加泥条，泥条经手指按压呈波状，颈部素面。口径15、残高3.8厘米（图3-22，5）。

双耳罐　2件。

标本ⅢT0702②：6，泥质橙黄陶。侈口，圆唇，高领，束颈，上腹圆，下腹残。连口拱形双耳。颈部素面，耳面及上腹饰竖向刻划纹。口径10、残高7.4厘米（图3-22，6）。

标本ⅢT0702②：7，泥质橙黄陶。侈口，尖唇，高领，束颈，上腹圆，下腹残。拱形单耳。颈部素面，上腹饰竖向刻划纹。口径8、残高6.2厘米（图3-22，7）。

高领罐　2件。

标本ⅢT0702②：4，泥质橙黄陶。喇叭口，圆唇，口沿以下残。口沿外侧饰一周按压痕迹呈波状。口径19、残高1.8厘米（图3-22，8）。

标本ⅢT0702②：5，泥质橙黄陶。喇叭口，窄平沿，尖唇，高领，束颈，颈部以下残。口沿外侧有一周折棱，颈部饰横向篮纹。口径19、残高5厘米（图3-22，9）。

（2）ⅢT0702⑥层

出土大量陶片，以腹部残片为主，可辨器形有花边罐、高领罐、盆，另出土骨锥1件（表3-56、57）。

表3-56　T0702⑥层器形数量统计表

器形＼陶色 陶质	泥质				夹砂				合计
	红	橙黄	灰	黑	红	橙黄	灰	黑	
高领罐	1								1
花边罐						2			2
盆		1							1

表3-57　T0702⑥层陶片统计表

纹饰＼陶色 陶质	泥质				夹砂				合计
	橙黄	灰	红	灰底黑彩	橙黄	灰	红	褐	
素面	59	8	7		17				91
绳纹	2	1			13				16
篮纹	50	1	10		6		3		70
麻点纹					40				40
麻点纹＋篮纹					2				2

花边罐　2件。

标本ⅢT0702⑥：2，夹砂橙黄陶。侈口，尖唇，矮领，束颈，颈部以下残。颈部饰一周附加泥条，泥条经手指按压呈波状。残高3.9、残宽5.4厘米（图3-23，1）。

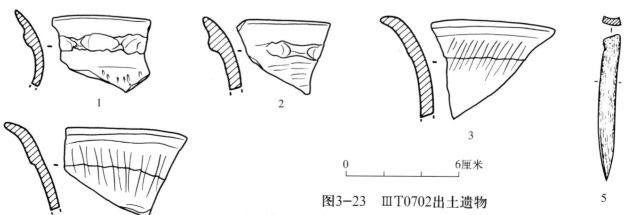

0　　　　　　　6厘米

图3-23　ⅢT0702出土遗物

1、2.花边罐ⅢT0702⑥：2、4　3.高领罐ⅢT0702⑥：1　4.盆ⅢT0702⑥：3
5.骨锥ⅢT0702⑥：5

标本ⅢT0702⑥：4，夹砂橙黄陶。侈口，圆唇，矮领，束颈，颈部以下残。颈部饰一周附加泥条，泥条经手指按压呈波状。泥条下饰篮纹。残高3.8、残宽5厘米（图3-23，2）。

高领罐　1件。

标本ⅢT0702⑥：1，泥质红陶。喇叭口，圆唇，高领，束颈，颈部以下残。口沿外侧有一周折棱，有刮抹痕迹，内壁素面磨光。残高5.3、残宽6.6厘米（图3-23，3）。

盆　1件。

标本ⅢT0702⑥：3，泥质灰陶。敞口，圆唇，斜直腹，底残。口沿外侧有一周折棱，折棱与上腹均饰竖向宽篮纹，内壁素面磨光。残高4.6、残宽6.5厘米（图3-23，4）。

骨锥　1件。

标本ⅢT0702⑥：5，动物骨骼磨制而成，器体呈扁平状，柄部未磨，中腰至尖部磨制光滑，锥尖磨制尖锐。长7.6、宽1、厚0.3厘米（图3-23，5）。

13. ⅢT0703

ⅢT0703属于新石器时代地层有②～④层。

（1）ⅢT0703②层

出土少量陶片，以腹部残片为主，可辨器形有圆腹罐、花边罐、高领罐。ⅢT0703②层挑选陶器标本5件，其中圆腹罐2件、花边罐1件、高领罐2件（表3-58）。

表3-58　T0703②层器形数量统计表

器形 \ 陶色	泥质				夹砂				合计
	红	橙黄	灰	黑	红	橙黄	灰	黑	
高领罐	1	1							2
圆腹罐		2							2
花边罐						1			1

圆腹罐　2件。

标本ⅢT0703②：2，泥质橙黄陶。侈口，圆唇，矮领，束颈，上腹圆弧，下腹残。素面。口径20、残高7.2厘米（图3-24，1）。

标本ⅢT0703②：4，泥质橙黄陶。侈口，尖唇，高领，束颈，颈部以下残。素面。口径11、残高4.6厘米（图3-24，2）。

花边罐　1件。

标本ⅢT0703②：3，夹砂橙黄陶。侈口，尖唇，矮领，束颈，上腹圆弧，下腹残。口沿外侧饰一周附加泥条，泥条经手指按压呈波状，器表素面。口径15.1、残高4.4厘米（图3-24，3）。

高领罐　2件。

标本ⅢT0703②：1，泥质红陶。喇叭口，尖唇，高领，束颈，颈部以下残。素面。口径13、残高6厘米（图3-24，4）。

标本ⅢT0703②：5，泥质橙黄陶。喇叭口，卷沿，圆唇，高领，束颈，颈部以下残。颈部有一周折棱，素面。口径17、残高4.6厘米（图3-24，5）。

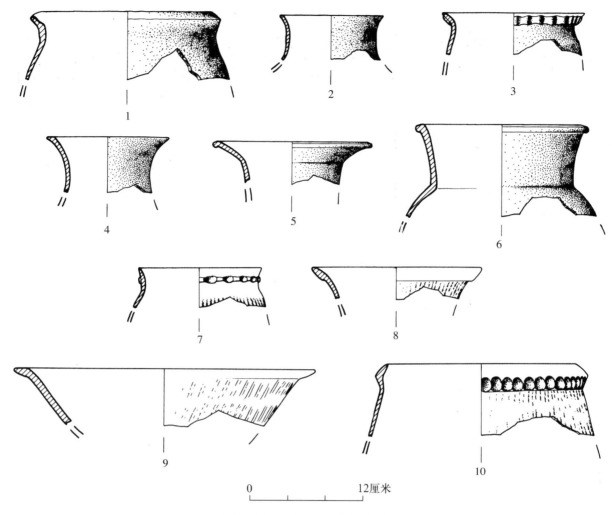

图3-24　ⅢT0703出土遗物

1、2、6.圆腹罐ⅢT0703②：2、4、ⅢT0703③：5　3、7.花边罐ⅢT0703②：3、ⅢT0703③：2　4、5、8.高领罐
ⅢT0703②：1、5、ⅢT0703③：1　9.盆ⅢT0703③：4　10.斝ⅢT0703③：3

（2）ⅢT0703③层

出土少量陶片，以腹部残片为主，可辨器形有圆腹罐、花边罐、高领罐、盆、斝（表3-59）。

表3-59　T0703③层器形数量统计表

器形＼陶色＼陶质	泥质				夹砂				合计
	红	橙黄	灰	黑	红	橙黄	灰	黑	
高领罐		1							1
花边罐						1			1
斝						1			1
盆		1							1
圆腹罐		1							1

圆腹罐　1件。

标本ⅢT0703③：5，泥质橙黄陶。侈口，微卷沿，圆唇，高领，束颈，上腹圆，下腹残。素面。口径18.4、残高9.7厘米（图3-24，6）。

花边罐　1件。

标本ⅢT0703③：2，夹砂橙黄陶。侈口，尖唇，矮领，束颈，上腹圆弧，下腹残。颈部饰一周附加泥条，泥条经手指按压呈波状，上腹饰竖向绳纹。口径13、残高4.2厘米（图3-24，7）。

高领罐　1件。

标本ⅢT0703③：1，泥质橙黄陶。喇叭口，尖唇，高领，束颈，颈部以下残。口沿外侧有一周折棱，颈部饰竖向绳纹。口径18、残高3.4厘米（图3-24，8）。

盆　1件。

标本ⅢT0703③：4，泥质橙黄陶。敞口，平沿，圆唇，斜弧腹，底残。腹部饰斜向篮纹。口径32、残高6厘米（图3-24，9）。

罨　1件。

标本ⅢT0703③：3，夹砂橙黄陶。敛口，尖唇，上腹斜，下腹残。口沿外侧经手指按压呈波状，上腹饰竖向绳纹。口径20、残高7.5厘米（图3-24，10）。

14. ⅢT0705

ⅢT0705属于新石器时代地层有①～④层。

（1）ⅢT0705①层

出土少量陶片，以腹部残片为主，可辨器形有罨（表3-60、61）。

表3-60　T0705①层器形数量统计表

器形	陶质	泥质				夹砂				合计
	陶色	红	橙黄	灰	黑	红	橙黄	灰	黑	
罨							1			1

表3-61　T0705①层陶片统计表

纹饰	陶质	泥质				夹砂				合计
	陶色	橙黄	灰	红	灰底黑彩	橙黄	灰	红	褐	
素面		2	2	6		2				12
绳纹		2		2		1				5
篮纹		1	1	2			1			5
麻点纹			1			3	1	1		6

罨　1件。

标本ⅢT0705①：1，夹砂橙黄陶。敛口，圆唇，上腹直，下腹残。拱形单耳。素面，有烟炱。残高7.4、残宽5.5厘米（图3-25，1）。

（2）ⅢT0705②层

出土大量陶片，以腹部残片为主，可辨器形有圆腹罐、花边罐、双耳罐、双鋬罐、大口罐、盆、豆（表3-62、63）。

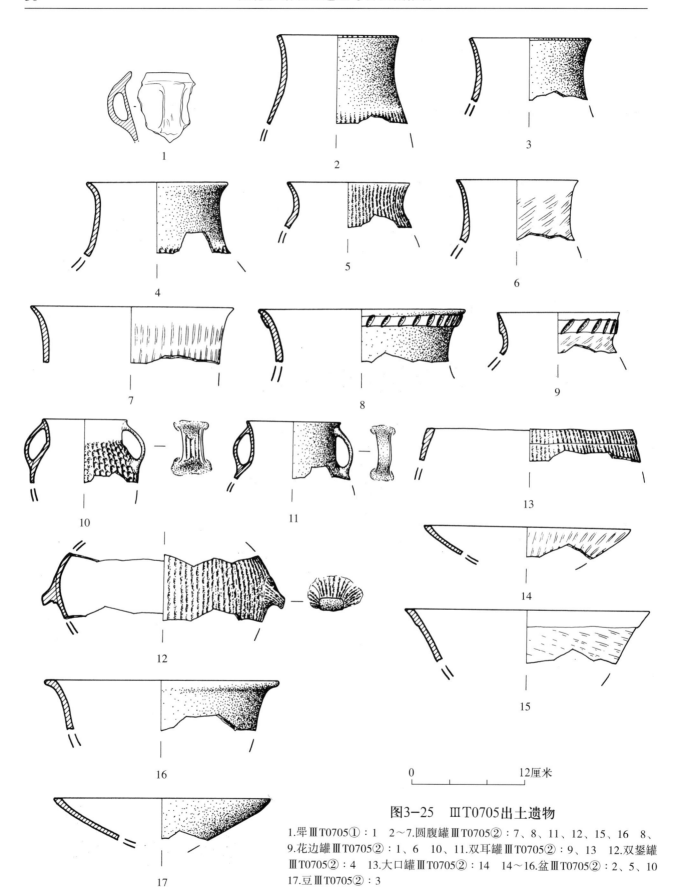

图3-25　ⅢT0705出土遗物

1.斝ⅢT0705①：1　2～7.圆腹罐ⅢT0705②：7、8、11、12、15、16　8、
9.花边罐ⅢT0705②：1、6　10、11.双耳罐ⅢT0705②：9、13　12.双鋬罐
ⅢT0705②：4　13.大口罐ⅢT0705②：14　14～16.盆ⅢT0705②：2、5、10
17.豆ⅢT0705②：3

表3-62　T0705②层器形数量统计表

器形＼陶质＼陶色	泥质				夹砂				合计
	红	橙黄	灰	黑	红	橙黄	灰	黑	
双鋬罐					1				1
花边罐					1	1			2
盆		3							3
豆盘		1							1
敛口罐					1				1
双耳罐	1						1		2
大口罐							1		1
圆腹罐					2	4			6

表3-63　T0705②层陶片统计表

纹饰＼陶质＼陶色	泥质				夹砂				合计
	橙黄	灰	红	灰底黑彩	橙黄	灰	红	褐	
素面	120	30	8		30			2	190
绳纹			28		57				85
篮纹	104	10			6				120
麻点纹					207				207
刻划纹		1							1
附加堆纹					6				6
绳纹＋篮纹					2				2
戳印纹					2				2

圆腹罐　6件。

标本ⅢT0705②：7，夹砂橙黄陶。侈口，方唇，高领，束颈，上腹斜弧，下腹残。颈部素面，上腹饰竖向绳纹。口径13、残高9.2厘米（图3-25，2）。

标本ⅢT0705②：8，夹砂红陶。侈口，方唇，高领，束颈，颈部以下残。素面。口径13、残高6.6厘米（图3-25，3）。

标本ⅢT0705②：11，夹砂橙黄陶。侈口，圆唇，高领，束颈，上腹斜，下腹残。颈部素面，上腹饰麻点纹。口径15、残高7.6厘米（图3-25，4）。

标本ⅢT0705②：12，夹砂橙黄陶。侈口，尖唇，矮领，束颈，上腹圆弧，下腹残。器表饰竖向绳纹。口径13、残高4.6厘米（图3-25，5）。

标本ⅢT0705②：15，夹砂橙黄陶。侈口，尖唇，高领，束颈，颈部以下残。颈部饰斜向篮纹。口径12.8、残高6.4厘米（图3-25，6）。

标本ⅢT0705②：16，夹砂红陶。侈口，尖唇，高领，束颈，颈部以下残。颈部饰竖向篮纹。口径21.2、残高6厘米（图3-25，7）。

花边罐　2件。

标本ⅢT0705②：1，夹砂橙黄陶。侈口，圆唇，高领，束颈，颈部以下残。口沿外侧饰一周附加泥条，泥条之上饰戳印纹，颈部素面。口径22、残高5.4厘米（图3-25，8）。

标本ⅢT0705②：6，夹砂红陶。侈口，尖唇，矮领，束颈，颈部以下残。口沿外侧饰一周附加泥条，泥条之上饰戳印纹，颈部饰斜向篮纹。口径13、残高4.2厘米（图3-25，9）。

双耳罐　2件。

标本ⅢT0705②：9，夹砂橙黄陶。侈口，圆唇，矮领，束颈，圆腹，底残。拱形双耳。耳面饰竖向篮纹，颈部素面，腹部饰麻点纹。口径9、残高6.6厘米（图3-25，10）。

标本ⅢT0705②：13，泥质红陶。侈口，尖唇，高领，束颈，上腹圆，下腹残。拱形双耳。素面。口径10、残高6厘米（图3-25，11）。

双錾罐　1件。

标本ⅢT0705②：4，夹砂红陶。仅存腹部，圆腹，乳丁状耳錾。腹部饰竖向绳纹，腹径23.2、残高7厘米（图3-25，12）。

大口罐　1件。

标本ⅢT0705②：14，夹砂橙黄陶。敛口，方唇，上腹弧，下腹残。口沿外侧有一周折棱，器表饰竖向绳纹。口径22、残高3.6厘米（图3-25，13）。

盆　3件。

标本ⅢT0705②：2，泥质橙黄陶。敞口，方唇，斜腹，底残。腹部饰竖向篮纹。口径21.8、残高3.2厘米（图3-25，14）。

标本ⅢT0705②：5，泥质橙黄陶。敞口，方唇，斜弧腹，底残。口沿外侧有一周折棱，腹部饰斜向篮纹。口径26、残高5.6厘米（图3-25，15）。

标本ⅢT0705②：10，泥质橙黄陶。敞口，平沿，圆唇，弧腹，底残。素面。口径25、残高5.2厘米（图3-25，16）。

豆　1件。

标本ⅢT0705②：3，泥质橙黄陶。敞口，方唇，斜腹，底残。素面。口径23、残高4.2厘米（图3-25，17）。

（3）ⅢT0705③层

出土少量陶片，以腹部残片为主，可辨器形有圆腹罐、另出土石纺轮1件（表3-64、65）。

表3-64　T0705③层器形数量统计表

器形 \ 陶质陶色	泥质				夹砂				合计
	红	橙黄	灰	黑	红	橙黄	灰	黑	
圆腹罐					1				1

圆腹罐　1件。

标本ⅢT0705③：2，夹砂红陶。侈口，尖唇，高领，束颈，颈部以下残。素面。口径12、残高5.2厘米（图3-26，1）。

表3-65　　T0705③层陶片统计表

陶质 陶色 纹饰	泥质				夹砂				合计
	橙黄	灰	红	灰底黑彩	橙黄	灰	红	褐	
素面	3	4	22	3					32
绳纹		1	6		31	1			39
篮纹	46	2			5		3		56
麻点纹					54	3	2		59
附加堆纹							2		2
网格纹	3		1						4
麻点纹＋篮纹			1		1				2
麻点纹＋附加堆纹					2				2

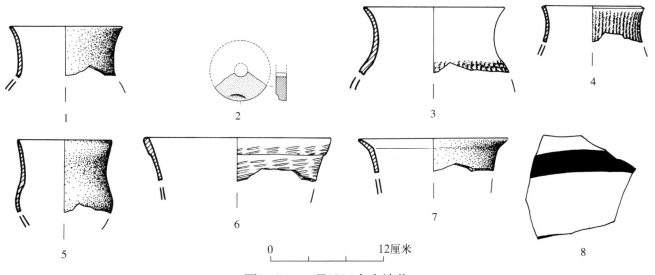

图3-26　ⅢT0705出土遗物

1、3～6.圆腹罐ⅢT0705③：2、ⅢT0705④：3、4、6、5　2.石纺轮ⅢT0705③：1　7.尊ⅢT0705④：2　8.彩陶片ⅢT0705④：1

石纺轮　1件。

标本ⅢT0705③：1，花岗岩。器身通体磨光，器表较光滑，现残存三分之一，器身呈半圆形，外围最大直径为6.4、厚1厘米。器身中心位置有一管钻孔，钻孔已残（图3-26，2；彩版二六，2）。

（4）ⅢT0705④层

出土少量陶片，以腹部残片为主，可辨器形有圆腹罐、尊（表3-66、67）。

表3-66　T0705④层器形数量统计表

陶质 陶色 器形	泥质				夹砂				合计
	红	橙黄	灰	黑	红	橙黄	灰	黑	
尊	1								1
圆腹罐	1					3			4

表3-67　T0705④层陶片统计表

纹饰＼陶质／陶色	泥质				夹砂				合计
	橙黄	灰	红	灰底黑彩	橙黄	灰	红	褐	
素面	5	2			1				8
绳纹	2				1				3
篮纹	1		2			1			4
麻点纹		1			2	1			4

圆腹罐　4件。

标本ⅢT0705④：3，夹砂橙黄陶。侈口，尖唇，矮领，束颈，上腹圆，下腹残。颈部素面，上腹饰麻点纹。口径15、残高7厘米（图3-26，3）。

标本ⅢT0705④：4，夹砂橙黄陶。侈口，方唇，矮领，束颈，颈部以下残。颈部饰竖向绳纹。口径10.8、残高3.6厘米（图3-26，4）。

标本ⅢT0705④：6，泥质红陶。侈口，尖唇，高领，微束颈，圆腹，底残。素面。口径10、残高8厘米（图3-26，5）。

标本ⅢT0705④：5，夹砂橙黄陶。侈口，圆唇，束颈，颈部以下残。口沿外侧有一周折棱，器表饰横向篮纹。口径19.8、残高4.6厘米（图3-26，6）。

尊　1件。

标本ⅢT0705④：2，泥质红陶。敞口，圆唇，高领，束颈，颈部以下残。素面。口径16、残高3.6厘米（图3-26，7）。

彩陶片　1件。

标本ⅢT0705④：1，泥质橙黄陶。器表饰横向条形黑彩。残高11、残宽12厘米（图3-26，8）。

15. ⅡT0807

ⅡT0807属于新石器时代地层有③层。

ⅡT0807③层

出土少量陶片，以腹部残片为主，可辨器形有圆腹罐（表3-68、69）。

圆腹罐　1件。

标本ⅡT0807③：1，夹砂灰陶。侈口，圆唇，高领，束颈，颈部以下残。颈部饰横向篮纹。残高5.5、残宽5.5厘米（图3-27）。

16. ⅢT0905

ⅢT0905属于新石器时代地层有①～⑤层。

（1）ⅢT0905①层

出土石纺轮1件，出土少量陶片，以陶器腹部残片为主，无可辨器形标本，所以不具体介绍，只进行陶系统计（表3-70）。

表3-68　T0807③层器形数量统计表

陶质 陶色 器形	泥质				夹砂				合计
	红	橙黄	灰	黑	红	橙黄	灰	黑	
圆腹罐							1		1

表3-69　T0807③层陶片统计表

陶质 陶色 纹饰	泥质				夹砂				合计
	橙黄	灰	红	灰底黑彩	橙黄	灰	红	褐	
素面	7				6				13
绳纹	1				4				5
篮纹	6	3			1				10
麻点纹	3				9				12

表3-70　T0905①层陶片统计表

陶质 陶色 纹饰	泥质				夹砂				合计
	橙黄	灰	红	灰底黑彩	橙黄	灰	红	褐	
素面	7				12				19
绳纹					1				1
麻点纹					24				24
刻划纹					1				1

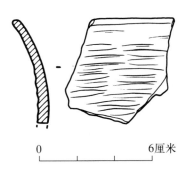

0　　　　　　　　6厘米

图3-27　ⅡT0807出土圆腹罐ⅡT0807③：1

石纺轮　1件。

标本ⅢT0905①：1，石英岩。器表呈半圆饼状，现残存约三分之一，器表通体磨光，在器表中心有一残管钻孔，器表残长 5.2、厚 1 厘米（图3-28，1；彩版二六，3）。

（2）ⅢT0905②层

出土少量陶片，以腹部残片为主，可辨器形有圆腹罐（表3-71、72）。

圆腹罐　1件。

表3-71　T0905②层器形数量统计表

陶质	泥质				夹砂				合计
器形　　陶色	红	橙黄	灰	黑	红	橙黄	灰	黑	
圆腹罐						1			1

表3-72　T0905②层陶片统计表

陶质	泥质				夹砂				合计
纹饰　　陶色	橙黄	灰	红	灰底黑彩	橙黄	灰	红	褐	
素面	4	1			6				11
绳纹	1	2							3
篮纹	2								2
麻点纹					7				7

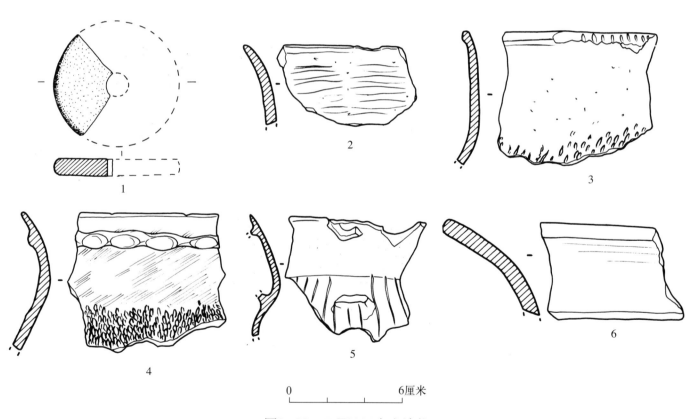

图3-28　ⅢT0905出土遗物

1.石纺轮ⅢT0905①：1　2、3.圆腹罐ⅢT0905②：1、ⅢT0905③：2　4.花边罐ⅢT0905③：3　5.单耳罐ⅢT0905③：1　6.盆ⅢT0905③：4

标本ⅢT0905②：1，夹砂橙黄陶。侈口，圆唇，高领，束颈，颈部以下残。颈部饰横向篮纹。残高4.3、残宽6.9厘米（图3-28，2）。

（3）ⅢT0905③层

出土少量陶片，以腹部残片为主，可辨器形有圆腹罐、花边罐、单耳罐、盆（表3-73、74）。

表3-73　T0905③层器形数量统计表

器形＼陶质	泥质				夹砂				合计
陶色	红	橙黄	灰	黑	红	橙黄	灰	黑	
单耳罐		1							1
圆腹罐						1			1
花边罐						1			1
盆		1							1

表3-74　T0905③层陶片统计表

纹饰＼陶质	泥质				夹砂				合计
陶色	橙黄	灰	红	灰底黑彩	橙黄	灰	红	褐	
素面	37				7				44
绳纹					13				13
篮纹	24				9				33
麻点纹					27				27
弦纹					1				1
附加堆纹	3								3
篮纹＋附加堆纹＋绳纹					1				1
席纹					1				1

圆腹罐　1件。

标本ⅢT0905③：2，夹砂橙黄陶。侈口，圆唇，高领，束颈，上腹圆弧，下腹残。口沿上饰戳印纹，颈部素面有刮抹痕迹，上腹饰麻点纹。残高7、残宽8.2厘米（图3-28，3）。

花边罐　1件。

标本ⅢT0905③：3，夹砂橙黄陶。侈口，尖唇，高领，束颈，上腹斜弧，下腹残。口沿外侧饰一周附加泥条，泥条经手指按压呈波状，颈部饰斜向绳纹，上腹饰麻点纹。残高7.3、残宽8.4厘米（图3-28，4）。

单耳罐　1件。

标本ⅢT0905③：1，泥质橙黄陶。侈口，圆唇，高领，束颈，上腹圆，下腹残。连口残耳。颈部素面，上腹饰竖向刻划纹。残高6.5、残宽7.5厘米（图3-28，5）。

盆　1件。

标本ⅢT0905③：4，泥质橙黄陶。敞口，宽斜沿，方唇，斜腹，底残。素面。残高5、残宽7.3厘米（图3-28，6）。

（4）其他地层

其他地层出土陶片见下表（表3-75、76）。

表3-75　T0905④层陶片统计表

纹饰 ＼ 陶色	泥质				夹砂				合计
	橙黄	灰	红	灰底黑彩	橙黄	灰	红	褐	
素面	35	1	5		25				66
绳纹	1				11				12
篮纹	20	4			3				27
麻点纹					50				50
刻划纹					2				2
篮纹＋麻点纹					1				1
篮纹＋绳纹					1				1

表3-76　T0905⑤层陶片统计表

纹饰 ＼ 陶色	泥质				夹砂				合计
	橙黄	灰	红	灰底黑彩	橙黄	灰	红	褐	
素面	17	4	4		7				32
绳纹					5				5
篮纹	1				2				3
麻点纹					25				25
刻划纹					1				1

17. ⅡT0908

ⅡT0908属于新石器时代地层有③～⑪层。

（1）ⅡT0908④层

出土石器1件，出土少量陶片，以陶器腹部残片为主，无可辨器形标本，所以不具体介绍，只进行陶系统计（表3-77）。

表3-77　T0908④层陶片统计表

纹饰 ＼ 陶色	泥质				夹砂				合计
	橙黄	灰	红	灰底黑彩	橙黄	灰	红	褐	
素面	14				3				17
绳纹	2				12				14
篮纹	8	1			1				10
麻点纹					8				8

石器　1件。

标本ⅡT0908④：1，白色石英岩。破损严重无法分辨具体器形，上下底磨痕清晰并疑似有切割痕迹。残长4.9、宽2.0、厚1.0厘米（图3-29，1；彩版二六，4）。

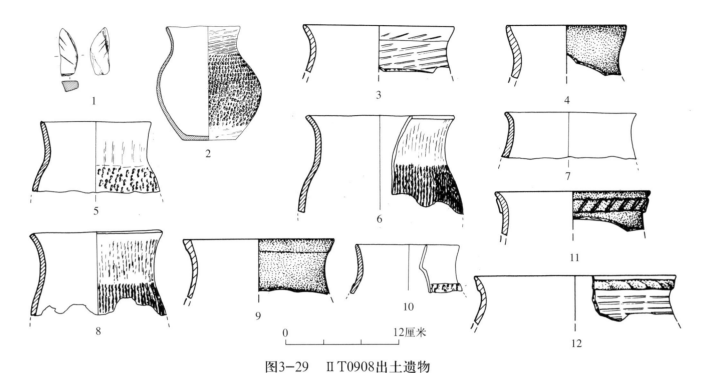

图3-29　ⅡT0908出土遗物

1.石器ⅡT0908④：1　2～9.圆腹罐ⅡT0908⑤：3、7～9、15、16、19、24　10～12.花边罐ⅡT0908⑤：4、5、17

（2）ⅡT0908⑤层

出土大量陶片，以腹部残片为主，可辨器形有圆腹罐、花边罐、单耳罐、双耳罐、高领罐、敛口罐、罐腹底，另出土石刀2件，陶刀、陶纺轮、石镞、玉器、骨器各1件（表3-78、79）。

表3-78　T0908⑤层器形数量统计表

器形 \ 陶质 陶色	泥质				夹砂				合计
	红	橙黄	灰	黑	红	橙黄	灰	黑	
圆腹罐		1				7			8
花边罐						3			3
单耳罐		2							2
敛口罐			1		1	2			4
高领罐	1								1
罐腹底						1			1
双耳罐	1					1			2

表3-79　T0908⑤层陶片统计表

纹饰 \ 陶质 陶色	泥质				夹砂				合计
	橙黄	灰	红	灰底黑彩	橙黄	灰	红	褐	
素面		1	4		2				7
绳纹	2				5				7

纹饰 \ 陶质 陶色	泥质				夹砂				合计
	橙黄	灰	红	灰底黑彩	橙黄	灰	红	褐	
篮纹	1				5				6
麻点纹					5		3		8
附加堆纹	3								3
篮纹＋麻点纹					2				2
附加堆纹＋戳印纹	2								2
附加堆纹＋麻点纹					4				4

圆腹罐　8件。

标本ⅡT0908⑤：3，夹砂橙黄陶。侈口，圆唇，矮领，束颈，圆腹，平底。颈部饰横向篮纹，腹部饰麻点纹。口径 7.9、高 12、底径 5.6 厘米（图 3-29，2；彩版二六，5）。

标本ⅡT0908⑤：7，夹砂橙黄陶。侈口，圆唇，矮领，束颈，颈部以下残。口沿外侧有一周折棱，器表饰斜向篮纹。口径 16、残高 4.8 厘米（图 3-29，3）。

标本ⅡT0908⑤：8，夹砂橙黄陶。侈口，圆唇，高领，束颈，颈部以下残。素面。口径 12.8、残高 5.4 厘米（图 3-29，4）。

标本ⅡT0908⑤：9，夹砂橙黄陶。侈口，圆唇，矮领，束颈，上腹圆，下腹残。颈部素面且有刮抹痕迹，上腹饰麻点纹。口径 11.8、残高 7.6 厘米（图 3-29，5）。

标本ⅡT0908⑤：15，夹砂橙黄陶。侈口，圆唇，高领，束颈，圆腹，底残。颈部饰竖向细绳纹，上腹部饰竖向粗绳纹，有烟炱。口径 15.8、残高 10.5 厘米（图 3-29，6）。

标本ⅡT0908⑤：16，夹砂橙黄陶。侈口，圆唇，矮领，束颈，颈部以下残。素面，有烟炱。口径 14、残高 4.8 厘米（图 3-29，7）。

标本ⅡT0908⑤：19，夹砂橙黄陶。侈口，圆唇，高领，束颈，上腹圆弧，下腹残。颈部饰竖向细绳纹，上腹部饰竖向粗绳纹，有烟炱。口径 13.8、残高 8.8 厘米（图 3-29，8）。

标本ⅡT0908⑤：24，泥质橙黄陶。侈口，方唇，高领，微束颈，颈部以下残。口沿外侧有一周折棱，素面。口径 15.2、残高 5.6 厘米（图 3-29，9）。

花边罐　3件。

标本ⅡT0908⑤：4，夹砂橙黄陶。侈口，圆唇，高领，束颈，颈部以下残。颈部饰一周附加泥条，泥条之上饰麻点纹。口径 11、残高 5.2 厘米（图 3-29，10）。

标本ⅡT0908⑤：5，夹砂橙黄陶。侈口，圆唇，矮领，束颈，颈部以下残。颈部饰一周附加泥条，泥条之上饰斜向戳印纹。口径 16.4、残高 4.4 厘米（图 3-29，11）。

标本ⅡT0908⑤：17，夹砂橙黄陶。侈口，圆唇，高领，束颈，颈部以下残。口沿外侧饰一周附加泥条，泥条经手指按压呈波状，颈部饰横向篮纹。口径 21.6、残高 4.8 厘米（图 3-29，12）。

单耳罐　3件。

标本ⅡT0908⑤：10，泥质橙黄陶。侈口，圆唇，口沿以下残。连口残耳。素面。残高 3、残宽6厘米（图3-30，1）。

标本ⅡT0908⑤：11，泥质橙黄陶。侈口，方唇，口沿以下残。连口残耳。耳面饰一条竖向附加泥条呈齿状。残高8、残宽7.8厘米（图3-30，2）。

标本ⅡT0908⑤：27，泥质红陶。侈口，圆唇，高领，束颈，圆腹，平底，口沿外侧有残损痕迹，拱形单耳。器表素面磨光。口径10.2、高11.8、底径9.4厘米（图3-30，4）。

双耳罐　1件。

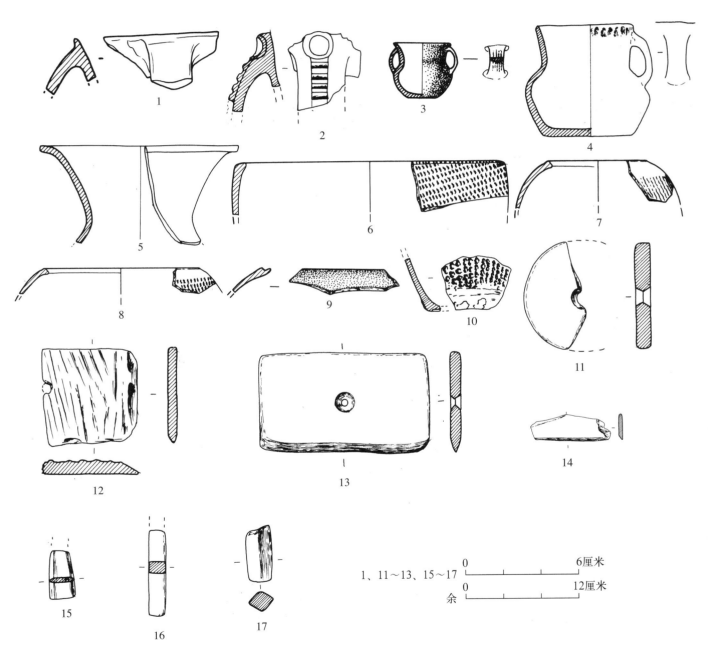

图3-30　ⅡT0908出土遗物

1、2.单耳罐ⅡT0908⑤：10、11　3、4.双耳罐ⅡT0908⑤：26、27　5.高领罐ⅡT0908⑤：22　6~9.敛口罐ⅡT0908⑤：20、21、25、28　10.罐腹底ⅡT0908⑤：23　11.陶纺轮ⅡT0908⑤：2　12.陶刀ⅡT0908⑤：6　13、14.石刀ⅡT0908⑤：13、18　15.石镞ⅡT0908⑤：12　16.玉器ⅡT0908⑤：1　17.骨器ⅡT0908⑤：14

标本ⅡT0908⑤：26，夹砂橙黄陶。侈口，尖唇，高领，束颈，圆腹，平底。连口拱形双耳。耳面饰篮纹，器表素面。口径6、高6、底径2.8厘米（图3-30，3）。

高领罐　1件。

标本ⅡT0908⑤：22，泥质红陶。喇叭口，方唇，高领，束颈，颈部以下残。素面磨光。口径19.4、残高9.8厘米（图3-30，5）。

敛口罐　4件。

标本ⅡT0908⑤：20，夹砂红陶。敛口，方唇，上腹圆，下腹残。唇面与腹部通体饰麻点纹，有烟炱。口径27、残高5.4厘米（图3-30，6）。

标本ⅡT0908⑤：21，夹砂橙黄陶。敛口，方唇，上腹圆，下腹残。口沿外侧素面，上腹饰竖向绳纹。口径9.6、残高4.4厘米（图3-30，7）。

标本ⅡT0908⑤：25，夹砂橙黄陶。敛口，方唇，上腹圆，下腹残。上腹饰麻点纹。口径17.2、残高2.8厘米（图3-30，8）。

标本ⅡT0908⑤：28，泥质灰陶。敛口，圆唇，上腹圆弧，下腹残。器表素面磨光。残高2.6、残宽11.6厘米（图3-30，9）。

罐腹底　1件。

标本ⅡT0908⑤：23，夹砂橙黄陶。上腹残，下腹斜直，平底。下腹饰麻点纹。残高5.8、残宽7.4厘米（图3-30，10）。

陶纺轮　1件。

标本ⅡT0908⑤：2，泥质红陶。呈半圆饼状，现残存约三分之一，中部残存有一个对向钻孔，器表有烟炱痕迹。直径5.8、厚0.8厘米（图3-30，11；彩版二七，1）。

陶刀　1件。

标本ⅡT0908⑤：6，陶片打磨而成，一半残，器表饰篮纹，平背部，器身有一残孔，双面磨刃。刃长4厘米，刃角45°，器身残长5.1、宽5、厚0.5厘米（图3-30，12）。

石刀　2件。

标本ⅡT0908⑤：13，页岩。器表通体磨光，双面磨刃。平背部，器表中心有一个对向钻孔，外径1.1、内径0.29厘米。刃长9厘米，刃角53°，器身长9、宽5.2、厚0.6厘米（图3-30，13）。

标本ⅡT0908⑤：18，残，石英岩。器表呈不规则四边形，两侧及一端残断，仅保留部分刃部。残长8.5、宽2.7、厚0.5厘米（图3-30，14）。

石镞　1件。

标本ⅡT0908⑤：12，页岩。器体呈梯形，两侧边缘均为双面磨制刃，较为锋利，尖部残，尾端平整。残长2.5、宽1.4、厚0.2厘米（图3-30，15）。

玉器　1件。

标本ⅡT0908⑤：1，白色，半透明状，器体呈长方形柱状，两面及两侧边规整，两头均残。残长4.5、宽0.9、厚0.6厘米（图3-30，16；彩版二七，2）。

骨器　1件。

标本ⅡT0908⑤：14，动物骨骼磨制而成，呈菱形柱状，器表光滑。长3、宽1.4厘米（图3-30，17）。

（3）其他地层

其他地层出土陶片见下表（表3-80～85）。

表3-80 T0908⑥层陶片统计表

纹饰 \ 陶色 陶质	泥质				夹砂				合计
	橙黄	灰	红	灰底黑彩	橙黄	灰	红	褐	
素面	11				22				33
绳纹	3				11				14
篮纹	10								10
麻点纹					15				15

表3-81 T0908⑦层陶片统计表

纹饰 \ 陶色 陶质	泥质				夹砂				合计
	橙黄	灰	红	灰底黑彩	橙黄	灰	红	褐	
素面	21	1			11				33
绳纹	3				44	2			49
篮纹	11	3			3				17
麻点纹					15				15
交错绳纹	1								1
篮纹＋绳纹					2				2
篮纹＋麻点纹					4				4

表3-82 T0908⑧层陶片统计表

纹饰 \ 陶色 陶质	泥质				夹砂				合计
	橙黄	灰	红	灰底黑彩	橙黄	灰	红	褐	
素面	5	1	3		16				25
绳纹	4				3				7
篮纹	1				7				8
麻点纹					32				32

表3-83 T0908⑨层陶片统计表

纹饰 \ 陶色 陶质	泥质				夹砂				合计
	橙黄	灰	红	灰底黑彩	橙黄	灰	红	褐	
素面	16	1			4				21
绳纹					12				12
篮纹	4	1							5
麻点纹					18				18

表3-84　T0908⑩层陶片统计表

陶质 纹饰	泥质				夹砂				合计
陶色	橙黄	灰	红	灰底黑彩	橙黄	灰	红	褐	
素面	14	2			8				24
绳纹					6				6
篮纹	8	1			2				11
麻点纹					34				34
附加堆纹					1				1
篮纹＋麻点纹					2				2

表3-85　T0908⑪层陶片统计表

陶质 纹饰	泥质				夹砂				合计
陶色	橙黄	灰	红	灰底黑彩	橙黄	灰	红	褐	
素面	16	5			4				25
绳纹	2				7				9
篮纹	9				2				11
麻点纹					8				8
附加堆纹	2								2

18. ⅢT1003

ⅢT1003属于新石器时代地层有②～④层。

（1）ⅢT1003②层

出土大量陶片，以腹部残片为主，可辨器形有圆腹罐、花边罐、单耳罐、高领罐（表3-86、87）。

表3-86　T1003②层器形数量统计表

陶质 器形	泥质				夹砂				合计
陶色	红	橙黄	灰	黑	红	橙黄	灰	黑	
单耳罐						1			1
高领罐		1							1
圆腹罐						2			2
花边罐						1			1

表3-87　T1003②层陶片统计表

陶质 纹饰	泥质				夹砂				合计
陶色	橙黄	灰	红	灰底黑彩	橙黄	灰	红	褐	
素面	80	6			20				106
绳纹		1			16				17
篮纹	53				10				63

续表

纹饰＼陶质陶色	泥质				夹砂				合计
	橙黄	灰	红	灰底黑彩	橙黄	灰	红	褐	
麻点纹			3		72				75
刻划纹					2				2
篮纹＋麻点纹					8				8
附加堆纹＋麻点纹					1				1

圆腹罐　2件。

标本ⅢT1003②：3，夹砂橙黄陶。侈口，方唇，矮领，束颈，上腹斜，下腹残。口沿外侧饰一周折棱，颈、腹饰横向篮纹。残高5.1、残宽8.1厘米（图3-31，1）。

标本ⅢT1003②：4，夹砂橙黄陶。侈口，圆唇，高领，束颈，颈部以下残。颈部饰斜向绳纹。残高6.4、残宽7.3厘米（图3-31，2）。

花边罐　1件。

标本ⅢT1003②：5，夹砂橙黄陶。侈口，圆唇，矮领，束颈，上腹斜，下腹残。口沿外侧饰一周附加泥条，泥条经手指按压呈波状，颈部饰斜向绳纹，上腹饰麻点纹。残高5.5、残宽6.1厘米（图3-31，3）。

单耳罐　1件。

标本ⅢT1003②：1，夹砂橙黄陶。侈口，圆唇，高领，束颈，上腹圆弧，下腹残。连口残

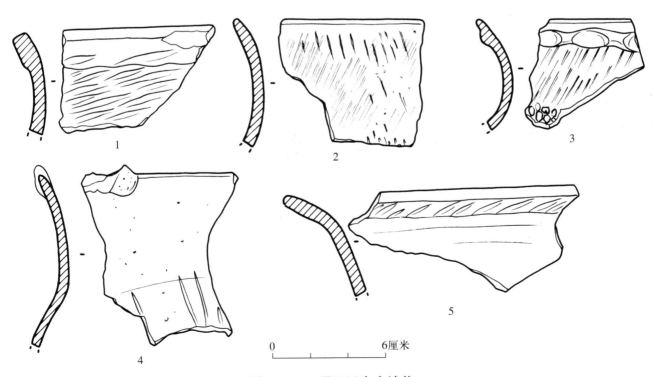

0　　　　　　　　6厘米

图3-31　ⅢT1003出土遗物

1、2.圆腹罐ⅢT1003②：3、4　3.花边罐ⅢT1003②：5　4.单耳罐ⅢT1003②：1　5.高领罐ⅢT1003②：2

耳。颈部素面，上腹饰竖向刻划纹。残高8.6、残宽7厘米（图3-31，4）。

高领罐　1件。

标本ⅢT1003②：2，泥质橙黄陶。喇叭口，圆唇，高领，束颈，颈部以下残。口沿外侧有一周折棱，折棱之上饰斜向篮纹，颈部饰斜向篮纹。残高5.2、残宽11.7厘米（图3-31，5）。

（2）ⅢT1003③层

出土大量陶片，以腹部残片为主，可辨器形有圆腹罐、盆、斝（表3-88、89）。

表3-88　T1003③层器形数量统计表

陶质	泥质				夹砂				合计
器形　　陶色	红	橙黄	灰	黑	红	橙黄	灰	黑	
斝						1			1
圆腹罐		2				2			4
盆		1							1

表3-89　T1003③层陶片统计表

陶质	泥质				夹砂				合计
纹饰　　陶色	橙黄	灰	红	橙黄底黑彩	橙黄	灰	红	褐	
素面	66	5	2	1	30				104
绳纹	1				16				17
篮纹	51	5			5	2			63
篮纹＋麻点纹					6	1			7
篮纹＋刻划纹					2				2
交错刻划纹					1				1
刻划纹＋弦纹					2				2
戳印纹					3				3
麻点纹					58				58
交错篮纹					2				2
附加堆纹＋戳印纹					1				1

圆腹罐　4件。

标本ⅢT1003③：2，夹砂橙黄陶。微侈口，方唇，矮领，束颈，颈部以下残。口沿外侧有一周折棱，器表饰斜向绳纹。残高4.5、残宽9.2厘米（图3-32，1）。

标本ⅢT1003③：6，泥质橙黄陶。侈口，方唇，高领，束颈，颈部以下残。口沿外侧饰一周折棱，颈部素面。残高6.6、残宽7.9厘米（图3-32，2）。

标本ⅢT1003③：4，泥质橙黄陶。侈口，圆唇，高领，束颈，颈部以下残。颈部素面。残高5、残宽7.4厘米（图3-32，3）。

标本ⅢT1003③：5，夹砂橙黄陶。方唇，高领，束颈，颈部以下残。口沿外侧有一周折棱，颈部饰横向篮纹。残高4.5、残宽7.2厘米（图3-32，4）。

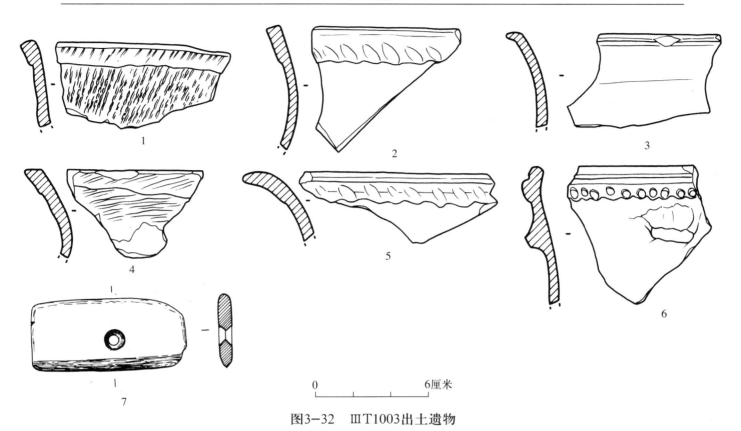

图3-32　ⅢT1003出土遗物

1~4.圆腹罐ⅢT1003③：2、6、4、5　5.盆ⅢT1003③：3　6.罩ⅢT1003③：1　7.石刀ⅢT1003④：1

盆　1件。

标本ⅢT1003③：3，泥质橙黄陶。敞口，平沿，圆唇，上腹斜，底残。口沿外侧饰一周折棱，腹部素面。残高3.7、残宽10.3厘米（图3-32，5）。

罩　1件。

标本ⅢT1003③：1，夹砂橙黄陶。敛口，圆唇，上腹斜弧，下腹残，耳残。口沿外侧有一周凹槽，凹槽下有一周凸棱饰戳印纹，上腹素面。残高7.2、残宽6.9厘米（图3-32，6）。

（3）ⅢT1003④层

出土石刀1件。

石刀　1件。

标本ⅢT1003④：1，石英岩。呈长方形，器表磨制精细，中间有对向钻孔，外径1.18、内径0.58厘米。平基部，双面磨刃。刃长7.7厘米，刃角59.8°，器表长8.1、宽3.8、厚0.7厘米（图3-32，7；彩版二七，3）。

19. ⅢT1005

属于新石器时代地层有②~⑥层。

（1）ⅢT1005②层

出土少量陶片，以腹部残片为主，可辨器形有圆腹罐。ⅢT1005②层挑选陶器标本圆腹罐1件（表3-90、91）。

表3-90　T1005②层器形数量统计表

器形＼陶质／陶色	泥质				夹砂				合计
	红	橙黄	灰	黑	红	橙黄	灰	黑	
圆腹罐						1			1

表3-91　T1005②层陶片统计表

纹饰＼陶质／陶色	泥质				夹砂				合计
	橙黄	灰	红	灰底黑彩	橙黄	灰	红	褐	
素面	19	2	7		8				36
绳纹					8				8
篮纹	24	1			9				34
麻点纹					30				30
篮纹＋绳纹					1				1
附加堆纹					2				2
附加堆纹＋麻点纹					2				2

圆腹罐　1件。

标本ⅢT1005②：1，夹砂橙黄陶。侈口，圆唇，高领，束颈，颈部以下残。颈部饰横向篮纹。残高6.6、残宽4.8厘米（图3-33，1）。

（2）ⅢT1005③层

出土少量陶片，以腹部残片为主，可辨器形有圆腹罐、花边罐（表3-92、93）。

表3-92　T1005③层器形数量统计表

器形＼陶质／陶色	泥质				夹砂				合计
	红	橙黄	灰	黑	红	橙黄	灰	黑	
圆腹罐		1				2			3
花边罐						6			6

表3-93　T1005③层陶片统计表

纹饰＼陶质／陶色	泥质				夹砂				合计
	橙黄	灰	红	白	橙黄	灰	红	褐	
素面	87	3	2	2	14				108
绳纹	3				10				13
篮纹	26	2			5				33
麻点纹					78				78
篮纹＋麻点纹					2				2
附加堆纹					1				1

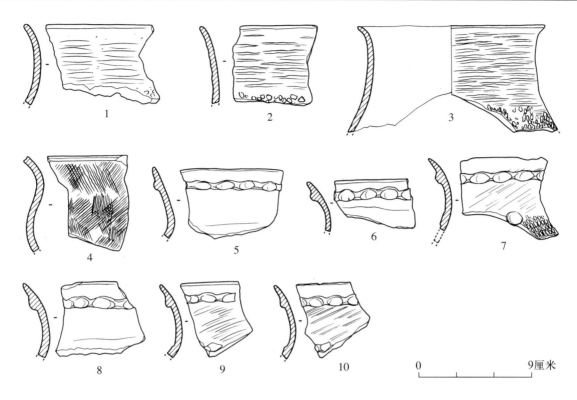

图3-33 ⅢT1005出土遗物

1~4.圆腹罐ⅢT1005②：1、ⅢT1005③：1、2、4　5~10.花边罐ⅢT1005③：3、5、6、7、8、9

圆腹罐 3件。

标本ⅢT1005③：1，夹砂橙黄陶。侈口，圆唇，高领，微束颈，颈部以下残。颈部饰横向篮纹，篮纹下饰麻点纹。残高6.5、残宽6.8厘米（图3-33，2）。

标本ⅢT1005③：2，夹砂橙黄陶。侈口，圆唇，高领，束颈，上腹斜弧，下腹残。颈部饰横向篮纹，上腹饰麻点纹。口径15、残高8.5厘米（图3-33，3）。

标本ⅢT1005③：4，泥质灰陶。侈口，方唇，矮领，束颈，上腹圆，下腹残。口沿上有一周凹槽，器表饰交错绳纹。残高7.6、残宽7.5厘米（图3-33，4）。

花边罐 6件。

标本ⅢT1005③：3，夹砂橙黄陶。侈口，圆唇，高领，束颈，颈部以下残。口沿外侧饰一周附加泥条，泥条经手指按压呈波状，颈部素面。残高5.7、残宽8.3厘米（图3-33，5）。

标本ⅢT1005③：5，夹砂橙黄陶。侈口，圆唇，矮领，束颈，颈部以下残。颈部饰一周附加泥条，泥条经手指按压呈波状。残高4、残宽6.4厘米（图3-33，6）。

标本ⅢT1005③：6，夹砂橙黄陶。侈口，尖唇，高领，束颈，上腹斜，下腹残。口沿外侧饰一周附加泥条，泥条经手指按压呈波状，颈部素面，上腹饰麻点纹，有一泥饼。残高6.6、残宽7.8厘米（图3-33，7）。

标本ⅢT1005③：7，夹砂橙黄陶。侈口，圆唇，高领，微束颈，颈部以下残。口沿外侧饰一周附加泥条，泥条经手指按压呈波状，颈部素面。残高6、残宽7.2厘米（图3-33，8）。

标本ⅢT1005③：8，夹砂橙黄陶。侈口，圆唇，高领，束颈，颈部以下残。口沿外侧饰一周附加泥条，泥条经手指按压呈波状，颈部素面，有烟炱。残高6、残宽5.5厘米（图3-33，9）。

标本ⅢT1005③：9，夹砂橙黄陶。侈口，圆唇，高领，束颈，颈部以下残。颈部饰两周附加泥条，泥条经手指按压呈波状，泥条间饰斜向篮纹。残高6、残宽5.8厘米（图3-33，10）。

（3）ⅢT1005④层

出土少量陶片，以腹部残片为主，可辨器形有圆腹罐、花边罐、大口罐、盆，另出土陶刀、石料各1件（表3-94、95）。

表3-94　T1005④层器形数量统计表

器形＼陶质＼陶色	泥质				夹砂				合计
	红	橙黄	灰	黑	红	橙黄	灰	黑	
圆腹罐						6			6
大口罐						1			1
花边罐						6	1		7
盆		1							1

表3-95　T1005④层陶片统计表

纹饰＼陶质＼陶色	泥质				夹砂				合计
	橙黄	灰	红	灰底黑彩	橙黄	灰	红	褐	
素面	17	2	3		6				28
绳纹		1	1		11				13
篮纹	22				2				24
麻点纹					45				45
附加堆纹＋绳纹					2				2

圆腹罐　6件。

标本ⅢT1005④：2，夹砂橙黄陶。侈口，圆唇，高领，束颈，圆腹，底残。颈部素面，腹部饰麻点纹，颈腹间有一泥饼，有烟炱。残高8.8、残宽10厘米（图3-34，1）。

标本ⅢT1005④：5，夹砂橙黄陶。侈口，圆唇，矮领，束颈，上腹斜，下腹残。颈部饰横向篮纹，上腹饰麻点纹，有烟炱。残高6.4、残宽7.6厘米（图3-34，2）。

标本ⅢT1005④：6，夹砂橙黄陶。侈口，圆唇，矮领，束颈，上腹斜弧，下腹残。器表素面有修整刮抹痕迹。残高7.2、残宽9.2厘米（图3-34，3）。

标本ⅢT1005④：10，夹砂橙黄陶。侈口，圆唇，高领，束颈，颈部以下残。颈部素面。残高4.1、残宽5厘米（图3-34，4）。

标本ⅢT1005④：4，夹砂橙黄陶。侈口，方唇，高领，束颈，上腹斜弧，下腹残。口沿外侧饰一周折棱，颈部素面，上腹饰麻点纹。残高11.7、残宽8.9厘米（图3-34，5）。

标本ⅢT1005④：8，夹砂橙黄陶。侈口，方唇，矮领，束颈，腹部残。口沿外侧有一周折棱饰戳印纹，颈部素面。残高4.3、残宽8.5厘米（图3-34，6）。

花边罐　7件。

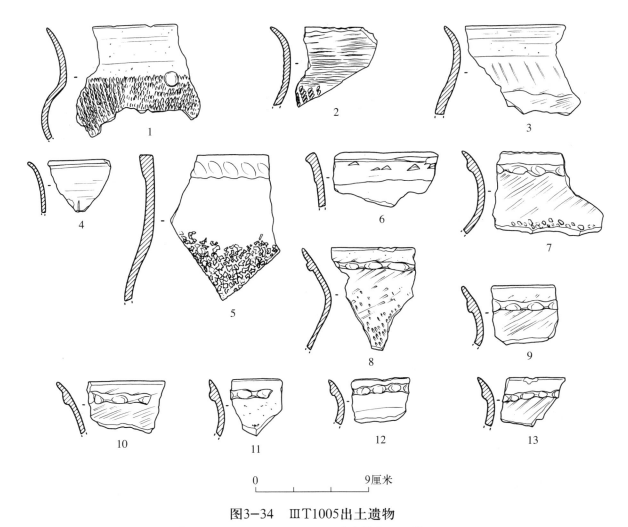

图3-34　ⅢT1005出土遗物

1～6.圆腹罐ⅢT1005④：2、5、6、10、4、8　7～13.花边罐ⅢT1005④：7、9、11～13、15、16

标本ⅢT1005④：7，夹砂橙黄陶。侈口，尖唇，高领，束颈，上腹斜，下腹残。口沿外侧饰一周附加泥条，泥条经手指按压呈波状，颈部素面，上腹饰麻点纹。残高6.6、残宽9厘米（图3-34，7）。

标本ⅢT1005④：9，夹砂橙黄陶。侈口，圆唇，高领，束颈，上腹斜，下腹残。口沿外侧饰一周附加泥条，泥条经手指按压呈波状，颈部饰斜向篮纹，上腹饰麻点纹。残高8.2、残宽6.7厘米（图3-34，8）。

标本ⅢT1005④：11，夹砂橙黄陶。侈口，圆唇，矮领，束颈，颈部以下残。颈部饰一周附加泥条，泥条经手指按压呈波状。残高4.8、残宽5.3厘米（图3-34，9）。

标本ⅢT1005④：12，夹砂橙黄陶。侈口，圆唇，高领，束颈，颈部以下残。口沿外侧饰一周附加泥条，泥条经手指按压呈波状，颈部素面。残高4.2、残宽6.2厘米（图3-34，10）。

标本ⅢT1005④：13，夹砂橙黄陶。侈口，圆唇，矮领，束颈，颈部以下残。口沿外侧饰一周附加泥条，泥条经手指按压呈波状，颈部素面。残高4.7、残宽4.2厘米（图3-34，11）。

标本ⅢT1005④：15，夹砂灰陶。侈口，圆唇，矮领，束颈，颈部以下残。口沿外侧饰一周附加泥条，泥条经手指按压呈波状，颈部素面。残高3.6、残宽4.7厘米（图3-34，12）。

标本ⅢT1005④：16，夹砂橙黄陶。侈口，尖唇，矮领，束颈，颈部以下残。口沿外侧饰一周附加泥条，泥条经手指按压呈波状，颈部饰斜向篮纹，有烟炱。残高4、残宽5.2厘米（图3-34，13）。

大口罐　1件。

标本ⅢT1005④：3，夹砂橙黄陶。直口，方唇，上腹微弧，下腹残。口沿外侧有一周折棱，唇面及口沿折棱饰斜向绳纹，上腹饰竖向绳纹。残高5.7、残宽10.4厘米（图3-35，1）。

盆　1件。

标本ⅢT1005④：14，泥质橙黄陶。敞口，尖唇，斜直腹，底残。口沿外侧饰一周附加泥条，腹部素面。残高4.4、残宽5.1厘米（图3-35，2）。

陶刀　1件。

标本ⅢT1005④：17，泥质红陶。陶片打磨而成，一半残，双面磨刃。器表素面，有一残孔。残长3、宽2.8厘米（图3-35，3；彩版二七，4）。

陶片　2件。

标本ⅢT1005④：18，泥质橙黄陶。长方形，器表饰斜向篮纹，中间有一钻孔，孔径0.8、长4.3、宽3.3厘米（图3-35，4）。

标本ⅢT1005④：19，泥质橙黄陶。不规则状，素面，有钻孔，孔径0.6厘米。长6、宽4.5厘米（图3-35，5）。

石料　1件。

标本ⅢT1005④：1，页岩。整体较平整。长3.1、宽2.5、厚0.1厘米（图3-35，6；彩版二七，5）。

（4）其他地层

其他地层出土陶片见下表（表3-96、97）。

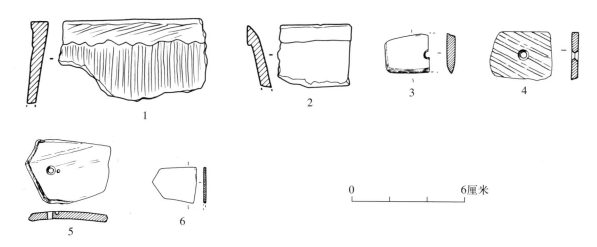

图3-35　ⅢT1005出土遗物

1.大口罐ⅢT1005④：3　2.盆ⅢT1005④：14　3.陶刀ⅢT1005④：17　4、5.陶片ⅢT1005④：18、19　6.石料ⅢT1005④：1

表3-96 T1005⑤层陶片统计表

纹饰 \ 陶质 陶色	泥质				夹砂				合计
	橙黄	灰	红	灰底黑彩	橙黄	灰	红	褐	
素面	32	10	3		29				74
绳纹	2	1	3		14				20
篮纹	57	14	6						77
麻点纹					86				86
刻划纹	1				1				2
篮纹 + 麻点纹					2				2
附加堆纹					13				13
附加堆纹 + 篮纹			1		2				3
附加堆纹 + 麻点纹					2				2

表3-97 T1005⑥层陶片统计表

纹饰 \ 陶质 陶色	泥质				夹砂				合计
	橙黄	灰	红	灰底黑彩	橙黄	灰	红	褐	
素面	56	5	8		32				101
绳纹	6		1		31		2		40
篮纹	30	3	10		13		3		59
麻点纹					118				118
刻划纹		1							1
网格纹	1								1
篮纹 + 麻点纹					4				4
附加堆纹					2				2
篮纹 + 绳纹							2		2
附加堆纹 + 篮纹					1				1

20. ⅢT1006

ⅢT1006新石器时代地层有②~⑦层。

（1）ⅢT1006②层

出土少量陶片，以腹部残片为主，可辨器形有盆，另出土石刀1件（表3-98、99）。

表3-98 T1006②层器形数量统计表

器形 \ 陶质 陶色	泥质				夹砂				合计
	红	橙黄	灰	黑	红	橙黄	灰	黑	
盆		1							1

表3-99　T1006②层陶片统计表

纹饰 \ 陶色 陶质	泥质				夹砂				合计
	橙黄	灰	红	灰底黑彩	橙黄	灰	红	褐	
素面	8	2			6				16
篮纹	2				2				4
麻点纹					4				4
绳纹		1							1
篮纹＋麻点纹					1				1

盆　1件。

标本ⅢT1006②：1，泥质橙黄陶。敞口，方唇，斜腹微弧，底残。器表饰斜向篮纹，内壁素面磨光。残高4、残宽8.7厘米（图3-36，1）。

石刀　1件。

标本ⅢT1006②：2，残，石英岩。器表通体磨光，器表残断处有一个对向钻孔，刃部有使用过程中留下的缺口。刃残长1.75厘米，刃角59.7°，残长3.4、宽4.1、厚0.47厘米（图3-36，2；彩版二七，6）。

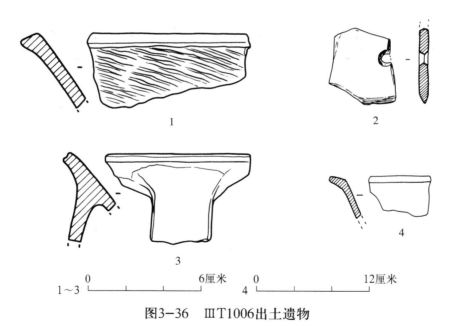

图3-36　ⅢT1006出土遗物

1、4.盆ⅢT1006②：1、ⅢT1006④：1　2.石刀ⅢT1006②：2　3.单耳罐ⅢT1006③：1

（2）ⅢT1006③层

出土少量陶片，以腹部残片为主，可辨器形有单耳罐（表3-100、101）。

单耳罐　1件。

标本ⅢT1006③：1，夹砂橙黄陶。侈口，方唇，口沿以下残。唇面有一道凹槽，残耳，器表素面。残高4.7、残宽7.7厘米（图3-36，3）。

表3-100　T1006③层器形数量统计表

器形 \ 陶色 陶质	泥质				夹砂				合计
	红	橙黄	灰	黑	红	橙黄	灰	黑	
单耳罐						1			1

表3-101　T1006③层陶片统计表

纹饰 \ 陶色 陶质	泥质				夹砂				合计
	橙黄	灰	红	灰底黑彩	橙黄	灰	红	褐	
素面	13	2			10				25
绳纹	1				4				5
篮纹	10				3				13
麻点纹					20				20
篮纹＋麻点纹					1				1
附加堆纹	1								1

（3）ⅢT1006④层

出土少量陶片，以腹部残片为主，可辨器形有盆（表3-102、103）。

表3-102　T1006④层器形数量统计表

器形 \ 陶色 陶质	泥质				夹砂				合计
	红	橙黄	灰	黑	红	橙黄	灰	黑	
盆						1			1

表3-103　T1006④层陶片统计表

纹饰 \ 陶色 陶质	泥质				夹砂				合计
	橙黄	灰	红	灰底黑彩	橙黄	灰	红	白	
素面	12		1		3				16
绳纹	5				5				10
麻点纹					13				13

盆　1件。

标本ⅢT1006④：1，夹砂橙黄陶。敞口，平沿，圆唇，器表为素面且粗糙。残高4.2、残宽6.6厘米（图3-36，4）。

（4）ⅢT1006⑤层

出土少量陶片。陶片以陶器腹部残片为主，无可辨器形标本，所以不具体介绍，只进行陶系统计（表3-104）。

（5）ⅢT1006⑥层

出土大量陶片。陶片以陶器腹部残片为主，无可辨器形标本，所以不具体介绍，只进行陶系统计（表3-105）。

（6）ⅢT1006⑦层

出土少量陶片。陶片以陶器腹部残片为主，无可辨器形标本，所以不具体介绍，只进行陶系统计（表3-106）。

表3-104　T1006⑤层陶片统计表

纹饰 ＼ 陶质 陶色	泥质				夹砂				合计
	橙黄	灰	红	白	橙黄	灰	红	褐	
素面	5		2						7
篮纹	3								3
麻点纹					8				8

表3-105　T1006⑥层陶片统计表

纹饰 ＼ 陶质 陶色	泥质				夹砂				合计
	橙黄	灰	红	灰底黑彩	橙黄	灰	红	褐	
素面	130	11	69		129				339
绳纹		3	1		84				88
篮纹	89	5	10		10				114
麻点纹					206	1			207
篮纹＋绳纹					1				1

表3-106　T1006⑦层陶片统计表

纹饰 ＼ 陶质 陶色	泥质				夹砂				合计
	橙黄	灰	红	灰底黑彩	橙黄	灰	红	褐	
素面	18	3	2		3				26
绳纹					1				1
篮纹	11	3							14
麻点纹					23				23
篮纹＋麻点纹					2				2

21. ⅢT1101

ⅢT1101属于新石器时代地层有①～④层（表3-107）。

（1）ⅢT1101①层

出土陶片较多，以腹部残片为主，无可辨器形标本，所以不具体介绍，只进行陶系统计（表3-107）。

表3-107　T1101①层陶片统计表

纹饰 ＼ 陶质 陶色	泥质				夹砂				合计
	橙黄	灰	红	灰底黑彩	橙黄	灰	红	褐	
素面	5				2	1			8
绳纹	1				1	1			3
麻点纹					4				4
篮纹	2				2				4

（2）ⅢT1101②层

出土陶片较多，以腹部残片为主，可辨器形有圆腹罐、花边罐、高领罐和盆（表3-108、109）。

表3-108　T1101②层器形数量统计表

器形 \ 陶质 陶色	泥质				夹砂				合计
	红	橙黄	灰	黑	红	橙黄	灰	黑	
圆腹罐						3			3
高领罐		1							1
盆			1						1
花边罐						1			1

表3-109　T1101②层陶片统计表

纹饰 \ 陶质 陶色	泥质				夹砂				合计
	橙黄	灰	红	灰底黑彩	橙黄	灰	红	褐	
素面	16				2	13			31
绳纹					4				4
麻点纹					1	2			3
篮纹	7	1			1				9

圆腹罐　3件。

标本ⅢT1101②：1，夹砂橙黄陶。侈口，圆唇，高领，束颈，上腹斜弧，下腹残。颈部素面，上腹饰麻点纹。残高7.5、残宽6厘米（图3-37，1）。

标本ⅢT1101②：2，夹砂橙黄陶。侈口，圆唇，高领，束颈，颈部以下残。颈部素面。残高5.8、残宽6.1厘米（图3-37，2）。

标本ⅢT1101②：5，夹砂橙黄陶。侈口，方唇，高领，微束颈，颈部以下残。残高6.2、残宽5.6厘米（图3-37，3）。

花边罐　1件。

标本ⅢT1101②：6，夹砂橙黄陶。侈口，尖唇，高领，束颈，上腹圆弧，下腹残。口沿外侧饰一周附加泥条，泥条之上饰斜向戳印纹，颈部饰斜向篮纹，上腹部饰麻点纹。口径11.6、残高9厘米（图3-37，4）。

高领罐　1件。

标本ⅢT1101②：3，泥质橙黄陶。喇叭口，圆唇，高领，束颈，颈部以下残。颈部素面。残高4.8、残宽7.2厘米（图3-37，5）。

盆　1件。

标本ⅢT1101②：4，泥质灰陶。敞口，窄平沿，圆唇，斜弧腹，底残。腹部饰斜向篮纹。残高5、残宽5厘米（图3-37，6）。

（3）ⅢT1101③层

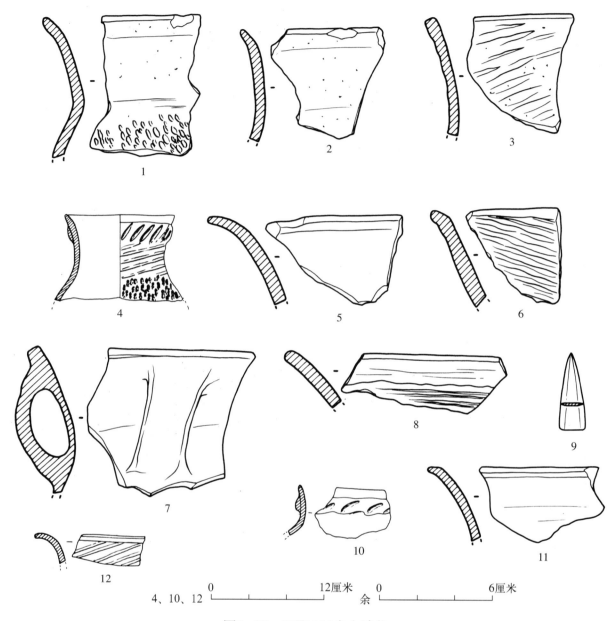

图3-37　ⅢT1101出土遗物

1～3.圆腹罐ⅢT1101②：1、2、5　4、10.花边罐ⅢT1101②：6、ⅢT1101④：3　5、11、12.高领罐ⅢT1101②：3、
ⅢT1101④：1、2　6、8.盆ⅢT1101②：4、ⅢT1101③：3　7.单耳罐ⅢT1101③：2　9.石镞ⅢT1101③：1

　　出土少量陶片，以腹部残片为主，可辨器形有单耳罐和盆，另出土石镞1件（表3-110、
111）。

表3-110　T1101③层器形数量统计表

器形 陶质 陶色	泥质				夹砂				合计
	红	橙黄	灰	黑	红	橙黄	灰	黑	
单耳罐	1								1
盆			1						1

表3-111　T1101③层陶片统计表

纹饰＼陶质陶色	泥质				夹砂				合计
	橙黄	灰	红	灰底黑彩	橙黄	灰	红	褐	
素面	29	3			16				48
绳纹	1				19				20
篮纹	22				6				28
麻点纹					25				25
篮纹＋麻点纹					2				2
刻划纹		1							1

单耳罐　1件。

标本ⅢT1101③：2，泥质红陶。侈口，方唇，高领，束颈，上腹圆，下腹残。拱形单耳，器表素面磨光。残高8、残宽8.8厘米（图3-37，7）。

盆　1件。

标本ⅢT1101③：3，泥质灰陶。敞口，圆唇，上腹斜，下腹残。口沿外侧有一周折棱，腹部饰横向篮纹。残高3、残宽8.9厘米（图3-37，8）。

石镞　1件。

标本ⅢT1101③：1，白云岩。器表呈扁三角形，两侧边缘均为双面磨制的刃部，较为锋利，顶部较尖锐，尾端平整。长4.1、宽1.4、厚0.2厘米（图3-37，9）。

（4）ⅢT1101④层

出土少量陶片，以腹部残片为主，可辨器形有花边罐和高领罐（表3-112、113）。

表3-112　T1101④层器形数量统计表

器形＼陶质陶色	泥质				夹砂				合计
	红	橙黄	灰	黑	红	橙黄	灰	黑	
高领罐		2							2
花边罐						1			1

表3-113　T1101④层陶片统计表

纹饰＼陶质陶色	泥质				夹砂				合计
	橙黄	灰	红	灰底黑彩	橙黄	灰	红	褐	
素面	48	8	5		29		4		94
绳纹	1						2		3
篮纹	29	4			23				56
麻点纹					62				62
附加堆纹					2				2
刻划纹					1	2			3
交错篮纹		1							1

花边罐　1件。

标本ⅢT1101④：3，夹砂橙黄陶。侈口，圆唇，矮领，束颈，颈部以下残。口沿外侧饰一周附加泥条，泥条之上饰斜向戳印纹，颈部素面。残高5.2、残宽8厘米（图3-37，10）。

高领罐　2件。

标本ⅢT1101④：1，泥质橙黄陶。喇叭口，窄平沿，圆唇，高领，束颈，颈部以下残。颈部素面。残高4、残宽6.6厘米（图3-37，11）。

标本ⅢT1101④：2，泥质橙黄陶。喇叭口，圆唇，高领，束颈，颈部以下残。颈部饰斜向篮纹。残高3.2、残宽8厘米（图3-37，12）。

22. ⅡT1101

ⅡT1101属于新石器时代地层有①～④层。

ⅡT1101④层

出土少量陶片，以腹部残片为主，可辨器形有花边罐、高领罐和盆（表3-114）。

表3-114　T1101④层器形数量统计表

器形＼陶色＼陶质	泥质				夹砂				合计
	红	橙黄	灰	黑	红	橙黄	灰	黑	
高领罐		1							1
花边罐						2			2
盆	1								1

花边罐　2件。

标本ⅡT1101④：1，夹砂橙黄陶。侈口，圆唇，矮领，束颈，上腹斜，下腹残。颈部饰一周附加泥条，泥条之上饰斜向戳印纹，上腹饰麻点纹。口径10、残高4.8厘米（图3-38，1）。

标本ⅡT1101④：4，夹砂橙黄陶。微侈口，锯齿唇，高领，微束颈，颈部以下残。口沿外侧有一周折棱，颈部饰竖向绳纹。口径10.8、残高4厘米（图3-38，2）。

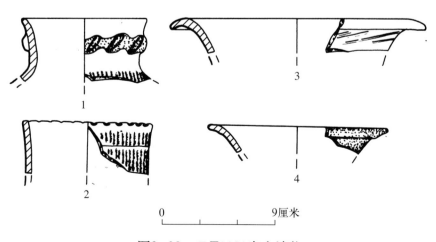

0　　　　　　　9厘米

图3-38　ⅡT1101出土遗物

1、2.花边罐ⅡT1101④：1、4　3.高领罐ⅡT1101④：2　4.盆ⅡT1101④：3

高领罐　1件。

标本ⅡT1101④：2，泥质橙黄陶。喇叭口，卷沿，尖唇，高领，束颈，颈部以下残。沿下饰斜向篮纹。口径20.3、残高2.6厘米（图3-38，3）。

盆　1件。

标本ⅡT1101④：3，泥质红陶。敞口，圆唇，斜弧腹，底残。口沿外侧有一周折棱，素面。口径14.4、残高2厘米（图3-38，4）。

23. ⅢT1102

ⅢT1102属于新石器时代地层有①～④层。

（1）ⅢT1102①层

出土少量陶片，以腹部残片为主，可辨器形有高领罐和盆（表3-115、116）。

表3-115　T1102①层器形数量统计表

器形 \ 陶质/陶色	泥质				夹砂				合计
	红	橙黄	灰	黑	红	橙黄	灰	黑	
盆		1							1
高领罐	1								1

表3-116　T1102①层陶片统计表

纹饰 \ 陶质/陶色	泥质				夹砂				合计
	橙黄	灰	红	灰底黑彩	橙黄	灰	红	褐	
素面	2								2
篮纹	2		1						3

高领罐　1件。

标本ⅢT1102①：2，泥质红陶。喇叭口，圆唇，高领，束颈，颈部以下残。口沿外侧饰一周折棱，颈部饰斜向篮纹。残高5.1、残宽11.5厘米（图3-39，1）。

盆　1件。

标本ⅢT1102①：1，泥质橙黄陶。敞口，平沿，圆唇，斜腹，底残。口沿外侧饰一周折棱，腹部饰斜向篮纹。残高2.7、残宽9.5厘米（图3-39，2）。

（2）ⅢT1102②层

出土少量陶片，以腹部残片为主，可辨器形有圆腹罐（表3-117、118）。

表3-117　T1102②层器形数量统计表

器形 \ 陶质/陶色	泥质				夹砂				合计
	红	橙黄	灰	黑	红	橙黄	灰	黑	
圆腹罐						1			1

表3-118　T1102②层陶片统计表

纹饰＼陶色（陶质）	泥质				夹砂				合计
	橙黄	灰	红	灰底黑彩	橙黄	灰	红	褐	
素面	1				1				2
篮纹	1				1				2

圆腹罐　1件。

标本ⅢT1102②：1，夹砂橙黄陶。侈口，圆唇，高领，束颈，颈部以下残。颈部饰斜向篮纹。残高4.9、残宽8.7厘米（图3-39，3）。

（3）ⅢT1102③层

出土少量陶片，以腹部残片为主，可辨器形有圆腹罐、高领罐和斝（表3-119、120）。

表3-119　T1102③层器形数量统计表

器形＼陶色（陶质）	泥质				夹砂				合计
	红	橙黄	灰	黑	红	橙黄	灰	黑	
斝足					1				1
圆腹罐						3	1		4
高领罐		1							1

表3-120　T1102③层陶片统计表

纹饰＼陶色（陶质）	泥质				夹砂				合计
	橙黄	灰	红	灰底黑彩	橙黄	灰	红	褐	
素面	2				3				5
篮纹	1				5		1		7

圆腹罐　4件。

标本ⅢT1102③：2，夹砂橙黄陶。侈口，方唇，上腹圆，下腹残。唇面有三道凹槽，上腹素面。残高3.5、残宽10.4厘米（图3-39，4）。

标本ⅢT1102③：3，夹砂橙黄陶。侈口，圆唇，高领，束颈，颈部以下残。颈部饰斜向篮纹。残高3.7、残宽7.1厘米（图3-39，5）。

标本ⅢT1102③：4，夹砂灰陶。侈口，方唇，高领，束颈，上腹斜，下腹残。唇面有一道凹槽，器表饰横向篮纹。残高8.8、残宽10.7厘米（图3-39，6）。

标本ⅢT1102③：5，夹砂橙黄陶。侈口，圆唇，矮领，束颈，上腹斜弧，下腹残。器表饰横向篮纹。残高6.3、残宽6.5厘米（图3-39，7）。

高领罐　1件。

标本ⅢT1102③：6，泥质橙黄陶。喇叭口，圆唇，高领，束颈，颈部以下残。颈部素面磨光。残高8.7、残宽8.1厘米（图3-39，8）。

斝　1件。

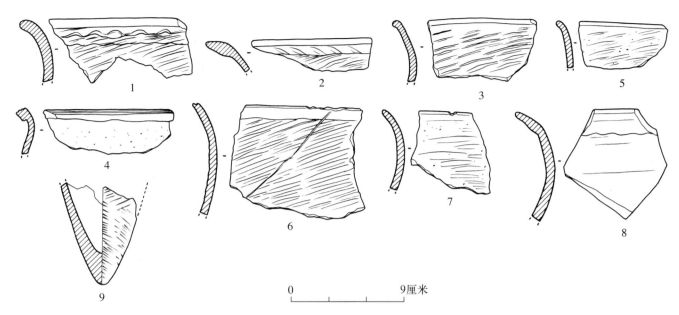

图3-39　ⅢT1102出土遗物

1、8.高领罐ⅢT1102①：2、ⅢT1102③：6　2.盆ⅢT1102①：1　3～7.圆腹罐ⅢT1102②：1、ⅢT1102③：2、3、4、5　9.鬶足ⅢT1102③：1

标本ⅢT1102③：1，夹砂红陶。牛角状空心足，足面饰斜向篮纹。残高8、残宽7厘米（图3-39，9）。

（4）ⅢT1102④层

出土大量陶片，以腹部残片为主，可辨器形有圆腹罐、双耳罐、高领罐、大口罐、盆（表3-121、122）。

表3-121　T1102④层器形数量统计表

器形＼陶质／陶色	泥质				夹砂				合计
	红	橙黄	灰	黑	红	橙黄	灰	黑	
圆腹罐					2	4			6
双耳罐	1								1
盆					1				1
大口罐						1			1
高领罐			1						1

表3-122　T1102④层陶片统计表

纹饰＼陶质／陶色	泥质				夹砂				合计
	橙黄	灰	红	灰底黑彩	橙黄	灰	红	褐	
素面	1		3				2		6
篮纹		3			8				11
麻点纹			1		5		4		10

圆腹罐　6件。

标本ⅢT1102④：1，夹砂橙黄陶。侈口，圆唇，高领，束颈，上腹斜，下腹残。口沿外侧有修整刮抹痕迹且有烟炱痕迹，颈部为素面，腹部饰麻点纹。口径16.2、残高9.2厘米（图3-40，1）。

标本ⅢT1102④：2，夹砂红陶。侈口，圆唇，高领，束颈，颈部以下残。颈部饰横向篮纹，腹部饰麻点纹，器身有烟炱痕迹。残宽9.2、残高7厘米（图3-40，2）。

标本ⅢT1102④：5，夹砂红陶。侈口，圆唇，高领，束颈，颈部以下残。颈部饰横向篮纹。残高4.7、残宽10.2厘米（图3-40，3）。

标本ⅢT1102④：6，夹砂橙黄陶。侈口，圆唇，高领，微束颈，上腹斜弧，下腹残。颈部素面，上腹饰戳印纹。残高6.6、残宽9.2厘米（图3-40，4）。

标本ⅢT1102④：7，夹砂橙黄陶。侈口，圆唇，矮领，束颈，颈部以下残。颈部饰横向篮纹，有烟炱。残高4.5、残宽6.7厘米（图3-40，5）。

标本ⅢT1102④：9，夹砂橙黄陶。侈口，圆唇，高领，束颈，颈部以下残。颈部饰横向篮

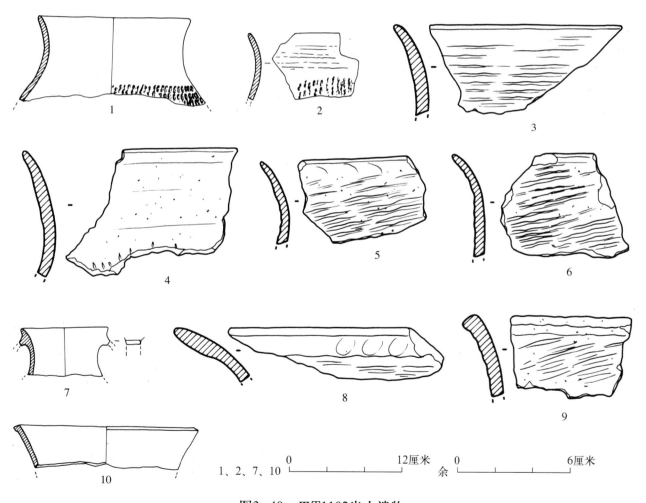

1、2、7、10 ├─────────12厘米 ├─────────6厘米
　　　　　　0　　　　　　　　　　　余　0

图3-40　ⅢT1102出土遗物

1～6.圆腹罐ⅢT1102④：1、2、5～7、9　7.双耳罐ⅢT1102④：3　8.高领罐ⅢT1102④：10　9.大口罐ⅢT1102④：8　10.盆ⅢT1102④：4

纹，有烟炱。残高 5.6、残宽 6.9 厘米（图 3-40，6）。

双耳罐　1 件。

标本ⅢT1102④：3，泥质红陶。侈口，圆唇，矮领，束颈，颈部以下残。现残存一耳上根部，器身通体为素面磨光。口径 9.2、残高 5.1 厘米（图 3-40，7）。

高领罐　1 件。

标本ⅢT1102④：10，泥质灰陶。喇叭口，圆唇，高领，束颈，颈部以下残。口沿外侧有一周折棱，颈部饰横向篮纹。残高 2.8、残宽 11.5 厘米（图 3-40，8）。

大口罐　1 件。

标本ⅢT1102④：8，夹砂橙黄陶。侈口，方唇，上腹斜，下腹残。上腹饰斜向篮纹。残高 4.3、残宽 6.5 厘米（图 3-40，9）。

盆　1 件。

标本ⅢT1102④：4，夹砂红陶。侈口，方唇，腹残。唇面有修整刮抹痕迹，器身为素面。口径 19.6、残高 4.4 厘米（图 3-40，10）。

24. ⅢT1103

ⅢT1103 属于新石器时代地层有①～④层。

（1）ⅢT1103①层

ⅢT1103①层出土陶片见下表（表 3-123）。

表3-123　T1103①层陶片统计表

纹饰＼陶色	泥质				夹砂				合计
	橙黄	灰	红	灰底黑彩	橙黄	灰	红	褐	
素面	11				11				22
绳纹		1			3				4
麻点纹					8				8
篮纹	4				1				5
刻划纹					1				1

（2）ⅢT1103②层

出土少量陶片，以腹部残片为主，可辨器形有圆腹罐和花边罐（表 3-124、125）。

表3-124　T1103②层器形数量统计表

器形＼陶色	泥质				夹砂				合计
	红	橙黄	灰	黑	红	橙黄	灰	黑	
圆腹罐						1			1
花边罐						1			1

圆腹罐　1 件。

标本ⅢT1103②：1，夹砂橙黄陶。侈口，方唇，高领，束颈，上腹斜，下腹残。口沿外侧有一周折棱，器表饰斜向篮纹。残高6.5、残宽9.1厘米（图3-41，1）。

花边罐　1件。

标本ⅢT1103②：2，夹砂橙黄陶。侈口，圆唇，高领，束颈，颈部以下残。口沿外侧饰一周附加泥条，泥条经手指按压呈波状，颈部饰横向篮纹和麻点纹。残高6、残宽6.8厘米（图3-41，2）。

表3-125　T1103②层陶片统计表

纹饰 \ 陶色 陶质	泥质				夹砂				合计
	橙黄	灰	红	灰底黑彩	橙黄	灰	红	褐	
素面	17	2			6				25
篮纹	14				1				15
麻点纹					11				11
绳纹					4				4
麻点纹＋篮纹					2				2

（3）ⅢT1103③层

出土少量陶片，以腹部残片为主，可辨器形有圆腹罐、花边罐、折沿罐和盆（表3-126、127）。

表3-126　1103③层器形数量统计表

器形 \ 陶色 陶质	泥质				夹砂				合计
	红	橙黄	灰	黑	红	橙黄	灰	黑	
花边罐						2			2
折沿罐		1							1
圆腹罐						7			7
盆		1							1

表3-127　T1103③层陶片统计表

纹饰 \ 陶色 陶质	泥质				夹砂				合计
	橙黄	灰	红	灰底黑彩	橙黄	灰	红	褐	
素面	99	8	6		47				160
麻点纹					118				118
篮纹	90	5			23				118
附加堆纹	2								2
绳纹		2			26				28
附加堆纹＋麻点纹					1				1
交错篮纹	1								1
戳印纹					1				1
篮纹＋绳纹					2				2
刻划纹	2	1			2				5
篮纹＋麻点纹					10	1			11

圆腹罐　7件。

标本ⅢT1103③：3，夹砂橙黄陶。侈口，方唇，高领，束颈，颈部以下残。颈部饰斜向篮纹，有烟炱。残高5.2、残宽7.3厘米（图3-41，3）。

标本ⅢT1103③：5，夹砂橙黄陶。侈口，尖唇，矮领，束颈，上腹斜，下腹残。器表饰横向篮纹。残高5.8、残宽10.4厘米（图3-41，4）。

标本ⅢT1103③：6，夹砂橙黄陶。侈口，圆唇，矮领，束颈，上腹斜，下腹残。器表饰斜向篮纹。残高6.1、残宽6厘米（图3-41，5）。

标本ⅢT1103③：8，夹砂橙黄陶。侈口，圆唇，矮领，束颈，上腹圆弧，下腹残。颈部素面，上腹饰麻点纹。残高8.7、残宽9.3厘米（图3-41，6）。

标本ⅢT1103③：9，夹砂橙黄陶。侈口，圆唇，矮领，束颈，上腹斜，下腹残。器表饰横向篮纹，有烟炱。残高5、残宽6.5厘米（图3-41，7）。

标本ⅢT1103③：10，夹砂橙黄陶。侈口，圆唇，高领，束颈，上腹斜弧，下腹残。颈部素

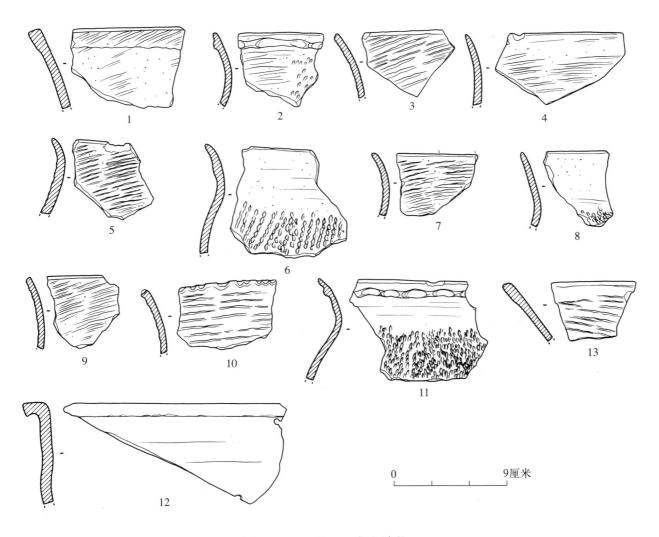

图3-41　ⅢT1103出土遗物

1、3～9.圆腹罐ⅢT1103②：1、ⅢT1103③：3、5、6、8～11　2、10、11.花边罐ⅢT1103②：2、ⅢT1103③：1、7　12.折沿罐ⅢT1103③：2　13.盆ⅢT1103③：4

面，上腹饰麻点纹。残高6.1、残宽5.5厘米（图3-41，8）。

标本ⅢT1103③：11，夹砂橙黄陶。侈口，圆唇，高领，微束颈，颈部以下残。颈部饰斜向篮纹。残高5.7、残宽5.7厘米（图3-41，9）。

花边罐　2件。

标本ⅢT1103③：1，夹砂橙黄陶。侈口，锯齿唇，高领，束颈，颈部以下残。颈部饰横向篮纹，有烟炱。残高5.2、残宽8.2厘米（图3-41，10）。

标本ⅢT1103③：7，夹砂橙黄陶。侈口，圆唇，矮领，束颈，上腹圆弧，下腹残。口沿外侧饰一周附加泥条，泥条经手指按压呈波状，颈部素面，上腹饰麻点纹。残高8、残宽11厘米（图3-41，11）。

折沿罐　1件。

标本ⅢT1103③：2，泥质灰陶。侈口，平沿，方唇，高领，束颈，圆腹，底残。器表素面。残高8、残宽17.7厘米（图3-41，12）。

盆　1件。

标本ⅢT1103③：4，泥质橙黄陶。敞口，圆唇，斜直腹，底残。口沿外侧有一周折棱，腹部饰横向篮纹，内壁素面磨光。残高4.6、残宽6.8厘米（图3-41，13）。

（3）ⅢT1103④层

出土少量陶片，以腹部残片为主，可辨器形有圆腹罐、高领罐和带耳罐，另出土骨锥1件（表3-128、129）。

表3-128　T1103④层器形数量统计表

器形 \ 陶质 \ 陶色	泥质				夹砂				合计
	红	橙黄	灰	黑	红	橙黄	灰	黑	
圆腹罐		1							1
高领罐		1							1
带耳罐	1								1

表3-129　T1103④层陶片统计表

纹饰 \ 陶质 \ 陶色	泥质				夹砂				合计
	橙黄	灰	红	灰底黑彩	橙黄	灰	红	褐	
篮纹	13				5				18
刻划纹					1				1
麻点纹					13				13
绳纹					1				1
篮纹＋麻点纹					2				2

圆腹罐　1件。

标本ⅢT1103④：1，泥质灰陶。侈口，折沿，圆唇，高领，束颈，颈部以下残。颈部饰斜向篮纹。残高4.8、残宽9.5厘米（图3-42，1）。

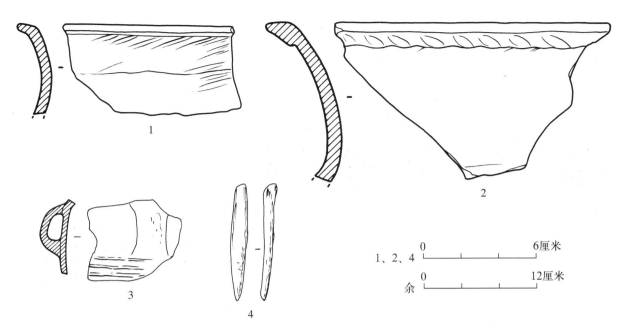

图3-42　ⅢT1103出土遗物

1.圆腹罐ⅢT1103④：1　2.高领罐ⅢT1103④：2　3.带耳罐ⅢT1103④：3　4.骨锥ⅢT1103④：4

高领罐　1件。

标本ⅢT1103④：2，泥质橙黄陶。喇叭口，平沿，圆唇，高领，束颈，颈部以下残。口沿外侧饰一周折棱，颈部素面。残高8.3、残宽14.6厘米（图3-42，2）。

带耳罐　1件。

标本ⅢT1103④：3，泥质红陶。口残，弧腹，腹部有一拱耳，下腹饰横向篮纹。残长8、残宽10厘米（图3-42，3）。

骨锥　1件。

标本ⅢT1103④：4，动物骨骼磨制而成，呈长条柱状，器表磨制光滑，锥尖磨制尖锐。长6.2、宽0.9、厚0.7厘米（图3-42，4；彩版二八，1）。

25. ⅢT1104

ⅢT1104属于新石器时代地层有②～⑤层。

（1）ⅢT1104②层

出土少量陶片，以腹部残片为主，可辨器形有花边罐和盆（表3-130、131）。

表3-130　T1104②层器形数量统计表

器形 \ 陶色	泥质				夹砂				合计
	红	橙黄	灰	黑	红	橙黄	灰	黑	
盆		1							1
花边罐						1			1

表3-131　T1104②层陶片统计表

纹饰 ＼ 陶质 / 陶色	泥质				夹砂				合计
	橙黄	灰	红	灰底黑彩	橙黄	灰	红	褐	
素面	12	2			4				18
绳纹	1				14				15
篮纹	15								15
麻点纹	3								3
附加堆纹＋绳纹					1				1
附加堆纹＋篮纹	1								1
交错绳纹					2				2

花边罐　1件。

标本ⅢT1104②：2，夹砂橙黄陶。侈口，圆唇，高领，束颈，上腹斜，下腹残。口沿外侧饰一周附加泥条，泥条经手指按压呈波状，颈部饰横向篮纹，上腹饰麻点纹。残高5.6、残宽4.8厘米（图3-43，1）。

盆　1件。

标本ⅢT1104②：1，泥质橙黄陶。敞口，窄平沿，圆唇，斜直腹，底残。腹部素面，内壁素面磨光。残高4.3、残宽7厘米（图3-43，2）。

（2）ⅢT1104③层

出土少量陶片，以腹部残片为主，可辨器形有圆腹罐、花边罐、高领罐、大口罐、盆、斝，出土石刀1件、骨锥1件（表3-132、133）。

圆腹罐　5件。

标本ⅢT1104③：2，夹砂橙黄陶。侈口，圆唇，高领，束颈，上腹圆弧，下腹残。颈部饰斜

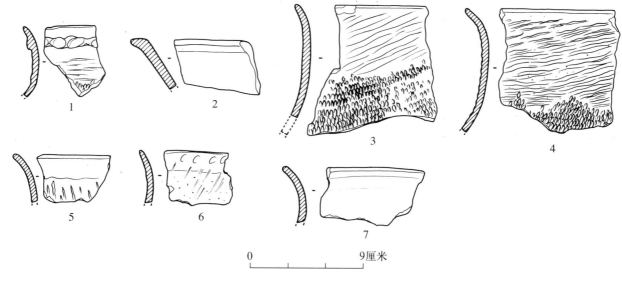

0　　　　　　　9厘米

图3-43　ⅢT1104出土遗物

1.花边罐ⅢT1104②：2　2.盆ⅢT1104②：1　3～7.圆腹罐ⅢT1104③：2、3、9、11、16

向篮纹，上腹饰麻点纹。残高 10.4、残宽 10.3 厘米（图 3-43，3）。

标本ⅢT1104③：3，夹砂橙黄陶。侈口，圆唇，高领，束颈，上腹圆弧，下腹残。颈部饰横向篮纹，上腹饰麻点纹。残高 9.8、残宽 9.7 厘米（图 3-43，4）。

表3-132　T1104③层器形数量统计表

器形 \ 陶色 \ 陶质	泥质				夹砂				合计
	红	橙黄	灰	黑	红	橙黄	灰	黑	
花边罐						4	2		6
圆腹罐						5			5
高领罐		3	1						4
大口罐						1			1
斝						1			1
盆						1			1

表3-133　T1104③层陶片统计表

纹饰 \ 陶色 \ 陶质	泥质				夹砂				合计
	橙黄	灰	红	灰底黑彩	橙黄	灰	红	褐	
素面	152	6	2		53				213
绳纹		2	1		52				55
篮纹	79	4			13				96
麻点纹					178				178
交错绳纹					1				1
交错篮纹	6								6
附加堆纹					3				3
附加堆纹＋麻点纹					6				6
刻划纹					1				1
篮纹＋麻点纹					7				7
篮纹＋绳纹					4				4
篮纹＋刻划纹					3				3
戳印纹					2				2

标本ⅢT1104③：9，夹砂橙黄陶。侈口，圆唇，矮领，束颈，颈部以下残。颈部饰竖向篮纹。残高 3.8、残宽 5.9 厘米（图 3-43，5）。

标本ⅢT1104③：11，夹砂橙黄陶。侈口，圆唇，矮领，束颈，颈部以下残。颈部素面且有刮抹痕迹。残高 3.3、残宽 5.5 厘米（图 3-43，6）。

标本ⅢT1104③：16，夹砂橙黄陶。侈口，圆唇，矮领，束颈，颈部以下残。颈部素面，有烟炱。残高 4.5、残宽 8.2 厘米（图 3-43，7）。

花边罐　6 件。

标本ⅢT1104③：1，夹砂灰陶。侈口，尖唇，矮领，束颈，上腹圆弧，下腹残。口沿外侧饰一周附加泥条，泥条经手指按压呈波状，颈部素面，上腹饰麻点纹。残高6.7、残宽9厘米（图3-44，1）。

标本ⅢT1104③：4，夹砂橙黄陶。侈口，尖唇，高领，束颈，上腹圆弧，下腹残。口沿外侧饰一周附加泥条，泥条经手指按压呈波状，颈部素面，上腹饰麻点纹。残高9.3、残宽9.3厘米（图3-44，2）。

标本ⅢT1104③：7，夹砂灰陶。侈口，尖唇，高领，束颈，颈部以下残。口沿外侧饰一周附加泥条，泥条之上饰戳印纹，颈部饰竖向篮纹。残高5.2、残宽8.3厘米（图3-44，3）。

标本ⅢT1104③：8，夹砂橙黄陶。侈口，尖唇，矮领，束颈，上腹斜，下腹残。口沿外侧饰一周附加泥条，泥条经手指按压呈波状，颈部素面，上腹饰麻点纹。残高5.1、残宽6.5厘米（图3-44，4）。

标本ⅢT1104③：10，夹砂橙黄陶。侈口，圆唇，矮领，束颈，颈部以下残。口沿外侧饰一周附加泥条，泥条经手指按压呈波状，颈部素面。残高4.7、残宽6.3厘米（图3-44，5）。

标本ⅢT1104③：15，夹砂橙黄陶。侈口，圆唇，矮领，上腹弧，下腹残。口沿外侧饰一周附加泥条呈凹坑状，腹部素面。残高4.2、残宽5.7厘米（图3-44，6）。

高领罐　4件。

标本ⅢT1104③：5，泥质橙黄陶。喇叭口，平沿，圆唇，高领，束颈，颈部以下残。口沿外

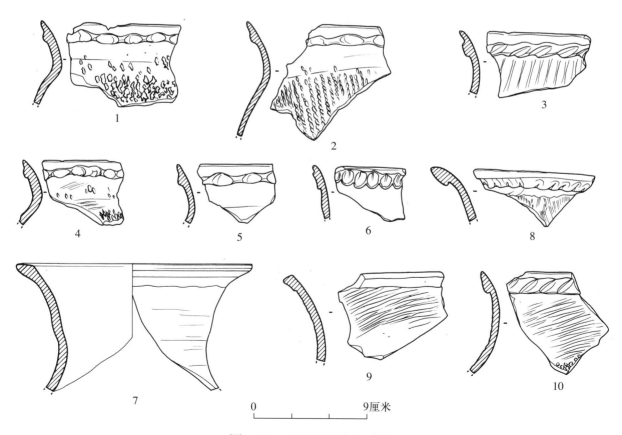

图3-44　ⅢT1104出土遗物

1～6.花边罐ⅢT1104③：1、4、7、8、10、15　7～10.高领罐ⅢT1104③：5、6、17、18

侧有一周折棱，颈部素面。口径 19、残高 10 厘米（图 3-44，7）。

标本ⅢT1104③：6，泥质灰陶。喇叭口，圆唇，高领，束颈，颈部以下残。口沿外侧有一周折棱饰戳印纹，颈部素面且有刮抹痕迹。残高 4.2、残宽 9.7 厘米（图 3-44，8）。

标本ⅢT1104③：17，泥质橙黄陶。喇叭口，方唇，高领，束颈，颈部以下残。口沿外侧有一周折棱，颈部饰斜向篮纹。残高 6.8、残宽 8.6 厘米（图 3-44，9）。

标本ⅢT1104③：18，泥质橙黄陶。喇叭口，尖唇，高领，束颈，上腹斜弧，下腹残。口沿外侧饰一周附加泥条，泥条之上饰斜向戳印纹，颈部饰斜向篮纹，上腹饰麻点纹。残高 8.2、残宽 8 厘米（图 3-44，10）。

大口罐　1 件。

标本ⅢT1104③：12，夹砂橙黄陶。直口，方唇，上腹直，下腹残。口沿外侧有一周折棱，上腹饰一周附加泥条，泥条之上饰斜向戳印纹，泥条下腹部饰麻点纹。残高 8.7、残宽 9.6 厘米（图 3-45，1）。

盆　1 件。

标本ⅢT1104③：14，夹砂橙黄陶。敞口，折沿，圆唇，斜直腹，底残。口沿外侧有一周折棱，腹部饰斜向篮纹。残高 6.7、残宽 14 厘米（图 3-45，2）。

斝　1 件。

标本ⅢT1104③：13，夹砂橙黄陶。敛口，圆唇，上腹直，下腹残。口沿饰附加泥条，有一

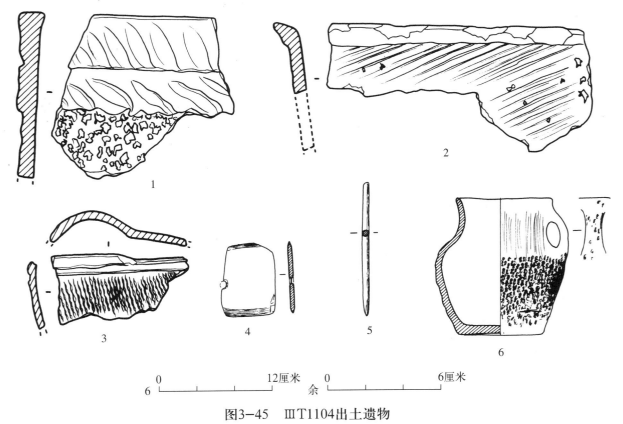

图3-45　ⅢT1104出土遗物

1.大口罐ⅢT1104③：12　2.盆ⅢT1104③：14　3.斝ⅢT1104③：13　4.石刀ⅢT1104③：19　5.骨锥ⅢT1104③：20　6.单耳罐ⅢT1104④：1

流口，口沿外侧有三周凹槽，上腹饰竖向绳纹。残高 3.7、残宽 7.2 厘米（图 3-45，3）。

石刀　1 件。

标本ⅢT1104③：19，石英岩。一侧残断，器表呈不规则四边形。双面刃，刃部磨制精致。中部残存部分钻孔，双向钻孔。残长 3.7、宽 2.7、厚 0.2 厘米（图 3-45，4；彩版二八，2）。

骨锥　1 件。

标本ⅢT1104③：20，动物骨骼磨制而成，呈长条柱状，器身磨制光滑，锥尖磨制尖锐。长 7、直径 0.3 厘米（图 3-45，5）。

（3）ⅢT1104④层

出土少量陶片，以腹部残片为主，可辨器形有单耳罐（表 3-134、135）。

表3-134　T1104④层器形数量统计表

器形 \ 陶质 陶色	泥质				夹砂				合计
	红	橙黄	灰	黑	红	橙黄	灰	黑	
单耳罐						1			1

表3-135　T1104④层陶片统计表

纹饰 \ 陶质 陶色	泥质				夹砂				合计
	橙黄	灰	红	灰底黑彩	橙黄	灰	红	褐	
素面					2				2
绳纹					1				1
篮纹	2								2
麻点纹					2				2

单耳罐　1 件。

标本ⅢT1104④：1，夹砂橙黄陶。侈口，圆唇，矮领，束颈，圆腹，平底。连口拱形单耳，颈部素面且有刮抹痕迹，腹部饰麻点纹，有烟炱。口径 10.2、高 14.4、底径 9 厘米（图 3-45，6；彩版二八，3）。

（4）ⅢT1104⑤层

出土少量陶片，以陶器腹部残片为主，无可辨器形标本，所以不具体介绍，只进行陶系统计（表 3-136）。

表3-136　T1104⑤层陶片统计表

纹饰 \ 陶质 陶色	泥质				夹砂				合计
	橙黄	灰	红	灰底黑彩	橙黄	灰	红	褐	
素面	11				8				19
绳纹	1				2				3
篮纹	5				3				8
麻点纹					14				14

26. ⅢT1105

ⅢT1105 属于新石器时代地层有①～⑤层。

（1）ⅢT1105①层

出土少量陶片，以陶器腹部残片为主，无可辨器形标本，所以不具体介绍，只进行陶系统计（表3-137）。

表3-137　T1105①层陶片统计表

纹饰 \ 陶质陶色	泥质				夹砂				合计
	橙黄	灰	红	灰底黑彩	橙黄	灰	红	褐	
素面	21				5				26
绳纹					2				2
篮纹	5								5
麻点纹					13				13
戳印纹					1				1
席纹					1				1

（2）ⅢT1105②层

出土少量陶片，以腹部残片为主，可辨器形有圆腹罐和盆（表3-138、139）。

表3-138　T1105②层器形数量统计表

器形 \ 陶质陶色	泥质				夹砂				合计
	红	橙黄	灰	黑	红	橙黄	灰	黑	
圆腹罐					1	1			2
盆		1							1

表3-139　T1105②层陶片统计表

纹饰 \ 陶质陶色	泥质				夹砂				合计
	橙黄	灰	红	灰底黑彩	橙黄	灰	红	褐	
素面	33		7		10				50
绳纹		2			17				19
篮纹	11				5				16
麻点纹					24				24
刻划纹					6				6
篮纹＋麻点纹					4				4

圆腹罐　2件。

标本ⅢT1105②：1，夹砂橙黄陶。侈口，圆唇，高领，束颈，颈部以下残。颈部饰斜向篮纹，有烟炱。残高6、残宽8.6厘米（图3-46，1）。

标本ⅢT1105②：2，夹砂红陶。侈口，方唇，高领，束颈，颈部以下残。口沿外侧有一周折

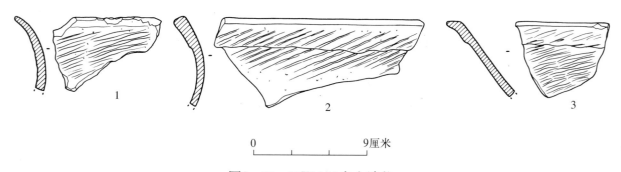

0   9厘米

图3-46 ⅢT1105出土遗物
1、2.圆腹罐ⅢT1105②：1、2 3.盆ⅢT1105②：3

棱，器表饰斜向篮纹。残高7.1、残宽16.6厘米（图3-46，2）。

盆 1件。

标本ⅢT1105②：3，泥质橙黄陶。敞口，折沿，圆唇，斜弧腹，底残。口沿外侧有一周折棱，腹部饰横向篮纹，内壁素面磨光。残高6、残宽7.3厘米（图3-46，3）。

（3）ⅢT1105③层

出土大量陶片，以腹部残片为主，可辨器形有圆腹罐、高领罐、花边罐、单耳罐、带流罐、盆、鬲（表3-140、141）。

表3-140 T1105③层器形数量统计表

陶质	泥质				夹砂				合计
器形　陶色	红	橙黄	灰	黑	红	橙黄	灰	黑	
盆		4	1			1			6
高领罐	1	3							4
花边罐						10			10
圆腹罐					2	21	1		24
鬲足							1		1
鬲						1			1
单耳罐		1							1
带流罐						1			1

表3-141 T1105③层陶片统计表

陶质	泥质				夹砂				合计
纹饰　陶色	橙黄	灰	红	灰底黑彩	橙黄	灰	红	褐	
素面	128	20	21		79				248
绳纹	8				61				69
篮纹	60	1	8		21				90
麻点纹					247		6		253
篮纹+麻点纹					3				3
附加堆纹					10				10

纹饰 \ 陶质 陶色	泥质				夹砂				合计
	橙黄	灰	红	灰底黑彩	橙黄	灰	红	褐	
附加堆纹 + 麻点纹					6				6
席纹						1			1
刻划纹	1				1				2
抹断绳纹	1								1
附加堆纹 + 篮纹 + 麻点纹					1				1
附加堆纹 + 刻划纹					1				1

圆腹罐 24 件。

标本ⅢT1105③：17，夹砂橙黄陶。侈口，圆唇，高领，束颈，上腹圆弧，下腹残。颈部素面，上腹饰麻点纹，有烟炱。残高 7.5、残宽 11.3 厘米（图 3-47，1）。

标本ⅢT1105③：18，夹砂橙黄陶。侈口，圆唇，高领，束颈，上腹圆弧，下腹残。器表饰麻点纹。残高 8、残宽 9.9 厘米（图 3-47，2）。

标本ⅢT1105③：19，夹砂红陶。侈口，圆唇，高领，微束颈，上腹斜弧，下腹残。器表饰麻点纹。残高 8.2、残宽 8.2 厘米（图 3-47，3）。

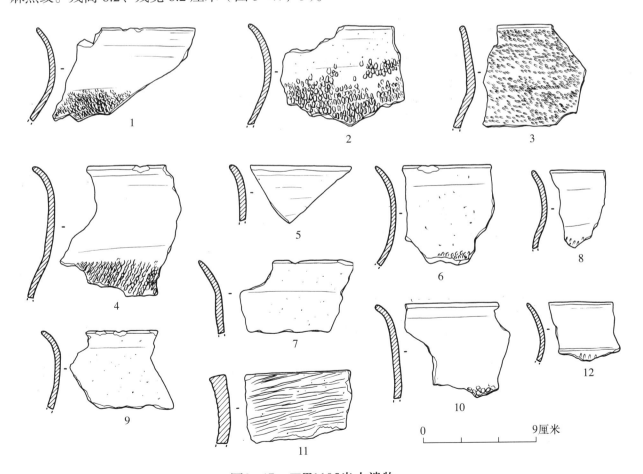

0   9厘米

图 3-47　ⅢT1105 出土遗物

1～12.圆腹罐ⅢT1105③：17～24、26、27、29、31

标本ⅢT1105③：20，夹砂橙黄陶。侈口，圆唇，高领，束颈，上腹斜弧，下腹残。颈部素面，上腹饰麻点纹，有烟炱。残高10.2、残宽9.8厘米（图3-47，4）。

标本ⅢT1105③：21，夹砂橙黄陶。侈口，圆唇，矮领，束颈，颈部以下残。颈部素面。残高4.5、残宽8厘米（图3-47，5）。

标本ⅢT1105③：22，夹砂橙黄陶。侈口，圆唇，高领，束颈，上腹斜，下腹残。颈部素面，上腹饰麻点纹，有烟炱。残高8、残宽7.1厘米（图3-47，6）。

标本ⅢT1105③：23，夹砂红陶。侈口，圆唇，高领，束颈，颈部以下残。颈部素面。残高5.7、残宽9厘米（图3-47，7）。

标本ⅢT1105③：24，夹砂橙黄陶。侈口，圆唇，高领，束颈，上腹弧，下腹残。器表素面，上腹饰麻点纹。残高6.1、残宽4.5厘米（图3-47，8）。

标本ⅢT1105③：26，夹砂橙黄陶。侈口，圆唇，矮领，束颈，上腹斜，下腹残。器表素面。残高6.4、残宽8.2厘米（图3-47，9）。

标本ⅢT1105③：27，夹砂橙黄陶。侈口，圆唇，高领，束颈，上腹斜，下腹残。颈部素面，上腹饰麻点纹，有烟炱。残高7.5、残宽8.4厘米（图3-47，10）。

标本ⅢT1105③：29，夹砂橙黄陶。微侈口，方唇，高领，束颈，颈部以下残。唇面饰麻点纹，颈部饰横向篮纹。残高5.5、残宽8.5厘米（图3-47，11）。

标本ⅢT1105③：31，夹砂橙黄陶。侈口，圆唇，高领，束颈，上腹斜弧，下腹残。颈部素面，上腹饰麻点纹。残高4.6、残宽5.7厘米（图3-47，12）。

标本ⅢT1105③：32，夹砂橙黄陶。侈口，圆唇，高领，束颈，颈部以下残。颈部素面，有刮抹痕迹。残高5、残宽6.5厘米（图3-48，1）。

标本ⅢT1105③：34，夹砂橙黄陶。侈口，圆唇，高领，束颈，上腹斜弧，下腹残。颈部素面，上腹饰麻点纹。残高5.7、残宽9厘米（图3-48，2）。

标本ⅢT1105③：35，泥质橙黄陶。侈口，圆唇，高领，束颈，上腹圆，下腹残。颈腹间有一周凹槽，器表素面。残高5.5、残宽5.8厘米（图3-48，3）。

标本ⅢT1105③：36，夹砂橙黄陶。侈口，圆唇，高领，束颈，颈部以下残。颈部素面。残高5、残宽5.3厘米（图3-48，4）。

标本ⅢT1105③：37，夹砂橙黄陶。侈口，圆唇，矮领，束颈，上腹斜弧，下腹残。器表饰横向篮纹，有烟炱。残高7、残宽7.5厘米（图3-48，5）。

标本ⅢT1105③：38，夹砂橙黄陶。侈口，圆唇，高领，束颈，上腹斜，下腹残。素面。残高7.3、残宽8.8厘米（图3-48，6）。

标本ⅢT1105③：42，夹砂橙黄陶。侈口，圆唇，矮领，束颈，上腹斜，下腹残。素面，有烟炱。残高5.2、残宽7厘米（图3-48，7）。

标本ⅢT1105③：44，夹砂灰陶。侈口，尖唇，矮领，束颈，上腹圆，下腹残。颈部素面，上腹饰绳纹。残高7、残宽6.6厘米（图3-48，8）。

标本ⅢT1105③：45，夹砂橙黄陶。侈口，圆唇，矮领，束颈，上腹斜弧，下腹残。器表饰麻点纹。残高6.2、残宽6.6厘米（图3-48，9）。

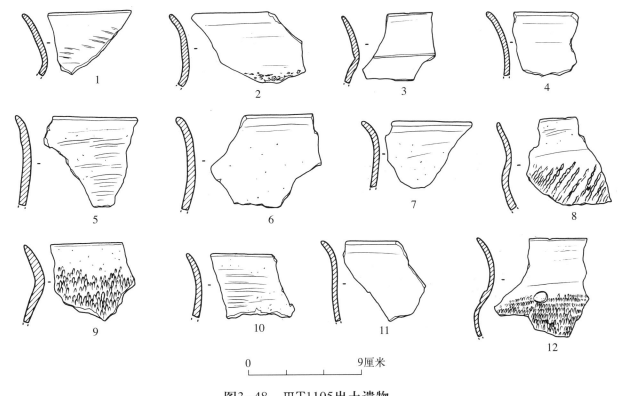

图3-48　ⅢT1105出土遗物

1～12.圆腹罐ⅢT1105③：32、34～38、42、44～48

标本ⅢT1105③：46，夹砂橙黄陶。侈口，圆唇，高领，束颈，颈部以下残。颈部饰横向篮纹，有烟炱。残高5.1、残宽6.8厘米（图3-48，10）。

标本ⅢT1105③：47，夹砂橙黄陶。侈口，圆唇，矮领，微束颈，上腹弧，下腹残。素面，有烟炱。残高6.5、残宽6.6厘米（图3-48，11）。

标本ⅢT1105③：48，夹砂橙黄陶。侈口，圆唇，高领，束颈，上腹圆弧，下腹残。颈部素面，上腹部饰麻点纹，麻点纹之上有一泥饼。残高7.9、残宽7.6厘米（图3-48，12）。

高领罐　4件。

标本ⅢT1105③：2，泥质橙黄陶。喇叭口，方唇，高领，束颈，颈部以下残。口沿外侧有一周折棱，颈部素面磨光。残高7.8、残宽8厘米（图3-49，1）。

标本ⅢT1105③：16，泥质橙黄陶。喇叭口，尖唇，高领，束颈，颈部以下残。口沿外侧有一周折棱，颈部素面有刮抹痕迹。口径14、残高8.5厘米（图3-49，2）。

标本ⅢT1105③：25，泥质橙黄陶。喇叭口，平沿，圆唇，高领，束颈，颈部以下残。颈部饰篮纹。残高5、残宽6.4厘米（图3-49，3）。

标本ⅢT1105③：30，泥质红陶。喇叭口，圆唇，高领，束颈，颈部以下残。颈部素面磨光。残高4.5、残宽6.1厘米（图3-49，4）。

花边罐　10件。

标本ⅢT1105③：4，夹砂橙黄陶。侈口，尖唇，高领，束颈，上腹斜弧，下腹残。口沿外侧及肩部各饰一周附加泥条，泥条经手指按压呈波状，泥条间饰斜向篮纹，上腹饰麻点纹。残高

8.6、残宽 12 厘米（图 3-49，5）。

标本 ⅢT1105③：5，夹砂橙黄陶。侈口，圆唇，高领，束颈，上腹斜弧，下腹残。口沿外侧及肩部各饰一周附加泥条，泥条经手指按压呈波状，泥条间饰斜向篮纹，上腹饰麻点纹。残高 7.3、残宽 11.5 厘米（图 3-49，6）。

标本 ⅢT1105③：6，夹砂橙黄陶。侈口，圆唇，矮领，束颈，上腹斜，下腹残。口沿外侧饰一周附加泥条，泥条经手指按压呈波状，颈部饰斜向篮纹，有一泥饼。残高 5.4、残宽 6.8 厘米（图 3-49，7）。

标本 ⅢT1105③：7，夹砂橙黄陶。侈口，圆唇，高领，束颈，上腹斜弧，下腹残。口沿外侧及肩部各饰一周附加泥条，泥条经手指按压呈波状，泥条间饰斜向篮纹，上腹饰麻点纹。残高 8、残宽 9.2 厘米（图 3-49，8）。

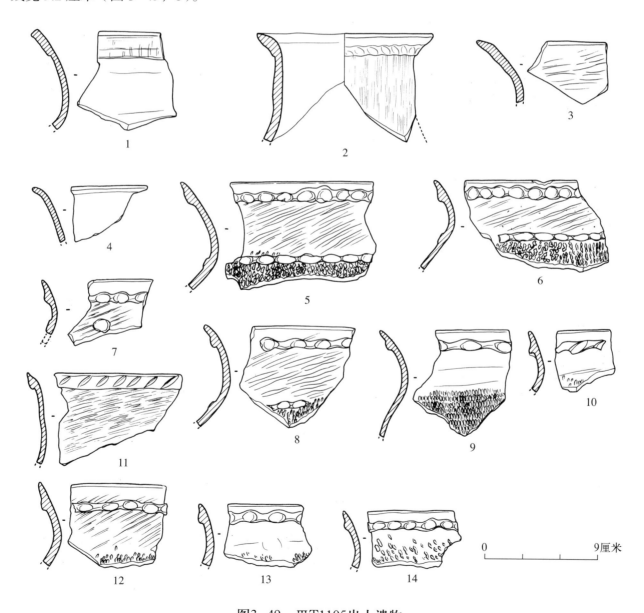

图 3-49　ⅢT1105 出土遗物

1～4.高领罐 ⅢT1105③：2、16、25、30　5～14.花边罐 ⅢT1105③：4～10、13～15

　　标本ⅢT1105③：8，夹砂橙黄陶。侈口，圆唇，高领，束颈，上腹斜弧，下腹残。口沿外侧饰一周附加泥条，泥条经手指按压呈波状，颈部素面，上腹饰麻点纹。残高8.3、残宽7.9厘米（图3-49，9）。

　　标本ⅢT1105③：9，夹砂橙黄陶。侈口，圆唇，矮领，束颈，上腹斜，下腹残。颈部饰一周附加泥条，泥条之上饰斜向戳印纹，上腹饰麻点纹。残高4.9、残宽4.9厘米（图3-49，10）。

　　标本ⅢT1105③：10，夹砂橙黄陶。侈口，尖唇，高领，束颈，颈部以下残。口沿外侧有一周附加泥条，泥条之上饰斜向戳印纹，颈部饰斜向篮纹，有烟炱。残高7.3、残宽10.1厘米（图3-49，11）。

　　标本ⅢT1105③：13，夹砂橙黄陶。侈口，圆唇，高领，束颈，上腹斜，下腹残。颈部饰斜向篮纹，篮纹之上饰一周附加泥条，泥条经手指按压呈波状，上腹饰麻点纹。残高6.7、残宽7.9厘米（图3-49，12）。

　　标本ⅢT1105③：14，夹砂橙黄陶。侈口，尖唇，矮领，束颈，上腹斜，下腹残。口沿外侧饰一周附加泥条，泥条经手指按压呈波状，颈部素面，上腹饰麻点纹，有烟炱。残高5、残宽6.9厘米（图3-49，13）。

　　标本ⅢT1105③：15，夹砂橙黄陶。侈口，圆唇，矮领，束颈，颈部以下残。口沿外侧饰一周附加泥条，泥条经手指按压呈波状，颈部饰麻点纹。残高4.6、残宽7.5厘米（图3-49，14）。

　　单耳罐　1件。

　　标本ⅢT1105③：39，泥质橙黄陶。侈口，方唇，高领，束颈，上腹圆弧，下腹残。连口拱形单耳。耳上端口沿处呈锯齿状，耳面饰竖向绳纹，颈部素面有一周凹槽，上腹饰麻点纹。残高9.5、残宽5.7厘米（图3-50，1）。

　　带流罐　1件。

　　标本ⅢT1105③：40，夹砂橙黄陶。侈口，尖唇，矮领，束颈，颈部以下残。口沿有一流，颈部饰麻点纹，有烟炱。残高4.6、残宽9.5厘米（图3-50，2）。

　　盆　6件。

　　标本ⅢT1105③：1，夹砂橙黄陶。敞口，圆唇，斜腹，底残。口沿外侧有一周折棱，腹部素面有凹槽。残高5.6、残宽8厘米（图3-50，3）。

　　标本ⅢT1105③：3，泥质橙黄陶。敞口，尖唇，斜直腹，底残。口沿外侧有一周折棱，腹部饰斜向篮纹，内壁素面磨光。残高4.2、残宽7.9厘米（图3-50，4）。

　　标本ⅢT1105③：11，泥质橙黄陶。敞口，平沿，圆唇，斜腹，底残。口沿外侧饰一周折棱，腹部饰斜向篮纹，内壁素面磨光。残高4、残宽7.3厘米（图3-50，5）。

　　标本ⅢT1105③：12，泥质橙黄陶。敞口，方唇，斜腹，底残。口沿外侧有一周折棱，腹部饰横向篮纹。残高4.2、残宽8.8厘米（图3-50，6）。

　　标本ⅢT1105③：41，泥质橙黄陶。敞口，方唇，斜直腹，底残。腹部饰横向篮纹。残高7.5、残宽9.8厘米（图3-50，7）。

　　标本ⅢT1105③：43，泥质灰陶。敞口，方唇，斜弧腹，底残。腹部有一周凹槽，凹槽下饰戳印纹，内壁素面磨光。残高5.8、残宽6.3厘米（图3-50，8）。

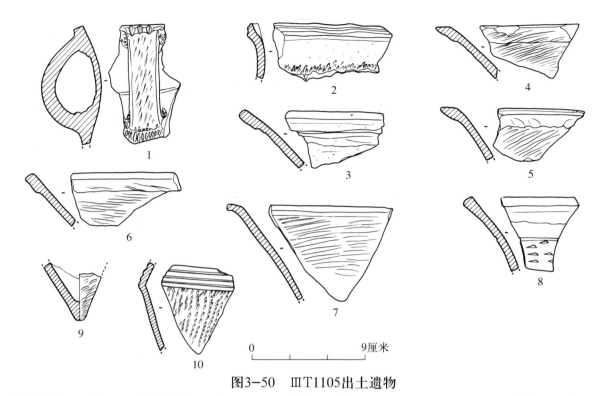

图3-50　ⅢT1105出土遗物

1.单耳罐ⅢT1105③:39　2.带流罐ⅢT1105③:40　3~8.盆ⅢT1105③:1、3、11、12、41、43　9、10.斝ⅢT1105③:28、33

斝　2件。

标本ⅢT1105③:28,夹砂灰陶。牛角状空心足。器表饰横向篮纹,有烟炱。残高4.6、残宽4.7厘米(图3-50,9)。

标本ⅢT1105③:33,夹砂橙黄陶。敛口,方唇,上腹直,下腹残。口沿外侧有三道凹槽,上腹饰麻点纹。残高7、残宽5.8厘米(图3-50,10)。

(4)ⅢT1105④层

出土大量陶片,以腹部残片为主,可辨器形有圆腹罐、花边罐、单耳罐、双耳罐、高领罐、大口罐、鸮面罐、盆,出土石凿、石刀、石料、骨锥(表3-142、143)。

表3-142　T1105④层器形数量统计表

器形 ＼ 陶质 陶色	泥质				夹砂				合计
	红	橙黄	灰	黑	红	橙黄	灰	黑	
盆	1	6							7
圆腹罐					1	21			22
大口罐					1				1
花边罐					1	18	3		22
双耳罐		1				1			2
鸮面罐						2			2
高领罐		5	1						6
单耳罐						1			1

表3-143　T1105④层陶片统计表

陶质　纹饰＼陶色	泥质				夹砂				合计
	橙黄	灰	红	灰底黑彩	橙黄	灰	红	褐	
素面	306	28	12		149				495
绳纹	50				128				178
篮纹	187	15	6		34				242
麻点纹	378				122				500
附加堆纹	31	1			3				35
戳印纹	2				1				3
戳印纹＋篮纹					1				1
附加堆纹＋戳印纹	2								2
戳印纹＋绳纹					1				1
交错绳纹					1				1
附加堆纹＋篮纹					3				3
麻点纹＋席纹					1				1
篮纹＋刻划纹	1								1
附加堆纹＋麻点纹					6				6
席纹	6				2				8
附加堆纹＋绳纹	3				4				7
刻划纹	2				5				7
篮纹＋绳纹					6				6
交错篮纹	1								1
篮纹＋麻点纹					13				13

圆腹罐　22件。

标本ⅢT1105④：8，夹砂橙黄陶。侈口，圆唇，高领，束颈，上腹斜弧，下腹残。颈部素面，上腹部饰麻点纹。口径17、残高9.2厘米（图3-51，1）。

标本ⅢT1105④：9，夹砂橙黄陶。侈口，圆唇，高领，束颈，上腹斜，下腹残。颈部饰横向篮纹，腹部饰麻点纹。口径18.4、残高9.2厘米（图3-51，2）。

标本ⅢT1105④：10，夹砂橙黄陶。侈口，圆唇，高领，束颈，上腹斜，下腹残。颈部饰横向篮纹，上腹部饰麻点纹。残高8.8、残宽9.6厘米（图3-51，3）。

标本ⅢT1105④：11，夹砂橙黄陶。侈口，圆唇，高领，束颈，上腹斜，下腹残。颈部饰横向篮纹，上腹部饰麻点纹，其内壁泥条盘筑痕迹清晰可见。口径16.8、残高9厘米（图3-51，4）。

标本ⅢT1105④：12，夹砂红陶。侈口，圆唇，高领，束颈，上腹斜，下腹残。上腹部饰竖向绳纹，其内壁有修整刮抹痕迹。残高9.8、残宽8.8厘米（图3-51，5）。

标本ⅢT1105④：39，夹砂橙黄陶。侈口，圆唇，高领，束颈，颈部以下残。颈部素面，有烟炱。残高6.3、残宽5.8厘米（图3-51，6）。

标本ⅢT1105④：41，夹砂橙黄陶。侈口，圆唇，高领，束颈，颈部以下残。颈部素面。残

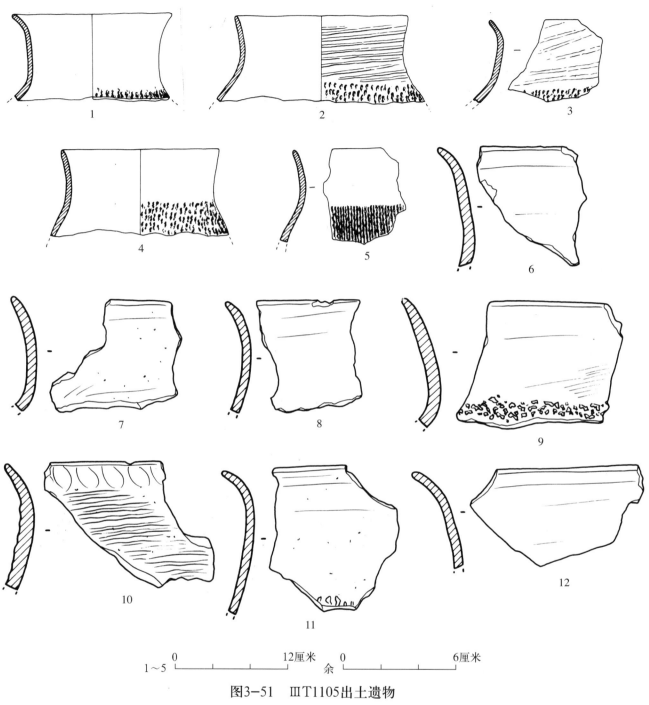

图3-51　ⅢT1105出土遗物

1~12.圆腹罐ⅢT1105④：8~12、39、41~45、48

高6、残宽6.9厘米（图3-51，7）。

　　标本ⅢT1105④：42，夹砂橙黄陶。侈口，圆唇，高领，束颈，颈部以下残。颈部素面。残高5.9、残宽5.5厘米（图3-51，8）。

　　标本ⅢT1105④：43，夹砂橙黄陶。侈口，圆唇，高领，束颈，上腹斜，下腹残。颈部素面，上腹饰麻点纹。残高6.8、残宽8.7厘米（图3-51，9）。

　　标本ⅢT1105④：44，夹砂橙黄陶。侈口，圆唇，高领，束颈，颈部以下残。口沿外侧有一周按压痕迹呈波状，颈部饰横向篮纹。残高6.9、残宽9厘米（图3-51，10）。

标本ⅢT1105④：45，夹砂橙黄陶。侈口，圆唇，矮领，束颈，上腹斜，下腹残。颈部素面，上腹饰麻点纹，有烟炱。残高7.8、残宽7.1厘米（图3-51，11）。

标本ⅢT1105④：48，夹砂橙黄陶。侈口，圆唇，高领，束颈，颈部以下残。颈部素面且有刮抹痕迹。残高5.2、残宽9.2厘米（图3-51，12）。

标本ⅢT1105④：52，夹砂橙黄陶。侈口，圆唇，高领，束颈，颈部以下残。颈部饰横向篮纹，有烟炱。残高5.8、残宽7.8厘米（图3-52，1）。

标本ⅢT1105④：56，夹砂橙黄陶。侈口，圆唇，高领，束颈，颈部以下残。颈部饰斜向篮纹。残高7.3、残宽8.5厘米（图3-52，2）。

标本ⅢT1105④：61，夹砂橙黄陶。侈口，圆唇，高领，束颈，颈部以下残。颈部素面。残高6.2、残宽9.2厘米（图3-52，3）。

标本ⅢT1105④：62，夹砂橙黄陶。侈口，圆唇，高领，束颈，上腹斜，下腹残。颈部素面，上腹饰麻点纹。残高8.6、残宽8.5厘米（图3-52，4）。

标本ⅢT1105④：63，夹砂橙黄陶。侈口，圆唇，高领，束颈，颈部以下残。颈部素面，有烟炱。残高5.5、残宽6厘米（图3-52，5）。

标本ⅢT1105④：64，夹砂橙黄陶。侈口，圆唇，高领，束颈，颈部以下残。颈部素面。残高5.3、残宽6厘米（图3-52，6）。

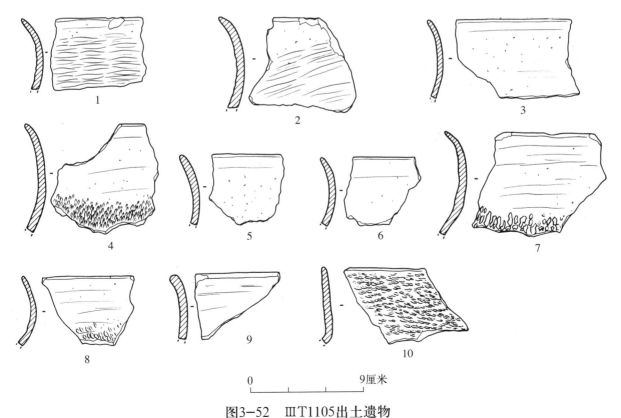

0　　　　　　　9厘米

图3-52　ⅢT1105出土遗物

1~10.圆腹罐ⅢT1105④：52、56、61~64、68、69、37、38

标本ⅢT1105④：68，夹砂橙黄陶。侈口，圆唇，高领，束颈，上腹斜，下腹残。颈部素面，上腹饰麻点纹。残高8.2、残宽10.6厘米（图3-52，7）。

标本ⅢT1105④：69，夹砂橙黄陶。侈口，圆唇，高领，束颈，上腹斜，下腹残。颈部素面，上腹饰麻点纹。残高5.5、残宽7.3厘米（图3-52，8）。

标本ⅢT1105④：37，夹砂橙黄陶。侈口，圆唇，矮领，束颈，上腹斜弧，下腹残。器表素面。残高5.1、残宽6.8厘米（图3-52，9）。

标本ⅢT1105④：38，夹砂橙黄陶。侈口，圆唇，高领，束颈，颈部以下残。颈部饰麻点纹。残高6、残宽10厘米（图3-52，10）。

花边罐　22件。

标本ⅢT1105④：14，夹砂橙黄陶。侈口，圆唇，矮领，束颈，上腹斜，下腹残。口沿外侧饰一周附加泥条，泥条经手指按压呈波状，颈部饰斜向篮纹，腹部饰麻点纹。口径19.5、残高8.8厘米（图3-53，1）。

标本ⅢT1105④：15，夹砂橙黄陶。侈口，圆唇，高领，束颈，上腹斜，下腹残。口沿外侧饰一周附加泥条，泥条之上饰戳印纹，颈部素面，腹部饰麻点纹。口沿内侧有修整刮抹痕迹。残高10.4、残宽10.8厘米（图3-53，2）。

标本ⅢT1105④：16，夹砂橙黄陶。侈口，圆唇，矮领，束颈，颈部以下残。口沿外侧饰一周附加泥条，泥条经手指按压呈波状，口沿及颈部均为斜向篮纹。口径19、残高5.6厘米（图3-53，3）。

标本ⅢT1105④：17，夹砂灰陶。侈口，圆唇，矮领，束颈，上腹斜，下腹残。口沿外侧饰一周附加泥条，泥条经手指按压呈波状，泥条局部有脱落痕迹，颈部为素面，腹部饰麻点纹。口径11.6、残高6.4厘米（图3-53，4）。

标本ⅢT1105④：18，夹砂橙黄陶。侈口，圆唇，矮领，束颈，颈部以下残。口沿外侧饰一周附加泥条，泥条经手指按压呈波状，颈部为素面，口部有烟炱痕迹。口径13.6、残高7.2厘米（图3-53，5）。

标本ⅢT1105④：19，夹砂橙黄陶。侈口，圆唇，矮领，束颈，溜肩，腹部残。口沿外侧饰一周附加泥条，泥条经手指按压呈波状，颈部饰斜向篮纹，肩部有一周附加泥条，泥条经手指按压呈波状，肩部泥条以下饰麻点纹，其内壁有修整刮抹痕迹。口径24、残高9.4厘米（图3-53，6）。

标本ⅢT1105④：20，夹砂橙黄陶。侈口，圆唇，高领，束颈，上腹斜，下腹残。口沿外侧饰一周附加泥条，泥条上饰戳印纹，颈部为素面，腹部饰麻点纹。残高7.2、残宽6厘米（图3-53，7）。

标本ⅢT1105④：21，夹砂橙黄陶。侈口，圆唇，高领，束颈，颈部以下残。口沿外侧有一周附加泥条，泥条之上饰戳印纹，颈部素面。口径12、残高4.4厘米（图3-53，8）。

标本ⅢT1105④：22，夹砂橙黄陶。侈口，圆唇，矮领，束颈，上腹斜，下腹残。口沿外侧饰一周附加泥条，泥条经手指按压呈波状，颈部较粗糙纹饰不清晰，腹部饰麻点纹，口沿外侧有烟炱痕迹。口径10.2、残高6.8厘米（图3-53，9）。

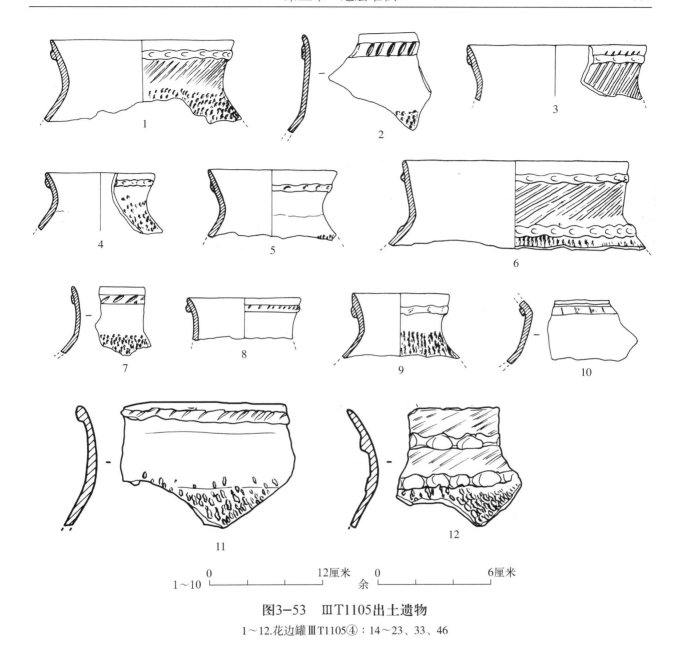

图3-53　ⅢT1105出土遗物

1~12.花边罐ⅢT1105④：14~23、33、46

标本ⅢT1105④：23，夹砂红陶。侈口，唇残，矮领，束颈，上腹斜，下腹残。颈部饰一周附加泥条，泥条之上饰戳印纹，素面。残高6.4、残宽9.6厘米（图3-53，10）。

标本ⅢT1105④：33，夹砂橙黄陶。侈口，圆唇，高领，束颈，上腹斜弧，下腹残。口沿外侧饰一周附加泥条，呈波状，颈部素面，上腹饰麻点纹。残高6.7、残宽9.3厘米（图3-53，11）。

标本ⅢT1105④：46，夹砂橙黄陶。侈口，圆唇，高领，束颈，上腹斜弧，下腹残。颈部饰斜向篮纹，篮纹之上饰两周附加泥条，泥条经手指按压呈波状，上腹饰麻点纹，有烟炱。残高6.4、残宽6.7厘米（图3-53，12）。

标本ⅢT1105④：47，夹砂橙黄陶。侈口，尖唇，高领，束颈，颈部以下残。口沿外侧饰一周附加泥条，泥条经手指按压呈波状，颈部素面。残高5.5、残宽7.6厘米（图3-54，1）。

标本ⅢT1105④：49，夹砂橙黄陶。侈口，圆唇，高领，束颈，上腹斜，下腹残。口沿外侧

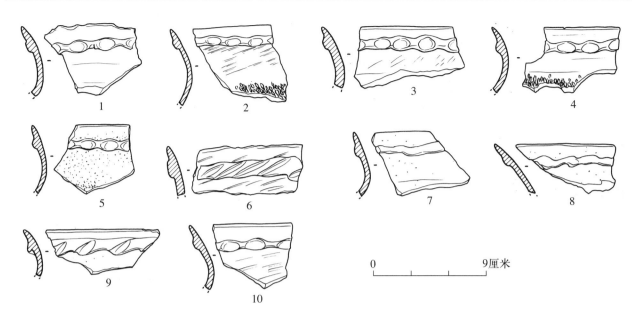

图3-54　ⅢT1105出土遗物
1～10.花边罐ⅢT1105④：47、49、50、53～55、58～60、66

饰一周附加泥条，泥条经手指按压呈波状，颈部饰篮纹，上腹饰麻点纹。残高6.1、残宽7.3厘米（图3-54，2）。

标本ⅢT1105④：50，夹砂橙黄陶。侈口，圆唇，矮领，束颈，颈部以下残。口沿外侧饰一周附加泥条，泥条经手指按压呈波状，颈部素面。残高4.9、残宽8.8厘米（图3-54，3）。

标本ⅢT1105④：53，夹砂灰陶。侈口，尖唇，矮领，束颈，上腹斜弧，下腹残。颈部饰一周附加泥条，泥条经手指按压呈波状，上腹饰麻点纹，有烟炱。残高5.1、残宽7.3厘米（图3-54，4）。

标本ⅢT1105④：54，夹砂橙黄陶。侈口，尖唇，矮领，束颈，上腹斜，下腹残。颈部饰一周附加泥条，泥条经手指按压呈波状，器表饰麻点纹。残高5.5、残宽6.5厘米（图3-54，5）。

标本ⅢT1105④：55，夹砂橙黄陶。侈口，圆唇，口沿以下残。口沿外侧饰斜向篮纹，篮纹之上有一周附加泥条饰斜向戳印纹。残高4、残宽8.8厘米（图3-54，6）。

标本ⅢT1105④：58，夹砂灰陶。侈口，圆唇，高领，束颈，颈部以下残。口沿外侧饰一周附加泥条，泥条经手指按压呈波状，颈部素面，有烟炱。残高5、残宽7.8厘米（图3-54，7）。

标本ⅢT1105④：59，夹砂橙黄陶。侈口，尖唇，矮领，颈部残。口沿外侧饰一周附加泥条，泥条经手指按压呈波状。残高3.9、残宽8厘米（图3-54，8）。

标本ⅢT1105④：60，夹砂橙黄陶。侈口，圆唇，矮领，束颈，颈部以下残。口沿外侧有一周附加泥条，泥条之上饰斜向戳印纹，颈部素面，有烟炱。残高3.6、残宽9厘米（图3-54，9）。

标本ⅢT1105④：66，夹砂橙黄陶。侈口，圆唇，矮领，束颈，颈部以下残。口沿外侧饰一周附加泥条，泥条经手指按压呈波状，颈部素面。残高5.1、残宽6.3厘米（图3-54，10）。

单耳罐　1件。

标本ⅢT1105④：51，夹砂橙黄陶。侈口，圆唇，矮领，束颈，上腹斜，下腹残。连口残耳，耳上端口沿处呈锯齿状，颈部素面，上腹饰麻点纹且有一泥饼，有烟炱。残高5.5、残宽7.1厘米（图3-55，1）。

双耳罐 2件。

标本ⅢT1105④：24，夹砂橙黄陶。侈口，圆唇，矮领，束颈，上腹斜，下腹残。拱形双耳，颈部饰横向篮纹，腹部饰麻点纹，颈部与耳部均有烟炱痕迹。口径9.6、残高7.2厘米（图3-55，2）。

标本ⅢT1105④：25，泥质灰陶。侈口，圆唇，高领，束颈，上腹斜，下腹残。拱形双耳，耳部上方与下方根部均有戳印纹点缀，颈部有修整刮抹痕迹，颈下方饰一周戳印纹，器表通体为素面磨光。口径12.4、残高7.6厘米（图3-55，3）。

高领罐 6件。

标本ⅢT1105④：32，泥质橙黄陶。喇叭口，圆唇，高领，束颈，颈部以下残。口沿外侧有一周折棱，颈部素面。残高4.3、残宽7.4厘米（图3-55，4）。

标本ⅢT1105④：34，泥质橙黄陶。喇叭口，圆唇，高领，束颈，颈部以下残。颈部素面磨

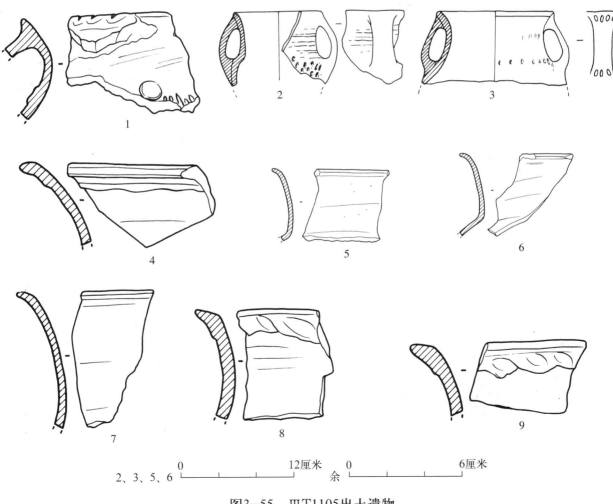

图3-55 ⅢT1105出土遗物

1.单耳罐ⅢT1105④：51 2、3.双耳罐ⅢT1105④：24、25 4～9.高领罐ⅢT1105④：32、34～36、40、67

光。残高7.5、残宽9.2厘米（图3-55，5）。

标本ⅢT1105④：35，泥质橙黄陶。喇叭口，圆唇，高领，束颈，溜肩，腹部残。器表素面磨光。残高8.7、残宽9厘米（图3-55，6）。

标本ⅢT1105④：36，泥质橙黄陶。喇叭口，圆唇，高领，束颈，颈部以下残。颈部素面磨光。残高7.1、残宽4.4厘米（图3-55，7）。

标本ⅢT1105④：40，泥质灰陶。喇叭口，平沿，尖唇，高领，束颈，颈部以下残。口沿外侧有一周折棱，颈部素面。残高5.8、残宽5.2厘米（图3-55，8）。

标本ⅢT1105④：67，泥质橙黄陶。喇叭口，窄平沿，圆唇，高领，束颈，颈部以下残。口沿外侧饰一周折棱，颈部素面。残高3.8、残宽6.2厘米（图3-55，9）。

大口罐　1件。

标本ⅢT1105④：13，夹砂红陶。微敛口，方唇，口沿以下残。口沿外侧饰一周附加泥条，器身通体饰麻点纹。残高4.5、残宽9.7厘米（图3-56，1）。

鸮面罐　2件。

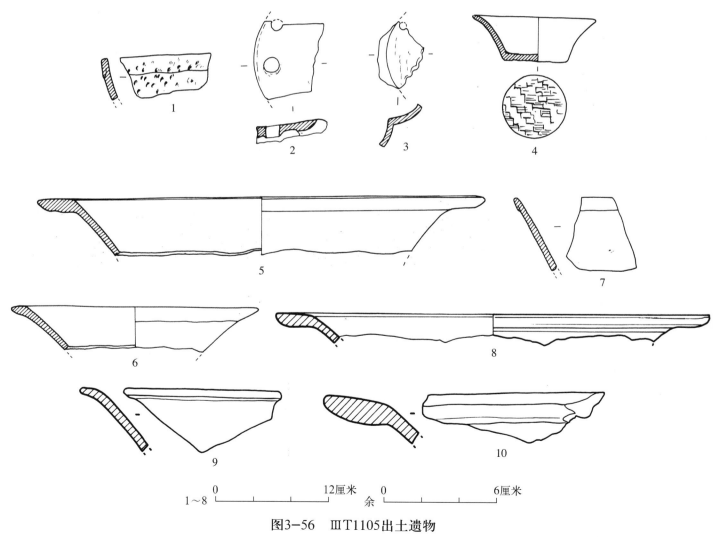

图3-56　ⅢT1105出土遗物

1.大口罐ⅢT1105④：13　2、3.鸮面罐ⅢT1105④：26、27　4～10.盆ⅢT1105④：5、28～31、57、65

标本ⅢT1105④：26，夹砂橙黄陶。器表较粗糙，口沿内侧有数道压印痕迹呈波状，器身有两个孔。残长 8.2、残宽 6.8 厘米（图 3-56，2）。

标本ⅢT1105④：27，夹砂橙黄陶。口沿内侧有数道压印痕迹呈波状。残高 7、残宽 4.8 厘米（图 3-56，3）。

盆　7 件。

标本ⅢT1105④：5，泥质橙黄陶。敞口，圆唇，斜弧腹，平底。腹部素面，底面饰席纹。口径 13.2、高 4.6、底径 6.8 厘米（图 3-56，4；彩版二八，4）。

标本ⅢT1105④：28，泥质红陶。敞口，平沿，圆唇，斜直腹，底残。器身通体素面磨光且刮抹痕迹。口径 47.2、残高 6.2 厘米（图 3-56，5）。

标本ⅢT1105④：29，泥质橙黄陶。敞口，圆唇，斜直腹，底残。口沿外侧有泥条捏合痕迹，器身通体为素面。口径 26.2、残高 4.4 厘米（图 3-56，6）。

标本ⅢT1105④：30，泥质橙黄陶。敞口，方唇，斜直腹，底残。口沿外侧饰一周附加泥条，器表局部有刮痕，素面，其内壁有修整刮抹痕迹且有烟炱。残高 7.6、残宽 7.4 厘米（图 3-56，7）。

标本ⅢT1105④：31，泥质橙黄陶。敞口，宽平沿，尖唇，上腹斜，下腹残。素面磨光。口径 46、残高 3.4 厘米（图 3-56，8）。

标本ⅢT1105④：57，泥质橙黄陶。敞口，平沿，圆唇，斜直腹，底残。器表素面。残高 3.3、残宽 8.4 厘米（图 3-56，9）。

标本ⅢT1105④：65，泥质橙黄陶。敞口，宽平沿，圆唇，上腹斜，下腹残。素面磨光。残高 2.6、残宽 9.7 厘米（图 3-56，10）。

石凿　1 件。

标本ⅢT1105④：4，石英岩。仅残存部分刃部，一面磨制精致，另一面疑似节理面断裂。残长 3.3、宽 2.1、厚 0.5 厘米（图 3-57，1；彩版二八，5）。

石刀　1 件。

标本ⅢT1105④：2，石英岩。器身呈长方形，器表一面磨制精细，一面粗磨，边缘刃部打制痕迹明显未磨制。器表长 8.1、宽 5、厚 1.37 厘米（图 3-57，2；彩版二九，1）。

石料　1 件。

标本ⅢT1105④：7，页岩。扁薄，器身呈近三角形。一面磨制精细，一面未见磨痕。残长 2.9、残宽 2.6、厚 0.2 厘米（图 3-57，3）。

骨锥　3 件。

标本ⅢT1105④：1，动物骨骼磨制而成，器身呈扁平状，柄部平，中腰至尖部残，器表磨制光滑。残长 7.8、宽 1、厚 0.6 厘米（图 3-57，4）。

标本ⅢT1105④：3，动物肢骨磨制而成，器身扁平窄长，柄部保持原骨干关节部自然形态，中腰部扁平，截断面近长方形，尖部磨制尖锐，器身打磨光滑。长 9.8、宽 1.4、厚 0.3 厘米（图 3-57，5；彩版二九，2）。

标本ⅢT1105④：6，动物骨骼磨制而成，呈扁平状，仅存锥尖部分。残长 3.2、残宽 1、厚 0.5 厘米（图 3-57，6；彩版二九，3）。

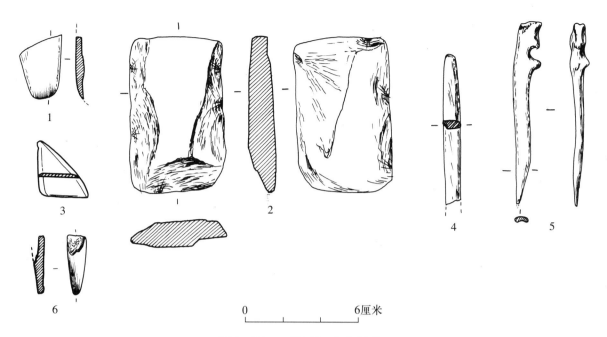

图3-57　ⅢT1105出土遗物

1.石凿ⅢT1105④：4　2.石刀ⅢT1105④：2　3.石料ⅢT1105④：7　4～6.骨锥ⅢT1105④：1、3、6

（5）其他地层

其他地层出土陶片见下表（表3-144）。

表3-144　T1105⑤层陶片统计表

陶质 纹饰	泥质				夹砂				合计
陶色	橙黄	灰	红	灰底黑彩	橙黄	灰	红	褐	
素面	49	6	6		40				101
绳纹	2				46				48
篮纹	23	4	8		3				38
麻点纹					94				94
戳印纹							1		1
附加堆纹					2				2
刻划纹					1				1
篮纹＋绳纹							2		2

27. ⅢT1106

ⅢT1106属于新石器时代地层有①～④层。

（1）ⅢT1106①层

出土少量陶片，以陶器腹部残片为主，无可辨器形标本，所以不具体介绍，只进行陶系统计（表3-145）。

（2）ⅢT1106②层

出土少量陶片，以腹部残片为主，可辨器形有圆腹罐（表3-146、147）。

圆腹罐 1件。

表3-145 T1106①层陶片统计表

纹饰 陶质 陶色	泥质				夹砂				合计
	橙黄	灰	红	灰底黑彩	橙黄	灰	红	褐	
素面	17	1	2		7				27
篮纹	11	2			2				15
麻点纹					4				4
绳纹					3				3
篮纹 + 麻点纹					1				1
附加堆纹					1				1

表3-146 T1106②层器形数量统计表

器形 陶质 陶色	泥质				夹砂				合计
	红	橙黄	灰	黑	红	橙黄	灰	黑	
圆腹罐						1			1

表3-147 T1106②层陶片统计表

纹饰 陶质 陶色	泥质				夹砂				合计
	橙黄	灰	红	灰底黑彩	橙黄	灰	红	褐	
素面	9	3			3				15
绳纹					2				2
篮纹		2							2

标本ⅢT1106②：1，夹砂橙黄陶。侈口，圆唇，矮领，束颈，上腹斜弧，下腹残。颈部饰斜向篮纹，上腹饰竖向绳纹。残高6.7、残宽8.2厘米（图3-58，1）。

（3）ⅢT1106③层

出土少量陶片，以腹部残片为主，可辨器形有圆腹罐、大口罐、斝，另外出土骨饰（表3-148、149）。

表3-148 T1106③层器形数量统计表

器形 陶质 陶色	泥质				夹砂				合计
	红	橙黄	灰	黑	红	橙黄	灰	黑	
斝						1			1
大口罐	1								1
圆腹罐						2			2

圆腹罐 2件。

标本ⅢT1106③：4，夹砂橙黄陶。侈口，圆唇，矮领，束颈，上腹斜，下腹残。器表素面，有烟炱。残高 6.5、残宽 10 厘米（图 3-58，2）。

标本ⅢT1106③：5，夹砂橙黄陶。侈口，圆唇，高领，束颈，颈部以下残。颈部素面。残高5、残宽 6.6 厘米（图 3-58，3）。

表3-149　T1106③层陶片统计表

纹饰 陶质 陶色	泥质				夹砂				合计
	橙黄	灰	红	灰底黑彩	橙黄	灰	红	褐	
素面	92		12		56				160
绳纹	8	6			26				40
篮纹	42				10				52
麻点纹	2				88	1			91
刻划纹	2				11				13
篮纹 + 麻点纹					3				3
附加堆纹					2				2
篮纹 + 绳纹					3				3
席纹					1				1
交错绳纹	1				2				3

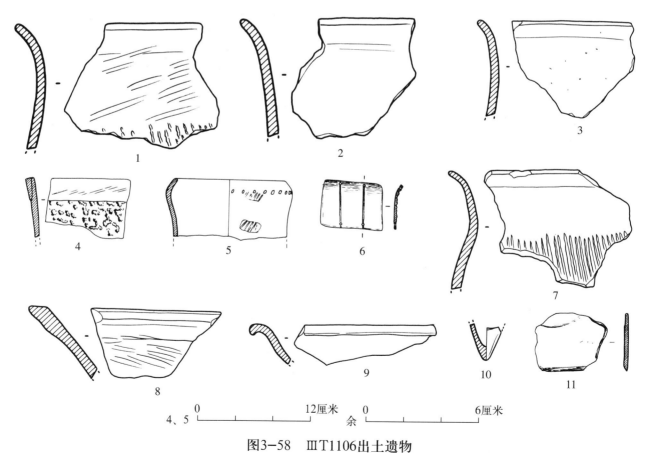

图3-58　ⅢT1106出土遗物

1～3、7.圆腹罐ⅢT1106②：1、ⅢT1106③：4、5、ⅢT1106④：2　4.大口罐ⅢT1106③：3　5、10.罕ⅢT1106③：2、ⅢT1106④：5　6.骨饰ⅢT1106③：1　8、9.盆ⅢT1106④：3、4　11.石刀ⅢT1106④：1

大口罐 1件。

标本ⅢT1106③：3，泥质红陶。微侈口，方唇，上直腹，下腹残。口沿外侧饰一周附加泥条，泥条上饰斜向篮纹，腹部饰麻点纹。残高6、残宽8.8厘米（图3-58，4）。

斝 1件。

标本ⅢT1106③：2，夹砂橙黄陶。敛口，圆唇，上直腹，下腹残。口沿外侧饰一周戳印纹，耳部已脱落，器表素面且有烟炱痕迹。口径11.6、残高6厘米（图3-58，5）。

骨饰 1件。

标本ⅢT1106③：1，呈长方形，器身有两道浅凹槽，凹槽连接四个钻孔。长3.4、宽2.4、厚0.2厘米（图3-58，6；彩版二九，4）。

（4）ⅢT1106④层

出土少量陶片，以腹部残片为主，可辨器形有圆腹罐、盆、斝，出土石刀（表3-150、151）。

表3-150 T1106④层器形数量统计表

器形\陶质陶色	泥质				夹砂				合计
	红	橙黄	灰	黑	红	橙黄	灰	黑	
圆腹罐						1			1
盆		1	1						2
斝			1						1

表3-151 T1106④层陶片统计表

纹饰\陶质陶色	泥质				夹砂				合计
	橙黄	灰	红	灰底黑彩	橙黄	灰	红	褐	
素面	51	2	2		19				74
绳纹	8				10				18
交错绳纹					1				1
篮纹	24	4			17				45
交错篮纹			1						1
麻点纹					61				61
刻划纹					2				2
附加堆纹	1				1				2
绳纹+弦纹	1								1
篮纹+绳纹					2				2
篮纹+麻点纹					1				1

圆腹罐 1件。

标本ⅢT1106④：2，夹砂橙黄陶。侈口，圆唇，高领，束颈，上腹圆弧，下腹残。颈部素面，上腹饰竖向绳纹。残高6.2、残宽7.8厘米（图3-58，7）。

盆 2件。

标本ⅢT1106④：3，泥质灰陶。敞口，窄平沿，尖唇，斜腹微弧，底残。腹部饰斜向篮纹，内壁素面磨光。残高 3.8、残宽 7 厘米（图 3-58，8）。

标本 ⅢT1106④：4，泥质橙黄陶。敞口，卷沿，尖唇，斜弧腹，底残。素面磨光。残高 2、残宽 6.6 厘米（图 3-58，9）。

斝　1 件。

标本 ⅢT1106④：5，泥质灰陶。仅存斝足部分，呈牛角状空心状，素面。残高 2、残宽 1.8 厘米（图 3-58，10）。

石刀　1 件。

标本 ⅢT1106④：1，页岩。仅残存部分刃部。残长 3、宽 4.1、厚 0.3 厘米（图 3-58，11；彩版二九，5）。

28. ⅢT1201

ⅢT1201 属于新石器时代地层有①～④层。

（1）ⅢT1201①层

出土少量陶片，以腹部残片为主，可辨器形有高领罐和盆（表 3-152、153）。

表3-152　T1201①层器形数量统计表

器形＼陶色	泥质				夹砂				合计
	红	橙黄	灰	黑	红	橙黄	灰	黑	
高领罐		1							1
盆		1							1

表3-153　T1201①层陶片统计表

纹饰＼陶色	泥质				夹砂				合计
	橙黄	灰	红	灰底黑彩	橙黄	灰	红	褐	
素面	14	2	3		6				25
篮纹	22				6				28
绳纹					3				3
麻点纹＋篮纹					1				1
麻点纹					10				10

高领罐　1 件。

标本 ⅢT1201①：1，泥质橙黄陶。喇叭口，方唇，高领，束颈，颈部以下残。颈部饰斜向篮纹。残高 4.2、残宽 7 厘米（图 3-59，1）。

盆　1 件。

标本 ⅢT1201①：2，泥质橙黄陶。敞口，折沿，圆唇，斜弧腹，底残。器表饰斜向篮纹。残高 5.7、残宽 9.2 厘米（图 3-59，2）。

（2）ⅢT1201②层

陶片以陶器腹部残片为主，无可辨器形标本，所以不具体介绍，只进行陶系统计（表 3-154）。

（3）ⅢT1201③层

出土少量陶片，以陶器腹部残片为主，无可辨器形标本，所以不具体介绍，只进行陶系统计（表3-155）。另外出土石镞和石杵各1件。

表3-154　T1201②层陶片统计表

纹饰＼陶质／陶色	泥质				夹砂				合计
	橙黄	灰	红	灰底黑彩	橙黄	灰	红	褐	
素面	10	2		2					14
绳纹					2				2
篮纹	4				2				6

表3-155　T1201③层陶片统计表

纹饰＼陶质／陶色	泥质				夹砂				合计
	橙黄	灰	红	灰底黑彩	橙黄	灰	红	褐	
素面	41	4			29				74
绳纹					13				13
篮纹	21								21
麻点纹					20				20
篮纹＋麻点纹					2				2

石镞　1件。

标本ⅢT1201③：1，石英岩。近长方形，两侧边缘均为双面磨制的刃部，较为锋利，尖部残，尾端左侧略残。残长2.6、宽1.7、厚0.3厘米（图3-59，3）。

石杵　1件。

标本ⅢT1201③：2，砂岩。器表部分有磨制痕迹，器表有使用留下的疤痕，现器身残长5.5、宽5.7、厚4.6厘米（图3-59，4；彩版三〇，1）。

（4）ⅢT1201④层

出土少量陶片，以腹部残片为主，可辨器形有圆腹罐、花边罐、单耳罐、高领罐、大口罐、罐腹底，另出土石刀1件、石器2件（表3-156、157）。

表3-156　T1201④层器形数量统计表

器形＼陶质／陶色	泥质				夹砂				合计
	红	橙黄	灰	黑	红	橙黄	灰	黑	
圆腹罐		1					2		3
花边罐						1			1
单耳罐						2			2
罐腹底						1			1
大口罐							1		1
高领罐		1							1

表3-157　T1201④层陶片统计表

陶质 纹饰 \ 陶色	泥质				夹砂				合计
	橙黄	灰	红	灰底黑彩	橙黄	灰	红	褐	
素面	110	2	4		63				179
绳纹	10				55				65
篮纹	76				15				91
麻点纹					78				78
刻划纹					5				5
附加堆纹＋绳纹					5				5
戳印纹					1				1
刻划纹＋绳纹					1				1
刻划纹＋篮纹					1				1
篮纹＋麻点纹					7				7
篮纹＋绳纹					3				3
交错绳纹					3				3
交错篮纹	1	1							2
网格纹			1						1
附加堆纹＋篮纹＋刻划纹					1				1

圆腹罐　3件。

标本ⅢT1201④：2，泥质橙黄陶。微侈口，方唇，上腹斜，下腹残。口沿外侧有一周折棱，素面。残高5.4、残宽5.8厘米（图3-59，5）。

标本ⅢT1201④：3，夹砂灰陶。侈口，圆唇，高领，束颈，颈部以下残。颈部饰麻点纹，有烟炱。口径9.6、残高6厘米（图3-59，6）。

标本ⅢT1201④：4，夹砂灰陶。侈口，圆唇，矮领，束颈，上腹斜，下腹残。素面。口径8、残高5.2厘米（图3-59，7）。

花边罐　1件。

标本ⅢT1201④：5，夹砂橙黄陶。侈口，圆唇，高领，微束颈，颈部以下残。口沿外侧饰一周附加泥条，泥条经手指按压呈波状，颈部素面。残高7、残宽5厘米（图3-59，8）。

单耳罐　2件。

标本ⅢT1201④：6，夹砂橙黄陶。侈口，圆唇，高领，上腹直，下腹残。拱形单耳，素面。残高9.4、残宽7厘米（图3-59，9）。

标本ⅢT1201④：9，夹砂橙黄陶。侈口，方唇，矮领，微束颈，上腹弧，下腹残。口沿外侧有一周折棱，连口残耳，耳上端有泥饼，上腹饰横向绳纹，有烟炱。残高5、残宽10.6厘米（图3-59，10）。

高领罐　1件。

标本ⅢT1201④：11，泥质橙黄陶。喇叭口，圆唇，高领，束颈，颈部以下残。口沿外侧有一周折棱，颈部素面。口径 15.1、残高 5 厘米（图 3-59，11）。

大口罐　1 件。

标本ⅢT1201④：8，夹砂灰陶。微侈口，方唇，上腹直，下腹残。口沿外侧有一周折棱，上腹素面，有烟炱。残高 6.5、残宽 7 厘米（图 3-59，12）。

罐腹底　1 件。

标本ⅢT1201④：7，夹砂橙黄陶。上腹残，下腹斜直，平底。素面。残高 3、底径 5 厘米（图 3-59，13）。

陶器残片　1 件。

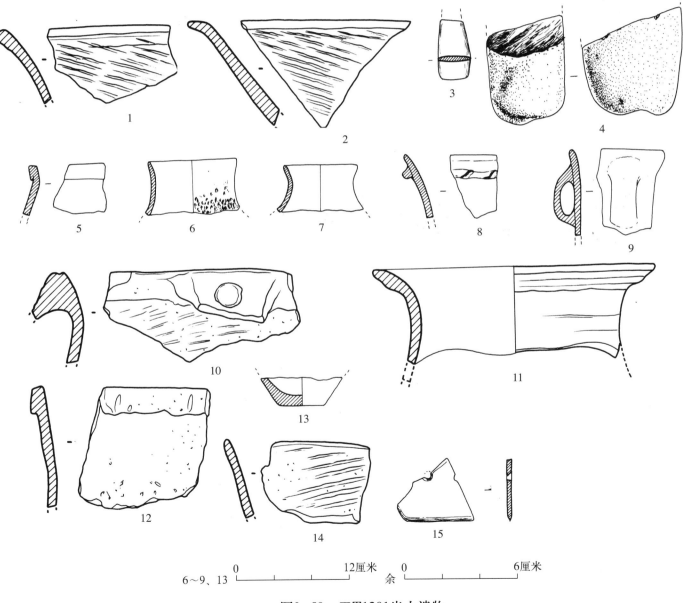

6~9、13 ├─────┼─────┤ 0   12厘米　　余 ├─────┼─────┤ 0   6厘米

图3-59　ⅢT1201出土遗物

1、11.高领罐ⅢT1201①：1，ⅢT1201④：11　2.盆ⅢT1201①：2　3.石镞ⅢT1201③：1　4.石杵ⅢT1201③：2　5~7.圆腹罐ⅢT1201④：2、3、4　8.花边罐ⅢT1201④：5　9、10.单耳罐ⅢT1201④：6、9　12.大口罐ⅢT1201④：8　13.罐腹底ⅢT1201④：7　14.陶器残片ⅢT1201④：10　15.石刀ⅢT1201④：1

　　标本ⅢT1201④：10，夹砂橙黄陶。表面饰斜向篮纹，边缘有磨痕。残高4.2、残宽5.8厘米（图3-59，14）。

　　石刀　1件。

　　标本ⅢT1201④：1，页岩。残断严重，仅残存部分刃部，器表呈梯形。刃部由于使用产生不连续的凹口。残断处留有两个钻孔，均为对钻，相距1厘米，由于残断孔径不明。器物残长3.5、宽3.3、厚0.2厘米（图3-59，15）。

　　石器　2件。

　　标本ⅢT1201④：12，石英岩。残断严重，具体器形不明，底部磨制痕迹清晰。残长4.5、宽2.5、厚1.1厘米（图3-60，1）。

　　标本ⅢT1201④：13，石英岩。残损严重，具体器形不明，局部磨制光滑。残长4.2、残宽2.4、厚1.3厘米（图3-60，2；彩版三〇，2）。

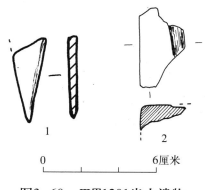

图3-60　ⅢT1201出土遗物
1、2.石器ⅢT1201④：12、13

29. ⅢT1202

ⅢT1202属于新石器时代地层有①～⑤层。

（1）ⅢT1202①层

　　出土少量陶片，以陶器腹部残片为主，无可辨器形标本，所以不具体介绍，只进行陶系统计（表3-158）。

表3-158　T1202①层陶片统计表

纹饰 \ 陶质 陶色	泥质				夹砂				合计
	橙黄	灰	红	灰底黑彩	橙黄	灰	红	褐	
素面	15	1	3		4				23
绳纹	2				6				8
篮纹		5			1				6
交错绳纹					2				2

（2）ⅢT1202②层

　　出土少量陶片，以陶器腹部残片为主，无可辨器形标本，所以不具体介绍，只进行陶系统计

（表3-159）。

（3）Ⅲ T1202③层

出土大量陶片，以腹部残片为主，可辨器形有圆腹罐和花边罐。出土石斧、石刀、刮削器，此外发现有骨镞（表3-160、161）。

表3-159　T1202②层陶片统计表

纹饰 \ 陶质 \ 陶色	泥质				夹砂				合计
	橙黄	灰	红	灰底黑彩	橙黄	灰	红	褐	
素面	2								2
篮纹	4						1		5
麻点纹							1		1

表3-160　T1202③层器形数量统计表

器形 \ 陶质 \ 陶色	泥质				夹砂				合计
	红	橙黄	灰	黑	红	橙黄	灰	黑	
圆腹罐						5			5
花边罐						3			3

表3-161　T1202③层陶片统计表

纹饰 \ 陶质 \ 陶色	泥质				夹砂				合计
	橙黄	灰	红	灰底黑彩	橙黄	灰	红	褐	
素面	40	17	5		27				89
绳纹	6	1			20				27
篮纹	44	6			16		3		69
麻点纹					85				85
附加堆纹＋绳纹	1								1
附加堆纹	1				3				4
席纹	1				2				3
弦纹	2								2
交错绳纹					2				2
网格纹	1								1

圆腹罐　5件。

标本Ⅲ T1202③：1，夹砂橙黄陶。侈口，圆唇，高领，微束颈，颈部以下残。颈部饰横向篮纹。残高4.2、残宽8厘米（图3-61，1）。

标本Ⅲ T1202③：2，夹砂橙黄陶。侈口，方唇，高领，束颈，颈部以下残。唇面有一周凹槽，颈部饰斜向篮纹。残高7.5、残宽9.2厘米（图3-61，2）。

标本Ⅲ T1202③：3，夹砂橙黄陶。侈口，方唇，矮领，束颈，颈部以下残。口沿外侧有一周折棱，颈部饰斜向篮纹。残高7.2、残宽4.8厘米（图3-61，3）。

标本ⅢT1202③：7，夹砂橙黄陶。侈口，圆唇，矮领，束颈，上腹斜，下腹残。颈部饰横向篮纹，上腹饰麻点纹。残高5.1、残宽7.4厘米（图3-61，4）。

标本ⅢT1202③：8，夹砂橙黄陶。侈口，方唇，矮领，束颈，上腹斜弧，下腹残。器表素面。残高4.1、残宽5.8厘米（图3-61，5）。

花边罐　3件。

标本ⅢT1202③：4，夹砂橙黄陶。侈口，尖唇，高领，束颈，上腹斜弧，下腹残。颈部饰一周附加泥条饰斜向戳印纹，上腹素面。残高6.3、残宽6.7厘米（图3-61，6）。

标本ⅢT1202③：5，夹砂橙黄陶。侈口，尖唇，矮领，束颈，圆腹，底残。颈部饰一周附加泥条，泥条经手指按压呈波状，腹部饰麻点纹，有烟炱。残高8.7、残宽8厘米（图3-61，7）。

标本ⅢT1202③：6，夹砂橙黄陶。侈口，尖唇，高领，束颈，上腹斜弧，下腹残。颈部饰一

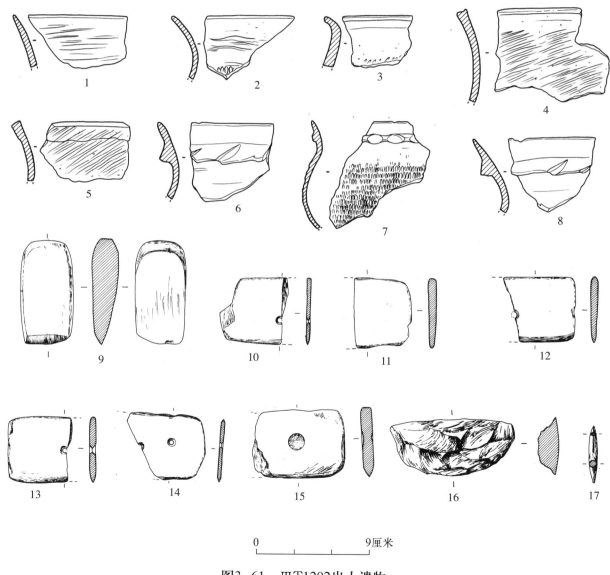

0　　　　　　　　　9厘米

图3-61　ⅢT1202出土遗物

1～5.圆腹罐ⅢT1202③：1～3、7、8　6～8.花边罐ⅢT1202③：4～6　9.石斧ⅢT1202③：15　10～15.石刀ⅢT1202③：9～13、
16　16.刮削器ⅢT1202③：14　17.骨镞ⅢT1202③：17

周附加泥条饰斜向戳印纹，上腹素面。残高6、残宽7厘米（图3-61，8）。

石斧　1件。

标本ⅢT1202③：15，石英岩。器体为长方形，器表磨制光滑，背部略弧，宽3.2、厚1.4厘米。器表一面圆弧，一面平直，圆弧面磨制刃部形成凸棱。刃长4厘米，刃角51.1°，器表长8.3、宽4.2、厚2厘米（图3-61，9；彩版三〇，3）。

石刀　6件。

标本ⅢT1202③：9，页岩。通体磨光，器表呈不规则四边形。刃残长4.4厘米，刃角70°，器身残长5.3、宽5.4、厚0.3厘米（图3-61，10）。

标本ⅢT1202③：10，石英岩。器表粗磨，刃部圆钝。刃残长3.6厘米，刃角70°，器身残长4.5、宽5.68、厚0.72厘米（图3-61，11）。

标本ⅢT1202③：11，石英岩。通体磨光，器体呈梯形。刃部由于使用甚不平整，侧边有疑似捆绑所致凹口痕迹，器表中间有一对向钻孔，钻孔部分残断。残长5.3、宽5.1、厚0.4厘米（图3-61，12）。

标本ⅢT1202③：12，石英岩。一半残，器体近正方形。器表中间有一对向钻孔，钻孔部分残断。双面磨刃。刃残长4.3厘米，器身残长5.1、厚0.3厘米（图3-61，13）。

标本ⅢT1202③：13，页岩。背部残，有打磨痕迹，刃部打制痕迹明显。器表通体磨光，器表中心有一个对向钻孔，外径0.83、内径0.29厘米。刃残长2.6厘米，器残长5.3、宽5、厚0.27厘米（图3-61，14）。

标本ⅢT1202③：16，石英岩。器体呈长方形，平背部，一侧边规整，一侧边残，器身两面均有钻孔痕迹，双面磨刃。刃长6.5厘米，器身长7.4、宽5.5、厚0.9厘米（图3-61，15）。

刮削器　1件。

标本ⅢT1202③：14，石英岩。器表近椭圆形，单面加工，两侧密布层叠片疤，中部略鼓，双刃。磨蚀严重，近三分之一表面被钙质结核覆盖。长10、宽4.1、厚1.7厘米，重60克（图3-61，16）。

骨镞　1件。

标本ⅢT1202③：17，动物骨骼磨制而成，锋部磨制呈菱形，较尖锐，铤部磨制呈圆柱状。长4.6、直径0.7厘米（图3-61，17）。

（4）ⅢT1202④层

出土少量陶片，以腹部残片为主，可辨器形有圆腹罐、花边罐和双耳罐（表3-162、163）。

表3-162　T1202④层器形数量统计表

器形 陶色 陶质	泥质				夹砂				合计
	红	橙黄	灰	黑	红	橙黄	灰	黑	
双耳罐						1			1
圆腹罐						2			2
花边罐						1			1

表3-163 T1202④层陶片统计表

纹饰 \ 陶色	泥质				夹砂				合计
	橙黄	灰	红	灰底黑彩	橙黄	灰	红	褐	
素面	53	4	3		22	2			84
绳纹	4	1			19				24
篮纹	35	1			11				47
麻点纹					105				105
刻划纹	1				1	2			4
交错篮纹	6								6
篮纹＋麻点纹					3				3
交错绳纹	1								1

圆腹罐 2件。

标本ⅢT1202④：2，夹砂橙黄陶。侈口，圆唇，高领，束颈，上腹圆弧，下腹残。颈部素面，上腹饰麻点纹。残高6、残宽8.4厘米（图3-62，1）。

标本ⅢT1202④：3，夹砂橙黄陶。侈口，方唇，矮领，束颈，上腹圆弧，下腹残。器表素面。残高4.7、残宽8.3厘米（图3-62，2）。

花边罐 1件。

标本ⅢT1202④：4，夹砂橙黄陶。侈口，尖唇，高领，束颈，颈部以下残。口沿外侧饰一周附加泥条，泥条经手指按压呈波状，颈部饰麻点纹。残高4.8、残宽4.9厘米（图3-62，3）。

双耳罐 1件。

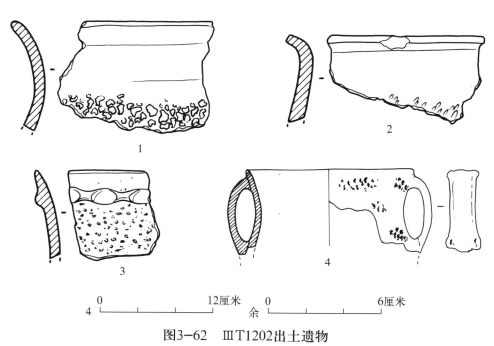

图3-62 ⅢT1202出土遗物

1、2.圆腹罐ⅢT1202④：2、3 3.花边罐ⅢT1202④：4 4.双耳罐ⅢT1202④：1

标本ⅢT1202④：1，夹砂橙黄陶。侈口，方唇，高领，束颈，腹部残。拱形单耳，颈部饰麻点纹。口径18、残高9厘米（图3-62，4）。

（5）ⅢT1202⑤层

出土少量陶片，以腹部残片为主，可辨器形有圆腹罐、单耳罐、敛口罐、盆（表3-164、165）。

表3-164　T1202⑤层器形数量统计表

器形 ＼ 陶质 陶色	泥质				夹砂				合计
	红	橙黄	灰	黑	红	橙黄	灰	黑	
盆		1							1
圆腹罐						2			2
单耳罐						1			1
敛口罐						1			1

表3-165　T1202⑤层陶片统计表

纹饰 ＼ 陶质 陶色	泥质				夹砂				合计
	橙黄	灰	红	灰底黑彩	橙黄	灰	红	褐	
素面	18	2	2		9				31
篮纹	19	2			9				30
麻点纹	2	1			19				22
交错绳纹					1				1
附加堆纹＋绳纹					1				1
绳纹					20				20
戳印纹					1				1

圆腹罐　2件。

标本ⅢT1202⑤：2，夹砂橙黄陶。侈口，圆唇，高领，束颈，颈部以下残。颈部饰竖向篮纹，有烟炱。残高4.4、残宽6.2厘米（图3-63，1）。

标本ⅢT1202⑤：4，夹砂橙黄陶。侈口，圆唇，矮领，束颈，颈部以下残。颈部饰麻点纹。残高4.1、残宽6.1厘米（图3-63，2）。

单耳罐　1件。

标本ⅢT1202⑤：3，夹砂橙黄陶。侈口，方唇，口沿以下残，耳残。唇面有三道凹槽，口沿外侧有一周折棱，素面，有烟炱。残高2.5、残宽8.3厘米（图3-63，3）。

敛口罐　1件。

标本ⅢT1202⑤：5，夹砂橙黄陶。敛口，方唇，上腹鼓，下腹残。器表饰斜向篮纹。残高4.4、残宽5.6厘米（图3-63，4）。

盆　1件。

标本ⅢT1202⑤：1，泥质橙黄陶。敞口，方唇，斜弧腹，底残。口沿外侧饰一周折棱，器表

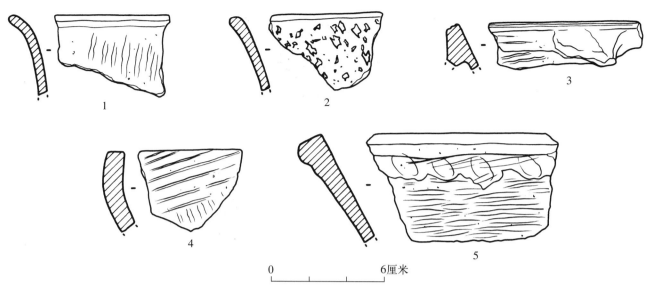

0　　　　　　　6厘米

图3-63　ⅢT1202出土遗物

1、2.圆腹罐ⅢT1202⑤：2、4　3.单耳罐ⅢT1202⑤：3　4.敛口罐ⅢT1202⑤：5　5.盆ⅢT1202⑤：1

饰横向篮纹。残高5.7、残宽10.3厘米（图3-63，5）。

30. ⅢT1203

ⅢT1203属于新石器时代地层有①~④层。

（1）ⅢT1203①层

出土少量陶片，以腹部残片为主，可辨器形有圆腹罐、盆（表3-166、167）。

表3-166　T1203①层器形数量统计表

器形 \ 陶质 陶色	泥质				夹砂				合计
	红	橙黄	灰	黑	红	橙黄	灰	黑	
圆腹罐						1	1		2
盆		1							1

表3-167　T1203①层陶片统计表

纹饰 \ 陶质 陶色	泥质				夹砂				合计
	橙黄	灰	红	灰底黑彩	橙黄	灰	红	褐	
素面	24	5			22				51
篮纹	14				5				19
麻点纹					15				15
弦纹		1							1

圆腹罐　2件。

标本ⅢT1203①：1，夹砂橙黄陶。侈口，圆唇，高领，束颈，上腹圆弧，下腹残。颈部饰横向篮纹，上腹饰麻点纹，有烟炱。残高8.7、残宽9厘米（图3-64，1）。

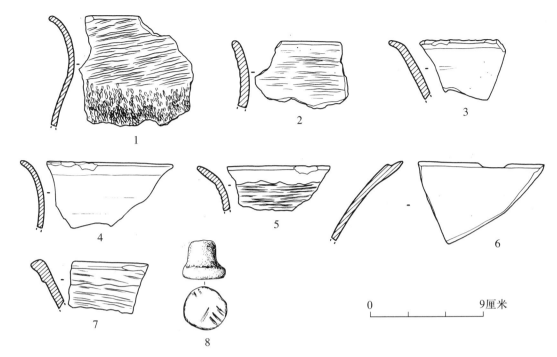

图3-64　ⅢT1203出土遗物

1、2、4、5.圆腹罐ⅢT1203①：1、2、ⅢT1203③：2、4　3、7.盆ⅢT1203①：3、ⅢT1203③：3　6.敛口罐ⅢT1203③：1
8.陶垫ⅢT1203③：5

标本ⅢT1203①：2，夹砂灰陶。侈口，圆唇，高领，束颈，颈部以下残。颈部饰横向篮纹。残高5.3、残宽7.3厘米（图3-64，2）。

盆　1件。

标本ⅢT1203①：3，泥质橙黄陶。敞口，平沿，圆唇，斜直腹，底残。器表素面磨光。残高4.8、残宽6.8厘米（图3-64，3）。

（2）ⅢT1203②层

出土少量陶片，以陶器腹部残片为主，无可辨器形标本，所以不具体介绍，只进行陶系统计（表3-168）。

表3-168　T1203②层陶片统计表

纹饰 \ 陶色	泥质				夹砂				合计
	橙黄	灰	红	灰底黑彩	橙黄	灰	红	褐	
素面	19	2			11	1			33
绳纹						1			1
篮纹	8		1		4				13
麻点纹					11				11
刻划纹					1				1
篮纹＋麻点纹					2				2
附加堆纹＋绳纹					1				1

（3）ⅢT1203③层

出土少量陶片，以腹部残片为主，可辨器形有圆腹罐、敛口罐、盆（表3-169、170）。

表3-169　T1203③层器形数量统计表

器形 \ 陶质陶色	泥质				夹砂				合计
	红	橙黄	灰	黑	红	橙黄	灰	黑	
敛口罐			1						1
圆腹罐	1						1		2
盆		1							1

表3-170　T1203③层陶片统计表

纹饰 \ 陶质陶色	泥质				夹砂				合计
	橙黄	灰	红	灰底黑彩	橙黄	灰	红	褐	
素面	22				8				30
绳纹	2				3				5
篮纹	18				6	2			26
麻点纹					34				34
附加堆纹＋绳纹					1				1
附加堆纹＋麻点纹					1				1
绳纹＋刻划纹					1				1

圆腹罐　2件。

标本ⅢT1203③：2，泥质红陶。侈口，圆唇，高领，束颈，颈部以下残。颈部素面。残高5.2、残宽10厘米（图3-64，4）。

标本ⅢT1203③：4，夹砂橙黄陶。侈口，圆唇，高领，束颈，颈部以下残。口沿外侧有一周折棱，颈部饰横向篮纹。残高3.6、残宽8.1厘米（图3-64，5）。

敛口罐　1件。

标本ⅢT1203③：1，泥质灰陶。敛口，圆唇，上腹圆弧，下腹残。器表素面。残高6.3、残宽10厘米（图3-64，6）。

盆　1件。

标本ⅢT1203③：3，泥质橙黄陶。敞口，圆唇，斜腹，底残。口沿外侧有一周折棱，器表饰横向篮纹，内壁素面磨光。残高4、残宽6.2厘米（图3-64，7）。

陶垫　1件。

标本ⅢT1203③：5，泥质橙黄陶。呈钉状，圆形拍面，圆柱状柄，拍面饰篮纹。直径3.4、高3.2厘米（图3-64，8；彩版三〇，4）。

（4）ⅢT1203④层

出土少量陶片，以腹部残片为主，可辨器形有圆腹罐、双耳罐、高领罐、盆、陶杯（表3-171、172）。

表3-171 T1203④层器形数量统计表

器形＼陶质＼陶色	泥质				夹砂				合计
	红	橙黄	灰	黑	红	橙黄	灰	黑	
陶杯	1								1
圆腹罐						2			2
双耳罐		1							1
盆		1							1
高领罐		1							1

表3-172 T1203④层陶片统计表

纹饰＼陶质＼陶色	泥质				夹砂				合计
	橙黄	灰	红	灰底黑彩	橙黄	灰	红	褐	
素面	59	6	1		33				99
绳纹					26				26
篮纹	54	1			6				61
麻点纹					87				87
篮纹＋麻点纹					6				6
附加堆纹＋麻点纹					1				1
附加堆纹					1				1
刻划纹		1				1			2

圆腹罐 2件。

标本ⅢT1203④：2，夹砂橙黄陶。侈口，圆唇，矮领，束颈，上腹圆，下腹残。颈部素面，上腹饰麻点纹，有烟炱。残高8.2、残宽8.8厘米（图3-65，1）。

标本ⅢT1203④：6，夹砂橙黄陶。侈口，圆唇，矮领，束颈，鼓腹，底残。颈部素面，腹部饰横向篮纹。残高5.6、残宽4.9厘米（图3-65，2）。

双耳罐 1件。

标本ⅢT1203④：3，泥质橙黄陶。侈口，圆唇，矮领，束颈，圆腹，底残。连口拱形双耳。器身通体素面磨光。口径7.2、残高7.2厘米（图3-65，3）。

高领罐 1件。

标本ⅢT1203④：4，泥质橙黄陶。喇叭口，圆唇，高领，束颈，颈部以下残。口沿外侧有一周折棱，颈部饰横向篮纹。残高5.1、残宽13.1厘米（图3-65，4）。

盆 1件。

标本ⅢT1203④：5，泥质橙黄陶。敞口，卷沿，圆唇，斜腹，底残。腹部饰横向篮纹，内壁素面磨光。残高4.3、残宽9.4厘米（图3-65，5）。

陶杯 1件。

标本ⅢT1203④：1，泥质红陶。敞口，圆唇，斜腹，平底。素面。口径2.8、高2.8、底径1.4厘米（图3-65，6）。

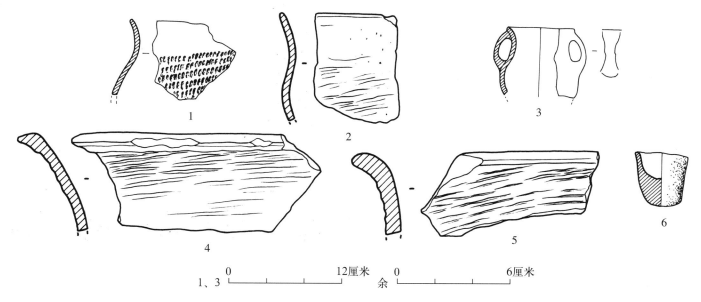

图3-65　ⅢT1203出土遗物

1、2.圆腹罐ⅢT1203④∶2、6　3.双耳罐ⅢT1203④∶3　4.高领罐ⅢT1203④∶4　5.盆ⅢT1203④∶5　6.陶杯ⅢT1203④∶1

31. ⅢT1204

ⅢT1204属于新石器时代地层有①～⑨层。

（1）ⅢT1204①层

出土少量陶片，以陶器腹部残片为主，无可辨器形标本，所以不具体介绍，只进行陶系统计（表3-173）。

表3-173　T1204①层陶片统计表

纹饰 陶质 陶色	泥质				夹砂				合计
	橙黄	灰	红	灰底黑彩	橙黄	灰	红	褐	
素面	5		1		6				12
篮纹	3				3				6
麻点纹					2				2
绳纹					3				3

（2）ⅢT1204②层

出土少量陶片，以陶器腹部残片为主，无可辨器形标本，所以不具体介绍，只进行陶系统计（表3-174）。

表3-174　T1204②层陶片统计表

纹饰 陶质 陶色	泥质				夹砂				合计
	橙黄	灰	红	灰底黑彩	橙黄	灰	红	褐	
素面	16	5	1		5	2			29
麻点纹					18				18

续表

纹饰＼陶色	泥质				夹砂				合计
	橙黄	灰	红	灰底黑彩	橙黄	灰	红	褐	
篮纹	27	1			6				34
篮纹＋麻点纹					2				2
交错绳纹	1				1				2
交错篮纹					1				1
网格纹	1								1

（3）Ⅲ T1204③层

出土大量陶片，以陶器腹部残片为主，无可辨器形标本，所以不具体介绍，只进行陶系统计（表3-175）。

表3-175　T1204③层陶片统计表

纹饰＼陶色	泥质				夹砂				合计
	橙黄	灰	红	灰底黑彩	橙黄	灰	红	褐	
素面	60	9	1		26				96
绳纹	4				16				20
篮纹	32	3			6				41
麻点纹					54				54

（4）Ⅲ T1204④层

出土少量陶片，以腹部残片为主，可辨器形有圆腹罐、花边罐、单耳罐、大口罐（表3-176、177）。

表3-176　T1204④层器形数量统计表

器形＼陶色	泥质				夹砂				合计
	红	橙黄	灰	黑	红	橙黄	灰	黑	
大口罐		1							1
单耳罐		1				1			2
圆腹罐						2			2
花边罐						1			1

表3-177　T1204④层陶片统计表

纹饰＼陶色	泥质				夹砂				合计
	橙黄	灰	红	灰底黑彩	橙黄	灰	红	褐	
素面	44	6	2		14	1			67
篮纹		1			22				23
麻点纹					50				50
附加堆纹					1				1

续表

纹饰　　　陶色	泥质				夹砂				合计
	橙黄	灰	红	灰底黑彩	橙黄	灰	红	褐	
绳纹	4				16				20
绳纹＋弦纹		1							1

圆腹罐　2件。

标本ⅢT1204④：3，夹砂橙黄陶。侈口，圆唇，矮领，微束颈，上腹斜弧，下腹残。颈部饰横向篮纹，上腹饰麻点纹。口径9.6、残高5.8厘米（图3-66，1）。

标本ⅢT1204④：5，夹砂橙黄陶。侈口，圆唇，高领，束颈，颈部以下残。口沿外侧有一周折棱，颈部饰横向篮纹，有烟炱。残高5.5、残宽6.8厘米（图3-66，2）。

花边罐　1件。

标本ⅢT1204④：6，夹砂橙黄陶。侈口，锯齿唇，矮领，束颈，上腹斜，下腹残。颈部素面。残高5.8、残宽6.6厘米（图3-66，3）。

单耳罐　2件。

标本ⅢT1204④：2，夹砂橙黄陶。侈口，方唇，高领，束颈，颈部以下残。连口残耳，口沿外侧饰一周附加泥条，泥条之上饰戳印纹，颈部饰横向篮纹。残高6.6、残宽9.4厘米（图3-66，4）。

标本ⅢT1204④：4，泥质橙黄陶。侈口，圆唇，高领，束颈，颈部以下残，耳残。颈部素面。残高4.2、残宽6.4厘米（图3-66，5）。

大口罐　1件。

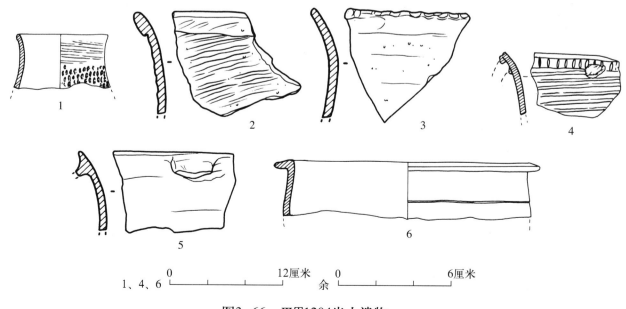

图3-66　ⅢT1204出土遗物

1、2.圆腹罐ⅢT1204④：3、5　3.花边罐ⅢT1204④：6　4、5.单耳罐ⅢT1204④：2、4　6.大口罐ⅢT1204④：1

标本ⅢT1204④：1，泥质灰陶。直口，折沿，圆唇，上腹微弧，下腹残。腹部有一周弦纹，器表素面磨光。口径28、残高5.8厘米（图3-66，6）。

（5）ⅢT1204⑤层

出土少量陶片，以腹部残片为主，可辨器形有花边罐和盆（表3-178、179）。

表3-178　T1204⑤层器形数量统计表

器形＼陶质＼陶色	泥质				夹砂				合计
	红	橙黄	灰	黑	红	橙黄	灰	黑	
盆	1								1
花边罐							1		1

表3-179　T1204⑤层陶片统计表

纹饰＼陶质＼陶色	泥质				夹砂				合计
	橙黄	灰	红	灰底黑彩	橙黄	灰	红	褐	
素面	29	2			13				44
麻点纹					17				17
篮纹	18				3				21
绳纹	4				7				11
篮纹＋麻点纹					2				2

花边罐　1件。

标本ⅢT1204⑤：2，夹砂灰陶。侈口，圆唇，矮领，束颈，颈部以下残。口沿外侧饰一周附加泥条，泥条之上饰戳印纹，颈部饰横向篮纹。残高3.2、残宽5厘米（图3-67，1）。

盆　1件。

标本ⅢT1204⑤：1，泥质红陶。敞口，方唇，唇上有一道凹槽，通体饰斜向篮纹。残高3.8、残宽4厘米（图3-67，2）。

（6）ⅢT1204⑥层

出土少量陶片，以陶器腹部残片为主，无可辨器形标本，所以不具体介绍，只进行陶系统计（表3-180）。

表3-180　T1204⑥层陶片统计表

纹饰＼陶质＼陶色	泥质				夹砂				合计
	橙黄	灰	红	灰底黑彩	橙黄	灰	红	褐	
素面	2				5				7
绳纹					4				4
篮纹	5					1			6
麻点纹					4				4
刻划纹					1				1

（7）Ⅲ T1204⑦层

出土少量陶片，以腹部残片为主，可辨器形有圆腹罐和高领罐（表3-181、182）。

表3-181　T1204⑦层器形数量统计表

器形＼陶质/陶色	泥质				夹砂				合计
	红	橙黄	灰	黑	红	橙黄	灰	黑	
圆腹罐					1				1
高领罐	2								2

表3-182　T1204⑦层陶片统计表

纹饰＼陶质/陶色	泥质				夹砂				合计
	橙黄	灰	红	灰底黑彩	橙黄	灰	红	褐	
素面	45	4			25				74
绳纹	1				16				17
麻点纹					47				47
篮纹＋麻点纹					3				3
篮纹	25				2				27
刻划纹	2				1				3
网格纹	2								2
篮纹＋绳纹					1				1
附加堆纹＋绳纹					1				1
戳印纹					1				1

圆腹罐　1件。

标本ⅢT1204⑦：1，夹砂橙黄陶。侈口，圆唇，矮领，微束颈，上腹圆弧，下腹残。器表饰竖向绳纹。口径8.6、残高6厘米（图3-67，3）。

高领罐　2件。

标本ⅢT1204⑦：2，泥质橙黄陶。喇叭口，圆唇，高领，束颈，颈部以下残。口沿外侧有一周折棱，颈部素面。口径20.2、残高4.2厘米（图3-67，4）。

标本ⅢT1204⑦：3，泥质橙黄陶。喇叭口，方唇，高领，束颈，颈部以下残。口沿外侧有一周折棱，颈部饰斜向篮纹。残高5.3、残宽6.3厘米（图3-67，5）。

（8）Ⅲ T1204⑧层

出土少量陶片，以陶器腹部残片为主，无可辨器形标本，所以不具体介绍，只进行陶系统计（表3-183）。另出土石斧和石刀。

石斧　1件。

标本ⅢT1204⑧：1，石英岩。器身近梯形，器表粗糙，未发现明显磨制痕迹，边缘有打制痕迹，残长9.6、宽5.4、厚1.22厘米（图3-67，6；彩版三〇，5）。

石刀　1件。

标本ⅢT1204⑧：2，片麻岩。近长方形，器表有击打痕迹，中间厚，边缘薄，器表未见磨痕。残长8.8、残宽3.6、厚0.9厘米（图3-67，7；彩版三一，1）。

表3-183　T1204⑧层陶片统计表

纹饰＼陶色（陶质）	泥质				夹砂				合计
	橙黄	灰	红	灰底黑彩	橙黄	灰	红	褐	
素面	20	5			13				38
绳纹	5				10				15
麻点纹					25				25
篮纹	12				2				14

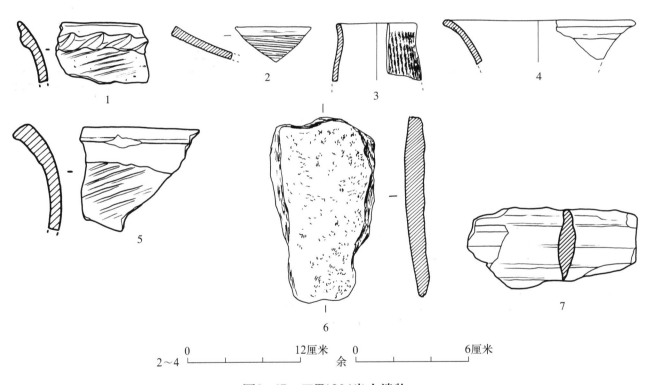

图3-67　ⅢT1204出土遗物

1.花边罐ⅢT1204⑤：2　2.盆ⅢT1204⑤：1　3.圆腹罐ⅢT1204⑦：1　4、5.高领罐ⅢT1204⑦：2、3　6.石斧ⅢT1204⑧：1
7.石刀ⅢT1204⑧：2

32. ⅢT1205

ⅢT1205属于新石器时代地层有②～⑤层。

（1）ⅢT1205②层

出土少量陶片，以陶器腹部残片为主，无可辨器形标本，所以不具体介绍，只进行陶系统计（表3-184）。另出土石镞。

石镞　1件。

标本ⅢT1205②：1，石英岩。器表呈扁三角形，两侧边缘均为双面磨制的刃部，较为锋利，尖部略残，尾端平整。长3.9、宽1.3、厚0.1厘米（图3-68，1；彩版三一，2）。

（2）ⅢT1205③层

出土少量陶片，以腹部残片为主，可辨器形有陶刀，另出土兽角（表3-185）。

表3-184　T1205②层陶片统计表

纹饰＼陶质＼陶色	泥质				夹砂				合计
	橙黄	灰	红	灰底黑彩	橙黄	灰	红	褐	
素面	3				3				6
交错绳纹		1							1
篮纹	2				3				5
麻点纹					4				4
绳纹	1				3				4

表3-185　T1205③层陶片统计表

纹饰＼陶质＼陶色	泥质				夹砂				合计
	橙黄	灰	红	灰底黑彩	橙黄	灰	红	褐	
素面	34	2			18				54
绳纹	2	3			10				15
篮纹	21	2			2				25
麻点纹					35				35
刻划纹	1				1				2

陶刀　1件。

标本ⅢT1205③：1，泥质橙黄陶。陶片打磨而成，平背部，侧边略残损，器表饰斜向细绳纹，双面磨刃。刃长7.8厘米，器身长8.6、宽4.8厘米（图3-68，2；彩版三一，3）。

兽角　1件。

标本ⅢT1205③：2，一端残，一端系角根部，表面呈蜂窝状。残长19.4、直径7.2厘米（图3-68，3；彩版三一，4）。

（3）ⅢT1205④层

出土少量陶片，以腹部残片为主，可辨器形有圆腹罐、花边罐、高领罐（表3-186、187）。

表3-186　T1205④层器形数量统计表

器形＼陶质＼陶色	泥质				夹砂				合计
	红	橙黄	灰	黑	红	橙黄	灰	褐	
高领罐						1		1	2
花边罐						1			1
圆腹罐						1			1

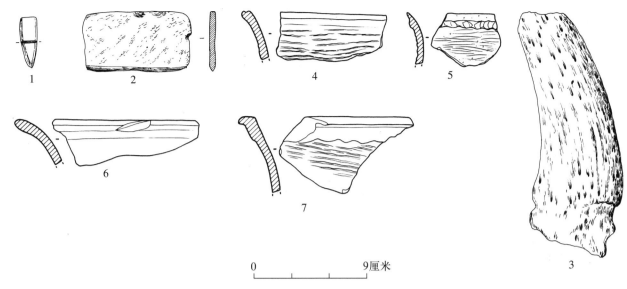

图3-68　ⅢT1205出土遗物

1.石镞ⅢT1205②：1　2.陶刀ⅢT1205③：1　3.兽角ⅢT1205③：2　4.圆腹罐ⅢT1205④：3　5.花边罐ⅢT1205④：2
6、7.高领罐ⅢT1205④：1、4

表3-187　T1205④层陶片统计表

陶质 陶色 纹饰	泥质				夹砂				合计
	橙黄	灰	红	灰底黑彩	橙黄	灰	红	褐	
素面	5	3	1						9
绳纹	1	2			6				9
篮纹	8				1				9
麻点纹					10	1			11
附加堆纹＋篮纹					1				1

圆腹罐　1件。

标本ⅢT1205④：3，夹砂橙黄陶。侈口，方唇，高领，束颈，颈部以下残。唇面有一周凹槽，颈部饰横向篮纹。残高3.8、残宽8.5厘米（图3-68，4）。

花边罐　1件。

标本ⅢT1205④：2，夹砂橙黄陶。侈口，尖唇，矮领，束颈，上腹斜，下腹残。口沿外侧饰一周附加泥条，泥条经手指按压呈波状，颈部饰横向篮纹。残高4.2、残宽5.5厘米（图3-68，5）。

高领罐　2件。

标本ⅢT1205④：1，夹砂橙黄陶。喇叭口，圆唇，高领，束颈，颈部以下残。颈部素面。残高3.6、残宽11.8厘米（图3-68，6）。

标本ⅢT1205④：4，夹砂褐陶。喇叭口，卷沿，尖唇，高领，束颈，颈部以下残。口沿外侧有一周折棱，颈部饰横向篮纹，内壁素面磨光。残高6、残宽10.8厘米（图3-68，7）。

（4）ⅢT1205⑤层

出土少量陶片，以陶器腹部残片为主，无可辨器形标本，所以不具体介绍，只进行陶系统计（表3-188）。

表3-188　T1205⑤层陶片统计表

纹饰 \ 陶质陶色	泥质				夹砂				合计
	橙黄	灰	红	白	橙黄	灰	红	褐	
素面	30	2	1	1	15				49
绳纹	3		3		11				17
篮纹	24	3			9				36
麻点纹					82				82
刻划纹					2				2
附加堆纹					3				3
交错篮纹	1								1

33. ⅢT1206

ⅢT1206属于新石器时代地层有②～⑤层。

（1）ⅢT1206②层

出土少量陶片，以陶器腹部残片为主，无可辨器形标本，所以不具体介绍，只进行陶系统计（表3-189）。

表3-189　T1206②层陶片统计表

纹饰 \ 陶质陶色	泥质				夹砂				合计
	橙黄	灰	红	灰底黑彩	橙黄	灰	红	褐	
素面	4	1			2				7
绳纹					2				2
篮纹	1				1				2

（2）ⅢT1206③层

出土少量陶片，以腹部残片为主，可辨器形有敛口罐（表3-190、191）。

表3-190　T1206③层器形数量统计表

器形 \ 陶质陶色	泥质				夹砂				合计
	红	橙黄	灰	黑	红	橙黄	灰	黑	
敛口罐						1			1

表3-191　T1206③层陶片统计表

纹饰 \ 陶质陶色	泥质				夹砂				合计
	橙黄	灰	红	灰底黑彩	橙黄	灰	红	褐	
素面	6				3				9

纹饰＼陶色＼陶质	泥质				夹砂				合计
	橙黄	灰	红	灰底黑彩	橙黄	灰	红	褐	
绳纹	1				5				6
篮纹	4								4
麻点纹					5				5
弦纹					2				2

敛口罐　1件。

标本ⅢT1206③：1，夹砂橙黄陶。敛口，方唇，上腹圆弧，下腹残。口沿外侧有一周附加泥条，器表通体饰麻点纹。残高7.4、残宽10.2厘米。

（3）ⅢT1206④层

出土少量陶片，以陶器腹部残片为主，无可辨器形标本，所以不具体介绍，只进行陶系统计（表3-192）。

表3-192　T1206④层陶片统计表

纹饰＼陶色＼陶质	泥质				夹砂				合计
	橙黄	灰	红	灰底黑彩	橙黄	灰	红	褐	
素面	15		2		18				35
绳纹					3				3
篮纹	12								12
麻点纹					25				25
篮纹＋麻点纹					1				1
附加堆纹	1		1						2

（4）ⅢT1206⑤层

出土少量陶片，以陶器腹部残片为主，无可辨器形标本，所以不具体介绍，只进行陶系统计（表3-193）。

表3-193　T1206⑤层陶片统计表

纹饰＼陶色＼陶质	泥质				夹砂				合计
	橙黄	灰	红	灰底黑彩	橙黄	灰	红	褐	
素面	27	2	1		6				36
绳纹	1		6		11				18
篮纹	15								15
麻点纹					53				53
篮纹＋麻点纹	1				1				2
绳纹＋麻点纹	1								1

34. ⅢT1304

ⅢT1304属于新石器时代地层有②～⑦层。

（1）ⅢT1304②层

出土少量陶片，以陶器腹部残片为主，无可辨器形标本，所以不具体介绍，只进行陶系统计（表3-194）。

表3-194　T1304②层陶片统计表

纹饰＼陶质陶色	泥质				夹砂				合计
	橙黄	灰	红	灰底黑彩	橙黄	灰	红	褐	
素面	22	1			10				33
篮纹	9				2				11
麻点纹					14				14
绳纹	8								8
交错绳纹	1								1
绳纹＋麻点纹					1				1
附加堆纹＋麻点纹					1				1

（2）ⅢT1304③层

出土少量陶片，以腹部残片为主，可辨器形有高领罐（表3-195、196）。

表3-195　T1304③层器形数量统计表

器形＼陶质陶色	泥质				夹砂				合计
	红	橙黄	灰	黑	红	橙黄	灰	黑	
高领罐		1							1

表3-196　T1304③层陶片统计表

纹饰＼陶质陶色	泥质				夹砂				合计
	橙黄	灰	红	灰底黑彩	橙黄	灰	红	褐	
素面	35	7	1		12				55
绳纹	7	17			19				43
篮纹	26				1				27
麻点纹	7				12				19
戳印纹	1								1
抹断绳纹		9							9

高领罐　1件。

标本ⅢT1304③：1，泥质橙黄陶。喇叭口，方唇，高领，束颈，颈部以下残。口沿外侧有一周折棱，折棱之上饰斜向篮纹，颈部素面。残高7.6、残宽15.8厘米（图3-69，1）。

（3）ⅢT1304④层

出土少量陶片，以腹部残片为主，可辨器形有花边罐、单耳罐（表3-197、198）。

表3-197 T1304④层器形数量统计表

器形 \ 陶色 \ 陶质	泥质				夹砂				合计
	红	橙黄	灰	黑	红	橙黄	灰	黑	
单耳罐						1			1
花边罐						2			2

表3-198 T1304④层陶片统计表

纹饰 \ 陶色 \ 陶质	泥质				夹砂				合计
	橙黄	灰	红	灰底黑彩	橙黄	灰	红	褐	
素面	14	1	2		17				34
绳纹	4	10			8				22
篮纹	14								14
麻点纹					17				17
附加堆纹					1				1
戳印纹					1				1
绳纹＋弦纹		1							1
附加堆纹＋麻点纹＋压印纹					1				1

花边罐 2件。

标本ⅢT1304④：2，夹砂橙黄陶。侈口，圆唇，矮领，束颈，上腹斜，下腹残。颈部饰一周附加泥条饰斜向戳印纹，颈腹间饰一周附加泥条，泥条经手指按压呈波状，有烟炱。残高6.4、残宽7.4厘米（图3-69，2）。

标本ⅢT1304④：3，夹砂橙黄陶。侈口，圆唇，矮领，上腹弧，下腹残。口沿外侧有一周附加泥条呈凹坑状，腹部素面。残高4、残宽4.6厘米（图3-69，3）。

单耳罐 1件。

标本ⅢT1304④：1，夹砂橙黄陶。侈口，圆唇，高领，束颈，上腹圆，下腹残。拱形单耳，耳上下端均饰戳印纹，耳面饰竖向篮纹，颈部饰横向篮纹，上腹饰麻点纹。残高10、残宽7.9厘米（图3-69，4）。

（4）ⅢT1304⑤层

出土少量陶片，以腹部残片为主，可辨器形有花边罐（表3-199、200）。

表3-199 T1304⑤层器形数量统计表

器形 \ 陶色 \ 陶质	泥质				夹砂				合计
	红	橙黄	灰	黑	红	橙黄	灰	黑	
花边罐						1			1

花边罐 1件。

标本ⅢT1304⑤：1，夹砂橙黄陶。侈口，圆唇，高领，束颈，颈部以下残。口沿外侧饰一周附加泥条，泥条之上饰斜向戳印纹，颈部饰横向篮纹。口径18.4、残高7厘米（图3-69，5）。

表3-200　T1304⑤层陶片统计表

纹饰 \ 陶色	泥质				夹砂				合计
	橙黄	灰	红	灰底黑彩	橙黄	灰	红	褐	
素面	10				3				13
绳纹					2				2
篮纹	6								6
麻点纹					12				12
绳纹＋弦纹		1							1
附加堆纹	1								1

（5）Ⅲ T1304⑥层

出土少量陶片，以腹部残片为主，可辨器形有圆腹罐、花边罐、双耳罐、盆、方盘，另出土石镞（表3-201、202）。

表3-201　T1304⑥层器形数量统计表

器形 \ 陶色	泥质				夹砂				合计
	红	橙黄	灰	黑	红	橙黄	灰	黑	
花边罐						1			1
双耳罐						1			1
方盘					1				1
圆腹罐		1							1
盆		1							1

表3-202　T1304⑥层陶片统计表

纹饰 \ 陶色	泥质				夹砂				合计
	橙黄	灰	红	灰底黑彩	橙黄	灰	红	褐	
素面	34	1			17				52
绳纹	5				7				12
篮纹	27				13				40
麻点纹					54				54
交错绳纹	3								3
席纹					1				1
刻划纹					1				1
篮纹＋麻点纹					1				1
附加堆纹＋麻点纹					1				1

圆腹罐　1件。

标本Ⅲ T1304⑥：5，泥质橙黄陶。侈口，方唇，矮领，束颈，上腹斜弧，下腹残。口沿外侧有一周折棱，腹部素面。残高5.5、残宽7.8厘米（图3-69，6）。

花边罐　1件。

标本ⅢT1304⑥：2，夹砂橙黄陶。侈口，尖圆唇，高领，束颈，上腹斜，下腹残。口沿外侧饰一周附加泥条，泥条之上饰斜向戳印纹，颈部饰斜向篮纹，腹部饰麻点纹，口部有烟炱痕迹。口径17.2、残高9.6厘米（图3-69，7）。

双耳罐　1件。

标本ⅢT1304⑥：3，夹砂橙黄陶。侈口，圆唇，矮领，束颈，上腹斜，下腹残。现残存一耳，颈部为素面，腹部饰麻点纹。口径12.4、残高5.8厘米（图3-69，8）。

盆　1件。

标本ⅢT1304⑥：6，泥质橙黄陶。敞口，圆唇，斜腹，平底。腹部饰竖向篮纹。口径14、高5.4、底径7.8厘米（图3-69，9；彩版三一，5）。

方盘　1件。

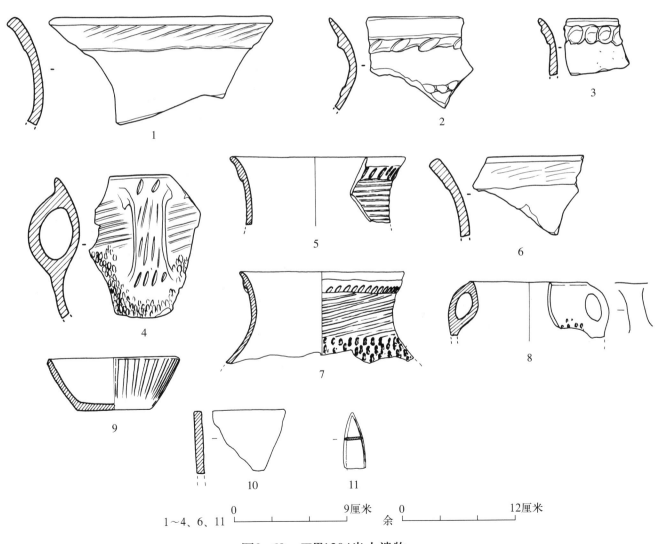

图3-69　ⅢT1304出土遗物

1.高领罐ⅢT1304③：1　2、3、5、7.花边罐ⅢT1304④：2、3、ⅢT1304⑤：1、ⅢT1304⑥：2　4.单耳罐ⅢT1304④：1　6.圆腹罐ⅢT1304⑥：5　8.双耳罐ⅢT1304⑥：3　9.盆ⅢT1304⑥：6　10.方盘ⅢT1304⑥：4　11.石镞ⅢT1304⑥：1

标本ⅢT1304⑥：4，夹砂红陶。一边缘方整，其一面经过修整，另一面则粗糙，素面。残长7.6、残宽6.4厘米（图3-69，10）。

石镞　1件。

标本ⅢT1304⑥：1，页岩。器表呈扁三角形，两侧边缘均为双面磨制的刃部，尖部尖锐，尾端略残。长3.9、宽1.6、厚0.2厘米（图3-69，11；彩版三一，6）。

35. ⅢT1305

ⅢT1305属于新石器时代地层有③～⑥层。

（1）ⅢT1305③层

出土少量陶片，以腹部残片为主，可辨器形有折沿罐（表3-203、204）。

表3-203　ⅢT1305③层器形数量统计表

陶质	泥质				夹砂				合计
器形　　陶色	红	橙黄	灰	黑	红	橙黄	灰	黑	
折沿罐			1						1

表3-204　ⅢT1305③层陶片统计表

陶质	泥质				夹砂				合计
纹饰　　陶色	橙黄	灰	红	灰底黑彩	橙黄	灰	红	褐	
素面	27	13	2		7				49
绳纹	4	8			8				20
篮纹	17				6				23
麻点纹					24				24
附加堆纹＋麻点纹					1				1

折沿罐　1件。

标本ⅢT1305③：1，泥质灰陶。侈口，折沿，方唇，高领，束颈，颈部以下残。沿上有一周凹槽，颈部素面有刮抹痕迹，下颈部有一道凹槽。残高6.4、残宽7.5厘米（图3-70，1）。

（2）ⅢT1305④层

出土少量陶片，以腹部残片为主，可辨器形有单耳罐（表3-205、206）。

表3-205　ⅢT1305④层器形数量统计表

陶质	泥质				夹砂				合计
器形　　陶色	红	橙黄	灰	黑	红	橙黄	灰	黑	
单耳罐						1			1

单耳罐　1件。

标本ⅢT1305④：1，夹砂橙黄陶。侈口，圆唇，矮领，束颈，颈部以下残。拱形残耳，口沿外侧饰一周折棱，颈部素面。残高4.6、残宽7.6厘米（图3-70，2）。

表3-206　ⅢT1305④层陶片统计表

纹饰＼陶质陶色	泥质				夹砂				合计
	橙黄	灰	红	灰底黑彩	橙黄	灰	红	褐	
素面	16	2	6		13				37
篮纹	16				10				26
弦纹			1						1
交错篮纹	1								1
刻划纹					3				3
绳纹					8				8
麻点纹					41				41

（3）ⅢT1305⑤层

出土少量陶片，以腹部残片为主，可辨器形有圆腹罐、盆（表3-207、208）。

表3-207　ⅢT1305⑤层器形数量统计表

器形＼陶质陶色	泥质				夹砂				合计
	红	橙黄	灰	黑	红	橙黄	灰	黑	
圆腹罐					1	6			7
盆		1							1

表3-208　ⅢT1305⑤层陶片统计表

纹饰＼陶质陶色	泥质				夹砂				合计
	橙黄	灰	红	灰底黑彩	橙黄	灰	红	褐	
素面	56	7	3		39	2			107
绳纹	6				23				29
篮纹	44	3			9				56
麻点纹					49				49
附加堆纹					1				1
抹断绳纹	1								1
交错篮纹	2								2
附加堆纹＋绳纹	1								1
附加堆纹＋绳纹＋篮纹					1				1
篮纹＋麻点纹					3				3
绳纹＋篮纹					3				3

圆腹罐　7件。

标本ⅢT1305⑤：1，夹砂橙黄陶。侈口，圆唇，高领，束颈，颈部以下残。颈部素面，有烟炱。残高5.4、残宽7.1厘米（图3-70，3）。

标本ⅢT1305⑤：2，夹砂橙黄陶。侈口，方唇，高领，束颈，颈部以下残。唇面有一道凹

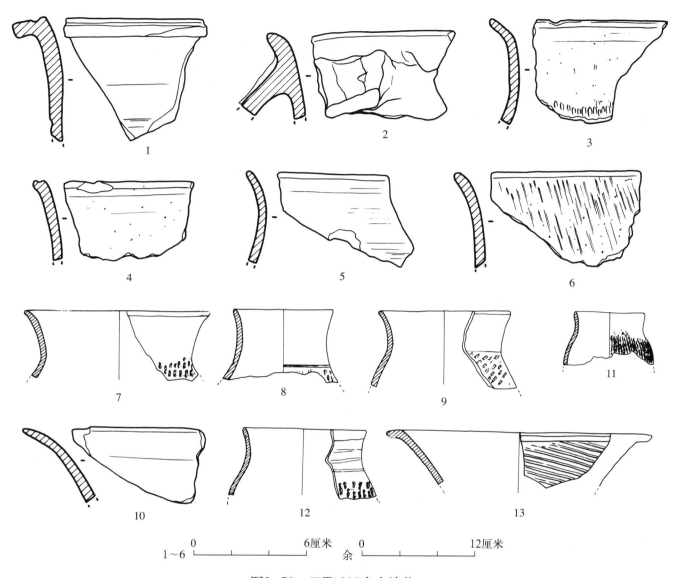

图3-70　ⅢT1305出土遗物

1.折沿罐ⅢT1305③：1　2.单耳罐ⅢT1305④：1　3~9、11、12.圆腹罐ⅢT1305⑤：1、2、4~8、ⅢT1305⑥：1、2　10、13.盆ⅢT1305⑤：3、ⅢT1305⑥：3

槽，颈部素面。残高4.1、残宽6.8厘米（图3-70，4）。

标本ⅢT1305⑤：4，夹砂橙黄陶。侈口，圆唇，矮领，微束颈，上腹圆弧，下腹残。器表素面。残高4.8、残宽7.2厘米（图3-70，5）。

标本ⅢT1305⑤：5，夹砂橙黄陶。侈口，圆唇，高领，束颈，颈部以下残。器表饰竖向绳纹。残高5、残宽7.9厘米（图3-70，6）。

标本ⅢT1305⑤：6，夹砂橙黄陶。侈口，圆唇，矮领，束颈，上腹斜，下腹残。颈部素面，上腹饰麻点纹。口径19.6、残高7.2厘米（图3-70，7）。

标本ⅢT1305⑤：7，夹砂橙黄陶。侈口，圆唇，高领，束颈，上腹斜，下腹残。颈部饰一道刻划凹槽，上腹饰麻点纹。口径10.5、残高7.6厘米（图3-70，8）。

标本ⅢT1305⑤：8，夹砂红陶。侈口，圆唇，矮领，束颈，上腹圆弧，下腹残。颈部素面，上腹饰戳印纹。口径 14、残高 8.2 厘米（图 3-70，9）。

盆 1 件。

标本ⅢT1305⑤:3，泥质橙黄陶。敞口，尖唇，斜弧腹，底残。器表素面有刮抹痕迹。残高 4、残宽 7 厘米（图 3-70，10）。

（4）ⅢT1305⑥层

出土少量陶片，以腹部残片为主，可辨器形有圆腹罐和盆（表 3-209、210）。

表3-209　ⅢT1305⑥层器形数量统计表

器形	陶质 陶色	泥质				夹砂				合计
		红	橙黄	灰	黑	红	橙黄	灰	黑	
圆腹罐							2			2
盆		1								1

表3-210　ⅢT1305⑥层陶片统计表

纹饰	陶质 陶色	泥质				夹砂				合计
		橙黄	灰	红	灰底黑彩	橙黄	灰	红	褐	
素面		5	1	3		2				11
篮纹		8	2			1				11
绳纹						13				13
篮纹＋麻点纹						1				1
附加堆纹＋麻点纹						1				1
刻划纹						1				1
麻点纹						9				9

圆腹罐 2 件。

标本ⅢT1305⑥:1，夹砂橙黄陶。侈口，尖唇，矮领，束颈，上腹圆，下腹残。颈部素面，上腹饰竖向绳纹，有烟炱。口径 7.4、残高 5.3 厘米（图 3-70，11）。

标本ⅢT1305⑥:2，夹砂橙黄陶。侈口，圆唇，矮领，束颈，上腹圆弧，下腹残。颈部饰横向篮纹，上腹饰麻点纹。口径 13、残高 7.2 厘米（图 3-70，12）。

盆 1 件。

标本ⅢT1305⑥:3，泥质红陶。敞口，平沿，圆唇，斜直腹，底残。腹部饰斜向篮纹。口径 28、残高 5.8 厘米（图 3-70，13）。

36. ⅢT1306

ⅢT1306 属于新石器时代地层②～④层。

（1）ⅢT1306②层

出土少量陶片，以陶器腹部残片为主，无可辨器形标本，所以不具体介绍，只进行陶系统计（表 3-211）。

表3-211　ⅢT1306②层陶片统计表

纹饰 \ 陶色	泥质				夹砂				合计
	橙黄	灰	红	灰底黑彩	橙黄	灰	红	褐	
素面	8	1			2				11
绳纹					6				6
篮纹	2								2
麻点纹					2				2
刻划纹	1								1

（2）ⅢT1306③层

出土少量陶片，以腹部残片为主，可辨器形有圆腹罐（表3-212、213）。

表3-212　ⅢT1306③层器形数量统计表

器形 \ 陶色	泥质				夹砂				合计
	红	橙黄	灰	黑	红	橙黄	灰	黑	
圆腹罐						1			1

表3-213　ⅢT1306③层陶片统计表

纹饰 \ 陶色	泥质				夹砂				合计
	橙黄	灰	红	灰底黑彩	橙黄	灰	红	褐	
素面	12				8				20
篮纹	6				1				7
麻点纹					5				5

圆腹罐　1件。

标本ⅢT1306③：1，夹砂橙黄陶。侈口，圆唇，高领，束颈，上腹圆，下腹残。颈部饰附加泥饼，腹部饰竖向绳纹。口径11.4、残高7厘米（图3-71，1）。

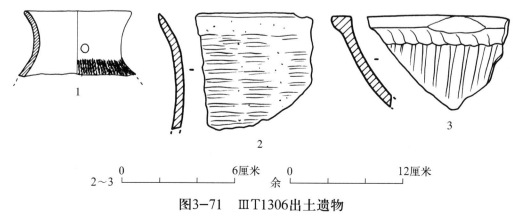

图3-71　ⅢT1306出土遗物

1、2.圆腹罐ⅢT1306③：1、ⅢT1306④：1　3.盆ⅢT1306④：2

（3）ⅢT1306④层

出土少量陶片，以腹部残片为主，可辨器形有圆腹罐、盆（表3-214、215）。

表3-214　ⅢT1306④层器形数量统计表

器形 \ 陶色（陶质）	泥质				夹砂				合计
	红	橙黄	灰	黑	红	橙黄	灰	黑	
圆腹罐						1			1
盆		1							1

表3-215　ⅢT1306④层陶片统计表

纹饰 \ 陶色（陶质）	泥质				夹砂				合计
	橙黄	灰	红	灰底黑彩	橙黄	灰	红	褐	
素面	11				9				20
篮纹	10	3			1				14
绳纹		1			3				4
麻点纹					5				5
交错绳纹					1				1
篮纹＋绳纹					1				1

圆腹罐　1件。

标本ⅢT1306④：1，夹砂橙黄陶。侈口，尖唇，高领，束颈，颈部以下残。颈部饰横向篮纹，有烟炱。残高6、残宽6.2厘米（图3-71，2）。

盆　1件。

标本ⅢT1306④：2，泥质橙黄陶。敞口，平沿，圆唇，弧腹，底残。口沿外侧饰一周折棱，腹部饰竖向篮纹。残高4.8、残宽7.5厘米（图3-71，3）。

37.ⅡT0601

ⅡT0601属于新石器时代地层有②层。

ⅡT0601②层

出土少量陶片，以腹部残片为主，可辨器形有圆腹罐、花边罐、双耳罐（表3-216、217）。

表3-216　T0601②层器形数量统计表

器形 \ 陶色（陶质）	泥质				夹砂				合计
	红	橙黄	灰	黑	红	橙黄	灰	黑	
花边罐						2			2
双耳罐		1							1
圆腹罐		1				1			2

表3-217　T0601②层陶片统计表

纹饰＼陶质	泥质				夹砂				合计
陶色	橙黄	灰	红	灰底黑彩	橙黄	灰	红	褐	
素面	13	1			15				29
绳纹					11				11
篮纹	8				5				13
麻点纹					22				22
附加堆纹					2				2

圆腹罐　2件。

标本ⅡT0601②：4，泥质橙黄陶。直口，方唇，高领，颈部以下残。素面。口径12、残高5.4厘米（图3-72，1）。

标本ⅡT0601②：5，夹砂橙黄陶。侈口，方唇，高领，束颈，上腹圆弧，下腹残。颈部素面，上腹饰麻点纹。口径10.8、残高6.2厘米（图3-72，2）。

花边罐　2件。

标本ⅡT0601②：1，夹砂橙黄陶。侈口，圆唇，高领，束颈，上腹圆弧，下腹残。口沿外侧饰一周附加泥条，泥条之上饰斜向戳印纹，颈部饰横向篮纹，上腹饰竖向绳纹。口径14.8、残高8.2厘米（图3-72，3）。

标本ⅡT0601②：2，夹砂橙黄陶。侈口，圆唇，高领，束颈，颈部以下残。口沿外侧饰一周附加泥条，泥条经手指按压呈波状，颈部素面。口径20、残高5.2厘米（图3-72，4）。

双耳罐　1件。

标本ⅡT0601②：3，泥质橙黄陶。侈口，尖唇，高领，束颈，上腹圆，下腹残。连口残耳，颈部素面，上腹饰交错刻划纹。口径10.8、残高6.6厘米（图3-72，5）。

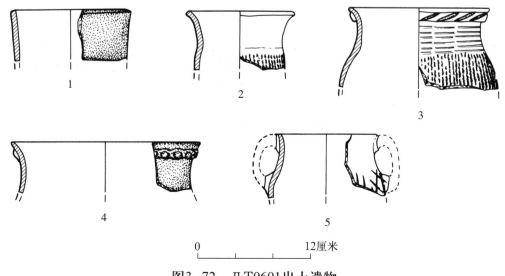

0　　　　　　　　12厘米

图3-72　ⅡT0601出土遗物

1、2.圆腹罐ⅡT0601②：4、5　3、4.花边罐ⅡT0601②：1、2　5.双耳罐ⅡT0601②：3

38. ⅡT0602

ⅡT0602属于新石器时代地层有③～⑥层。

（1）ⅡT0602③层

出土大量陶片，以腹部残片为主，可辨器形有圆腹罐、花边罐、高领罐、盆，出土石刀和石料，另出土玉料（表3-218、219）。

表3-218　T0602③层器形数量统计表

器形	泥质				夹砂				合计
陶色 陶质	红	橙黄	灰	黑	红	橙黄	灰	黑	
高领罐		3							3
圆腹罐		1				5			6
花边罐						1			1
盆		1							1

表3-219　T0602③层陶片统计表

纹饰	泥质				夹砂				合计
陶色 陶质	橙黄	灰	红	灰底黑彩	橙黄	灰	红	褐	
素面	16	4	12		48				80
绳纹	2		2		48				52
篮纹	16	2	11		20				49
麻点纹					111				111
刻划纹	1				3				4
交错篮纹					3				3
篮纹＋麻点纹					4				4
附加堆纹					1				1
绳纹＋篮纹	2								2
附加堆纹＋绳纹			1						1
附加堆纹＋麻点					1				1

圆腹罐　6件。

标本ⅡT0602③：6，夹砂橙黄陶。侈口，方唇，高领，束颈，颈部以下残。口沿外侧有一周折棱有按压痕迹，颈部饰斜向篮纹。口径28、残高4.2厘米（图3-73，1）。

标本ⅡT0602③：8，夹砂橙黄陶。侈口，方唇，高领，束颈，颈部以下残。颈部饰斜向篮纹。口径27.2、残高5.6厘米（图3-73，2）。

标本ⅡT0602③：9，夹砂橙黄陶。侈口，圆唇，高领，束颈，颈部以下残。颈部饰横向篮纹。口径14.8、残高6.4厘米（图3-73，3）。

标本ⅡT0602③：13，夹砂橙黄陶。侈口，圆唇，高领，束颈，颈部以下残。颈部饰横向篮纹。口径17.6、残高4.4厘米（图3-73，4）。

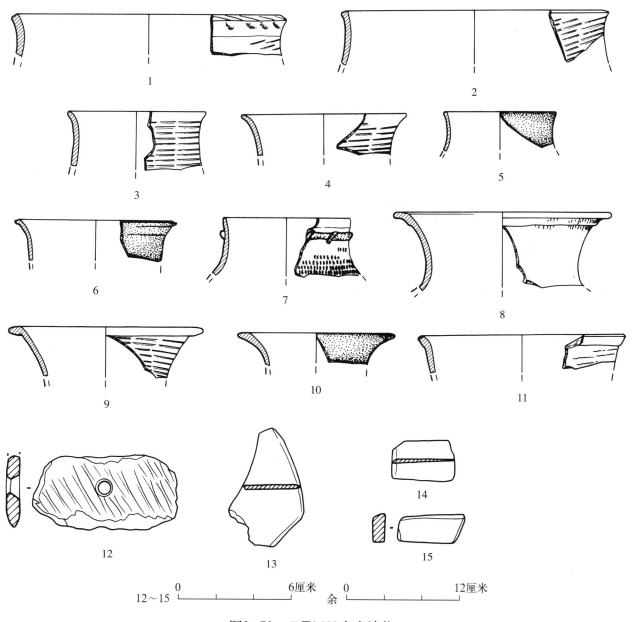

图3-73　ⅡT0602出土遗物

1～6.圆腹罐ⅡT0602③：6、8、9、13、14、10　7.花边罐ⅡT0602③：11　8～10.高领罐ⅡT0602③：4、5、7　11.盆
ⅡT0602③：12　12.陶刀ⅡT0602③：3　13.石刀ⅡT0602③：1-1　14.石料ⅡT0602③：1-2　15.玉料ⅡT0602③：2

标本ⅡT0602③：14，夹砂橙黄陶。侈口，圆唇，矮领，束颈，颈部以下残。素面。口径12、残高4厘米（图3-73，5）。

标本ⅡT0602③：10，泥质橙黄陶。侈口，圆唇，上腹直，下腹残。素面。口径16、残高4.2厘米（图3-73，6）。

花边罐　1件。

标本ⅡT0602③：11，夹砂橙黄陶。侈口，圆唇，矮领，束颈，上腹斜弧，下腹残。颈部饰一周附加泥条，泥条之上饰斜向戳印纹，泥条下饰麻点纹。口径13.6、残高6厘米（图3-73，7）。

高领罐　3件。

标本ⅡT0602③：4，泥质橙黄陶。喇叭口，圆唇，高领，束颈，颈部以下残。沿下有一周折棱，素面。口径22.8、残高7.8厘米（图3-73，8）。

标本ⅡT0602③：5，泥质橙黄陶。喇叭口，圆唇，高领，束颈，颈部以下残。颈部饰斜向篮纹。口径18.4、残高5.4厘米（图3-73，9）。

标本ⅡT0602③：7，泥质橙黄陶。喇叭口，圆唇，高领，束颈，颈部以下残。素面。口径16、残高3.4厘米（图3-73，10）。

盆 1件。

标本ⅡT0602③：12，泥质橙黄陶。敞口，方唇，上腹斜弧，下腹残。口沿外侧有一周折棱，腹部饰斜向绳纹。口径21.2、残高3.8厘米（图3-73，11）。

陶刀 1件。

标本ⅡT0602③：3，泥质橙黄陶。陶片打磨而成，圆角长方形，基部及侧边打制痕迹明显，刃部先打制后磨，器表饰篮纹，中间有一钻孔。孔径0.9～1.2厘米，刃残长5厘米，器身长7.7、宽3.9厘米（图3-73，12；彩版三二，1）。

石刀 1件。

标本ⅡT0602③：1-1，石英岩。基部及侧边残，弧形双面磨刃。刃残长4厘米，器身残长6.3、残宽4厘米（图3-73，13）。

石料 1件。

标本ⅡT0602③：1-2，石英岩。整体较平整，制作小石器材料。残长3.3、残宽2.2、厚0.3厘米（图3-73，14）。

玉料 1件。

标本ⅡT0602③：2，绿色泛黑，半透明长条状，器身磨制光滑。长3.6、宽1.5、厚0.7厘米（图3-73，15）。

（2）ⅡT0602④层

出土少量陶片，以腹部残片为主，可辨器形有盆（表3-220、221）。

表3-220 T0602④层器形数量统计表

陶质	泥质				夹砂				合计
器形＼陶色	红	橙黄	灰	褐	红	橙黄	灰	黑	
盆				1					1

表3-221 T0602④层陶片统计表

陶质	泥质				夹砂				合计
纹饰＼陶色	橙黄	灰	红	灰底黑彩	橙黄	灰	红	褐	
素面	1				5				6
绳纹					1				1
篮纹	8								8
麻点纹					14				14

纹饰 \ 陶色	泥质				夹砂				合计
陶质	橙黄	灰	红	灰底黑彩	橙黄	灰	红	褐	
戳印纹					1				1
篮纹＋麻点纹					2				2
交错篮纹	2								2

盆　1件。

标本ⅡT0602④：1，泥质褐陶。敞口，方唇，斜弧腹，底残。口沿外侧有一周折棱，腹部饰斜向篮纹。口径26.8、残高3.6厘米（图3-74，1）。

（3）ⅡT0602⑤层

出土大量陶片，以腹部残片为主，可辨器形有圆腹罐、双耳罐、盆、鬲，出土石铲、石镞、石料、刮削器，另出土骨凿等（表3-222、223）。

表3-222　T0602⑤层器形数量统计表

器形 \ 陶色	泥质				夹砂				合计
陶质	红	橙黄	灰	褐	红	橙黄	灰	黑	
鬲足							2		2
盆		2	1						3
双耳罐	1	1			1	1			4
圆腹罐		1			2	5			8

表3-223　T0602⑤层陶片统计表

纹饰 \ 陶色	泥质				夹砂				合计
陶质	橙黄	灰	红	灰底黑彩	橙黄	灰	红	褐	
素面	134	14	6		66				220
绳纹	14				32	1			47
篮纹	92	4	15		56				167
麻点纹					166				166
戳印纹	1				2				3
刻划纹					2				2
附加堆纹	1				1				2
网格纹					1				1
席纹					2				2
抹断绳纹		1							1
戳印纹＋绳纹					1				1
篮纹＋绳纹					4				4
附加堆纹＋篮纹					1				1

圆腹罐　8件。

标本 II T0602⑤：11，夹砂橙黄陶。侈口，圆唇，高领，束颈，颈部以下残。颈部饰横向篮纹。口径 14、残高 5.4 厘米（图 3–74，2）。

标本 II T0602⑤：13，夹砂红陶。侈口，圆唇，高领，束颈，颈部以下残。颈部饰横向篮纹。口径 13.6、残高 6 厘米（图 3–74，3）。

标本 II T0602⑤：14，夹砂橙黄陶。侈口，圆唇，高领，束颈，上腹斜，下腹残。颈部饰斜向篮纹，上腹饰麻点纹。口径 19.2、残高 8 厘米（图 3–74，4）。

标本 II T0602⑤：15，泥质橙黄陶。侈口，圆唇，高领，束颈，上腹圆弧，下腹残。素面。口径 8.8、残高 6.4 厘米（图 3–74，5）。

标本 II T0602⑤：18，夹砂橙黄陶。侈口，方唇，高领，束颈，颈部以下残。唇面有一道凹槽，颈部饰斜向篮纹。口径 19.6、残高 5.6 厘米（图 3–74，6）。

标本 II T0602⑤：20，夹砂橙黄陶。侈口，圆唇，高领，束颈，上腹圆弧，下腹残。颈部饰横向篮纹，上腹饰竖向绳纹。口径 13.6、残高 6.8 厘米（图 3–74，7）。

标本 II T0602⑤：22，夹砂橙黄陶。侈口，方唇，高领，束颈，颈部以下残。素面。口径 24.8、残高 6.4 厘米（图 3–74，8）。

标本 II T0602⑤：23，夹砂红陶。侈口，圆唇，高领，束颈，上腹圆弧，下腹残。颈部饰斜向篮纹，上腹饰麻点纹。口径 15.2、残高 6.4 厘米（图 3–74，9）。

双耳罐　4 件。

标本 II T0602⑤：10，夹砂橙黄陶。侈口，方唇，高领，束颈，上腹圆，下腹残。唇面有一道凹槽，耳上下端饰戳印纹，耳面饰交错刻划纹，颈部饰横向篮纹，上腹饰麻点纹。口径 17.6、残高 11.4 厘米（图 3–74，10）。

标本 II T0602⑤：12，泥质橙黄陶。耳残，高领，束颈，上腹圆弧，下腹残。素面。口径 13.2、残高 6.8 厘米（图 3–74，11）。

标本 II T0602⑤：19，泥质红陶。口沿残，高领，束颈，鼓腹，底残。上腹有残耳根部，颈部素面，腹部饰竖向刻划纹。残高 9.5、腹径 14 厘米（图 3–74，12）。

标本 II T0602⑤：21，夹砂红陶。侈口，方唇，高领，束颈，耳残，颈部以下残。颈部饰横向篮纹。口径 18.4、残高 7.8 厘米（图 3–74，13）。

盆　3 件。

标本 II T0602⑤：9，泥质橙黄陶。敞口，微卷沿，圆唇，斜弧腹，底残。沿下有一周折棱，素面。口径 19.2、残高 4.6 厘米（图 3–74，14）。

标本 II T0602⑤：16，泥质橙黄陶。敞口，方唇，斜弧腹，底残。腹部饰斜向篮纹，器身有一钻孔。口径 20.8、残高 6.4 厘米（图 3–74，15）。

标本 II T0602⑤：17，泥质褐陶。敞口，尖唇，斜腹微弧，下腹残。口沿外侧有一周折棱，腹部饰斜向篮纹。口径 27.2、残高 5.2 厘米（图 3–74，16）。

鬶足　2 件。

标本 II T0602⑤：1，夹砂灰陶。牛角状空心足。器表素面，有烟炱。残高 5、残宽 3.8 厘米（图 3–74，17）。

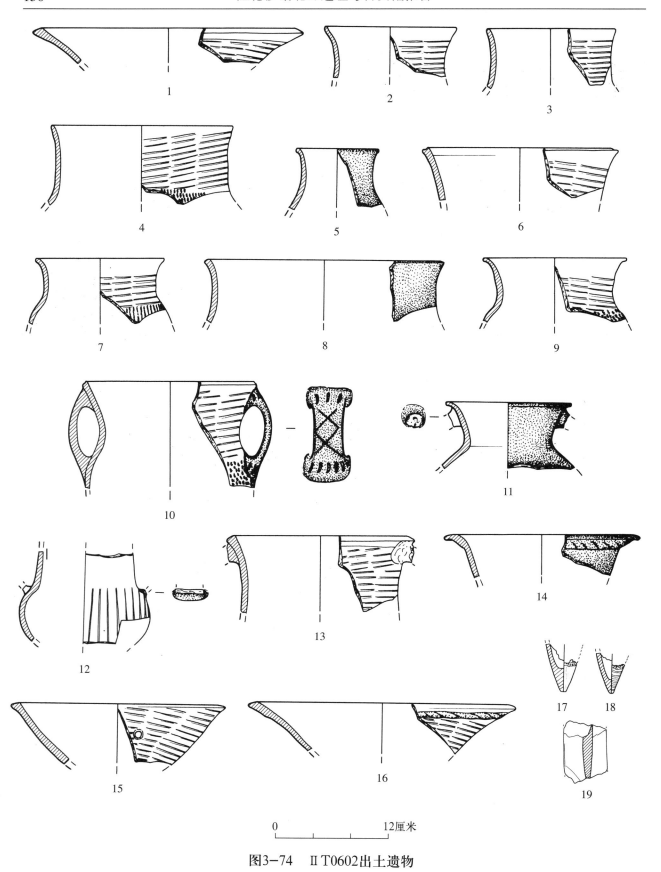

0　　　　　　　　　12厘米

图3-74　ⅡT0602出土遗物

1.盆ⅡT0602④：1　2～9.圆腹罐ⅡT0602⑤：11、13～15、18、20、22、23　10～13.双耳罐ⅡT0602⑤：10、12、19、21
14～16.盆ⅡT0602⑤：9、16、17　17、18.罟ⅡT0602⑤：1、2　19.石铲ⅡT0602⑤：8

标本ⅡT0602⑤：2，夹砂灰陶。牛角状空心足。器表饰横向篮纹，有烟炱。残高4.2、残宽3.3厘米（图3-74，18）。

石铲　1件。

标本ⅡT0602⑤：8，石英岩。基部及刃部残，表面一面磨制程度高，一面残，两侧边平直。器身残长6.3、宽4.5、厚1厘米（图3-74，19；彩版三二，2）。

石镞　2件。

标本ⅡT0602⑤：4，器体呈扁三角形，两侧边缘均为双面磨制的刃部，较为锋利，尖部磨制尖锐，尾部平整。长4.2、宽1.4、厚0.2厘米（图3-75，1；彩版三二，3）。

标本ⅡT0602⑤：24，器体呈扁三角形，两侧边缘均为双面磨制的刃部，较为锋利，尖部圆钝，尾部残。长3.1、宽2.7、厚0.5厘米（图3-75，2）。

石料　1件。

标本ⅡT0602⑤：3，整体较平整，制作小石器材料，边缘有轻微磨痕。残长4.7、残宽2.4、厚0.2厘米（图3-75，3）。

刮削器　1件。

标本ⅡT0602⑤：25，石质，椭圆形，边缘有磨痕。直径2、厚0.2厘米（图3-75，4）。

骨凿　1件。

标本ⅡT0602⑤：7，动物骨骼磨制而成，扁平长条状，弧形基部略残，双面磨刃。刃残长1.1厘米，刃角40.9°，器身长8、宽1.6、厚0.8厘米（图3-75，5）。

骨器　2件。

标本ⅡT0602⑤：5，动物骨骼磨制而成，扁平长条状，器表磨制光滑，一端平直，一端残。残长5.9、宽1.4、厚0.3厘米（图3-75，6；彩版三二，4）。

标本ⅡT0602⑤：6，动物肢骨，器身上端及侧边有切割形成的凹槽。残长6、残宽3、厚0.8厘米（图3-75，7；彩版三二，5）。

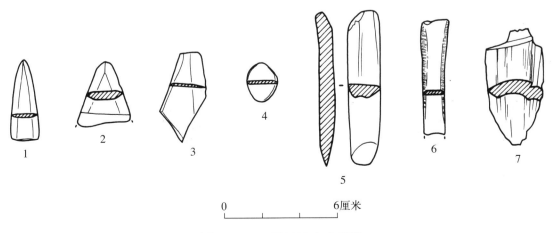

0　　　　　　　6厘米

图3-75　ⅡT0602出土遗物

1、2.石镞ⅡT0602⑤：4、24　3.石料ⅡT0602⑤：3　4.刮削器ⅡT0602⑤：25　5.骨凿ⅡT0602⑤：7　6、7.骨器ⅡT0602⑤：5、6

（4）ⅡT0602⑥层

出土少量陶片，以陶器腹部残片为主，无可辨器形标本，所以不具体介绍，只进行陶系统计（表3-224）。

表3-224　T0602⑥层陶片统计表

纹饰	陶质 陶色	泥质				夹砂				合计
		橙黄	灰	红	灰底黑彩	橙黄	灰	红	褐	
素面		16	5	1		11				33
绳纹		3	1			1	1			6
篮纹		16				3				19
麻点纹						17				17
线纹						2				2
戳印纹						1				1
刻划纹		1								1

39. ⅡT0603

ⅡT0603属于新石器时代地层有③、⑤、⑥层。

（1）ⅡT0603③层

出土少量陶片，以腹部残片为主，可辨器形有高领罐（表3-225、226）。

表3-225　T0603③层器形数量统计表

器形	陶质 陶色	泥质				夹砂				合计
		红	橙黄	灰	黑	红	橙黄	灰	黑	
高领罐			1							1

表3-226　ⅡT0603③层陶片统计表

纹饰	陶质 陶色	泥质				夹砂				合计
		橙黄	灰	红	灰底黑彩	橙黄	灰	红	褐	
素面		38				10				48
绳纹		12				5				17
篮纹		16				15				31
麻点纹						20				20
刻划纹		1								1
附加堆纹						4				4

高领罐　1件。

标本ⅡT0603③：1，泥质橙黄陶。喇叭口，圆唇，高领，束颈，颈部以下残。颈部饰横向篮纹。口径16.8、残高3.4厘米（图3-76，1）。

（2）ⅡT0603⑤层

出土大量陶片，可辨器形有圆腹罐、花边罐、高领罐、盆（表3-227、228）。

圆腹罐　2件。

标本ⅡT0603⑤：2，夹砂橙黄陶。侈口，圆唇，高领，束颈，颈部以下残。素面。口径9.2、残高5.4厘米（图3-76，2）。

标本ⅡT0603⑤：5，夹砂红陶。侈口，圆唇，高领，束颈，颈部以下残。唇面有一道凹槽，颈部饰横向篮纹。口径15.6、残高7.2厘米（图3-76，3）。

表3-227　ⅡT0603⑤层器形数量统计表

器形＼陶质陶色	泥质				夹砂				合计
	红	橙黄	灰	褐	红	橙黄	灰	黑	
高领罐		2							2
圆腹罐					1	1			2
盆		1		1					2
花边罐						1			1

表3-228　ⅡT0603⑤层陶片统计表

纹饰＼陶质陶色	泥质				夹砂				合计
	橙黄	灰	红	褐	橙黄	灰	红	褐	
素面	100	6	3		34				143
麻点纹					45				45
绳纹	29	2			28				59
篮纹	72	3			16				91
篮纹＋麻点纹					4				4
交错篮纹	1								1
刻划纹					9				9
附加堆纹＋绳纹					1				1
附加堆纹	1				1				2
附加堆纹＋篮纹	2				1				3
交错绳纹	4				1				5
麻点纹					28				28
篮纹＋绳纹					2	1			3

花边罐　1件。

标本ⅡT0603⑤：6，夹砂红陶。侈口，圆唇，高领，微束颈，上腹斜弧，下腹残。口沿外侧饰一周附加泥条，泥条之上饰斜向戳印纹，颈、腹饰横向篮纹。口径16.8、残高7.2厘米（图3-76，4）。

高领罐　2件。

标本ⅡT0603⑤：1，泥质橙黄陶。喇叭口，圆唇，高领，束颈，颈部以下残。素面。口径17.6、残高9.4厘米（图3-76，5）。

标本ⅡT0603⑤：4，泥质橙黄陶。喇叭口，圆唇，高领，束颈，颈部以下残。素面。口径19.2、残高3厘米（图3-76，6）。

盆　2件。

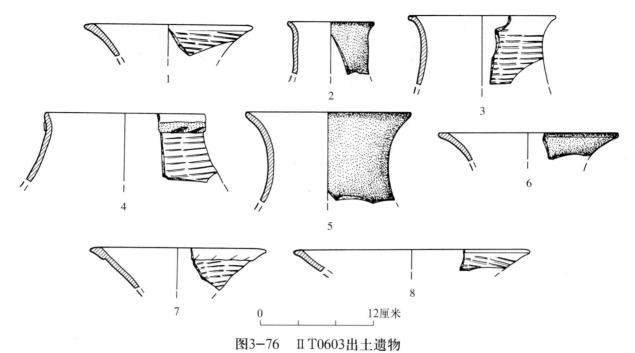

图3-76　ⅡT0603出土遗物

1、5、6.高领罐ⅡT0603③：1、ⅡT0603⑤：1、4　2、3.圆腹罐ⅡT0603⑤：2、5　4.花边罐ⅡT0603⑤：6　7、8.盆ⅡT0603⑤：3、7

标本ⅡT0603⑤：3，泥质褐陶。敞口，尖唇，斜直腹，底残。口沿外侧有一周折棱，腹部饰横向篮纹。口径18.8、残高4.4厘米（图3-76，7）。

标本ⅡT0603⑤：7，泥质橙黄陶。敞口，圆唇，斜弧腹，底残。腹部饰斜向篮纹。口径24、残高2.2厘米（图3-76，8）。

（3）ⅡT0603⑥层

出土大量陶片，以陶器腹部残片为主，无可辨器形标本，所以不具体介绍，只进行陶系统计（表3-229）。

表3-229　ⅡT0603⑥层陶片统计表

纹饰 ＼ 陶质 陶色	泥质				夹砂				合计
	橙黄	灰	红	灰底黑彩	橙黄	灰	红	褐	
素面	108	8			30				146
绳纹	18	1			20				39
篮纹	85	3	2		4				94
麻点纹					89				89
戳印纹		1							1
篮纹＋麻点纹					4				4
附加堆纹					5				5
附加堆纹＋绳纹					1				1
压印纹＋篮纹					1				1
刻划纹					8				8
篮纹＋绳纹					1				1

40. ⅡT0604

ⅡT0604属于新石器时代地层有③、⑤层。

(1) ⅡT0604③层

出土少量陶片，以腹部残片为主，可辨器形有盆（表3-230、231）。

表3-230　T0604③层器形数量统计表

器形 \ 陶质 \ 陶色	泥质				夹砂				合计
	红	橙黄	灰	黑	红	橙黄	灰	黑	
盆		1							1

表3-231　ⅡT0604③层陶片统计表

纹饰 \ 陶质 \ 陶色	泥质				夹砂				合计
	橙黄	灰	红	灰底黑彩	橙黄	灰	红	褐	
素面	2	1	1		3				7
绳纹		1							1
麻点纹					2				2

盆　1件。

标本ⅡT0604③：1，泥质橙黄陶。敞口，平沿，方唇，斜弧腹，底残。腹部饰竖向绳纹。口径34.4、残高8.6厘米（图3-77，1）。

(2) ⅡT0604⑤层

出土大量陶片，以腹部残片为主，可辨器形有圆腹罐、双耳罐、高领罐，另出土石料1件（表3-232、233）。

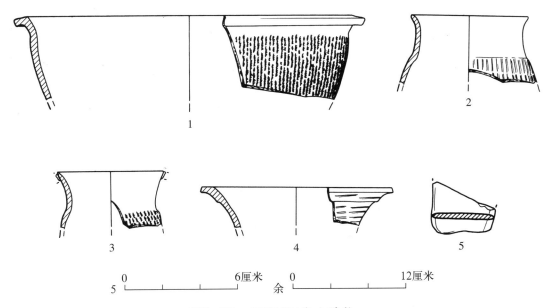

图3-77　ⅡT0604出土遗物

1.盆ⅡT0604③：1　2.圆腹罐ⅡT0604⑤：4　3.双耳罐ⅡT0604⑤：2　4.高领罐ⅡT0604⑤：3　5.石料ⅡT0604⑤：1

表3-232　T0604⑤层器形数量统计表

器形 ＼ 陶质 陶色	泥质				夹砂				合计
	红	橙黄	灰	黑	红	橙黄	灰	黑	
双耳罐						1			1
高领罐		1							1
圆腹罐					1				1

表3-233　ⅡT0604⑤层陶片统计表

纹饰 ＼ 陶质 陶色	泥质				夹砂				合计
	橙黄	灰	红	灰底黑彩	橙黄	灰	红	褐	
素面	110	13	2		134				259
绳纹	7	1			36				44
篮纹	53	2			14				69
麻点纹					188				188
篮纹＋麻点纹					1				1
附加堆纹					8	1			9
附加堆纹＋戳印纹					1				1
网格纹					1				1
篮纹＋绳纹					3				3
戳印纹＋绳纹					1				1
刻划纹					4				4

圆腹罐　1件。

标本ⅡT0604⑤：4，夹砂红陶。侈口，圆唇，矮领，束颈，上腹圆弧，下腹残。颈部素面，上腹饰竖向篮纹。口径12.4、残高7.2厘米（图3-77，2）。

双耳罐　1件。

标本ⅡT0604⑤：2，夹砂橙黄陶。侈口，尖唇，高领，束颈，上腹圆，下腹残。连口残耳，颈部素面，上腹饰麻点纹。口径11.2、残高5.8厘米（图3-77，3）。

高领罐　1件。

标本ⅡT0604⑤：3，泥质橙黄陶。喇叭口，方唇，高领，束颈，颈部以下残。口沿外侧有一周折棱，器表饰横向篮纹。口径20.4、残高4厘米（图3-77，4）。

石料　1件。

标本ⅡT0604⑤：1，整体较平整，制作小石器材料，边缘有轻微磨痕。残长3.3、残宽2.7、厚0.3厘米（图3-77，5；彩版三二，6）。

41. ⅡT0701

ⅡT0701属于新石器时代地层有④、⑤层。

（1）ⅡT0701④层

出土少量陶片，以陶器腹部残片为主，无可辨器形标本，所以不具体介绍，只进行陶系统计（表3-234）。

表3-234　T0701④层陶片统计表

纹饰＼陶质陶色	泥质				夹砂				合计
	橙黄	灰	红	灰底黑彩	橙黄	灰	红	褐	
素面	5	1	5		2				13
绳纹	6				2				8
麻点纹					8				8

（2）ⅡT0701⑤层

出土少量陶片，以腹部残片为主，可辨器形有高领罐、盆（表3-235、236）。

表3-235　T0701⑤层器形数量统计表

器形＼陶质陶色	泥质				夹砂				合计
	红	橙黄	灰	黑	红	橙黄	灰	黑	
盆		1							1
高领罐		1							1

表3-236　T0701⑤层陶片统计表

纹饰＼陶质陶色	泥质				夹砂				合计
	橙黄	灰	红	灰底黑彩	橙黄	灰	红	褐	
素面	3		2		2				7
绳纹	1								1
篮纹			4		2				6
麻点纹					8				8

高领罐　1件。

标本ⅡT0701⑤：2，泥质橙黄陶。喇叭口，圆唇，高领，束颈，颈部以下残。素面。口径16.4、残高6厘米（图3-78，1）。

盆　1件。

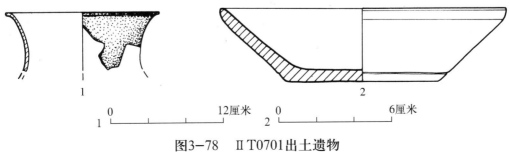

图3-78　ⅡT0701出土遗物

1.高领罐ⅡT0701⑤：2　2.盆ⅡT0701⑤：1

标本ⅡT0701⑤：1，泥质橙黄陶。敞口，尖唇，斜直腹，平底。器表及内壁素面磨光，口沿外侧泥条盘筑痕迹明显，底部饰篮纹。口径 15.1、高 3.8、底径 8 厘米（图 3-78，2）。

42. Ⅱ T0702

Ⅱ T0702 属于新石器时代地层有①、③～⑤层。

（1）Ⅱ T0702①层

出土少量陶片，以陶器腹部残片为主，无可辨器形标本，所以不具体介绍，只进行陶系统计（表 3-237）。

（2）Ⅱ T0702③层

出土少量陶片，以腹部残片为主，可辨器形有圆腹罐、花边罐、单耳罐、高领罐、盆，另出土石刀 1 件（表 3-238、239）。

表3-237　T0702①层陶片统计表

纹饰	陶质 陶色	泥质				夹砂				合计
		橙黄	灰	红	灰底黑彩	橙黄	灰	红	褐	
素面		17	1			3				21
麻点纹						5				5
篮纹		12	1			1	1			15
绳纹			2			1				3

表3-238　T0702③层器形数量统计表

器形	陶质 陶色	泥质				夹砂				合计
		红	橙黄	灰	褐	红	橙黄	灰	黑	
高领罐			2		1					3
盆					1					1
圆腹罐							1			1
花边罐							1			1
单耳罐		1								1

表3-239　T0702③层陶片统计表

纹饰	陶质 陶色	泥质				夹砂				合计
		橙黄	灰	红	灰底黑彩	橙黄	灰	红	褐	
素面		32	5	6		17				60
绳纹		3	2			15				20
篮纹		28	4			12				44
麻点纹						24		1		25
刻划纹		1								1

圆腹罐　1件。

标本ⅡT0702③：4，夹砂橙黄陶。侈口，圆唇，高领，束颈，颈部以下残。器表饰横向篮纹加竖向绳纹。口径12、残高5.8厘米（图3-79，1）。

花边罐　1件。

标本ⅡT0702③：7，夹砂橙黄陶。直口，圆唇，矮领，上腹圆弧，下腹残。颈部饰一周附加泥条，泥条之上饰斜向戳印纹，上腹饰竖向绳纹。口径10、残高4.8厘米（图3-79，2）。

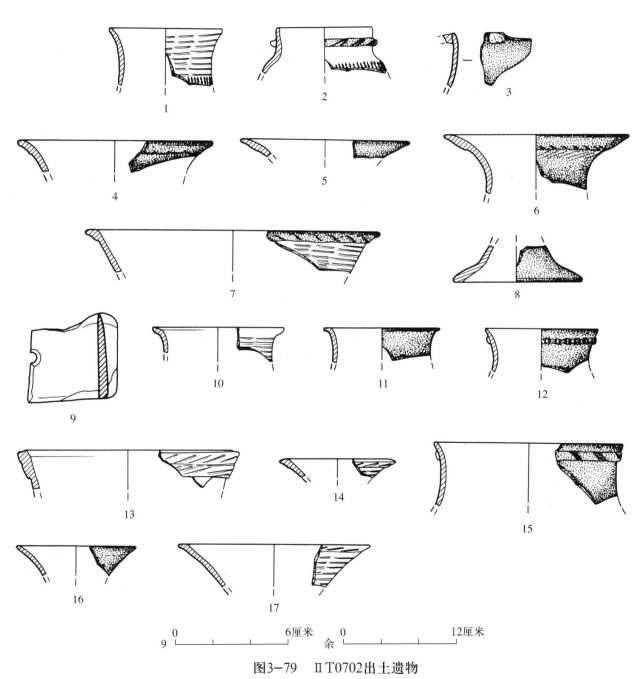

图3-79　ⅡT0702出土遗物

1、10、11.圆腹罐ⅡT0702③：4、ⅡT0702④：4、5　2、12、15.花边罐ⅡT0702③：7、ⅡT0702④：2、ⅡT0702⑤：3　3.单耳罐ⅡT0702③：8　4~6、16.高领罐ⅡT0702③：2、6、9、ⅡT0702⑤：2　7、14、17.盆ⅡT0702③：3、ⅡT0702④：3、ⅡT0702⑤：1　8.器座ⅡT0702③：5　9.石刀ⅡT0702③：1　13.大口罐ⅡT0702④：1

单耳罐　1件。

标本ⅡT0702③：8，泥质红陶。侈口，圆唇，矮领，束颈，颈部以下残。连口残耳，素面。残高5.6、残宽5.4厘米（图3-79，3）。

高领罐　3件。

标本ⅡT0702③：2，泥质橙黄陶。喇叭口，圆唇，高领，束颈，颈部以下残。口沿外侧有一周折棱，素面。口径20.4、残高3.4厘米（图3-79，4）。

标本ⅡT0702③：6，泥质橙黄陶。喇叭口，圆唇，口沿以下残。素面。口径17.2、残高1.8厘米（图3-79，5）。

标本ⅡT0702③：9，泥质褐陶。喇叭口，圆唇，高领，束颈，颈部以下残。口沿外侧饰一周折棱，颈部素面。口径19.2、残高5.8厘米（图3-79，6）。

盆　1件。

标本ⅡT0702③：3，泥质褐陶。敞口，平沿，圆唇，斜弧腹，底残。口沿外侧饰一周折棱，腹部饰横向篮纹。口径30、残高4.4厘米（图3-79，7）。

器座　1件。

标本ⅡT0702③：5，泥质橙黄陶。喇叭状空心足。素面。底径13.6、残高3.8厘米（图3-79，8）。

石刀　1件。

标本ⅡT0702③：1，石英岩。基部及侧边平直，刃部残，残断处有一残孔。刃残长1厘米，刃角39.9°，器身残长4.6、残宽4.5厘米（图3-79，9；彩版三三，1）。

（3）ⅡT0702④层

出土少量陶片，以腹部残片为主，可辨器形有圆腹罐、花边罐、大口罐、盆（表3-240、241）。

表3-240　T0702④层器形数量统计表

陶质	泥质				夹砂				合计
器形　陶色	红	橙黄	灰	黑	红	橙黄	灰	黑	
大口罐						1			1
花边罐						1			1
盆		1							1
圆腹罐		1				1			2

表3-241　T0702④层陶片统计表

陶质	泥质				夹砂				合计
纹饰　陶色	橙黄	灰	红	灰底黑彩	橙黄	灰	红	褐	
素面	12				2				14
绳纹	2	2			5				9
篮纹	9								9
麻点纹					11				11

圆腹罐 2件。

标本ⅡT0702④：4，夹砂橙黄陶。侈口，圆唇，高领，束颈，颈部以下残。颈部饰横向篮纹。口径14、残高3.6厘米（图3-79，10）。

标本ⅡT0702④：5，泥质橙黄陶。侈口，圆唇，高领，束颈，颈部以下残。素面。口径12.4、残高3.4厘米（图3-79，11）。

花边罐 1件。

标本ⅡT0702④：2，夹砂橙黄陶。侈口，尖唇，矮领，束颈，颈部以下残。口沿外侧饰一周附加泥条，泥条经手指按压呈波状，颈部素面。口径12、残高4.4厘米（图3-79，12）。

大口罐 1件。

标本ⅡT0702④：1，夹砂橙黄陶。侈口，方唇，口沿以下残。口沿外侧有一周凸棱，凸棱之上饰斜向篮纹。口径21.6、残高4厘米（图3-79，13）。

盆 1件。

标本ⅡT0702④：3，泥质橙黄陶。敞口，尖唇，斜直腹，底残。口沿外侧有一周折棱，器表饰篮纹。口径10.8、残高1.8厘米（图3-79，14）。

（4）ⅡT0702⑤层

出土少量陶片，以腹部残片为主，可辨器形有花边罐、高领罐、盆（表3-242、243）。

表3-242 T0702⑤层器形数量统计表

陶质	泥质				夹砂				合计
器形 \ 陶色	红	橙黄	灰	黑	红	橙黄	灰	黑	
盆		1							1
高领罐		1							1
花边罐						1			1

表3-243 T0702⑤层陶片统计表

陶质	泥质				夹砂				合计
纹饰 \ 陶色	橙黄	灰	红	灰底黑彩	橙黄	灰	红	褐	
素面	8						1		9
绳纹	3								3
篮纹	2		1						3
麻点纹					3				3

花边罐 1件。

标本ⅡT0702⑤：3，夹砂橙黄陶。侈口，圆唇，高领，束颈，颈部以下残。口沿外侧饰一周附加泥条，泥条之上饰斜向戳印纹，颈部素面。口径20、残高6.4厘米（图3-79，15）。

高领罐 1件。

标本ⅡT0702⑤：2，泥质橙黄陶。喇叭口，圆唇，高领，束颈，颈部以下残。素面。口径12.8、残高3厘米（图3-79，16）。

盆　1件。

标本ⅡT0702⑤：1，泥质橙黄陶。敞口，圆唇，斜腹微弧，底残。器表饰横向篮纹。口径20、残高4.4厘米（图3-79，17）。

43. ⅡT0703

ⅡT0703属于新石器时代地层有③、⑤层。

（1）ⅡT0703③层

出土大量陶片，以腹部残片为主，可辨器形有圆腹罐、花边罐、双耳罐、高领罐，另出土石刀1件（表3-244、245）。

表3-244　T0703③层器形数量统计表

陶质	泥质				夹砂				合计
器形　陶色	红	橙黄	灰	黑	红	橙黄	灰	黑	
圆腹罐						3			3
花边罐						1			1
高领罐	1	1							2
双耳罐		1							1

表3-245　T0703③层陶片统计表

陶质	泥质				夹砂				合计
纹饰　陶色	橙黄	灰	红	灰底黑彩	橙黄	灰	红	褐	
素面	127	6	9		57				199
绳纹	3	1			46				50
篮纹	61				15				76
麻点纹					115		3		118
网格纹	1								1
篮纹＋麻点纹					1				1
附加堆纹					1				1
附加堆纹＋绳纹					2				2
戳印纹					1				1
刻划纹					2				2
交错篮纹	3								3
抹断绳纹					2				2

圆腹罐　3件。

标本ⅡT0703③：2，夹砂橙黄陶。侈口，圆唇，高领，束颈，颈部以下残。颈部饰竖向绳纹。口径19.6、残高6厘米（图3-80，1）。

标本ⅡT0703③：3，夹砂橙黄陶。侈口，圆唇，矮领，束颈，上腹微弧，下腹残。器表饰横向篮纹。口径13.6、残高5厘米（图3-80，2）。

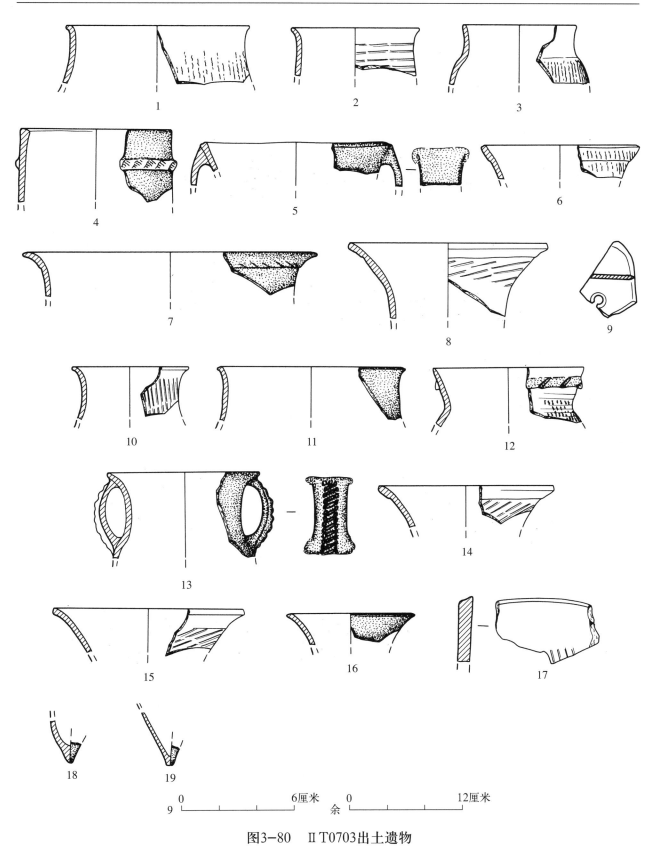

图3-80　ⅡT0703出土遗物

1～3、10、11.圆腹罐ⅡT0703③：2～4、ⅡT0703⑤：4、5　4、12.花边罐ⅡT0703③：5、ⅡT0703⑤：6　5、13.双耳罐
ⅡT0703③：8、ⅡT0703⑤：7　6～8、14～16.高领罐ⅡT0703③：6、7、9、ⅡT0703⑤：1、2、3　9.石刀ⅡT0703③：1
17.圆盘ⅡT0703⑤：8　18、19.鬶足ⅡT0703⑤：9、10

标本ⅡT0703③：4，夹砂橙黄陶。侈口，圆唇，矮领，束颈，上腹圆，下腹残。颈部素面，上腹饰竖向绳纹。口径12、残高6厘米（图3-80，3）。

花边罐　1件。

标本ⅡT0703③：5，夹砂橙黄陶。微敛口，方唇，上腹微斜弧，下腹残。上腹饰一周附加泥条，泥条经手指按压呈波状，器表素面。口径16、残高7.6厘米（图3-80，4）。

双耳罐　1件。

标本ⅡT0703③：8，泥质橙黄陶。侈口，方唇，口沿以下残。唇面有一道凹槽，连口桥形拱耳，素面。口径18.8、残高4.6厘米（图3-80，5）。

高领罐　3件。

标本ⅡT0703③：6，泥质橙黄陶。喇叭口，方唇，高领，束颈，颈部以下残。口沿外侧有一周折棱，器表饰竖向绳纹。口径16、残高3.4厘米（图3-80，6）。

标本ⅡT0703③：7，泥质红陶。喇叭口，圆唇，高领，束颈，颈部以下残。口沿外侧有一周折棱，颈部素面。口径30.4、残高4.6厘米（图3-80，7）。

标本ⅡT0703③：9，泥质橙黄陶。喇叭口，方唇，高领，束颈，颈部以下残。口沿外侧有一周折棱，颈部饰斜向篮纹。口径20.8、残高8厘米（图3-80，8）。

石刀　1件。

标本ⅡT0703③：1，页岩。基部及侧边残，双面磨刃，器身有一钻孔，孔径0.4～0.8厘米。刃残长3.4厘米，刃角43°，器身残长4.1、残宽3厘米（图3-80，9；彩版三三，2）。

（2）ⅡT0703⑤层

出土大量陶片，以腹部残片为主，可辨器形有圆腹罐、花边罐、双耳罐、高领罐、圆盘、斝足（表3-246、247）。

表3-246　T0703⑤层器形数量统计表

器形＼陶质 陶色	泥质				夹砂				合计
	红	橙黄	灰	黑	红	橙黄	灰	黑	
高领罐		3							3
圆腹罐						2			2
花边罐						1			1
双耳罐							1		1
圆盘						1			1
斝					2				2

表3-247　T0703⑤层陶片统计表

纹饰＼陶质 陶色	泥质				夹砂				合计
	橙黄	灰	红	灰底黑彩	橙黄	灰	红	褐	
素面	63	15			70	10			158
绳纹	4	1	3		29				37

续表

纹饰＼陶质＼陶色	泥质				夹砂				合计
	橙黄	灰	红	灰底黑彩	橙黄	灰	红	褐	
篮纹	38	3	16		36				93
麻点纹					135				135
戳印纹		1			1				2
篮纹＋麻点纹					2				2
附加堆纹＋绳纹					1				1
附加堆纹＋麻点纹					2				2
交错篮纹					1				1

圆腹罐　2件。

标本ⅡT0703⑤：4，夹砂橙黄陶。侈口，圆唇，高领，束颈，颈部以下残。颈部饰竖向篮纹。口径12.4、残高5.4厘米（图3-80，10）。

标本ⅡT0703⑤：5，夹砂橙黄陶。侈口，方唇，高领，束颈，颈部以下残。素面。口径19.2、残高5.6厘米（图3-80，11）。

花边罐　1件。

标本ⅡT0703⑤：6，夹砂橙黄陶。侈口，尖唇，矮领，束颈，上腹斜，下腹残。口沿外侧饰一周附加泥条，泥条之上饰斜向戳印纹，颈、腹部饰麻点纹。口径16、残高6厘米（图3-80，12）。

双耳罐　1件。

标本ⅡT0703⑤：7，夹砂灰陶。侈口，圆唇，高领，束颈，上腹圆弧，下腹残。拱形单耳，耳面饰竖向泥条，泥条之上饰戳印纹，器表素面。口径16、残高9厘米（图3-80，13）。

高领罐　3件。

标本ⅡT0703⑤：1，泥质橙黄陶。喇叭口，方唇，高领，束颈，颈部以下残。口沿外侧有一周折棱，颈部饰斜向篮纹。口径18.4、残高4.4厘米（图3-80，14）。

标本ⅡT0703⑤：2，泥质橙黄陶。喇叭口，方唇，高领，束颈，颈部以下残。颈部饰斜向篮纹。口径20、残高4.6厘米（图3-80，15）。

标本ⅡT0703⑤：3，泥质橙黄陶。喇叭口，尖唇，高领，束颈，颈部以下残。素面。口径12.8、残高3.2厘米（图3-80，16）。

圆盘　1件。

标本ⅡT0703⑤：8，夹砂橙黄陶。圆边。近边缘素面，中心饰篮纹。残长11、残宽6.8厘米（图3-80，17）。

鬶足　2件。

标本ⅡT0703⑤：9，夹砂红陶。牛角状空心足。素面，有烟炱。残高4.4、残宽3.7厘米（图3-80，18）。

标本ⅡT0703⑤：10，夹砂红陶。牛角状空心足。素面，有烟炱。残高5.4、残宽4.4厘米（图3-80，19）。

44. ⅡT0704

ⅡT0704属于新石器时代地层有②～⑤层。

（1）ⅡT0704②层

出土少量陶片，以陶器腹部残片为主，无可辨器形标本，所以不具体介绍，只进行陶系统计（表3-248）。

表3-248　T0704②层陶片统计表

纹饰	陶质 陶色	泥质				夹砂				合计
		橙黄	灰	红	灰底黑彩	橙黄	灰	红	褐	
素面		6				9				15
绳纹		2								2
篮纹		3	2	3						8
麻点纹						18				18
交错篮纹		1								1

（2）ⅡT0704③层

出土少量陶片，以腹部残片为主，可辨器形有圆腹罐（表3-249、250）。

表3-249　T0704③层器形数量统计表

器形	陶质 陶色	泥质				夹砂				合计
		红	橙黄	灰	黑	红	橙黄	灰	黑	
圆腹罐			1							1

表3-250　T0704③层陶片统计表

纹饰	陶质 陶色	泥质				夹砂				合计
		橙黄	灰	红	灰底黑彩	橙黄	灰	红	褐	
素面			4			4				8
绳纹			1			4				5
篮纹		7		1		2				10
麻点纹						5				5

圆腹罐　1件。

标本ⅡT0704③：1，泥质橙黄陶。侈口，圆唇，高领，束颈，颈部以下残。素面。口径8、残高4厘米（图3-81，1）。

（3）ⅡT0704④层

出土少量陶片，以陶器腹部残片为主，无可辨器形标本，所以不具体介绍，只进行陶系统计（表3-251）。

（4）ⅡT0704⑤层

出土少量陶片，以腹部残片为主，可辨器形有圆腹罐、花边罐、单耳罐、高领罐，另出土石刀 1 件（表 3-252、253）。

圆腹罐　2 件。

标本 Ⅱ T0704⑤：3，夹砂橙黄陶。侈口，圆唇，口沿以下残。口沿外侧饰竖向篮纹。口径 21.2、残高 3.2 厘米（图 3-81，2）。

标本 Ⅱ T0704⑤：6，夹砂橙黄陶。侈口，圆唇，矮领，束颈，上腹圆弧，下腹残。器表饰横向篮纹。口径 16.8、残高 5.8 厘米（图 3-81，3）。

表3-251　T0704④层陶片统计表

纹饰 \ 陶色	泥质				夹砂				合计
	橙黄	灰	红	灰底黑彩	橙黄	灰	红	褐	
素面	32	1	2		7				42
绳纹		1			8				9
篮纹	12				5				17
麻点纹					17				17
刻划纹					11				11
篮纹 + 麻点纹					1				1
附加堆纹					1				1
附加堆纹 + 麻点纹					1				1

表3-252　T0704⑤层器形数量统计表

器形 \ 陶色	泥质				夹砂				合计
	红	橙黄	灰	黑	红	橙黄	灰	黑	
花边罐					1				1
圆腹罐						2			2
高领罐		2							2
单耳罐						1			1

表3-253　T0704⑤层陶片统计表

纹饰 \ 陶色	泥质				夹砂				合计
	橙黄	灰	红	灰底黑彩	橙黄	灰	红	褐	
素面	36	1			11				48
绳纹					7				7
篮纹			7		17				24
麻点纹					37				37
附加堆纹 + 绳纹					1				1

花边罐　1 件。

标本 Ⅱ T0704⑤：2，夹砂红陶。侈口，尖唇，高领，束颈，颈部以下残。口沿外侧饰一周附加泥条，呈波状，颈部素面。口径 13.2、残高 4.4 厘米（图 3-81，4）。

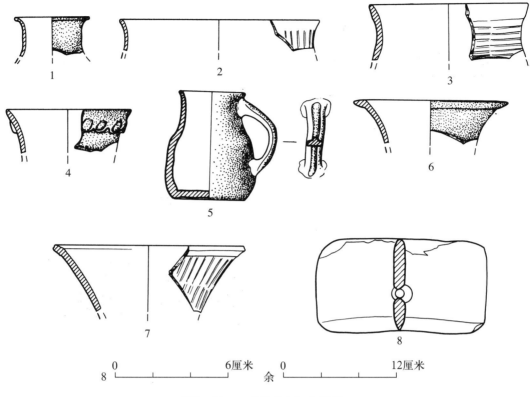

图3-81　ⅡT0704出土遗物

1~3.圆腹罐ⅡT0704③:1、ⅡT0704⑤:3、6　4.花边罐ⅡT0704⑤:2　5.单耳罐ⅡT0704⑤:7　6、7.高领罐ⅡT0704⑤:4、5　8.石刀ⅡT0704⑤:1

单耳罐　1件。

标本ⅡT0704⑤:7,夹砂橙黄陶。侈口,圆唇,高领,束颈,圆腹,底部内凹。拱形单耳,耳面饰一条竖向泥条,器表素面。口径7.2、高11.4、底径7.6厘米(图3-81,5;彩版三三,3)。

高领罐　2件。

标本ⅡT0704⑤:4,泥质橙黄陶。喇叭口,平沿,尖唇,高领,束颈,颈部以下残。素面。口径16.4、残高4.6厘米(图3-81,6)。

标本ⅡT0704⑤:5,泥质橙黄陶。喇叭口,方唇,高领,束颈,颈部以下残。唇面有一道凹槽,颈部饰竖向篮纹。口径20、残高7厘米(图3-81,7)。

石刀　1件。

标本ⅡT0704⑤:1,石英岩。长方形,基部及侧边平直,器表粗磨,中间有一钻孔,双面磨刃。孔径0.5~1.1厘米,刃长8.6厘米,刃角57.9°,器身长9、宽4.9厘米(图3-81,8;彩版三三,4)。

45.ⅡT0705

ⅡT0705属于新石器时代地层有③、④层。

(1)ⅡT0705③层

出土少量陶片,以腹部残片为主,可辨器形有圆腹罐、高领罐,另出土石刀1件(表3-254、255)。

表3-254　T0705③层器形数量统计表

器形 \ 陶质 陶色	泥质				夹砂				合计
	红	橙黄	灰	褐	红	橙黄	灰	黑	
圆腹罐						1			1
高领罐			1						1

表3-255　T0705③层陶片统计表

纹饰 \ 陶质 陶色	泥质				夹砂				合计
	橙黄	灰	红	灰底黑彩	橙黄	灰	红	褐	
素面	5				7				12
绳纹					3				3
篮纹	8								8
麻点纹					26				26
篮纹+麻点纹					1				1

圆腹罐　1件。

标本ⅡT0705③：1，夹砂橙黄陶。侈口，圆唇，高领，束颈，上腹斜弧，下腹残。颈部饰横向篮纹，上腹饰麻点纹。口径15.6、残高7厘米（图3-82，1）。

高领罐　1件。

标本ⅡT0705③：2，泥质褐陶。喇叭口，圆唇，高领，束颈，颈部以下残。素面。口径18.4、残高4厘米（图3-82，2）。

石刀　1件。

标本ⅡT0705③：3，石英岩。平背部，双面磨刃，残断处有一残孔。刃残长1.6厘米，刃角35°，器身残长4.7、宽5.4厘米（图3-82，3）。

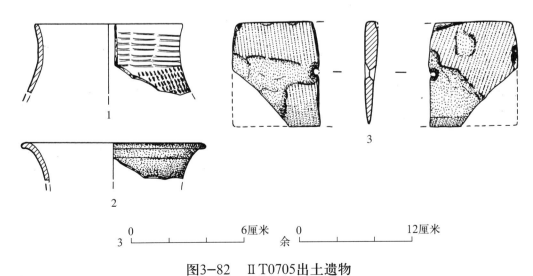

图3-82　ⅡT0705出土遗物

1.圆腹罐ⅡT0705③：1　2.高领罐ⅡT0705③：2　3.石刀ⅡT0705③：3

（2）ⅡT0705④层

出土少量陶片，以陶器腹部残片为主，无可辨器形标本，所以不具体介绍，只进行陶系统计（表3-256）。

表3-256　T0705④层陶片统计表

纹饰 \ 陶质陶色	泥质				夹砂				合计
	橙黄	灰	红	灰底黑彩	橙黄	灰	红	褐	
素面	14	2			15				31
绳纹	3				17				20
篮纹	11				2	1			14
麻点纹					32				32
篮纹＋麻点纹					1				1
席纹					1				1
绳纹＋刻划纹＋戳印纹					1				1
交错篮纹	1								1
绳纹＋刻划纹					1				1

46. ⅡT0706

ⅡT0706属于新石器时代地层有③～⑤层。

（1）ⅡT0706③层

出土少量陶片，以腹部残片为主，可辨器形有圆腹罐、花边罐、高领罐、盆，另出土骨镞1件、蚌饰1件（表3-257、258）。

表3-257　ⅡT0706③层器形数量统计表

器形 \ 陶质陶色	泥质				夹砂				合计
	红	橙黄	灰	黑	红	橙黄	灰	黑	
圆腹罐						2			2
盆		1							1
花边罐						1			1
高领罐		1							1

表3-258　ⅡT0706③层陶片统计表

纹饰 \ 陶质陶色	泥质				夹砂				合计
	橙黄	灰	红	灰底黑彩	橙黄	灰	红	褐	
素面	30	3	3		55				91
绳纹		1			21				22
篮纹	19	6	1		5				31
麻点纹					40	4			44
附加堆纹					1				1
附加堆纹＋麻点纹		1			2				3

圆腹罐　2件。

标本ⅡT0706③：3，夹砂橙黄陶。侈口，圆唇，高领，束颈，颈部以下残。颈部饰麻点纹。口径13.6、残高4厘米（图3-83，1）。

标本ⅡT0706③：4，夹砂橙黄陶。侈口，圆唇，矮领，束颈，颈部以下残。素面。口径12.8、残高4.8厘米（图3-83，2）。

花边罐　1件。

标本ⅡT0706③：6，夹砂橙黄陶。侈口，尖唇，高领，束颈，上腹圆，下腹残。颈部饰两周附加泥条，呈波状，腹部饰竖向绳纹。口径11、残高8.6厘米（图3-83，3）。

高领罐　1件。

标本ⅡT0706③：7，泥质橙黄陶。喇叭口，圆唇，高领，束颈，颈部以下残。素面。口径16.8、残高7.6厘米（图3-83，4）。

盆　1件。

标本ⅡT0706③：5，泥质橙黄陶。敞口，尖唇，斜直腹，底残。口沿外侧饰一周折棱，腹部饰横向篮纹。口径19.6、残高3厘米（图3-83，5）。

骨镞　1件。

标本ⅡT0706③：1，鸡骨磨制而成，锋部呈扁平状，铤部呈圆柱状，器身磨制光滑，铤尾粗磨。长11.7、宽1.1、直径0.8厘米（图3-83，6；彩版三三，5）。

蚌饰　1件。

标本ⅡT0706③：2，由蚌壳制成，为装饰所用，边缘残，在贝壳中心有一圆形钻孔。长4.6、宽2.4、圆孔直径0.6厘米（图3-83，7；彩版三三，6）。

（2）ⅡT0706④层

出土大量陶片，以腹部残片为主，可辨器形有圆腹罐、花边罐、双耳罐、盆、器盖，另出土骨器1件、骨锥1件（表3-259、260）。

表3-259　ⅡT0706④层器形数量统计表

器形 \ 陶质 陶色	泥质				夹砂				合计
	红	橙黄	灰	黑	红	橙黄	灰	黑	
圆腹罐		1			1	5			7
盆		4							4
双耳罐	1	1							2
花边罐						2			2

表3-260　ⅡT0706④层陶片统计表

纹饰 \ 陶质 陶色	泥质				夹砂				合计
	橙黄	灰	红	灰底黑彩	橙黄	灰	红	褐	
素面	51	6	7		46				110
绳纹		1			34				35
篮纹	24	5	7		4				40

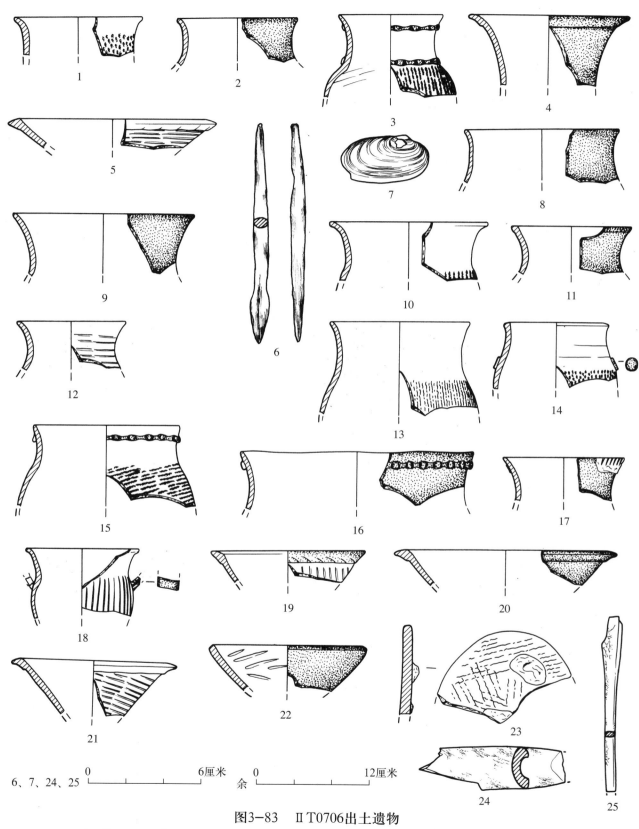

图3-83　ⅡT0706出土遗物

1、2、8～14.圆腹罐ⅡT0706③：3、4、ⅡT0706④：3、4、9、10、12、14、16　3、15、16.花边罐ⅡT0706③：6、
ⅡT0706④：11、18　4.高领罐ⅡT0706③：7　5.盆ⅡT0706③：5　6.骨镞ⅡT0706③：1　7.蚌饰ⅡT0706③：2　17、18.双
耳罐ⅡT0706④：8、13　19～22.盆ⅡT0706④：5、6、17、7　23.器盖ⅡT0706④：15　24.骨器ⅡT0706④：1　25.骨锥
ⅡT0706④：2

纹饰＼陶质＼陶色	泥质				夹砂				合计
	橙黄	灰	红	灰底黑彩	橙黄	灰	红	褐	
麻点纹					95				95
戳印纹					1				1
刻划纹					3				3
附加堆纹					3				3
附加堆纹＋绳纹纹					1				1

圆腹罐　7件。

标本ⅡT0706④：3，夹砂橙黄陶。侈口，圆唇，矮领，束颈，颈部以下残。素面。口径16.4、残高5.6厘米（图3-83，8）。

标本ⅡT0706④：4，泥质橙黄陶。侈口，圆唇，高领，束颈，颈部以下残。素面。口径19.2、残高6.3厘米（图3-83，9）。

标本ⅡT0706④：9，夹砂橙黄陶。侈口，圆唇，高领，束颈，上腹圆弧，下腹残。颈部素面，上腹饰竖向绳纹。口径16.8、残高6.2厘米（图3-83，10）。

标本ⅡT0706④：10，夹砂橙黄陶。侈口，方唇，矮领，束颈，颈部以下残。素面。口径12.8、残高5厘米（图3-83，11）。

标本ⅡT0706④：12，夹砂橙黄陶。侈口，圆唇，矮领，束颈，颈部以下残。颈部饰横向篮纹。口径11.6、残高5.2厘米（图3-83，12）。

标本ⅡT0706④：14，夹砂橙黄陶。侈口，圆唇，高领，束颈，上腹圆弧，下腹残。颈部素面，上腹饰竖向绳纹。口径14.8、残高9.6厘米（图3-83，13）。

标本ⅡT0706④：16，夹砂红陶。侈口，方唇，矮领，束颈，上腹圆，下腹残。颈部素面饰一附加泥饼，上腹饰麻点纹。口径10、残高7厘米（图3-83，14）。

花边罐　2件。

标本ⅡT0706④：11，夹砂橙黄陶。侈口，圆唇，矮领，束颈，上腹圆，下腹残。口沿外侧饰一周附加泥条，泥条经手指按压呈波状，颈部素面，上腹饰斜向绳纹。口径15.6、残高8.6厘米（图3-83，15）。

标本ⅡT0706④：18，夹砂橙黄陶。侈口，圆唇，高领，束颈，颈部以下残。口沿外侧饰一周附加泥条，泥条经手指按压呈波状，颈部素面。口径24.8、残高5.8厘米（图3-83，16）。

双耳罐　2件。

标本ⅡT0706④：8，泥质橙黄陶。侈口，尖唇，矮领，束颈，颈部以下残。耳残。口沿处饰竖向刻划纹。口径12.8、残高4.6厘米（图3-83，17）。

标本ⅡT0706④：13，泥质红陶。侈口，圆唇，矮领，束颈，圆腹，底残。耳残，腹部有残根部，腹部饰竖向刻划纹。口径12、残高7.4厘米（图3-83，18）。

盆　4件。

标本ⅡT0706④：5，泥质橙黄陶。敞口，圆唇，斜弧腹，底残。口沿外侧饰一周折棱，腹部饰竖向篮纹。口径16.4、残高3.4厘米（图3-83，19）。

标本ⅡT0706④：6，泥质橙黄陶。敞口，尖唇，斜弧腹，底残。素面。口径21.6、残高3.8厘米（图3-83，20）。

标本ⅡT0706④：17，泥质橙黄陶。敞口，尖唇，斜直腹，底残。口沿外侧有一周折棱，腹部饰斜向篮纹。口径15.6、残高5.6厘米（图3-83，21）。

标本ⅡT0706④：7，泥质橙黄陶。敞口，方唇，斜弧腹，底残。素面，内壁有刮痕。口径16、残高4.8厘米（图3-83，22）。

器盖　1件。

标本ⅡT0706④：15，夹砂橙黄陶。残呈半圆饼状，器表饰交错绳纹，有柄部脱落痕迹。残长14、残宽9.6厘米（图3-83，23）。

骨器　1件。

标本ⅡT0706④：1，动物肢骨磨制而成，截断面呈拱形，一端残，一端双面粗磨似刃。残长7.7、宽2.3、厚0.4厘米（图3-83，24；彩版三四，1、2）。

骨锥　1件。

标本ⅡT0706④：2，动物肢骨磨制而成，扁平长条状，中腰至柄部粗磨，锥尖残，器身残长9.2、宽1.1、厚0.3厘米（图3-83，25；彩版三四，3）。

（3）ⅡT0706⑤层

出土大量陶片，以腹部残片为主，可辨器形有圆腹罐、花边罐、高领罐、鸮面罐、盆、钵、豆（表3-261、262）。

表3-261　ⅡT0706⑤层器形数量统计表

器形 \ 陶质陶色	泥质				夹砂				合计
	红	橙黄	灰	褐	红	橙黄	灰	黑	
圆腹罐						4			4
盆		3							3
花边罐						6			6
高领罐		1		1					2
钵		1							1
鸮面罐							1		1
豆座		1							1

表3-262　ⅡT0706⑤层陶片统计表

纹饰 \ 陶质陶色	泥质				夹砂				合计
	橙黄	灰	红	灰底黑彩	橙黄	灰	红	褐	
素面	43	5	15		35				98
绳纹					7				7
篮纹	24	6	5		28		1		64
麻点纹					87		1		88

续表

陶质纹饰\陶色	泥质				夹砂				合计
	橙黄	灰	红	灰底黑彩	橙黄	灰	红	褐	
刻划纹					1				1
附加堆纹					4				4
附加堆纹＋麻点纹					2				2
席纹					1				1

圆腹罐　4件。

标本ⅡT0706⑤：1，夹砂橙黄陶。侈口，圆唇，高领，束颈，颈部以下残。颈部素面。口径12、残高5.4厘米（图3-84，1）。

标本ⅡT0706⑤：4，夹砂橙黄陶。侈口，圆唇，高领，束颈，颈部以下残。素面。口径12、残高6厘米（图3-84，2）。

标本ⅡT0706⑤：8，夹砂橙黄陶。侈口，圆唇，高领，束颈，上腹圆弧，下腹残。颈部素面，上腹饰竖向绳纹。口径10.4、残高7.4厘米（图3-84，3）。

标本ⅡT0706⑤：17，夹砂橙黄陶。侈口，圆唇，高领，束颈，上腹圆弧，下腹残。颈部饰竖向篮纹，上腹饰麻点纹。口径14.8、残高6.6厘米（图3-84，4）。

花边罐　6件。

标本ⅡT0706⑤：3，夹砂橙黄陶。侈口，圆唇，矮领，束颈，上腹圆弧，下腹残。颈部饰一周附加泥条，泥条经手指按压呈波状，上腹饰麻点纹。口径12、残高5.8厘米（图3-84，5）。

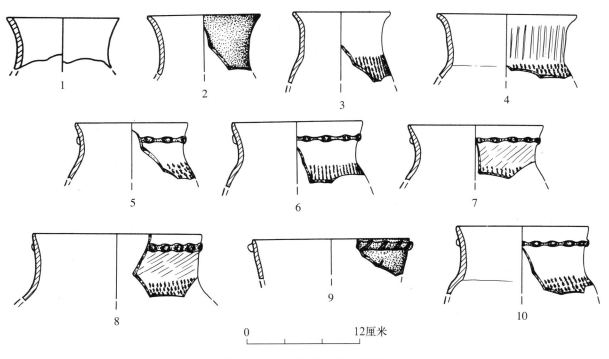

0　　　　　　　　12厘米

图3-84　ⅡT0706出土遗物

1～4.圆腹罐ⅡT0706⑤：1、4、8、17　5～10.花边罐ⅡT0706⑤：3、5～7、10、15

标本ⅡT0706⑤：5，夹砂橙黄陶。侈口，圆唇，矮领，束颈，上腹圆弧，下腹残。颈部饰一周附加泥条，泥条经手指按压呈波状，上腹饰竖向绳纹。口径14、残高6.6厘米（图3-84，6）。

标本ⅡT0706⑤：6，夹砂橙黄陶。侈口，尖唇，矮领，束颈，上腹斜弧，下腹残。口沿外侧饰一周附加泥条，泥条经手指按压呈波状，颈部饰斜向篮纹，上腹饰麻点纹。口径14.4、残高5.8厘米（图3-84，7）。

标本ⅡT0706⑤：7，夹砂橙黄陶。侈口，尖唇，矮领，束颈，上腹斜，下腹残。口沿外侧饰一周附加泥条，泥条经手指按压呈波状，颈部饰斜向篮纹，上腹饰麻点纹。口径18、残高7厘米（图3-84，8）。

标本ⅡT0706⑤：10，夹砂橙黄陶。侈口，尖唇，矮领，束颈，颈部以下残。口沿外侧饰一周附加泥条，泥条之上饰斜向戳印纹，颈部素面。口径16.4、残高3.8厘米（图3-84，9）。

标本ⅡT0706⑤：15，夹砂橙黄陶。侈口，圆唇，高领，束颈，上腹圆，下腹残。颈部饰一周附加泥条，泥条经手指按压呈波状，上腹饰麻点纹。口径14、残高7厘米（图3-84，10）。

高领罐　2件。

标本ⅡT0706⑤：12，泥质橙黄陶。喇叭口，平沿，尖唇，高领，束颈，颈部以下残。口沿外侧饰一周折棱，颈部素面。口径17、残高2.8厘米（图3-85，1）。

标本ⅡT0706⑤：14，泥质褐陶。喇叭口，平沿，圆唇，上腹斜，下腹残。素面。口径22.8、残高2.4厘米（图3-85，2）。

鸮面罐　1件。

标本ⅡT0706⑤：16，夹砂橙黄陶。仅存面部，弧形面，锯齿唇，腹部残，面部有两个钻孔。

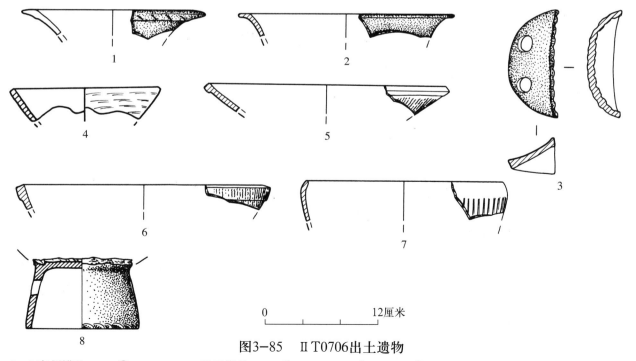

0　　　　　　　　　12厘米

图3-85　ⅡT0706出土遗物

1、2.高领罐ⅡT0706⑤：12、14　3.鸮面罐ⅡT0706⑤：16　4～6.盆ⅡT0706⑤：2、9、11　7.钵ⅡT0706⑤：13　8.豆ⅡT0706⑤：18

素面。长 11.4、宽 4.8 厘米（图 3-85，3）。

盆　3 件。

标本ⅡT0706⑤：2，泥质橙黄陶。敞口，方唇，斜弧腹，底残。器表饰横向篮纹，内壁素面磨光。口径 16、残高 3.4 厘米（图 3-85，4）。

标本ⅡT0706⑤：9，泥质橙黄陶。敞口，方唇，斜弧腹，底残。口沿外侧有一周凸棱，腹部饰竖向绳纹。口径 25、残高 3 厘米（图 3-85，5）。

标本ⅡT0706⑤：11，泥质橙黄陶。敞口，方唇，口沿以下残。口沿外侧有一周凸棱，器表饰竖向绳纹。口径 25、残高 2.6 厘米（图 3-85，6）。

钵　1 件。

标本ⅡT0706⑤：13，泥质橙黄陶。敛口，圆唇，上腹弧，下腹残。腹部饰竖向篮纹。口径 20.8、残高 4 厘米（图 3-85，7）。

豆　1 件。

标本ⅡT0706⑤：18，泥质橙黄陶。高圈空心足，有对称方孔，豆盘残。素面。残高 7.4、残宽 12 厘米（图 3-85，8；彩版三四，4）。

47. ⅡT0802

ⅡT0802 属于新石器时代地层有②～⑤层。

（1）ⅡT0802②层

出土少量陶片，以陶器腹部残片为主，无可辨器形标本，所以不具体介绍，只进行陶系统计（表 3-263）。

表3-263　ⅡT0802②层陶片统计表

陶质 陶色 纹饰	泥质				夹砂				合计
	橙黄	灰	红	灰底黑彩	橙黄	灰	红	褐	
素面	2								2
篮纹	1								1
麻点纹	1				1				2
绳纹	1				1				2

（2）ⅡT0802③层

出土少量陶片，以腹部残片为主，可辨器形有圆腹罐、高领罐、敛口罐、彩陶罐（表 3-264、265）。

圆腹罐　3 件。

标本ⅡT0802③：1，夹砂橙黄陶。侈口，方唇，矮领，束颈，颈部以下残。唇面有一道凹槽，颈部饰麻点纹。口径 17.6、残高 5.6 厘米（图 3-86，1）。

标本ⅡT0802③：7，夹砂橙黄陶。侈口，圆唇，矮领，束颈，上腹斜弧，下腹残。素面。口径 14.4、残高 6 厘米（图 3-86，2）。

表3-264　　ⅡT0802③层器形数量统计表

器形 ＼ 陶质 ＼ 陶色	泥质				夹砂				合计
	红	橙黄	灰	黑	红	橙黄	灰	黑	
圆腹罐					1	2			3
高领罐		2							2
彩陶罐		1							1
敛口罐			1						1

表3-265　　ⅡT0802③层陶片统计表

纹饰 ＼ 陶质 ＼ 陶色	泥质				夹砂				合计
	橙黄	灰	红	灰底黑彩	橙黄	灰	红	褐	
素面	49	6			8				63
绳纹					8		1		9
篮纹	22	1			9				32
麻点纹					38				38
压印纹	1								1
篮纹＋刻划纹	1								1
交错绳纹	1		1						2
篮纹＋绳纹			1						1
篮纹＋麻点纹					1				1

　　标本ⅡT0802③：3，夹砂红陶。侈口，圆唇，矮领，束颈，颈部以下残。口沿外侧有一周折棱，颈部饰斜向篮纹。口径28、残高5.4厘米（图3-86，3）。

　　高领罐　2件。

　　标本ⅡT0802③：2，泥质橙黄陶。喇叭口，圆唇，高领，束颈，颈部以下残。颈部饰横向篮纹。口径18.4、残高4厘米（图3-86，4）。

　　标本ⅡT0802③：6，泥质橙黄陶。喇叭口，微卷沿，圆唇，高领，束颈，颈部以下残。口沿下饰斜向篮纹，颈部素面。口径19.6、残高4.4厘米（图3-86，5）。

　　敛口罐　1件。

　　标本ⅡT0802③：5，泥质灰陶。敛口，圆唇，口沿以下残。素面。口径19.6、残高3.4厘米（图3-86，6）。

　　彩陶罐　1件。

　　标本ⅡT0802③：4，泥质橙黄陶。仅存颈、肩部，器表饰条形与三角形组成的黑彩。残高5.4、残宽7.4厘米（图3-86，7）。

　　（3）ⅡT0802④层

　　出土少量陶片，以陶器腹部残片为主，无可辨器形标本，所以不具体介绍，只进行陶系统计（表3-266）。

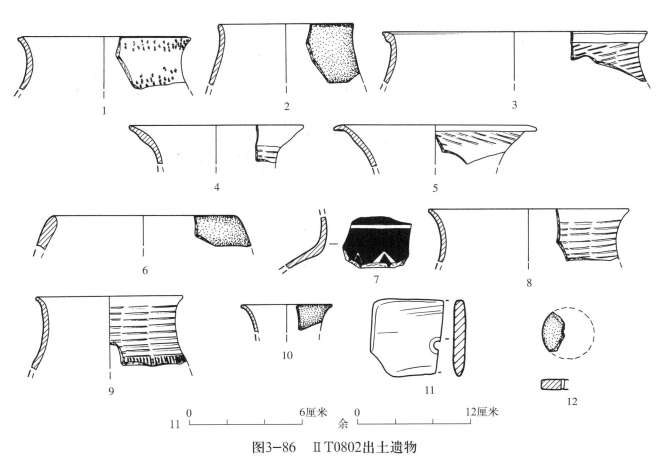

图3-86　ⅡT0802出土遗物

1~3.圆腹罐ⅡT0802③：1、7、3　4、5.高领罐ⅡT0802③：2、6　6.敛口罐ⅡT0802③：5　7.彩陶罐ⅡT0802③：4　8、9.圆腹罐ⅡT0802⑤：3、4　10.高领罐ⅡT0802⑤：2　11.陶刀ⅡT0802⑤：1　12.陶纺轮ⅡT0802⑤：5

表3-266　ⅡT0802④层陶片统计表

纹饰＼陶质／陶色	泥质				夹砂				合计
	橙黄	灰	红	灰底黑彩	橙黄	灰	红	褐	
素面	2								2
篮纹					1				1
麻点纹					3				3

（4）ⅡT0802⑤层

出土少量陶片，以腹部残片为主，可辨器形有圆腹罐、高领罐（表3-267、268）。

表3-267　ⅡT0802⑤层器形数量统计表

器形＼陶质／陶色	泥质				夹砂				合计
	红	橙黄	灰	黑	红	橙黄	灰	黑	
圆腹罐					1	1			2
高领罐		1							1

表3-268　ⅡT0802⑤层陶片统计表

纹饰 陶质 陶色	泥质				夹砂				合计
	橙黄	灰	红	灰底黑彩	橙黄	灰	红	褐	
素面	7	1			3				11
篮纹	1	5							6
麻点纹					3				3

圆腹罐　2件。

标本ⅡT0802⑤：3，夹砂橙黄陶。侈口，圆唇，高领，束颈，颈部以下残。颈部饰横向篮纹。口径21.2、残高5.2厘米（图3-86，8）。

标本ⅡT0802⑤：4，夹砂红陶。侈口，圆唇，高领，束颈，上腹圆弧，下腹残。颈部饰横向篮纹，上腹饰竖向绳纹。口径15.6、残高7.6厘米（图3-86，9）。

高领罐　1件。

标本ⅡT0802⑤：2，泥质红陶。喇叭口，圆唇，高领，束颈，颈部以下残。素面。口径9.6、残高2.6厘米（图3-86，10）。

陶刀　1件。

标本ⅡT0802⑤：1，泥质红陶。陶片磨制而成，基部及侧边平直，残断处有一残孔，双面磨刃，器表素面。刃残长2.5厘米，刃角57°，器身残长3.8、宽4.1厘米（图3-86，11；彩版三四，5）。

陶纺轮　1件。

标本ⅡT0802⑤：5，泥质橙黄陶。圆饼状，残断处有一残孔。素面。半径2.5、厚1.2厘米（图3-86，12）。

48. ⅡT0803

ⅡT0803属于新石器时代地层有③、⑤层。

（1）ⅡT0803③层

出土大量陶片，以腹部残片为主，可辨器形有圆腹罐、花边罐、高领罐（表3-269、270）。

表3-269　T0803③层器形数量统计表

器形 陶质 陶色	泥质				夹砂				合计
	红	橙黄	灰	黑	红	橙黄	灰	黑	
圆腹罐		1			1	1			3
花边罐						1			1
高领罐		1							1

圆腹罐　3件。

标本ⅡT0803③：1，泥质橙黄陶。侈口，圆唇，矮领，束颈，上腹斜弧，下腹残。素面。口径 13.6、残高 4.6 厘米（图 3-87，1）。

标本 ⅡT0803③：2，夹砂红陶。侈口，方唇，矮领，束颈，上腹圆弧，下腹残。颈部饰横向篮纹，上腹饰麻点纹。口径 19.2、残高 6.4 厘米（图 3-87，2）。

表3-270　T0803③层陶片统计表

纹饰＼陶质＼陶色	泥质				夹砂				合计
	橙黄	灰	红	灰底黑彩	橙黄	灰	红	褐	
素面	92	4	5		28				129
绳纹		1			30				31
篮纹	66	2			8				76
麻点纹					84				84
网格纹	1								1
篮纹＋麻点纹					3				3
附加堆纹					7				7
附加堆纹＋麻点纹					7				7
刻划纹					2				2

标本 ⅡT0803③：4，夹砂橙黄陶。侈口，圆唇，矮领，束颈，上腹圆，下腹残。上腹饰泥饼，泥饼下饰麻点纹。口径 16.8、残高 6.8 厘米（图 3-87，3）。

花边罐　1 件。

标本 ⅡT0803③：3，夹砂橙黄陶。侈口，锯齿唇，矮领，束颈，颈部以下残。口沿外侧有一周附加泥条，泥条之上饰戳印纹，颈部饰斜向篮纹。口径 21.2、残高 4.6 厘米（图 3-87，4）。

高领罐　1 件。

标本 ⅡT0803③：5，泥质橙黄陶。喇叭口，圆唇，高领，束颈，颈部以下残。口沿外侧饰一周折棱，颈部饰斜向篮纹。口径 18.4、残高 5 厘米（图 3-87，5）。

（2）ⅡT0803⑤层

出土大量陶片，以腹部残片为主，可辨器形有圆腹罐、花边罐、双耳罐、高领罐、盆、碗、斝，另出土石铲 1 件、石刀 1 件（表 3-271、272）。

表3-271　T0803⑤层器形数量统计表

器形＼陶质＼陶色	泥质				夹砂				合计
	红	橙黄	灰	褐	红	橙黄	灰	黑	
圆腹罐	1	1			3	5	1		11
高领罐	1	2		2					5
盆		1	1						2
花边罐					1	2			3
斝						1			1
双耳罐		2				2			4
碗		1							1

表3-272　T0803⑤层陶片统计表

纹饰 \ 陶质 陶色	泥质				夹砂				合计
	橙黄	灰	红	灰底黑彩	橙黄	灰	红	褐	
素面	120	15	39		125				299
绳纹	6				52				58
篮纹	110	3	40		76	1			230
麻点纹					315	4	4		323
戳印纹					4				4
篮纹＋麻点纹					13	3			16
附加堆纹					3				3
附加堆纹＋绳纹					1				1
戳印纹＋麻点纹					1				1
刻划纹	2		1		4				7
交错绳纹					1				1
附加堆纹＋麻点＋篮纹					1				1

圆腹罐　11件。

标本ⅡT0803⑤：1，泥质红陶。侈口，方唇，矮领，束颈，上腹斜，下腹残。器表素面磨光。口径18、残高5.6厘米（图3-87，6）。

标本ⅡT0803⑤：2，夹砂灰陶。侈口，圆唇，高领，束颈，颈部以下残。颈部饰横向篮纹。口径24、残高5.4厘米（图3-87，7）。

标本ⅡT0803⑤：3，夹砂橙黄陶。侈口，圆唇，矮领，束颈，上腹斜，下腹残。器表素面。口径16、残高4.6厘米（图3-87，8）。

标本ⅡT0803⑤：6，夹砂橙黄陶。侈口，尖唇，矮领，束颈，颈部以下残。颈部素面。口径19.2、残高5.4厘米（图3-87，9）。

标本ⅡT0803⑤：15，夹砂橙黄陶。侈口，圆唇，高领，微束颈，上腹圆弧，下腹残。颈部饰横向篮纹，上腹饰麻点纹。残高9、残宽14厘米（图3-87，10）。

标本ⅡT0803⑤：17，夹砂橙黄陶。侈口，尖唇，高领，束颈，上腹圆弧，下腹残。颈部饰横向篮纹，上腹饰麻点纹。口径14.4、残高10.2厘米（图3-87，11）。

标本ⅡT0803⑤：20，夹砂橙黄陶。侈口，圆唇，矮领，束颈，颈部以下残。颈部饰斜向篮纹。口径15、残高3.4厘米（图3-87，12）。

标本ⅡT0803⑤：21，夹砂红陶。侈口，尖唇，高领，束颈，颈部以下残。颈部饰横向篮纹。口径15.2、残高5厘米（图3-87，13）。

标本ⅡT0803⑤：22，夹砂红陶。侈口，尖唇，矮领，束颈，上腹斜，下腹残。素面。口径10、残高4.4厘米（图3-87，14）。

标本ⅡT0803⑤：23，夹砂红陶。侈口，圆唇，高领，束颈，颈部以下残。颈部饰斜向篮纹。口径18、残高8厘米（图3-87，15）。

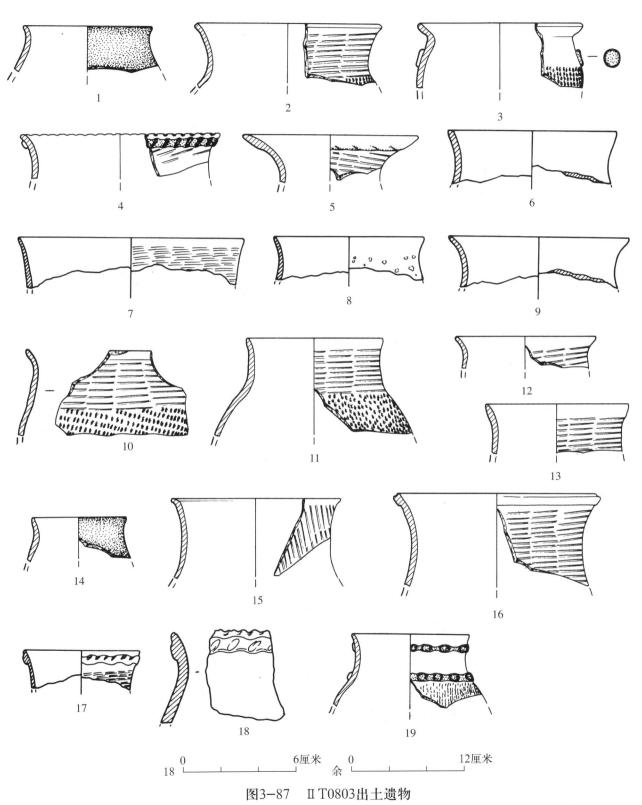

图3-87 ⅡT0803出土遗物

1～3.圆腹罐ⅡT0803③：1、2、4 4.花边罐ⅡT0803③：3 5.高领罐ⅡT0803③：5 6～16.圆腹罐ⅡT0803⑤：1～3、6、15、17、20～23、25 17～19.花边罐ⅡT0803⑤：7、8、29

标本ⅡT0803⑤：25，泥质橙黄陶。侈口，方唇，高领，束颈，颈部以下残。口沿外侧有一周凸棱，颈部饰横向篮纹。口径20.8、残高9.6厘米（图3-87，16）。

花边罐　3件。

标本ⅡT0803⑤：7，夹砂橙黄陶。侈口，圆唇，矮领，束颈，颈部以下残。口沿外侧有一周附加泥条，泥条之上饰斜向戳印纹，颈部饰斜向篮纹，有烟炱。口径12.4、残高4厘米（图3-87，17）。

标本ⅡT0803⑤：8，夹砂橙黄陶。侈口，锯齿唇，高领，束颈，颈部以下残。口沿外侧有一周附加泥条，泥条之上饰斜向戳印纹，颈部素面。残高4.9、残宽4.2厘米（图3-87，18）。

标本ⅡT0803⑤：29，夹砂红陶。侈口，圆唇，矮领，束颈，上腹圆弧，下腹残。颈部饰两周附加泥条，泥条经手指按压呈波状，上腹饰竖向绳纹。口径12.4、残高7.4厘米（图3-87，19）。

双耳罐　4件。

标本ⅡT0803⑤：13，夹砂橙黄陶。侈口，圆唇，高领，束颈，上腹圆，下腹残。连口拱形双耳，颈部素面，上腹饰麻点纹。口径11.2、残高9厘米（图3-88，1）。

标本ⅡT0803⑤：14，夹砂橙黄陶。侈口，圆唇，矮领，束颈，上腹圆弧，下腹残。拱形双耳，耳上端口沿呈锯齿状，颈部素面饰附加泥饼，上腹饰竖向绳纹。口径8、残高5.6厘米（图3-88，2）。

标本ⅡT0803⑤：27，泥质橙黄陶。侈口，圆唇，高领，束颈，颈部以下残。连口残耳，颈部饰竖向篮纹。口径16.4、残高5厘米（图3-88，3）。

标本ⅡT0803⑤：28，泥质橙黄陶。侈口，方唇，口沿以下残，耳残。唇面有一道凹槽，沿下饰麻点纹。口径20.8、残高5.4厘米（图3-88，4）。

高领罐　5件。

标本ⅡT0803⑤：4，泥质橙黄陶。喇叭口，圆唇，高领，束颈，颈部以下残。器表及内壁素面磨光。口径18、残高3.2厘米（图3-88，5）。

标本ⅡT0803⑤：16，泥质橙黄陶。喇叭口，尖唇，高领，束颈，颈部以下残。口沿外侧有一周折棱，折棱之上饰斜向篮纹，颈部素面。口径26、残高6.6厘米（图3-88，6）。

标本ⅡT0803⑤：18，泥质褐陶。喇叭口，圆唇，高领，束颈，颈部以下残。颈部饰横向篮纹。口径16.4、残高3.4厘米（图3-88，7）。

标本ⅡT0803⑤：19，泥质红陶。喇叭口，圆唇，高领，束颈，颈部以下残。沿下饰横向篮纹，颈部素面。口径17.2、残高5.8厘米（图3-88，8）。

标本ⅡT0803⑤：24，泥质褐陶。喇叭口，平沿，圆唇，高领，束颈，颈部以下残。素面。口径16、残高3.8厘米（图3-88，9）。

盆　2件。

标本ⅡT0803⑤：5，泥质灰陶。敞口，方唇，斜弧腹，底残。唇面有一道凹槽，口沿外侧有一周折棱，腹部素面。口径28.8、残高6.2厘米（图3-88，10）。

标本ⅡT0803⑤：30，泥质橙黄陶。敞口，圆唇，斜腹微弧，底残。腹部饰横向篮纹。口径

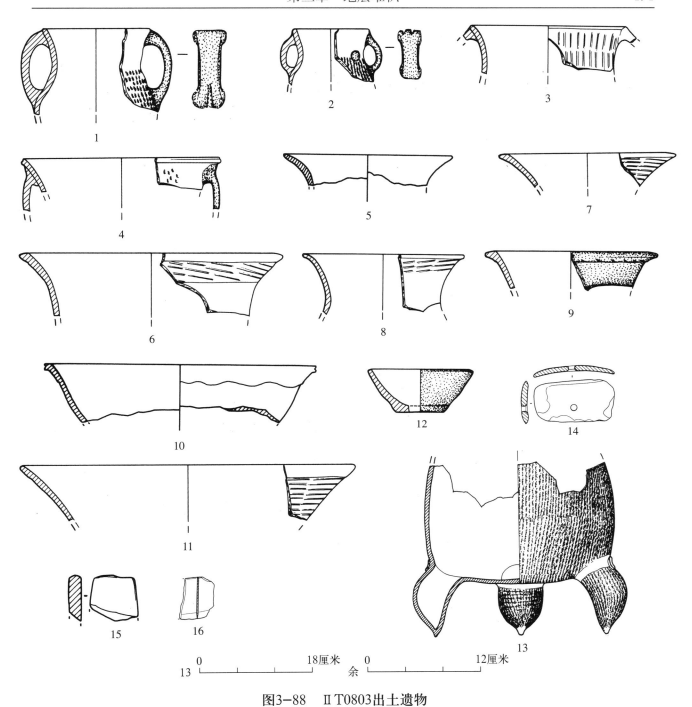

图3-88　ⅡT0803出土遗物

1~4.双耳罐ⅡT0803⑤：13、14、27、28　5~9.高领罐ⅡT0803⑤：4、16、18、19、24　10、11.盆Ⅱ T0803⑤：5、30　12.碗 ⅡT0803⑤：26　13.鬲ⅡT0803⑤：12　14.陶刀ⅡT0803⑤：11　15.石铲ⅡT0803⑤：9　16.石刀ⅡT0803⑤：10

35.2、残高5.8厘米（图3-88，11）。

碗　1件。

标本ⅡT0803⑤：26，泥质橙黄陶。敞口，方唇，斜弧腹，平底。素面。口径10.4、高4.4、底径5.2厘米（图3-88，12）。

鬲　1件。

标本ⅡT0803⑤：12，夹砂橙黄陶。口及上腹残，下腹圆弧，平裆，三个牛角状空心足。器表饰竖向绳纹，腹、足间饰附加泥饼。残高27.2、残宽34厘米（图3-88，13）。

陶刀　1件。

标本ⅡT0803⑤：11，泥质灰陶。陶片打磨而成，长方形，基部及侧边打制痕迹明显，双面磨刃，器身中间有一钻孔。孔径0.7～1厘米，刃长7.2厘米，刃角48°，器身长8.5、宽4.5厘米（图3-88，14；彩版三四，6）。

石铲　1件。

标本ⅡT0803⑤：9，石英岩。仅存基部部分，上窄下宽，器表磨制精细且光滑，基部有击打痕迹，一侧边平直，一侧边斜直，基宽2.2、器身残长5、宽5.2、厚1.2厘米（图3-88，15；彩版三五，1）。

石刀　1件。

标本ⅡT0803⑤：10，石英岩。基部及侧边平直，双面磨刃。刃残长2.8厘米，刃角35°，器身残长3.7、宽4.5厘米（图3-88，16；彩版三五，2）。

49. ⅡT0804

ⅡT0804属于新石器时代地层有①、③～⑤层。

（1）ⅡT0804①层

出土少量陶片，以腹部残片为主，可辨器形有圆腹罐（表3-273、274）。

表3-273　T0804①层器形数量统计表

器形 陶质 陶色	泥质				夹砂				合计
	红	橙黄	灰	黑	红	橙黄	灰	黑	
圆腹罐					1				1

表3-274　T0804①层陶片统计表

纹饰 陶质 陶色	泥质				夹砂				合计
	橙黄	灰	红	灰底黑彩	橙黄	灰	红	褐	
素面	25	3			15				43
绳纹					5				5
篮纹	19				3				22
麻点纹					11				11
网格纹	1								1
附加堆纹					1				1
附加堆纹＋麻点纹					1				1

圆腹罐　1件。

标本ⅡT0804①：1，夹砂红陶。侈口，圆唇，高领，微束颈，上腹圆弧，下腹残。颈部饰斜向篮纹，上腹饰麻点纹。口径14、残高8.4厘米（图3-89，1）。

（2）ⅡT0804③层

出土少量陶片，以腹部残片为主，可辨器形有圆腹罐、高领罐，另出土石凿1件（表3-275、

276）。

圆腹罐 4件。

标本ⅡT0804③：2，夹砂橙黄陶。侈口，圆唇，高领，束颈，颈部以下残。颈部饰横向篮纹，篮纹下饰麻点纹。口径14、残高6.4厘米（图3-89，2）。

表3-275 T0804③层器形数量统计表

器形 \ 陶质	泥质				夹砂				合计
陶色	红	橙黄	灰	黑	红	橙黄	灰	黑	
圆腹罐						4			4
高领罐	1								1

表3-276 T0804③层陶片统计表

纹饰 \ 陶质	泥质				夹砂				合计
陶色	橙黄	灰	红	灰底黑彩	橙黄	灰	红	褐	
素面	54	6			10				70
绳纹	2				19				21
篮纹	55	1			8				64
麻点纹					39				39
刻划纹			1						1
弦纹			1						1
附加堆纹＋压印纹					2				2
篮纹＋绳纹					3				3
绳纹＋刻划纹					1				1

标本ⅡT0804③：3，夹砂橙黄陶。侈口，圆唇，高领，束颈，上腹圆弧，下腹残。颈部素面，上腹饰麻点纹。口径9.6、残高8.6厘米（图3-89，3）。

标本ⅡT0804③：4，夹砂橙黄陶。侈口，圆唇，高领，束颈，颈部以下残。素面。口径7.2、残高4.4厘米（图3-89，4）。

标本ⅡT0804③：5，夹砂橙黄陶。侈口，方唇，矮领，束颈，上腹圆弧，下腹残。唇面有一道凹槽，器表饰斜向篮纹。口径18、残高4.4厘米（图3-89，5）。

高领罐 1件。

标本ⅡT0804③：6，泥质红陶。喇叭口，尖唇，高领，束颈，溜肩，肩部以下残。颈部有两道折棱，器表素面磨光。口径20、残高10厘米（图3-89，6）。

石凿 1件。

标本ⅡT0804③：1，石英岩。器表磨制精细且光滑，基部残，打击疤痕明显，两侧边平直，单面磨刃。刃长1.9厘米，刃角45°，器身长10.4、宽4、厚1.2厘米（图3-89，7；彩版三五，3、4）。

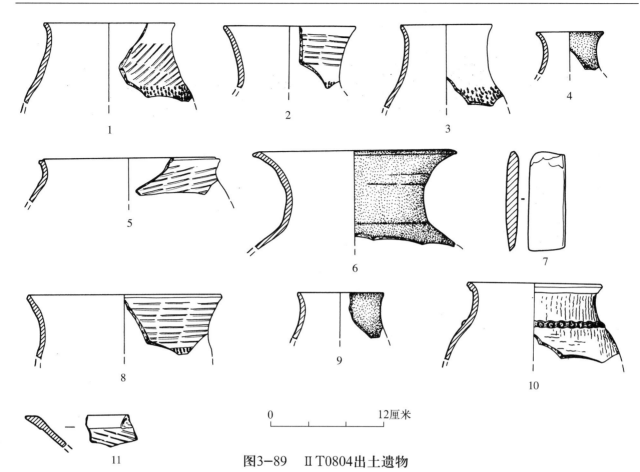

0   12厘米

图3-89　ⅡT0804出土遗物

1～5、8、9.圆腹罐ⅡT0804①：1、ⅡT0804③：2～5、ⅡT0804④：2、3　6.高领罐ⅡT0804③：6　7.石凿ⅡT0804③：1
10.花边罐ⅡT0804④：1　11.盆ⅡT0804④：4

（3）ⅡT0804④层

出土少量陶片，以腹部残片为主，可辨器形有圆腹罐、花边罐、盆（表3-277、278）。

表3-277　T0804④层器形数量统计表

器形＼陶质 陶色	泥质				夹砂				合计
	红	橙黄	灰	黑	红	橙黄	灰	黑	
花边罐						1			1
圆腹罐						1	1		2
盆	1								1

表3-278　T0804④层陶片统计表

纹饰＼陶质 陶色	泥质				夹砂				合计
	橙黄	灰	红	灰底黑彩	橙黄	灰	红	褐	
素面	18				13		1		32
绳纹	2				6				8
篮纹	19	1			3				23
麻点纹					33				33

纹饰＼陶质	泥质				夹砂				合计
＼陶色	橙黄	灰	红	灰底黑彩	橙黄	灰	红	褐	
刻划纹						3			3
篮纹＋麻点纹						3			3
交错篮纹						1			1

圆腹罐　2件。

标本ⅡT0804④：2，夹砂橙黄陶。侈口，方唇，矮领，束颈，上腹圆弧，下腹残。颈部饰横向篮纹，上腹饰麻点纹。口径20、残高6.4厘米（图3-89，8）。

标本ⅡT0804④：3，夹砂红陶。侈口，圆唇，矮领，束颈，上腹斜弧，下腹残。素面。口径9.2、残高4.6厘米（图3-89，9）。

花边罐　1件。

标本ⅡT0804④：1，夹砂橙黄陶。侈口，方唇，矮领，束颈，上腹圆，下腹残。口沿外侧有一周折棱，器表饰竖向绳纹，颈部在绳纹之上饰一周附加泥条，泥条经手指按压呈波状。口径14、残高8厘米（图3-89，10）。

盆　1件。

标本ⅡT0804④：4，泥质红陶。敞口，窄平沿，尖唇，斜直腹，底残。口沿外侧有一周折棱，腹部饰斜向篮纹。残高3.4、残宽5.6厘米（图3-89，11）。

（4）ⅡT0804⑤层

出土大量陶片，以腹部残片为主，可辨器形有圆腹罐、花边罐、双耳罐、高领罐、大口罐、敛口罐、盆、斝（表3-279、280）。

表3-279　T0804⑤层器形数量统计表

器形＼陶质	泥质				夹砂				合计
＼陶色	红	橙黄	灰	褐	红	橙黄	灰	黑	
圆腹罐		1				4			5
双耳罐						1			1
高领罐		3							3
大口罐						1	1		2
盆				1		1			2
花边罐						1			1
敛口罐		1							1
斝							1		1

表3-280　T0804⑤层陶片统计表

纹饰＼陶质	泥质				夹砂				合计
＼陶色	橙黄	灰	红	灰底黑彩	橙黄	灰	红	褐	
素面	133	11	16		80	2			242

续表

纹饰 陶质 陶色	泥质				夹砂				合计
	橙黄	灰	红	灰底黑彩	橙黄	灰	红	褐	
绳纹	1	5			43		3		52
篮纹	56	11	12		22				101
麻点纹					138				138
篮纹＋麻点纹					4				4
附加堆纹			1						1
附加堆纹＋篮纹					1		1		2
篮纹＋绳纹					1				1
交错绳纹		2							2

圆腹罐　5件。

标本ⅡT0804⑤：1，夹砂橙黄陶。侈口，圆唇，高领，束颈，颈部以下残。颈部饰横向篮纹，有烟炱。口径15.6、残高5.2厘米（图3-90，1）。

标本ⅡT0804⑤：5，夹砂橙黄陶。侈口，方唇，高领，束颈，颈部以下残。唇面有一道凹槽，颈部饰斜向篮纹。口径20.4、残高7.4厘米（图3-90，2）。

标本ⅡT0804⑤：11，夹砂橙黄陶。侈口，尖唇，矮领，束颈，上腹圆弧，下腹残。素面。口径13.6、残高6.4厘米（图3-90，3）。

标本ⅡT0804⑤：12，泥质橙黄陶。侈口，方唇，高领，束颈，颈部以下残。唇面及颈部饰篮纹。残高7、残宽8厘米（图3-90，4）。

标本ⅡT0804⑤：16，夹砂橙黄陶。侈口，圆唇，高领，束颈，上腹圆弧，下腹残。颈部饰横向篮纹，上腹饰竖向绳纹。口径14.8、残高7.2厘米（图3-90，5）。

花边罐　1件。

标本ⅡT0804⑤：9，夹砂橙黄陶。侈口，尖唇，矮领，束颈，上腹圆，下腹残。颈部饰斜向篮纹，篮纹上饰两周附加泥条，泥条经手指按压呈波状，上腹饰竖向绳纹。口径11.2、残高6.8厘米（图3-90，6）。

双耳罐　1件。

标本ⅡT0804⑤：2，夹砂橙黄陶。侈口，方唇，高领，束颈，颈部以下残。连口残耳，唇面有两道凹槽，口沿外侧饰一周折棱，颈部饰横向篮纹。口径26.4、残高5.4厘米（图3-90，7）。

高领罐　3件。

标本ⅡT0804⑤：3，泥质橙黄陶。喇叭口，圆唇，高领，束颈，颈部以下残。素面，颈部有两道折棱。口径17.6、残高6.2厘米（图3-90，8）。

标本ⅡT0804⑤：6，泥质橙黄陶。喇叭口，窄平沿，圆唇，高领，束颈，颈部以下残。口沿外侧饰一周折棱，颈部饰斜向篮纹。口径20、残高6.2厘米（图3-90，9）。

标本ⅡT0804⑤：14，泥质橙黄陶。喇叭口，尖唇，高领，束颈，颈部以下残。口沿外侧有一周折棱，颈部饰斜向篮纹。残高6、残宽9.4厘米（图3-90，10）。

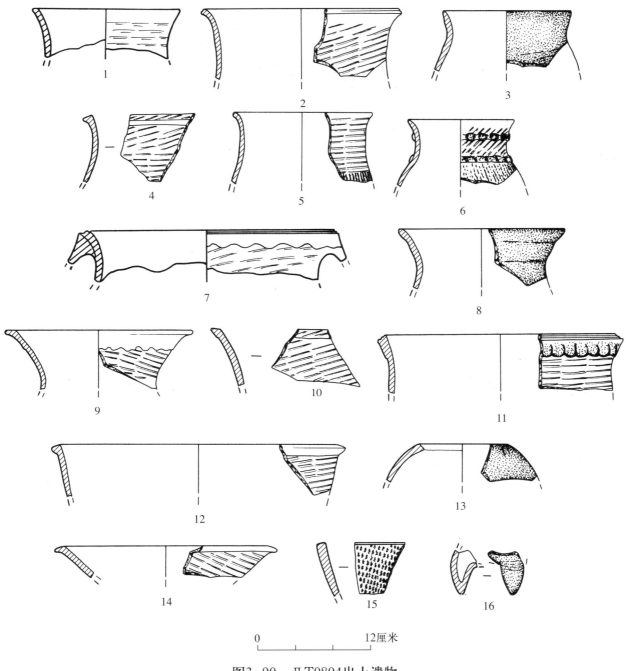

图3-90　ⅡT0804出土遗物

1～5.圆腹罐ⅡT0804⑤：1、5、11、12、16　6.花边罐ⅡT0804⑤：9　7.双耳罐ⅡT0804⑤：2　8～10.高领罐ⅡT0804⑤：3、6、14　11、12.大口罐ⅡT0804⑤：4、8　13.敛口罐ⅡT0804⑤：10　14、15.盆ⅡT0804⑤：7、13　16.斝ⅡT0804⑤：15

大口罐　2件。

标本ⅡT0804⑤：4，夹砂灰陶。侈口，方唇，高领，束颈，颈部以下残。唇面有两道凹槽，口沿外侧饰一周折棱，颈部饰横向篮纹。口径24.4、残高6厘米（图3-90，11）。

标本ⅡT0804⑤：8，夹砂橙黄陶。侈口，方唇，上腹斜直，下腹残。腹部饰横向篮纹。口径29.2、残高5.4厘米（图3-90，12）。

敛口罐　1件。

标本ⅡT0804⑤：10，泥质橙黄陶。敛口，方唇，上腹圆，下腹残。口沿处有两道刻划纹，器表素面。口径9.2、残高4厘米（图3-90，13）。

盆　2件。

标本ⅡT0804⑤：7，泥质褐陶。敞口，尖唇，斜弧腹，底残。腹部饰斜向篮纹。口径21.2、残高3.2厘米（图3-90，14）。

标本ⅡT0804⑤：13，夹砂橙黄陶。敞口，方唇，弧腹，底残。腹部饰麻点纹。残高5.4、残宽5.4厘米（图3-90，15）。

斝　1件。

标本ⅡT0804⑤：15，夹砂灰陶。牛角状空心足。素面。残高4.8、残宽4厘米（图3-90，16）。

50. ⅡT0805

ⅡT0805属于新石器时代地层有①、③、⑤层。

（1）ⅡT0805①层

出土少量陶片，以腹部残片为主，可辨器形有花边罐、单耳罐、双耳罐（表3-281、282）。

表3-281　T0805①层器形数量统计表

器形 \ 陶质 陶色	泥质				夹砂				合计
	红	橙黄	灰	黑	红	橙黄	灰	黑	
花边罐						2			2
双耳罐						1			1
单耳罐						1			1

表3-282　T0805①层陶片统计表

纹饰 \ 陶质 陶色	泥质				夹砂				合计
	橙黄	灰	红	灰底黑彩	橙黄	灰	红	褐	
素面	3				1				4
附加堆加麻点纹					2				2
篮纹	4				1				5
麻点纹	2				1				3

花边罐　2件。

标本ⅡT0805①：1，夹砂橙黄陶。侈口，圆唇，高领，束颈，上腹圆，下腹残。口沿外侧有一周附加泥条，泥条之上饰斜向刻划纹，上腹饰麻点纹。口径17.2、残高9.2厘米（图3-91，1）。

标本ⅡT0805①：2，夹砂橙黄陶。侈口，圆唇，矮领，束颈，颈部以下残。颈部饰一周附加泥条，泥条经手指按压呈波状。口径14、残高3.4厘米（图3-91，2）。

单耳罐　1件。

标本ⅡT0805①：4，夹砂橙黄陶。侈口，圆唇，矮领，束颈，鼓腹，底残。拱形单耳，颈部

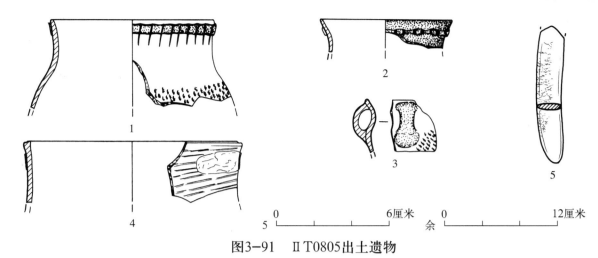

图3-91　ⅡT0805出土遗物

1、2.花边罐ⅡT0805①：1、2　3.单耳罐ⅡT0805①：4　4.双耳罐ⅡT0805①：3　5.骨器ⅡT0805⑤：1

素面，腹部饰麻点纹。残高5.6、残宽4.8厘米（图3-91，3）。

双耳罐　1件。

标本ⅡT0805①：3，夹砂橙黄陶。侈口，方唇，高领，束颈，颈部以下残。耳残。唇面有一道凹槽，颈部饰横向篮纹。口径23.2、残高6.4厘米（图3-91，4）。

（2）ⅡT0805③层

出土少量陶片，以陶器腹部残片为主，无可辨器形标本，所以不具体介绍，只进行陶系统计（表3-283）。

表3-283　T0805③层陶片统计表

纹饰	陶质 陶色	泥质				夹砂				合计
		橙黄	灰	红	灰底黑彩	橙黄	灰	红	褐	
素面		34	2	6		16				58
绳纹		2				12				14
篮纹		12		1		3				16
麻点纹						37				37
刻划纹			1							1
篮纹＋麻点纹						4				4
附加堆纹＋绳纹						2				2
附加堆纹＋篮纹						1				1

（3）ⅡT0805⑤层

出土骨器1件。

骨器　1件。

标本ⅡT0805⑤：1，动物骨骼磨制而成，扁平长条状，器表粗磨，一端残，一端磨制成圆尖。残长7.2、宽1.4、厚0.3厘米（图3-91，5；彩版三五，5）。

51. ⅡT0806

ⅡT0806属于新石器时代地层有①、③~⑥、⑧层。

(1) ⅡT0806①层

出土少量陶片，以腹部残片为主，可辨器形有圆腹罐、单耳罐、盆、壶（表3-284、285）。

表3-284　T0806①层器形数量统计表

器形 \ 陶色	泥质				夹砂				合计
	红	橙黄	灰	褐	红	橙黄	灰	黑	
圆腹罐					1	4			5
盆		1		1					2
单耳罐	1								1
壶			1						1

表3-285　T0806①层陶片统计表

纹饰 \ 陶色	泥质				夹砂				合计
	橙黄	灰	红	褐	橙黄	灰	红	褐	
素面	6	2			5				13
麻点纹					5				5
篮纹				1	3		2		6
附加堆泥饼			2						2

圆腹罐　5件。

标本ⅡT0806①：1，夹砂橙黄陶。侈口，圆唇，高领，束颈，颈部以下残。颈部饰横向篮纹。口径12.8、残高4.8厘米（图3-92，1）。

标本ⅡT0806①：2，夹砂红陶。侈口，圆唇，高领，束颈，颈部以下残。颈部饰横向篮纹。口径19.2、残高4.4厘米（图3-92，2）。

标本ⅡT0806①：4，夹砂橙黄陶。侈口，圆唇，矮领，束颈，上腹斜，下腹残。素面。口径12、残高4.2厘米（图3-92，3）。

标本ⅡT0806①：7，夹砂橙黄陶。侈口，圆唇，高领，束颈，颈部以下残。颈部饰麻点纹。口径14、残高4.6厘米（图3-92，4）。

标本ⅡT0806①：9，夹砂橙黄陶。侈口，圆唇，矮领，束颈，上腹圆弧，下腹残。颈部素面，上腹饰麻点纹。口径7.2、残高4厘米（图3-92，5）。

单耳罐　1件。

标本ⅡT0806①：8，泥质红陶。侈口，圆唇，高领，束颈，圆腹，底残。连口桥形拱耳，耳上端口沿处呈锯齿状，耳面下端饰附加泥饼，器表素面。残高6.8、残宽4.8厘米（图3-92，6）。

盆　2件。

标本ⅡT0806①：3，泥质褐陶。敞口，方唇，斜直腹，平底。腹部饰斜向篮纹。口径14、高4、底径8厘米（图3-92，7）。

标本ⅡT0806①：6，泥质橙黄陶。敞口，尖唇，斜弧腹，底部微凹。素面。口径18、高3.8、

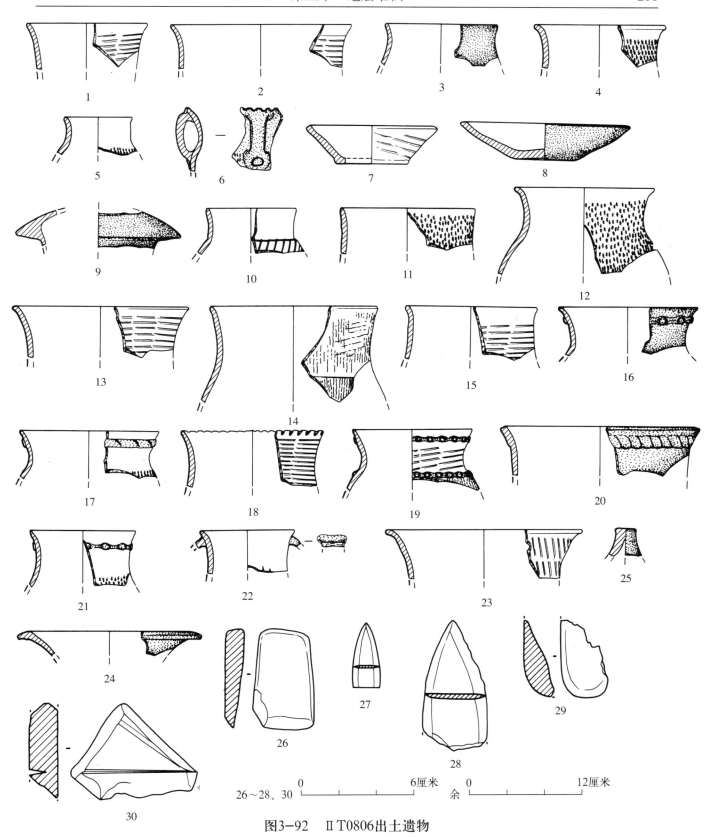

图3-92 ⅡT0806出土遗物

1～5、10～15.圆腹罐ⅡT0806①：1、2、4、7、9、ⅡT0806③：6、10、16、17、20、21 6.单耳罐ⅡT0806①：8 7、8.盆 ⅡT0806①：3、6 9.壶ⅡT0806①：5 16～21.花边罐ⅡT0806③：8、9、12～14、19 22.双耳罐ⅡT0806③：11 23、24.高领罐ⅡT0806③：15、18 25.器纽ⅡT0806③：7 26.石凿ⅡT0806③：1 27、28.石镞ⅡT0806③：2、4 29.石器 ⅡT0806③：3 30.玉料ⅡT0806③：5

底径 6.4 厘米（图 3-92，8）。

壶　1件。

标本 Ⅱ T0806①：5，泥质灰陶。残存近扁铃铛状，敛口，唇残，颈部残。素面。残高 3.8、宽 19.6 厘米（图 3-92，9）。

（2）Ⅱ T0806③层

出土大量陶片，以腹部残片为主，可辨器形有圆腹罐、花边罐、双耳罐、高领罐，另出土石凿 1 件、石镞 2 件、石器 1 件、玉料 1 件（表 3-286、287）。

表3-286　T0806③层器形数量统计表

器形 ＼ 陶质 陶色	泥质				夹砂				合计
	红	橙黄	灰	黑	红	橙黄	灰	黑	
圆腹罐		1			1	4			6
花边罐		1			1	4			6
高领罐		2							2
双耳罐		1							1

表3-287　T0806③层陶片统计表

纹饰 ＼ 陶质 陶色	泥质				夹砂				合计
	橙黄	灰	红	灰底黑彩	橙黄	灰	红	褐	
素面	49	4	6		62				121
绳纹	6				27				33
篮纹	38	2	4		16	1			61
麻点纹					48				48
刻划纹	1								1
篮纹 + 麻点纹					1				1
交错篮纹					1				1
附加堆纹					6				6
压印纹	1	1							2
刻划纹 + 绳纹					1				1
戳印纹 + 麻点纹					1				1

圆腹罐　6件。

标本 Ⅱ T0806③：6，泥质橙黄陶。侈口，尖唇，矮领，束颈，上腹圆弧，下腹残。颈部素面，上腹饰斜向刻划纹。口径 9.6、残高 4.6 厘米（图 3-92，10）。

标本 Ⅱ T0806③：10，夹砂橙黄陶。侈口，尖唇，高领，微束颈，颈部以下残。颈部饰麻点纹。口径 14.4 厘米。残高 4.6 厘米（图 3-92，11）。

标本 Ⅱ T0806③：16，夹砂橙黄陶。侈口，圆唇，高领，束颈，上腹圆，下腹残。器表饰麻点纹。口径 14.8、残高 9.2 厘米（图 3-92，12）。

标本ⅡT0806③：17，夹砂橙黄陶。侈口，圆唇，高领，束颈，颈部以下残。颈部饰横向篮纹。口径18.8、残高5.2厘米（图3-92，13）。

标本ⅡT0806③：20，夹砂橙黄陶。侈口，圆唇，高领，束颈，上腹圆弧，下腹残。颈部饰交错绳纹，上腹饰竖向绳纹。口径17.6、残高9.8厘米（图3-92，14）。

标本ⅡT0806③：21，夹砂红陶。侈口，圆唇，高领，束颈，颈部以下残。颈部饰横向篮纹。口径14、残高5.6厘米（图3-92，15）。

花边罐　6件。

标本ⅡT0806③：8，夹砂橙黄陶。侈口，圆唇，矮领，束颈，上腹斜弧，下腹残。颈部饰一周附加泥条，泥条经手指按压呈波状，器表素面。口径14.8、残高4.8厘米（图3-92，16）。

标本ⅡT0806③：9，夹砂红陶。侈口，圆唇，矮领，束颈，上腹圆弧，下腹残。口沿外侧饰一周附加泥条，泥条经手指按压呈波状，上腹饰竖向绳纹。口径14.8、残高5厘米（图3-92，17）。

标本ⅡT0806③：12，夹砂橙黄陶。侈口，锯齿唇，高领，束颈，颈部以下残。颈部饰横向篮纹。口径15.2。残高6厘米（图3-92，18）。

标本ⅡT0806③：13，夹砂橙黄陶。侈口，尖唇，矮领，束颈，上腹圆弧，下腹残。颈部饰两周附加泥条，泥条经手指按压呈波状，泥条间饰斜向篮纹，上腹饰竖向绳纹。口径12.8、残高6.4厘米（图3-92，19）。

标本ⅡT0806③：14，泥质橙黄陶。侈口，方唇，高领，束颈，颈部以下残。唇面有一道凹槽，口沿外侧饰一周附加泥条，泥条经手指按压呈波状，颈部素面。口径21.2、残高5.2厘米（图3-92，20）。

标本ⅡT0806③：19，夹砂橙黄陶。侈口，尖唇，高领，束颈，上腹斜，下腹残。颈部饰一周附加泥条，泥条经手指按压呈波状，上腹饰麻点纹。口径11.2、残高5.8厘米（图3-92，21）。

双耳罐　1件。

标本ⅡT0806③：11，泥质橙黄陶。侈口，圆唇，高领，束颈，颈部以下残。耳残，颈部饰竖向刻划纹。口径10、残高4.2厘米（图3-92，22）。

高领罐　2件。

标本ⅡT0806③：15，泥质橙黄陶。喇叭口，圆唇，高领，束颈，颈部以下残。颈部饰竖向篮纹。口径20.8、残高5.2厘米（图3-92，23）。

标本ⅡT0806③：18，泥质橙黄陶。喇叭口，圆唇，高领，束颈，颈部以下残。素面。口径19.6、残高2.5厘米（图3-92，24）。

器纽　1件。

标本ⅡT0806③：7，夹砂橙黄陶。圆形平顶。素面。残高2.8、残宽3.6厘米（图3-92，25）。

石凿　1件。

标本ⅡT0806③：1，石英岩。器表磨制精细且光滑，上窄下宽，基部及两侧边平整，单面磨刃。刃长2.8厘米，刃角61°，器身长5.2、宽3.3、厚1厘米（图3-92，26；彩版三五，6）。

石镞 2件。

标本ⅡT0806③：2，石英岩。器身呈扁三角形，两侧边缘均为双面磨制的刃部，较为锋利，尖部较尖锐，尾端平整。长3.4、宽1.5、厚0.2厘米（图3-92，27；彩版三六，1）。

标本ⅡT0806③：4，石英岩。器身呈扁三角形，两侧边缘均为双面磨制的刃部，尖部较尖锐，尾端残损。残长6.8、宽3.4、厚0.4厘米（图3-92，28；彩版三六，2）。

石器 1件。

标本ⅡT0806③：3，石英岩。顶部及表面粗磨。残长8、宽4.8、厚2.6厘米（图3-92，29）。

玉料 1件。

标本ⅡT0806③：5，绿色，三角形，两面磨制光滑，其一面侧边有两道切割凹槽，一道浅一道较深。器身残长6.7、宽4.7、厚1.5厘米（图3-92，30；彩版三六，3）。

（3）ⅡT0806④层

出土大量陶片，以腹部残片为主，可辨器形有圆腹罐、高领罐，另出土石刀1件（表3-288、289）。

表3-288 T0806④层器形数量统计表

器形 \ 陶色 陶质	泥质				夹砂				合计
	红	橙黄	灰	黑	红	橙黄	灰	黑	
高领罐		1							1
圆腹罐		2				2			4

表3-289 T0806④层陶片统计表

纹饰 \ 陶色 陶质	泥质				夹砂				合计
	橙黄	灰	红	白	橙黄	灰	红	褐	
素面	31	6	11	1	25				74
绳纹	4				8				12
篮纹	23	2	1				4		30
麻点纹					89				89
席纹					2				2
篮纹＋麻点纹					3				3
附加堆纹		1			1				2
附加堆纹＋绳纹							1		1
戳印纹					1				1

圆腹罐 4件。

标本ⅡT0806④：3，夹砂橙黄陶。侈口，圆唇，高领，束颈，颈部以下残。口沿外侧有一周折棱，素面。口径9.6、残高5厘米（图3-93，1）。

标本ⅡT0806④：4，泥质橙黄陶。微侈口，尖唇，矮领，微束颈，上腹斜弧，下腹残。素面。口径11.2、残高4.8厘米（图3-93，2）。

标本ⅡT0806④：5，泥质橙黄陶。侈口，圆唇，矮领，束颈，颈部以下残。素面。口径12.4、残高4厘米（图3-93，3）。

标本ⅡT0806④：6，夹砂橙黄陶。侈口，方唇，矮领，束颈，上腹圆，下腹残。颈部素面，上腹饰麻点纹。口径13.2、残高6厘米（图3-93，4）。

高领罐　1件。

标本ⅡT0806④：2，泥质橙黄陶。喇叭口，方唇，高领，束颈，颈部以下残。口沿外侧有一周折棱，颈部素面。口径22.4、残高4.8厘米（图3-93，5）。

石刀　1件。

标本ⅡT0806④：1，石英岩。呈长方形，平基部，两侧边平直，双面磨刃，刃部内凹，器身中间有一钻孔，孔径0.5～1厘米。刃长8厘米，刃角53°，器身长9.3、宽4厘米（图3-93，6；彩版三六，4）。

（4）ⅡT0806⑤层

出土大量陶片，以腹部残片为主，可辨器形有圆腹罐、花边罐、单耳罐、双耳罐、高领罐、盆、尊、斝（表3-290、291）。

表3-290　T0806⑤层器形数量统计表

陶质	泥质				夹砂				合计
器形 \ 陶色	红	橙黄	灰	褐	红	橙黄	灰	黑	
花边罐						6	1		7
高领罐		3							3
圆腹罐					1	8			9
斝						1			1
双耳罐		1							1
尊	1								1
盆		1		1					2
单耳罐	1					1			2

表3-291　T0806⑤层陶片统计表

陶质	泥质				夹砂				合计
纹饰 \ 陶色	橙黄	灰	红	灰底黑彩	橙黄	灰	红	褐	
素面	143	13	19		81				256
绳纹	7	2	6		53	1			69
篮纹	104	3	7		9				123
麻点纹					243	1	5		249
篮纹＋麻点纹					3				3
附加堆纹	2				5				7
附加堆纹＋篮纹					3				3
附加堆纹＋麻点纹					2				2

纹饰 ＼ 陶质 陶色	泥质				夹砂				合计
	橙黄	灰	红	灰底黑彩	橙黄	灰	红	褐	
席纹	1								1
刻划纹		1							1
交错篮纹	4								4
篮纹＋绳纹					3				3
绳纹＋刻划纹					5				5

圆腹罐　9件。

标本ⅡT0806⑤：4，夹砂橙黄陶。侈口，圆唇，高领，束颈，颈部以下残。颈部饰横向篮纹。口径11.6、残高5.6厘米（图3-93，7）。

标本ⅡT0806⑤：8，夹砂橙黄陶。侈口，圆唇，矮领，束颈，颈部以下残。素面。口径13.2、残高4厘米（图3-93，8）。

标本ⅡT0806⑤：9，夹砂橙黄陶。侈口，尖唇，矮领，束颈，颈部以下残。颈部饰竖向篮纹。口径16、残高3.6厘米（图3-93，9）。

标本ⅡT0806⑤：10，夹砂橙黄陶。侈口，圆唇，高领，束颈，颈部以下残。颈部饰竖向绳纹。口径12.8、残高4.4厘米（图3-93，10）。

标本ⅡT0806⑤：13，夹砂橙黄陶。侈口，圆唇，高领，束颈，颈部以下残。素面。口径13.2、残高4.6厘米（图3-93，11）。

标本ⅡT0806⑤：14，夹砂橙黄陶。侈口，圆唇，高领，束颈，颈部以下残。素面。口径16.4、残高4.2厘米（图3-93，12）。

标本ⅡT0806⑤：18，夹砂橙黄陶。侈口，方唇，矮领，束颈，圆腹，底残。口沿外侧有一周折棱，颈部素面，腹部饰竖向绳纹。口径14、残高12厘米（图3-93，13）。

标本ⅡT0806⑤：22，夹砂橙黄陶。侈口，圆唇，高领，束颈，颈部以下残。素面。口径12.8、残高5.6厘米（图3-93，14）。

标本ⅡT0806⑤：26，夹砂红陶。侈口，圆唇，高领，束颈，颈部以下残。素面。口径16.8、残高2.8厘米（图3-93，15）。

花边罐　7件。

标本ⅡT0806⑤：1，夹砂灰陶。侈口，尖唇，矮领，束颈，颈部以下残。口沿外侧饰一周附加泥条，泥条经手指按压呈波状，颈部素面。口径12、残高3.6厘米（图3-93，16）。

标本ⅡT0806⑤：2，夹砂橙黄陶。侈口，尖唇，矮领，束颈，颈部以下残。口沿外侧饰一周附加泥条，泥条经手指按压呈波状。口径14、残高3.6厘米（图3-93，17）。

标本ⅡT0806⑤：5，夹砂橙黄陶。侈口，圆唇，矮领，束颈，颈部以下残。颈部饰一周附加泥条，泥条经手指按压呈波状。口径15.2、残高4厘米（图3-93，18）。

标本ⅡT0806⑤：12，夹砂橙黄陶。侈口，尖唇，矮领，束颈，上腹斜，下腹残。颈部饰一周附加泥条，泥条经手指按压呈波状，上腹饰麻点纹。口径13、残高6.4厘米（图3-93，19）。

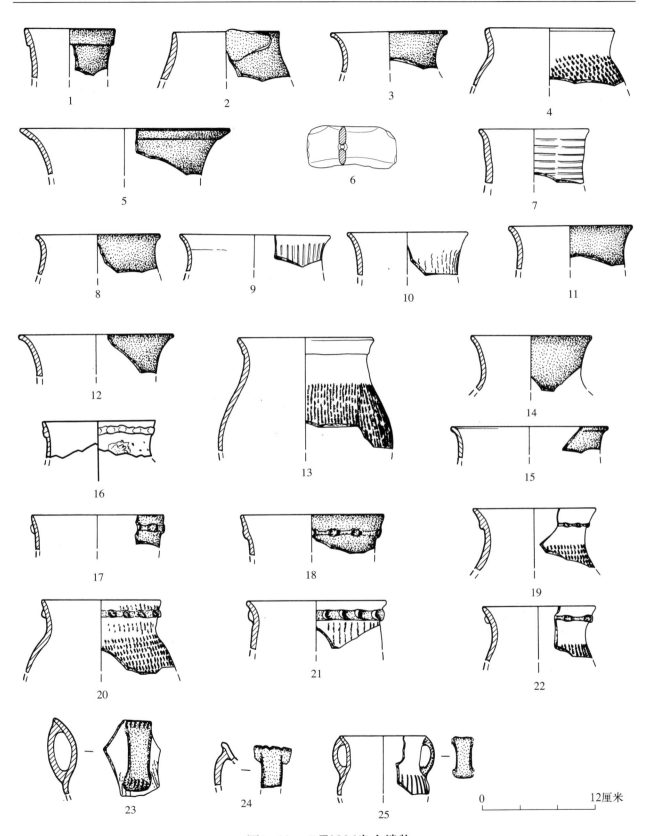

图3-93 ⅡT0806出土遗物

1~4、7~15.圆腹罐ⅡT0806④：3~6、ⅡT0806⑤：4、8~10、13、14、18、22、26 5.高领罐ⅡT0806④：2 6.石刀
ⅡT0806④：1 16~22.花边罐ⅡT0806⑤：1、2、5、12、20、24、25 23、24.单耳罐ⅡT0806⑤：23、27 25.双耳罐
ⅡT0806⑤：11

标本ⅡT0806⑤：20，夹砂橙黄陶。侈口，圆唇，矮领，束颈，上腹圆，下腹残。器表饰麻点纹，颈部饰一周附加泥条，泥条经手指按压呈波状。口径12.8、残高7.6厘米（图3-93，20）。

标本ⅡT0806⑤：24，夹砂橙黄陶。侈口，圆唇，矮领，束颈，上腹微弧，下腹残。颈部饰一周附加泥条，泥条经手指按压呈波状，腹部饰竖向绳纹。口径14.8、残高5厘米（图3-93，21）。

标本ⅡT0806⑤：25，夹砂橙黄陶。侈口，尖唇，矮领，束颈，上腹圆弧，下腹残。口沿外侧饰一周附加泥条，泥条经手指按压呈波状，颈部素面，上腹饰竖向绳纹。口径12、残高5.8厘米（图3-93，22）。

单耳罐 2件。

标本ⅡT0806⑤：23，泥质红陶。侈口，圆唇，高领，束颈，鼓腹，底残。连口拱形单耳。耳上下端饰戳印纹，腹部饰绳纹。残高8、残宽6厘米（图3-93，23）。

标本ⅡT0806⑤：27，夹砂红陶。侈口，圆唇，口沿以下残。拱形单耳，耳上端口沿处呈锯齿状。残高4.5、残宽4厘米（图3-93，24）。

双耳罐 1件。

标本ⅡT0806⑤：11，泥质橙黄陶。侈口，圆唇，高领，束颈，圆腹，底残。连口拱形双耳。颈部素面，腹部饰竖向刻划纹。口径9.2、残高6.2厘米（图3-93，25）。

高领罐 3件。

标本ⅡT0806⑤：3，泥质橙黄陶。喇叭口，平沿，尖唇，高领，束颈，颈部以下残。素面。口径20、残高3.2厘米（图3-94，1）。

标本ⅡT0806⑤：6，泥质橙黄陶。喇叭口，圆唇，高领，束颈，颈部以下残。素面。口径14.8、残高3.2厘米（图3-94，2）。

标本ⅡT0806⑤：15，泥质橙黄陶。喇叭口，圆唇，高领，束颈，颈部以下残。素面。口径24.4、残高5厘米（图3-94，3）。

盆 2件。

标本ⅡT0806⑤：17，泥质橙黄陶。敞口，折沿，圆唇，斜直腹，底残。素面。口径24.8、残高3.2厘米（图3-94，4）。

标本ⅡT0806⑤：21，泥质褐陶。敞口，方唇，斜腹微弧，平底。口沿外侧饰一周折棱，腹部饰斜向篮纹。口径25.6、高7.6、底径11厘米（图3-94，5）。

尊 1件。

标本ⅡT0806⑤：16，泥质红陶。敞口，平沿，尖唇，高领，束颈，上腹圆，下腹残。素面。口径24、残高7.2厘米（图3-94，6）。

斝 1件。

标本ⅡT0806⑤：7，夹砂橙黄陶。敛口，圆唇，上腹直，下腹残。口沿外侧有一周凸棱，腹部饰横向绳纹。口径14.8、残高5.4厘米（图3-94，7）。

器盖 1件。

标本ⅡT0806⑤：19，夹砂橙黄陶。圆形平顶，盖面残。素面。残高4.6、残宽13.2厘米（图

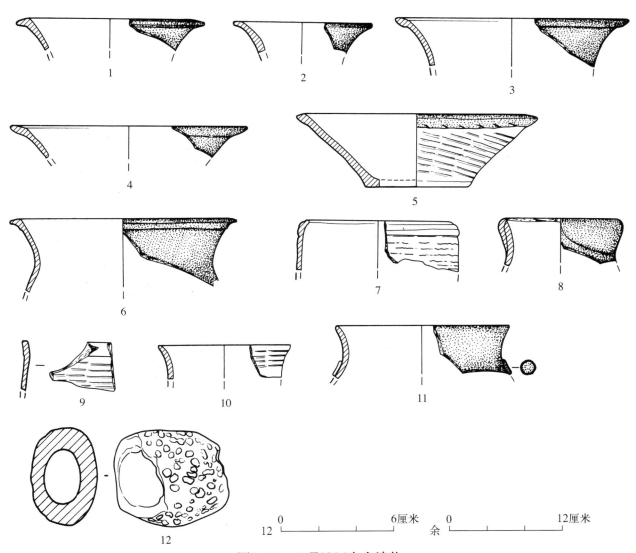

图3-94　ⅡT0806出土遗物

1~3.高领罐ⅡT0806⑤：3、6、15　4、5.盆ⅡT0806⑤：17、21　6.尊ⅡT0806⑤：16　7.罩ⅡT0806⑤：7　8.器盖
ⅡT0806⑤：19　9~11.圆腹罐ⅡT0806⑥：2、3、4　12.陶拍ⅡT0806⑥：1

3-94，8）。

（5）ⅡT0806⑥层

出土少量陶片，以腹部残片为主，可辨器形有圆腹罐（表3-292、293）。

圆腹罐　3件。

标本ⅡT0806⑥：2，夹砂橙黄陶。侈口，方唇，矮领，束颈，颈部以下残。口沿外侧有一周折棱，颈部饰横向篮纹。残高5、残宽7厘米（图3-94，9）。

表3-292　T0806⑥层器形数量统计表

陶质	泥质				夹砂				合计
器形　陶色	红	橙黄	灰	黑	红	橙黄	灰	黑	
圆腹罐						3			3

表3-293　T0806⑥层陶片统计表

纹饰＼陶色	泥质				夹砂				合计
	橙黄	灰	红	灰底黑彩	橙黄	灰	红	褐	
素面	6	1	1		6				14
篮纹	9				3				12
麻点纹	6								6
交错篮纹					1				1
篮纹＋麻点纹					1				1
附加堆纹＋麻点纹					1				1

标本ⅡT0806⑥：3，夹砂橙黄陶。侈口，圆唇，矮领，束颈，颈部以下残。颈部饰横向篮纹。口径14、残高3.4厘米（图3-94，10）。

标本ⅡT0806⑥：4，夹砂橙黄陶。侈口，圆唇，矮领，束颈，颈部以下残。颈部饰附加泥饼，素面。口径18.4、残高5.2厘米（图3-94，11）。

陶拍　1件。

标本ⅡT0806⑥：1，夹砂红陶。拍面呈椭圆形，拍面弧形且光滑，桥形空心錾。錾面饰麻点纹，中间孔径1.9～2.9厘米。器身长5.8、宽5.2、高3.5厘米（图3-94，12；彩版三六，5）。

（6）ⅡT0806⑧层

出土少量陶片，以腹部残片为主，可辨器形有圆腹罐、花边罐、双耳罐、大口罐（表3-294、295）。

表3-294　T0806⑧层器形数量统计表

器形＼陶色	泥质				夹砂				合计
	红	橙黄	灰	黑	红	橙黄	灰	黑	
圆腹罐						3			3
花边罐						1			1
双耳罐	1								1
大口罐						1			1

表3-295　T0806⑧层陶片统计表

纹饰＼陶色	泥质				夹砂				合计
	橙黄	灰	红	灰底黑彩	橙黄	灰	红	褐	
素面	17	4	4		16				41
篮纹＋绳纹					4				4
绳纹	2				9				11
麻点纹					40				40
交错篮纹	2								2
篮纹	25								25

圆腹罐　3 件。

标本 Ⅱ T0806⑧：1，夹砂橙黄陶。侈口，尖唇，高领，束颈，颈部以下残。颈部饰横向篮纹。口径 14、残高 4 厘米（图 3-95，1）。

标本 Ⅱ T0806⑧：3，夹砂橙黄陶。侈口，圆唇，矮领，束颈，颈部以下残。素面。口径 9.6、残高 3.6 厘米（图 3-95，2）。

标本 Ⅱ T0806⑧：6，夹砂橙黄陶。侈口，圆唇，矮领，束颈，颈部以下残。素面。口径 11.6、残高 4.6 厘米（图 3-95，3）。

花边罐　1 件。

标本 Ⅱ T0806⑧：2，夹砂橙黄陶。侈口，尖唇，矮领，束颈，颈部以下残。颈部饰一周附加泥条，泥条经手指按压呈波状。口径 20、残高 3.6 厘米（图 3-95，4）。

双耳罐　1 件。

标本 Ⅱ T0806⑧：4，泥质红陶。侈口，尖唇，矮领，束颈，鼓腹，平底。拱形双耳，素面。口径 6、高 5.8、底径 3.2 厘米（图 3-95，5；彩版三七，1）。

大口罐　1 件。

标本 Ⅱ T0806⑧：5，夹砂橙黄陶。直口，方唇，上腹直，下腹残。口沿外侧有一周折棱，腹部饰麻点纹。口径 42、残高 4 厘米（图 3-95，6）。

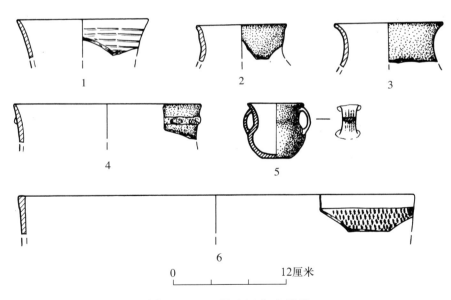

图3-95　Ⅱ T0806出土遗物

1~3.圆腹罐Ⅱ T0806⑧：1、3、6　4.花边罐Ⅱ T0806⑧：2　5.双耳罐Ⅱ T0806⑧：4　6.大口罐Ⅱ T0806⑧：5

52. Ⅱ T0901

Ⅱ T0901 属于新石器时代地层有①层。

Ⅱ T0901①层

出土少量陶片，以腹部残片为主，可辨器形有敛口罐（表 3-296、297）。

表3-296　T0901①层器形数量统计表

器形＼陶色＼陶质	泥质				夹砂				合计
	红	橙黄	灰	黑	红	橙黄	灰	黑	
敛口罐		1							1

表3-297　T0901①层陶片统计表

纹饰＼陶色＼陶质	泥质				夹砂				合计
	橙黄	灰	红	灰底黑彩	橙黄	灰	红	褐	
素面		3			4				7
绳纹					1				1
篮纹	1		1						2

敛口罐　1件。

标本ⅡT0901①：1，泥质橙黄陶。敛口，圆唇，口沿以下残。素面。口径17.2、残高2.8厘米（图3-96）。

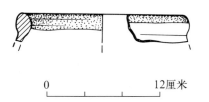

0　　　　　　　　12厘米

图3-96　ⅡT0901出土敛口罐ⅡT0901①：1

53.ⅡT0902

ⅡT0902属于新石器时代地层有①～④层。

（1）ⅡT0902①层

出土少量陶片，以腹部残片为主，可辨器形有圆腹罐、花边罐、盆（表3-298、299）。

圆腹罐　5件。

标本ⅡT0902①：1，夹砂橙黄陶。侈口，圆唇，高领，束颈，上腹圆，下腹残。器表饰麻点纹。口径14、残高8.6厘米（图3-97，1）。

标本ⅡT0902①：4，夹砂橙黄陶。侈口，圆唇，矮领，微束颈，颈部以下残。颈部饰交错篮纹。口径24.8、残高4.4厘米（图3-97，2）。

表3-298　T0902①层器形数量统计表

器形＼陶色＼陶质	泥质				夹砂				合计
	红	橙黄	灰	黑	红	橙黄	灰	黑	
圆腹罐		1				4			5
花边罐					1				1
盆		1							1

表3-299　T0902①层陶片统计表

纹饰 ＼ 陶质 陶色	泥质				夹砂				合计
	橙黄	灰	红	灰底黑彩	橙黄	灰	红	褐	
素面	6				4				10
绳纹					4				4
篮纹	5				3				8
附加堆纹＋绳纹							2		2
麻点纹					6				6
交错篮纹					3				3

标本ⅡT0902①：5，夹砂橙黄陶。侈口，圆唇，口沿以下残。器表饰横向篮纹。口径14.4、残高2.4厘米（图3-97，3）。

标本ⅡT0902①：6，夹砂橙黄陶。侈口，方唇，高领，束颈，颈部以下残。颈部饰竖向绳纹。口径12.4、残高6.4厘米（图3-97，4）。

标本ⅡT0902①：7，泥质橙黄陶。微侈口，方唇，口沿以下残。唇面有一道凸棱，口沿外侧有一周折棱，器表饰斜向篮纹。口径21.2、残高3.6厘米（图3-97，5）。

花边罐　1件。

标本ⅡT0902①：2，夹砂红陶。侈口，圆唇，高领，束颈，上腹斜，下腹残。颈部饰两周附加泥条，泥条经手指按压呈波状，上腹饰竖向绳纹。口径13.6、残高5.2厘米（图3-97，6）。

盆　1件。

标本ⅡT0902①：3，泥质橙黄陶。敞口，尖唇，斜直腹，底残。口沿外侧有一周折棱，腹部饰斜向篮纹。口径20.8、残高4.8厘米（图3-97，7）。

（2）ⅡT0902②层

出土少量陶片，以腹部残片为主，可辨器形有圆腹罐、双耳罐、盆、钵（表3-300、301）。

圆腹罐　3件。

标本ⅡT0902②：2，夹砂橙黄陶。侈口，方唇，高领，束颈，颈部以下残。唇面有一道凹槽，颈部饰横向篮纹。口径26.4、残高4.2厘米（图3-97，8）。

标本ⅡT0902②：3，夹砂橙黄陶。敛口，方唇，上腹圆弧，下腹残。口沿外侧有一周凸棱，器表饰麻点纹。口径34、残高10.4厘米（图3-97，9）。

表3-300　T0902②层器形数量统计表

器形 ＼ 陶质 陶色	泥质				夹砂				合计
	红	橙黄	灰	黑	红	橙黄	灰	黑	
圆腹罐		1				2			3
双耳罐	1								1
盆		1							1
钵		1							1

表3-301　T0902②层陶片统计表

纹饰 ＼ 陶色 ＼ 陶质	泥质				夹砂				合计
	橙黄	灰	红	灰底黑彩	橙黄	灰	红	褐	
素面	38	2			8				48
麻点纹					53				53
篮纹	28				5				33
绳纹	11								11
戳印纹					1				1
附加堆纹＋麻点纹					1				1
刻划纹	1								1
交错篮纹			2						2
篮纹＋麻点纹					3				3

标本ⅡT0902②：5，泥质橙黄陶。侈口，圆唇，矮领，束颈，颈部以下残。素面。口径10、残高4厘米（图3-97，10）。

双耳罐　1件。

标本ⅡT0902②：1，泥质红陶。侈口，圆唇，矮领，束颈，鼓腹，底残。拱形单耳，素面。口径12.8、残高5.4厘米（图3-97，11）。

盆　1件。

标本ⅡT0902②：4，泥质橙黄陶。敞口，平沿，圆唇，斜直腹，底残。腹部饰竖向篮纹。口径29.6、残高4厘米（图3-97，12）。

钵　1件。

标本ⅡT0902②：6，泥质橙黄陶。敞口，圆唇，弧腹，底残。器表饰席纹，纹饰较模糊。口径20、残高5.2厘米（图3-97，13）。

（3）ⅡT0902③层

出土少量陶片，以腹部残片为主，可辨器形有圆腹罐、单耳罐、高领罐、盆（表3-302、303）。

表3-302　T0902③层器形数量统计表

器形 ＼ 陶色 ＼ 陶质	泥质				夹砂				合计
	红	橙黄	灰	黑	红	橙黄	灰	黑	
圆腹罐						1			1
高领罐		1							1
单耳罐		1							1
盆		1							1

圆腹罐　1件。

标本ⅡT0902③：1，夹砂橙黄陶。侈口，尖唇，高领，束颈，颈部以下残。颈部饰斜向篮

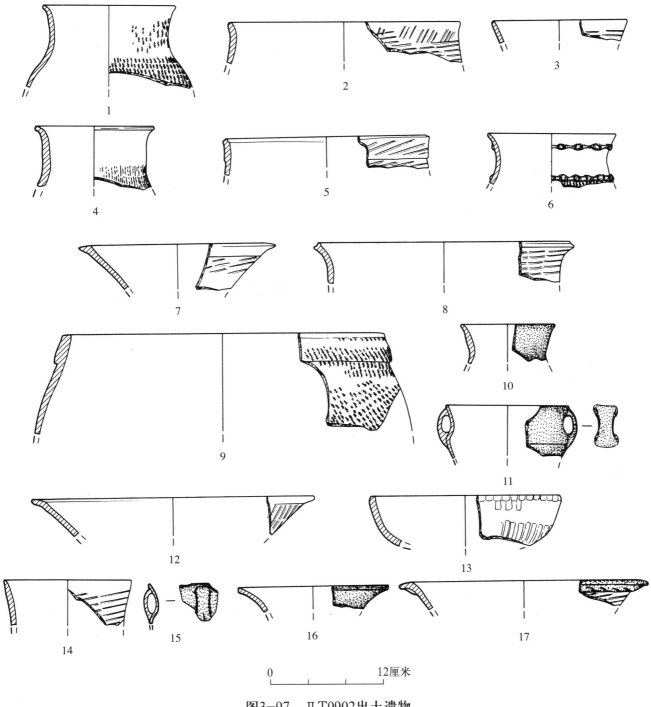

图3-97　ⅡT0902出土遗物

1～5、8～10、14.圆腹罐ⅡT0902①：1、4～7、ⅡT0902②：2、3、5、ⅡT0902③：1　6.花边罐ⅡT0902①：2　7.盆ⅡT0902①：3　11.双耳罐ⅡT0902②：1　12.盆ⅡT0902②：4　13.钵ⅡT0902②：6　15.单耳罐ⅡT0902③：3　16.高领罐ⅡT0902③：2　17.盆ⅡT0902③：4

纹。口径13.6、残高4.8厘米（图3-97，14）。

单耳罐　1件。

标本ⅡT0902③：3，泥质橙黄陶。侈口，圆唇，高领，束颈，上腹圆，下腹残。拱形单耳，素面。残高4、残宽4.2厘米（图3-97，15）。

表3-303　T0902③层陶片统计表

纹饰＼陶色＼陶质	泥质				夹砂				合计
	橙黄	灰	红	灰底黑彩	橙黄	灰	红	褐	
素面	17	3			2				22
篮纹	17				2				19
麻点纹					25				25
篮纹＋绳纹					1				1

高领罐　1件。

标本ⅡT0902③：2，泥质橙黄陶。喇叭口，方唇，高领，束颈，颈部以下残。素面。口径16、残高2.6厘米（图3-97，16）。

盆　1件。

标本ⅡT0902③：4，泥质橙黄陶。敞口，平沿，圆唇，上腹斜直，下腹残。口沿外侧饰一周附加泥条，泥条经手指按压呈波状，腹部饰横向篮纹。口径24、残高2.8厘米（图3-97，17）。

（4）ⅡT0902④层

出土少量陶片，以腹部残片为主，可辨器形有圆腹罐、花边罐、单耳罐、双耳罐、大口罐、盆（表3-304、305）。

表3-304　T0902④层器形数量统计表

器形＼陶色＼陶质	泥质				夹砂				合计
	红	橙黄	灰	黑	红	橙黄	灰	黑	
圆腹罐					5				5
大口罐					1				1
花边罐					1				1
双耳罐					1				1
盆		1							1
单耳罐		1			1				2

表3-305　T0902④层陶片统计表

纹饰＼陶色＼陶质	泥质				夹砂				合计
	橙黄	灰	红	灰底黑彩	橙黄	灰	红	褐	
素面	22	6	1		25				54
绳纹	3		3		8				14
篮纹	20	6	3		7				36
麻点纹					118	7			125
刻划纹			1						1
篮纹＋麻点纹					4				4
附加堆纹＋篮纹					1				1
席纹	1				2				3

圆腹罐　5件。

标本ⅡT0902④：1，夹砂橙黄陶。侈口，圆唇，高领，束颈，上腹斜弧，下腹残。颈部饰横向篮纹，上腹饰竖向绳纹，颈、腹间有数道刻划纹。口径16、残高9.4厘米（图3-98，1）。

标本ⅡT0902④：2，夹砂橙黄陶。侈口，尖唇，高领，束颈，颈部以下残。颈部饰横向篮纹。口径14.4、残高7.2厘米（图3-98，2）。

标本ⅡT0902④：3，夹砂橙黄陶。侈口，方唇，高领，束颈，颈部以下残。素面。口径23.6、残高5.8厘米（图3-98，3）。

标本ⅡT0902④：4，夹砂橙黄陶。侈口，圆唇，高领，束颈，颈部以下残。素面。口径17.6、残高5厘米（图3-98，4）。

标本ⅡT0902④：6，夹砂橙黄陶。敛口，方唇，上腹圆弧，下腹残。口沿外侧有一周折棱，器表饰麻点纹。口径28.8、残高8.8厘米（图3-98，5）。

花边罐　1件。

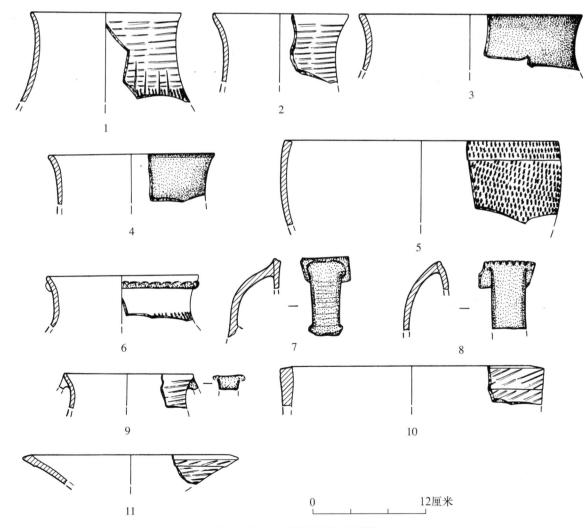

图3-98　ⅡT0902出土遗物

1～5.圆腹罐ⅡT0902④：1～4、6　6.花边罐ⅡT0902④：7　7、8.单耳罐ⅡT0902④：10、11　9.双耳罐ⅡT0902④：8　10.大口罐ⅡT0902④：5　11.盆ⅡT0902④：9

标本ⅡT0902④：7，夹砂橙黄陶。侈口，圆唇，矮领，束颈，上腹斜弧，下腹残。口沿外侧饰一周附加泥条，泥条经手指按压呈波状，颈部素面，上腹饰麻点纹。口径16、残高5.2厘米（图3-98，6）。

单耳罐　2件。

标本ⅡT0902④：10，泥质橙黄陶。微侈口，方唇，口沿以下残。连口拱形单耳。唇面有一道凹槽，素面。耳面有刮抹痕迹。残高8、残宽5厘米（图3-98，7）。

标本ⅡT0902④：11，夹砂橙黄陶。侈口，圆唇，口沿以下残。连口拱形单耳，耳上端口沿呈锯齿状，素面。残高7.2、残宽6厘米（图3-98，8）。

双耳罐　1件。

标本ⅡT0902④：8，夹砂橙黄陶。矮领，束颈，颈部以下残。连口残耳，颈部饰横向篮纹。口径13.6、残高3.6厘米（图3-98，9）。

大口罐　1件。

标本ⅡT0902④：5，夹砂橙黄陶。直口，方唇，上腹直，下腹残。口沿外侧有一周折棱，器表饰斜向篮纹。口径28、残高4厘米（图3-98，10）。

盆　1件。

标本ⅡT0902④：9，泥质橙黄陶。敞口，尖唇，上腹斜直，下腹残。口沿外侧有一周折棱，器表饰斜向篮纹。口径22.8、残高3.2厘米（图3-98，11）。

54. ⅡT0903

ⅡT0903属于新石器时代地层有①～④层。

（1）ⅡT0903①层

出土少量陶片，以腹部残片为主，可辨器形有圆腹罐、盆（表3-306、307）。

表3-306　T0903①层器形数量统计表

器形 \ 陶质·陶色	泥质				夹砂				合计
	红	橙黄	灰	褐	红	橙黄	灰	黑	
圆腹罐						1			1
盆				1					1

表3-307　T0903①层陶片统计表

纹饰 \ 陶质·陶色	泥质				夹砂				合计
	橙黄	灰	红	灰底黑彩	橙黄	灰	红	褐	
素面	8	4	12		5				29
绳纹					6				6
篮纹	17				6				23
麻点纹					33				33
刻划纹					1				1

圆腹罐　1件。

标本ⅡT0903①：1，夹砂橙黄陶。侈口，圆唇，高领，束颈，上腹圆弧，下腹残。颈部饰横向篮纹，上腹饰麻点纹。口径14.8、残高8.4厘米（图3-99，1）。

盆　1件。

标本ⅡT0903①：2，泥质褐陶。敞口，尖唇，斜直腹，底残。口沿外侧有一周折棱，折棱之上饰斜向篮纹，腹部饰横向篮纹。口径23.2、残高2.8厘米（图3-99，2）。

（2）ⅡT0903②层

出土少量陶片，以腹部残片为主，可辨器形有圆腹罐、花边罐、高领罐、盆（表3-308、309）。

表3-308　T0903②层器形数量统计表

器形 ＼ 陶质 陶色	泥质				夹砂				合计
	红	橙黄	灰	褐	红	橙黄	灰	黑	
花边罐					1				1
盆			1						1
高领罐		1							1
圆腹罐						1			1

表3-309　T0903②层陶片统计表

纹饰 ＼ 陶质 陶色	泥质				夹砂				合计
	橙黄	灰	红	灰底黑彩	橙黄	灰	红	褐	
素面	28	1	4		10				43
绳纹	1				4				5
篮纹	12				8		1		21
麻点纹					18				18
戳印纹			1						1
篮纹＋麻点纹					3				3

圆腹罐　1件。

标本ⅡT0903②：4，夹砂橙黄陶。侈口，圆唇，矮领，束颈，上腹圆弧，下腹残。颈部素面，上腹饰麻点纹。口径9.6、残高3.6厘米（图3-99，3）。

花边罐　1件。

标本ⅡT0903②：1，夹砂红陶。侈口，尖唇，矮领，束颈，颈部以下残。颈部饰一周附加泥条，泥条经手指按压呈波状。口径19、残高4.8厘米（图3-99，4）。

高领罐　1件。

标本ⅡT0903②：3，泥质橙黄陶。喇叭口，圆唇，高领，束颈，颈部以下残。口沿外侧有一周折棱，颈部素面。口径17、残高4厘米（图3-99，5）。

盆　1件。

标本ⅡT0903②：2，泥质褐陶。敞口，方唇，上腹斜直，下腹残。唇面有一道凹槽，口沿外侧饰一周折棱，腹部饰斜向篮纹。口径21.6、残高3.4厘米（图3-99，6）。

（3）ⅡT0903③层

出土大量陶片，以腹部残片为主，可辨器形有圆腹罐、花边罐、双耳罐、盆（表3-310、311）。

表3-310　T0903③层器形数量统计表

器形 \ 陶色	泥质				夹砂				合计
	红	橙黄	灰	黑	红	橙黄	灰	黑	
圆腹罐		2			3	1			6
双耳罐	1	1			1				3
花边罐						4			4
盆	1	1							2

表3-311　T0903③层陶片统计表

纹饰 \ 陶色	泥质				夹砂				合计
	橙黄	灰	红	灰底黑彩	橙黄	灰	红	褐	
素面	52	12	5		51				120
绳纹					22				22
篮纹	54	4	13		15				86
麻点纹					83				83
刻划纹	2								2
篮纹＋麻点纹					3				3
附加堆纹					3				3
交错篮纹	1								1
附加堆纹＋麻点纹					1				1

圆腹罐　6件。

标本ⅡT0903③：1，夹砂红陶。侈口，圆唇，高领，束颈，上腹圆弧，下腹残。颈部素面，上腹饰麻点纹。口径18.8、残高7.4厘米（图3-99，7）。

标本ⅡT0903③：4，夹砂红陶。侈口，圆唇，矮领，束颈，上腹圆，下腹残。颈部素面饰附加一泥饼，上腹饰麻点纹。口径9.2、残高5.2厘米（图3-99，8）。

标本ⅡT0903③：6，夹砂红陶。侈口，方唇，高领，微束颈，颈部以下残。颈部饰斜向篮纹。口径13.6、残高7厘米（图3-99，9）。

标本ⅡT0903③：8，夹砂橙黄陶。侈口，尖唇，矮领，束颈，上腹圆弧，下腹残。口沿外侧有按压痕迹，素面。口径20.8、残高6.6厘米（图3-99，10）。

标本ⅡT0903③：9，泥质橙黄陶。侈口，折沿，圆唇，上腹直，下腹残。口沿外侧有一周折棱，素面。口径14、残高3.6厘米（图3-99，11）。

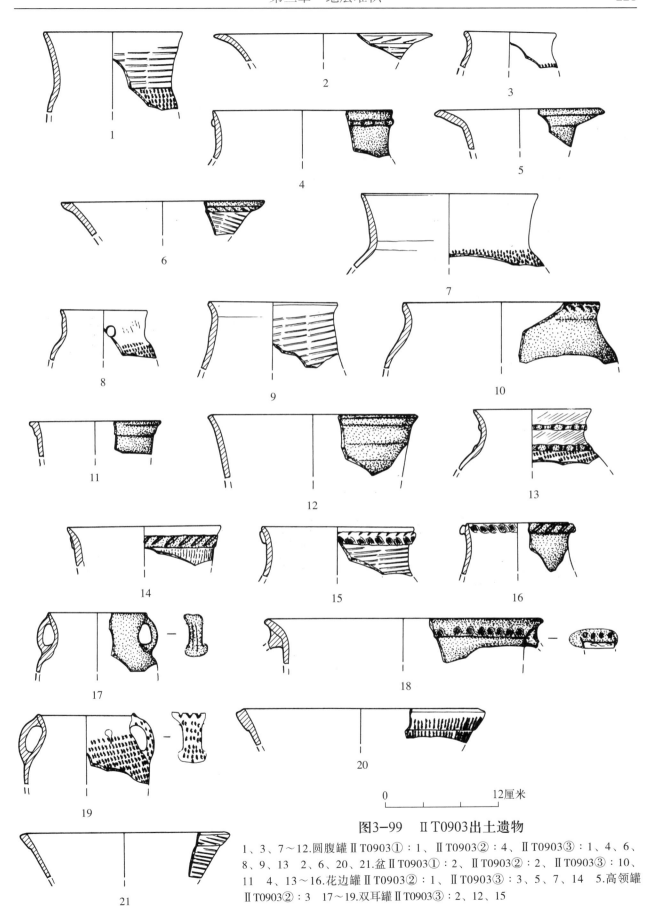

图3-99 ⅡT0903出土遗物

1、3、7～12.圆腹罐ⅡT0903①：1、ⅡT0903②：4、ⅡT0903③：1、4、6、
8、9、13 2、6、20、21.盆ⅡT0903①：2、ⅡT0903②：2、ⅡT0903③：10、
11 4、13～16.花边罐ⅡT0903②：1、ⅡT0903③：3、5、7、14 5.高领罐
ⅡT0903②：3 17～19.双耳罐ⅡT0903③：2、12、15

标本ⅡT0903③：13，泥质橙黄陶。侈口，方唇，上腹斜直，下腹残。器表泥条盘筑痕迹明显，素面。口径21.6、残高6.6厘米（图3-99，12）。

花边罐 4件。

标本ⅡT0903③：3，夹砂橙黄陶。侈口，尖唇，矮领，束颈，上腹圆弧，下腹残。颈部饰斜向篮纹，篮纹之上饰两周附加泥条，泥条经手指按压呈波状，上腹饰麻点纹。口径12.4、残高6厘米（图3-99，13）。

标本ⅡT0903③：5，夹砂橙黄陶。侈口，尖唇，矮领，束颈，颈部以下残。口沿外侧有一周附加泥条，泥条之上饰戳印纹，颈部饰竖向绳纹。口径16.4、残高4厘米（图3-99，14）。

标本ⅡT0903③：7，夹砂橙黄陶。侈口，圆唇，高领，束颈，颈部以下残。口沿外侧有一周附加泥条，泥条之上饰戳印纹，颈部饰横向篮纹。口径16、残高5厘米（图3-99，15）。

标本ⅡT0903③：14，夹砂橙黄陶。直口，圆唇，高领，微束颈，上腹斜弧，下腹残。口沿外侧饰一周附加泥条，泥条之上饰戳印纹，器表素面。口径10.8、残高5.2厘米（图3-99，16）。

双耳罐 3件。

标本ⅡT0903③：2，泥质红陶。侈口，尖唇，矮领，束颈，圆腹，底残。连口拱形双耳。素面。口径10.4、残高6厘米（图3-99，17）。

标本ⅡT0903③：12，泥质橙黄陶。侈口，方唇，口沿以下残。耳残。口沿外侧饰一周折棱。折棱上饰戳印纹，颈部素面。口径29.2、残高4.4厘米（图3-99，18）。

标本ⅡT0903③：15，夹砂红陶。侈口，圆唇，矮领，束颈，圆腹，底残。连口拱形双耳。耳上端口沿呈锯齿状，颈部素面，耳面及腹部饰麻点纹。口径10、残高7.2厘米（图3-99，19）。

盆 2件。

标本ⅡT0903③：10，泥质红陶。敞口，方唇，上腹斜直，下腹残。口沿外侧有一周凸棱，器表饰竖向绳纹。口径24.8、残高3.6厘米（图3-99，20）。

标本ⅡT0903③：11，泥质橙黄陶。敞口，方唇，斜直腹，底残。口沿外侧有一周凸棱，器表饰斜向篮纹。口径21、残高4.6厘米（图3-99，21）。

（4）ⅡT0903④层

出土少量陶片，以腹部残片为主，可辨器形有圆腹罐、盆，另出土石器1件（表3-312、313）。

表3-312 T0903④层器形数量统计表

器形＼陶质陶色	泥质				夹砂				合计
	红	橙黄	灰	黑	红	橙黄	灰	黑	
圆腹罐						1			1
盆		1							1

表3-313 T0903④层陶片统计表

纹饰＼陶质陶色	泥质				夹砂				合计
	橙黄	灰	红	灰底黑彩	橙黄	灰	红	褐	
素面	12		4	11					27

续表

陶质 陶色 纹饰	泥质				夹砂				合计
	橙黄	灰	红	灰底 黑彩	橙黄	灰	红	褐	
绳纹					1				1
篮纹	7		6		4		2		19
麻点纹					28				28
刻划纹					1				1
篮纹＋麻点纹					1				1
附加堆纹＋篮纹					1				1

圆腹罐　1件。

标本ⅡT0903④：2，夹砂橙黄陶。侈口，方唇，高领，束颈，颈部以下残。口沿外侧有一周凸棱，器表饰斜向篮纹。口径19.6、残高5.8厘米（图3-100，1）。

盆　1件。

标本ⅡT0903④：3，泥质橙黄陶。敞口，方唇，斜弧腹，底残。口沿外侧有一周折棱，器表饰斜向篮纹。口径23.6、残高3.8厘米（图3-100，2）。

石器　1件。

标本ⅡT0903④：1，页岩。一边厚一边薄，器身未见磨痕，边缘打制痕迹明显。长21、宽8、厚1.8厘米（图3-100，3）。

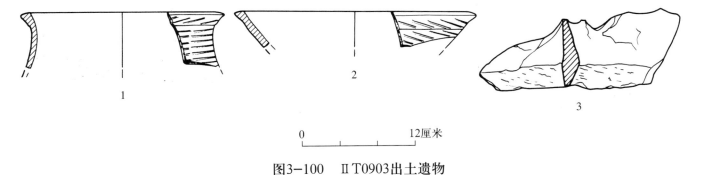

0　　　　　　　　　12厘米

图3-100　　ⅡT0903出土遗物

1.圆腹罐ⅡT0903④：2　2.盆ⅡT0903④：3　3.石器ⅡT0903④：1

55. ⅡT0904

ⅡT0904属于新石器时代地层有①、②、④、⑤层。

（1）ⅡT0904①层

出土少量陶片，以腹部残片为主，可辨器形有圆腹罐、盆、器纽（表3-314、315）。

圆腹罐　1件。

标本ⅡT0904①：1，夹砂橙黄陶。侈口，圆唇，高领，束颈，上腹圆弧，下腹残。颈部素面，上腹饰竖向绳纹。口径11.6、残高6厘米（图3-101，1）。

盆　1件。

表3-314 T0904①层器形数量统计表

器形 \ 陶质\陶色	泥质				夹砂				合计
	红	橙黄	灰	黑	红	橙黄	灰	黑	
圆腹罐							1		1
盆		1							1

表3-315 T0904①层陶片统计表

纹饰 \ 陶质\陶色	泥质				夹砂				合计
	橙黄	灰	红	灰底黑彩	橙黄	灰	红	褐	
素面	4	3	2	1				10	20
篮纹	2							2	4
麻点纹					3			2	5

标本ⅡT0904①：3，泥质橙黄陶。敞口，尖唇，斜直腹，底残。口沿外侧有一周折棱，器表饰斜向篮纹。口径19.2、残高3.6厘米（图3-101，2）。

器纽 1件。

标本ⅡT0904①：2，泥质灰陶。圆形平顶状柄。素面。残高1.6、残宽5.6厘米（图3-101，3）。

（2）ⅡT0904②层

出土少量陶片，以腹部残片为主，可辨器形有圆腹罐、双耳罐（表3-316、317）。

表3-316 T0904②层器形数量统计表

器形 \ 陶质\陶色	泥质				夹砂				合计
	红	橙黄	灰	黑	红	橙黄	灰	黑	
双耳罐						1			1
圆腹罐		1				1			2

表3-317 T0904②层陶片统计表

纹饰 \ 陶质\陶色	泥质				夹砂				合计
	橙黄	灰	红	灰底黑彩	橙黄	灰	红	褐	
素面	15	2	1		7				25
绳纹	1	1			5				7
篮纹	8		3		2				13
麻点纹					9				9
附加堆纹							1		1

圆腹罐 2件。

标本ⅡT0904②：2，夹砂橙黄陶。侈口，圆唇，高领，束颈，上腹斜弧，下腹残。颈部素面，上腹饰麻点纹。口径14、残高5.6厘米（图3-101，4）。

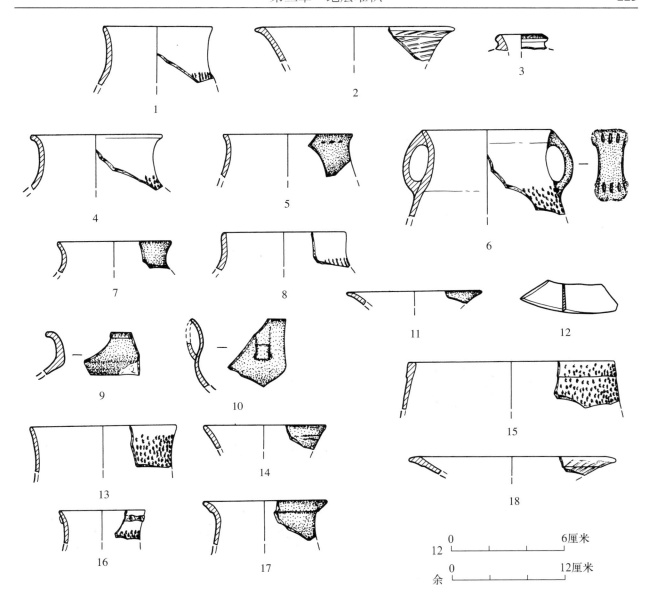

图3-101　ⅡT0904出土遗物

1、4、5、7~9、13~15.圆腹罐ⅡT0904①：1、ⅡT0904②：2、3、ⅡT0904④：2、6、5、ⅡT0904⑤：1、3、4　2、18.盆
ⅡT0904①：3、ⅡT0904⑤：6　3.器纽ⅡT0904①：2　6.双耳罐ⅡT0904②：1　10.单耳罐ⅡT0904④：4　11、17.高领罐
ⅡT0904④：3、ⅡT0904⑤：2　12.石刀ⅡT0904④：1　16.花边罐ⅡT0904⑤：5

　　标本ⅡT0904②：3，泥质橙黄陶。侈口，方唇，矮领，微束颈，上腹斜弧，下腹残。口沿外侧饰戳印纹，素面。口径13.6、残高4.4厘米（图3-101，5）。

　　双耳罐　1件。

　　标本ⅡT0904②：1，夹砂橙黄陶。侈口，圆唇，高领，束颈，上腹圆弧，下腹残。连口拱形双耳。耳上下端饰戳印纹，颈部素面，上腹饰麻点纹。口径13.2、残高9厘米（图3-101，6）。

　　（3）ⅡT0904④层

　　出土少量陶片，以腹部残片为主，可辨器形有圆腹罐、单耳罐、高领罐，另出土石刀1件（表3-318、319）。

表3-318 T0904④层器形数量统计表

陶质	泥质				夹砂				合计
器形　　陶色	红	橙黄	灰	黑	红	橙黄	灰	黑	
圆腹罐		2				1			3
高领罐		1							1
单耳罐	1								1

表3-319 T0904④层陶片统计表

陶质	泥质				夹砂				合计
纹饰　　陶色	橙黄	灰	红	灰底黑彩	橙黄	灰	红	褐	
素面	34	4	4		4				46
绳纹					5				5
篮纹	16		5						21
麻点纹					11				11

圆腹罐　3件。

标本ⅡT0904④：2，泥质橙黄陶。侈口，圆唇，矮领，束颈，颈部以下残。素面。口径12、残高3厘米（图3-101，7）。

标本ⅡT0904④：6，夹砂橙黄陶。侈口，圆唇，矮领，束颈，颈部以下残。颈部饰竖向绳纹。口径13.2、残高3.6厘米（图3-101，8）。

标本ⅡT0904④：5，泥质橙黄陶。侈口，圆唇，矮领，束颈，上腹斜，下腹残。素面。残高4.4、残宽6厘米（图3-101，9）。

单耳罐　1件。

标本ⅡT0904④：4，泥质红陶。侈口，圆唇，高领，束颈，圆腹，底残。连口拱形单耳。素面。残高7.2、残宽6厘米（图3-101，10）。

高领罐　1件。

标本ⅡT0904④：3，泥质橙黄陶。喇叭口，圆唇，口沿以下残。素面。口径13.6、残高1.2厘米（图3-101，11）。

石刀　1件。

标本ⅡT0904④：1，石英岩。残存呈长条状，基部及侧边残，单面磨刃。刃残长1.4厘米，刃角16.3°，器身残长1.5、残宽5.1厘米（图3-101，12）。

（4）ⅡT0904⑤层

出土少量陶片，以腹部残片为主，可辨器形有圆腹罐、花边罐、高领罐、盆（表3-320、321）。

圆腹罐　3件。

标本ⅡT0904⑤：1，夹砂橙黄陶。侈口，圆唇，高领，束颈，颈部以下残。颈部饰麻点纹。口径15.6、残高4.6厘米（图3-101，13）。

表3-320　T0904⑤层器形数量统计表

器形＼陶质陶色	泥质				夹砂				合计
	红	橙黄	灰	黑	红	橙黄	灰	黑	
圆腹罐						3			3
高领罐		1							1
花边罐							1		1
盆		1							1

表3-321　T0904⑤层陶片统计表

纹饰＼陶质陶色	泥质				夹砂				合计
	橙黄	灰	红	白	橙黄	灰	红	褐	
素面	24	1		1	15				41
篮纹	11	1			5				17
麻点纹					12				12
戳印纹					1				1
篮纹＋绳纹纹		1							1
刻划纹					3				3

标本ⅡT0904⑤：3，夹砂橙黄陶。侈口，圆唇，矮领，束颈，颈部以下残。素面。口径13、残高2.6厘米（图3-101，14）。

标本ⅡT0904⑤：4，夹砂橙黄陶。敛口，方唇，上腹弧，下腹残。口沿外侧有一周折棱，器表饰麻点纹。口径21.6、残高5厘米（图3-101，15）。

花边罐　1件。

标本ⅡT0904⑤：5，夹砂橙黄陶。侈口，圆唇，高领，束颈，颈部以下残。口沿外侧饰一周附加泥条，泥条经手指按压呈波状，颈部饰麻点纹。口径9.2、残高3.2厘米（图3-101，16）。

高领罐　1件。

标本ⅡT0904⑤：2，泥质橙黄陶。喇叭口，圆唇，高领，束颈，颈部以下残。口沿外侧有一周折棱，素面。口径13.2、残高4.4厘米（图3-101，17）。

盆　1件。

标本ⅡT0904⑤：6，泥质橙黄陶。敞口，圆唇，上腹斜弧，下腹残。口沿外侧有一周折棱，器表饰斜向篮纹。口径20、残高1.8厘米（图3-101，18）。

56. ⅡT0905

ⅡT0905属于齐家文化的地层有①～⑤层。

（1）ⅡT0905①层

出土少量陶片，以腹部残片为主，可辨器形有圆腹罐、双耳罐、盆（表3-322、323）。

圆腹罐　1件。

表3-322　T0905①层器形数量统计表

器形＼陶质陶色	泥质				夹砂				合计
	红	橙黄	灰	黑	红	橙黄	灰	黑	
圆腹罐						1			1
盆		2							2
双耳罐		1							1

表3-323　T0905①层陶片统计表

纹饰＼陶质陶色	泥质				夹砂				合计
	橙黄	灰	红	灰底黑彩	橙黄	灰	红	褐	
素面	7				12				19
绳纹					1				1
麻点纹					24				24
刻划纹					1				1

标本ⅡT0905①：2，夹砂橙黄陶。侈口，方唇，矮领，束颈，上腹弧，下腹残。素面。口径7.6、残高3.6厘米（图3-102，1）。

双耳罐　1件。

标本ⅡT0905①：3，泥质橙黄陶。侈口，圆唇，高领，束颈，圆腹，底残。拱形双耳，素面。口径7.6、残高5厘米（图3-102，2）。

盆　2件。

标本ⅡT0905①：1，泥质橙黄陶。敞口，圆唇，斜直腹，底残。素面。口径17.2、残高2厘米（图3-102，3）。

标本ⅡT0905①：4，泥质橙黄陶。敞口，方唇，口沿以下残。口沿外侧有一周折棱，素面。口径22.4、残高1.6厘米（图3-102，4）。

（2）ⅡT0905②层

出土少量陶片，以腹部残片为主，可辨器形有花边罐、盆（表3-324、325）。

花边罐　1件。

标本ⅡT0905②：1，夹砂橙黄陶。侈口，圆唇，口沿以下残。口沿外侧饰一周附加泥条，泥条经手指按压呈波状。口径15.2、残高1.6厘米（图3-102，5）。

盆　1件。

表3-324　T0905②层器形数量统计表

器形＼陶质陶色	泥质				夹砂				合计
	红	橙黄	灰	黑	红	橙黄	灰	黑	
花边罐						1			1
盆		1							1

表3-325　T0905②层陶片统计表

纹饰＼陶质／陶色	泥质				夹砂				合计
	橙黄	灰	红	灰底黑彩	橙黄	灰	红	褐	
素面	4	1			6				11
绳纹	1	2							3
篮纹	2								2
麻点纹					7				7

标本ⅡT0905②：2，泥质橙黄陶。敞口，圆唇，斜直腹，底残。腹部饰竖向篮纹。口径14.4、残高1.6厘米（图3-102，6）。

（3）ⅡT0905③层

出土大量陶片，以腹部残片为主，可辨器形有圆腹罐、花边罐、高领罐、敛口罐（表3-326、327）。

表3-326　T0905③层器形数量统计表

器形＼陶质／陶色	泥质				夹砂				合计
	红	橙黄	灰	黑	红	橙黄	灰	黑	
圆腹罐		1				5			6
高领罐	1	1							2
敛口罐						1			1
花边罐					1				1

表3-327　T0905③层陶片统计表

纹饰＼陶质／陶色	泥质				夹砂				合计
	橙黄	灰	红	灰底黑彩	橙黄	灰	红	褐	
素面	55	9	5		31				100
绳纹	4	1			22				27
篮纹	49	6			10				65
麻点纹	2				41				43
刻划纹					1				1
篮纹＋麻点纹					3				3

圆腹罐　6件。

标本ⅡT0905③：2，夹砂橙黄陶。侈口，圆唇，矮领，束颈，颈部以下残。素面。口径14.4、残高3厘米（图3-102，7）。

标本ⅡT0905③：3，夹砂橙黄陶。侈口，尖唇，高领，束颈，颈部以下残。颈部饰竖向绳纹。口径12、残高3.4厘米（图3-102，8）。

标本ⅡT0905③：4，夹砂橙黄陶。侈口，圆唇，矮领，束颈，颈部以下残。口沿外侧有一周

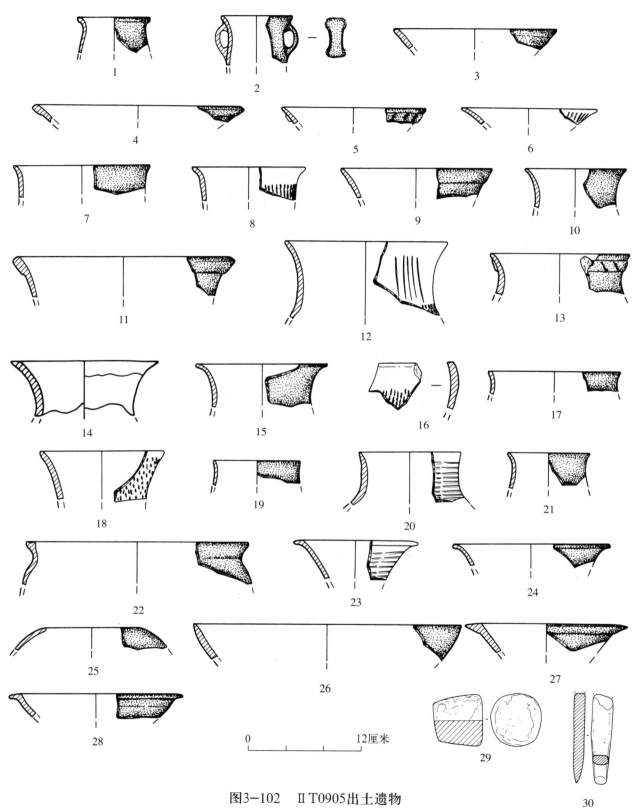

图3-102　ⅡT0905出土遗物

1、7～12、17～22.圆腹罐ⅡT0905①：2、ⅡT0905③：2～6、9、ⅡT0905④：3、4、10、13、14、7　2.双耳罐ⅡT0905①：3
3、4、6、26～28.盆ⅡT0905①：1、4、ⅡT0905②：2、ⅡT0905④：5、9、11　5、13.花边罐ⅡT0905②：1、ⅡT0905③：10
14、15、23、24.高领罐ⅡT0905③：1、7、ⅡT0905④：6、12　16、25.敛口罐ⅡT0905③：8、ⅡT0905④：8　29.陶拍
ⅡT0905④：2　30.骨凿ⅡT0905④：1

折棱，颈部素面。口径 16、残高 3 厘米（图 3-102，9）。

标本 ⅡT0905③：5，夹砂橙黄陶。侈口，圆唇，高领，束颈，颈部以下残。素面。口径 10.8、残高 4 厘米（图 3-102，10）。

标本 ⅡT0905③：6，泥质橙黄陶。侈口，方唇，高领，束颈，颈部以下残。口沿外侧有一周凸棱，颈部素面。口径 23.6、残高 4.2 厘米（图 3-102，11）。

标本 ⅡT0905③：9，夹砂橙黄陶。侈口，圆唇，高领，束颈，上腹圆弧，下腹残。颈部有竖向刻划纹，上腹饰麻点纹。口径 17.2、残高 8 厘米（图 3-102，12）。

花边罐　1件。

标本 ⅡT0905③：10，夹砂红陶。侈口，圆唇，矮领，束颈，颈部以下残。口沿外侧饰一周附加泥条，泥条经手指按压呈波状，颈部素面。口径 14.8、残高 4.4 厘米（图 3-102，13）。

高领罐　2件。

标本 ⅡT0905③：1，泥质橙黄陶。喇叭口，平沿，尖唇，高领，束颈，颈部以下残。口沿外侧有一周折棱，颈部素面磨光。口径 15.6、残高 5.7 厘米（图 3-102，14）。

标本 ⅡT0905③：7，泥质红陶。喇叭口，圆唇，高领，束颈，颈部以下残。素面。口径 14、残高 4.6 厘米（图 3-102，15）。

敛口罐　1件。

标本 ⅡT0905③：8，夹砂橙黄陶。敛口，方唇，上腹圆，下腹残。腹部饰竖向绳纹。残高 5.2、残宽 5.6 厘米（图 3-102，16）。

（4）ⅡT0905④层

出土大量陶片，以腹部残片为主，可辨器形有圆腹罐、高领罐、敛口罐、盆、陶拍，另出土骨凿 1 件（表 3-328、329）。

表3-328　T0905④层器形数量统计表

器形 \ 陶色	泥质				夹砂				合计
	红	橙黄	灰	黑	红	橙黄	灰	黑	
圆腹罐		1			1	4			6
盆	1	2							3
高领罐		2							2
敛口罐				1					1

表3-329　T0905④层陶片统计表

纹饰 \ 陶色	泥质				夹砂				合计
	橙黄	灰	红	灰底黑彩	橙黄	灰	红	褐	
素面	35	1	5		25				66
绳纹	1				11				12
篮纹	20	4			3				27
麻点纹					50				50

续表

纹饰＼陶质	泥质				夹砂				合计
陶色	橙黄	灰	红	灰底黑彩	橙黄	灰	红	褐	
刻划纹					2				2
篮纹＋麻点纹					1				1
篮纹＋绳纹					1				1

圆腹罐　6件。

标本ⅡT0905④：3，夹砂红陶。侈口，圆唇，口沿以下残。素面。口径14、残高2.4厘米（图3-102，17）。

标本ⅡT0905④：4，夹砂橙黄陶。侈口，圆唇，高领，束颈，颈部以下残。颈部饰麻点纹。口径13.2、残高5厘米（图3-102，18）。

标本ⅡT0905④：10，夹砂橙黄陶。侈口，尖唇，口沿以下残。素面。口径9.2、残高2.6厘米（图3-102，19）。

标本ⅡT0905④：13，夹砂橙黄陶。侈口，尖唇，高领，束颈，上腹斜，下腹残。颈部饰横向篮纹。口径10.8、残高5.6厘米（图3-102，20）。

标本ⅡT0905④：14，夹砂橙黄陶。侈口，圆唇，矮领，束颈，颈部以下残。素面。口径8.8、残高3.6厘米（图3-102，21）。

标本ⅡT0905④：7，泥质橙黄陶。侈口，方唇，矮领，束颈，上腹圆，下腹残。唇面有一道凹槽，素面。口径23.6、残高4.6厘米（图3-102，22）。

高领罐　2件。

标本ⅡT0905④：6，泥质橙黄陶。喇叭口，平沿，圆唇，高领，束颈，颈部以下残。颈部饰横向篮纹。口径13.2、残高4.4厘米（图3-102，23）。

标本ⅡT0905④：12，泥质橙黄陶。喇叭口，圆唇，高领，束颈，颈部以下残。素面。口径16.4、残高2.4厘米（图3-102，24）。

敛口罐　1件。

标本ⅡT0905④：8，泥质灰陶。敛口，圆唇，上腹圆弧，下腹残。素面。口径9.6、残高2.2厘米（图3-102，25）。

盆　3件。

标本ⅡT0905④：5，泥质红陶。敞口，尖唇，上腹弧，下腹残。素面。口径28.4、残高3.6厘米（图3-102，26）。

标本ⅡT0905④：9，泥质橙黄陶。敞口，平沿，尖唇，斜直腹，底残。素面。口径17.2、残高2.4厘米（图3-102，27）。

标本ⅡT0905④：11，泥质橙黄陶。敞口，平沿，圆唇，斜弧腹，底残。素面。口径18.4、残高2.4厘米（图3-102，28）。

陶拍　1件。

标本 II T0905④：2，泥质橙黄陶。呈圆柱状，顶小底大，器身凹凸不平。顶径4、高5.1、底径5.4厘米（图3-102，29；彩版三六，6）。

骨凿 1件。

标本 II T0905④：1，动物骨骼磨制而成，扁平长条状，器身粗磨，柄部残，双面磨刃。刃长1.2厘米，刃角57.4°，器身残长9.3、宽2.1、厚1.2厘米（图3-102，30；彩版三七，2）。

（5）II T0905⑤层

出土少量陶片，以腹部残片为主，可辨器形有圆腹罐、花边罐、盆，另出土石镞1件、石刀1件，出土骨镞1件（表3-330、331）。

表3-330 T0905⑤层器形数量统计表

器形＼陶色	泥质				夹砂				合计
	红	橙黄	灰	黑	红	橙黄	灰	黑	
圆腹罐		1				1			2
花边罐						1			1
盆		1							1

表3-331 T0905⑤层陶片统计表

纹饰＼陶色	泥质				夹砂				合计
	橙黄	灰	红	灰底黑彩	橙黄	灰	红	褐	
素面	17	4	4		7				32
绳纹					5				5
篮纹	1				2				3
麻点纹					25				25
刻划纹					1				1

圆腹罐 2件。

标本 II T0905⑤：5，泥质橙黄陶。侈口，方唇，矮领，束颈，上腹微弧，下腹残。口沿有一流，素面。口径9.2、残高6.8厘米（图3-103，1）。

标本 II T0905⑤：6，夹砂橙黄陶。侈口，圆唇，高领，束颈，颈部以下残。素面。口径15.2、残高6.6厘米（图3-103，2）。

花边罐 1件。

标本 II T0905⑤：4，夹砂橙黄陶。侈口，圆唇，矮领，束颈，上腹斜弧，下腹残。口沿外侧及下颈部各饰一周附加泥条，泥条经手指按压呈波状，颈部饰横向篮纹。口径10.8、残高4.6厘米（图3-103，3）。

盆 1件。

标本 II T0905⑤：7，泥质橙黄陶。敞口，圆唇，斜直腹，底残。口沿外侧有一周折棱，素面。口径20、残高4.2厘米（图3-103，4）。

石镞 1件。

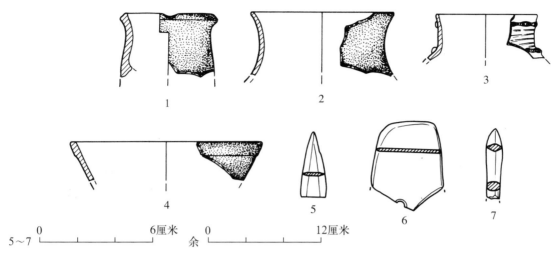

图3-103　ⅡT0905出土遗物

1、2.圆腹罐ⅡT0905⑤：5、6　3.花边罐ⅡT0905⑤：4　4.盆ⅡT0905⑤：7　5.石镞ⅡT0905⑤：1　6.石刀ⅡT0905⑤：2　7.骨镞ⅡT0905⑤：3

标本ⅡT0905⑤：1，石英岩。器体呈扁三角形，两侧边缘均为双面磨制的刃部，尖部较尖锐，尾端平整。长3.4、宽1.4、厚0.2厘米（图3-103，5；彩版三七，3）。

石刀　1件。

标本ⅡT0905⑤：2，石英岩。基部及侧边平直，单面磨刃，残断处有一残孔。刃残长3厘米，刃角48.3°，器身残长4.7、宽3.8厘米（图3-103，6；彩版三七，4）。

骨镞　1件。

标本ⅡT0905⑤：3，动物骨骼磨制而成，锋部扁平且尖锐，铤部呈圆柱状，铤尾残。残长3.6、宽0.9、厚0.6厘米（图3-103，7；彩版三七，5）。

57. ⅡT0906

ⅡT0906属于新石器时代地层有①、③～⑦层。

（1）ⅡT0906①层

出土少量陶片，以腹部残片为主，可辨器形有圆腹罐、双耳罐、高领罐（表3-332、333）。

圆腹罐　2件。

标本ⅡT0906①：2，夹砂橙黄陶。侈口，尖唇，高领，束颈，上腹斜，下腹残。颈部素面，上腹饰麻点纹。口径10.4、残高4.8厘米（图3-104，1）。

表3-332　T0906①层器形数量统计表

器形 \ 陶质 陶色	泥质				夹砂				合计
	红	橙黄	灰	黑	红	橙黄	灰	黑	
圆腹罐						2			2
双耳罐						1			1
高领罐		1							1

表3-333　T0906①层陶片统计表

纹饰＼陶质＼陶色	泥质				夹砂				合计
	橙黄	灰	红	灰底黑彩	橙黄	灰	红	褐	
素面	19	2	7		8				36
绳纹					8				8
篮纹	22	1			8				31
麻点纹					28				28

标本ⅡT0906①：3，夹砂橙黄陶。侈口，尖唇，高领，微束颈，上腹圆弧，下腹残。颈部素面，上腹饰绳纹。口径11.2、残高9.2厘米（图3-104，2）。

双耳罐　1件。

标本ⅡT0906①：1，夹砂橙黄陶。侈口，圆唇，矮领，束颈，上腹圆，下腹残。连口拱形双耳，颈部素面，上腹饰麻点纹。口径14、残高5.4厘米（图3-104，3）。

高领罐　1件。

标本ⅡT0906①：4，泥质橙黄陶。喇叭口，卷沿，尖唇，高领，束颈，颈部以下残。口沿外侧有一周折棱，颈部饰斜向篮纹。口径17、残高4.5厘米（图3-104，4）。

（2）ⅡT0906③层

出土大量陶片，以腹部残片为主，可辨器形有圆腹罐、花边罐、单耳罐、高领罐、盆（表3-334、335）。

表3-334　T0906③层器形数量统计表

器形＼陶质＼陶色	泥质				夹砂				合计
	红	橙黄	灰	黑	红	橙黄	灰	黑	
圆腹罐						3			3
花边罐		1				8			9
单耳罐	1								1
盆	1								1
高领罐		1							1

表3-335　T0906③层陶片统计表

纹饰＼陶质＼陶色	泥质				夹砂				合计
	橙黄	灰	红	白	橙黄	灰	红	褐	
素面	87	3	2	2	14				108
绳纹	3				10				13
篮纹	26	2			5				33
麻点纹					78				78
篮纹＋麻点纹					2				2
附加堆纹					1				1

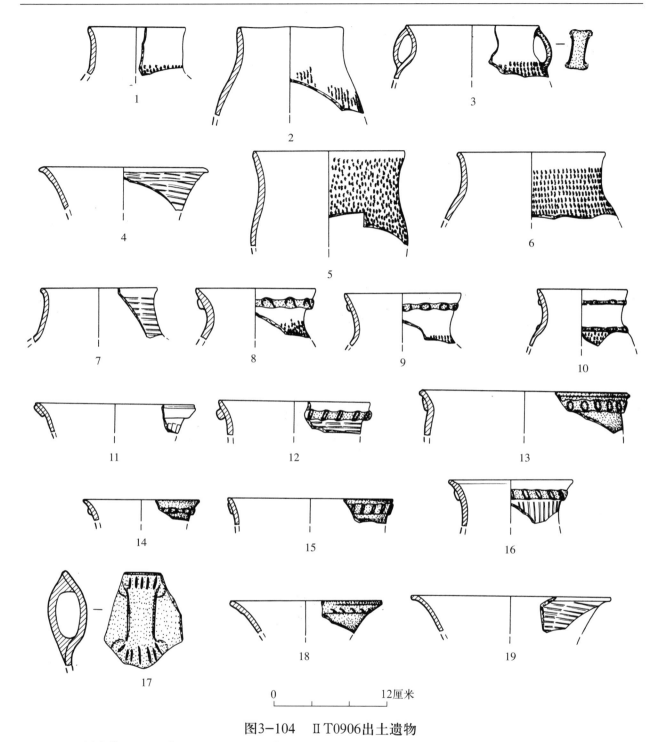

图3-104 ⅡT0906出土遗物

1、2、5～7.圆腹罐ⅡT0906①：2、3、ⅡT0906③：1、2、7 3.双耳罐ⅡT0906①：1 4、18.高领罐ⅡT0906①：4、
ⅡT0906③：10 8～16.花边罐ⅡT0906③：3、5、6、9、11～15 17.单耳罐ⅡT0906③：4 19.盆ⅡT0906③：8

圆腹罐 3件。

标本ⅡT0906③：1，夹砂橙黄陶。侈口，尖唇，高领，束颈，上腹圆，下腹残。器表通体饰麻点纹。口径16、残高10厘米（图3-104，5）。

标本ⅡT0906③：2，夹砂橙黄陶。侈口，圆唇，高领，束颈，上腹圆弧，下腹残。器表饰麻点纹。口径 15.6、残高 7 厘米（图 3-104，6）。

标本ⅡT0906③：7，夹砂橙黄陶。侈口，圆唇，高领，微束颈，颈部以下残。颈部饰横向篮纹。口径 12.4、残高 5.4 厘米（图 3-104，7）。

花边罐　9 件。

标本ⅡT0906③：3，夹砂橙黄陶。侈口，尖唇，矮领，束颈，上腹斜，下腹残。颈部饰一周附加泥条，泥条经手指按压呈波状，上腹饰麻点纹。口径 12.8、残高 5.2 厘米（图 3-104，8）。

标本ⅡT0906③：5，夹砂橙黄陶。侈口，尖唇，矮领，束颈，上腹斜，下腹残。颈部饰一周附加泥条，泥条经手指按压呈波状，上腹饰麻点纹。口径 12.4、残高 5.4 厘米（图 3-104，9）。

标本ⅡT0906③：6，夹砂橙黄陶。侈口，尖唇，矮领，束颈，上腹圆弧，下腹残。颈部饰两周附加泥条，泥条经手指按压呈波状，上腹饰麻点纹。口径 9.6、残高 6 厘米（图 3-104，10）。

标本ⅡT0906③：9，夹砂橙黄陶。侈口，圆唇，矮领，束颈，颈部以下残。口沿外侧饰一周附加泥条，颈部饰席纹。口径 16.8、残高 3 厘米（图 3-104，11）。

标本ⅡT0906③：11，夹砂橙黄陶。侈口，圆唇，矮领，束颈，颈部以下残。口沿外侧饰一周附加泥条，泥条之上饰戳印纹，颈部饰横向篮纹。口径 12、残高 3.6 厘米（图 3-104，12）。

标本ⅡT0906③：12，泥质橙黄陶。侈口，方唇，上腹圆弧，下腹残。口沿外侧饰一周附加泥条，泥条经手指按压呈波状，腹部素面。口径 21.6、残高 4.6 厘米（图 3-104，13）。

标本ⅡT0906③：13，夹砂橙黄陶。侈口，尖唇，口沿以下残。口沿外侧饰一周附加泥条，泥条经手指按压呈波状。口径 12.4、残高 2.2 厘米（图 3-104，14）。

标本ⅡT0906③：14，夹砂橙黄陶。侈口，圆唇，口沿以下残。口沿外侧饰一周附加泥条，泥条之上饰戳印纹。口径 17.6、残高 2.8 厘米（图 3-104，15）。

标本ⅡT0906③：15，夹砂橙黄陶。侈口，圆唇，高领，束颈，颈部以下残。口沿外侧有一周附加泥条，泥条之上饰戳印纹，颈部饰竖向篮纹。口径 13.2、残高 4.8 厘米（图 3-104，16）。

单耳罐　1 件。

标本ⅡT0906③：4，泥质红陶。侈口，圆唇，高领，束颈，鼓腹，底残。连口拱形单耳。耳上下端饰戳印纹，器表素面。残高 10、残宽 8.4 厘米（图 3-104，17）。

高领罐　1 件。

标本ⅡT0906③：10，泥质橙黄陶。喇叭口，方唇，高领，束颈，颈部以下残。口沿外侧饰一周折棱，素面。口径 16、残高 3.4 厘米（图 3-104，18）。

盆　1 件。

标本ⅡT0906③：8，泥质红陶。敞口，圆唇，斜直腹，底残。腹部饰斜向篮纹。口径 21.2、残高 3.8 厘米（图 3-104，19）。

（3）ⅡT0906④层

出土少量陶片，以腹部残片为主，可辨器形有圆腹罐、花边罐、双耳罐、高领罐、大口罐、盆、钵、方盘，另出土石镞 1 件（表 3-336、337）。

圆腹罐　18 件。

标本ⅡT0906④：5，夹砂橙黄陶。侈口，圆唇，高领，束颈，颈部以下残。颈部饰横向篮纹。口径 15.2、残高 4.6 厘米（图 3-105，1）。

标本 Ⅱ T0906④：13，夹砂橙黄陶。侈口，圆唇，矮领，束颈，上腹圆弧，下腹残。颈部饰横向篮纹。口径 10、残高 4.2 厘米（图 3-105，2）。

表3-336　T0906④层器形数量统计表

陶质	泥质				夹砂				合计
器形＼陶色	红	橙黄	灰	褐	红	橙黄	灰	褐	
花边罐					4	10			14
盆		7							7
钵		3							3
圆腹罐		4			3	11			18
高领罐		10	1			1			12
大口罐						1			1
双耳罐						1			1
方盘							2		2

表3-337　T0906④层陶片统计表

陶质	泥质				夹砂				合计
纹饰＼陶色	橙黄	灰	红	灰底黑彩	橙黄	灰	红	褐	
素面	17	2	3		6				28
绳纹		1	1		11				13
篮纹	22				2				24
麻点纹					45				45
附加堆纹＋绳纹					2				2

标本 Ⅱ T0906④：14，泥质橙黄陶。侈口，圆唇，高领，束颈，上腹圆，下腹残。素面。口径 10.8、残高 6.4 厘米（图 3-105，3）。

标本 Ⅱ T0906④：15，夹砂橙黄陶。侈口，圆唇，矮领，束颈，颈部以下残。颈部饰横向篮纹。口径 11.2、残高 4.2 厘米（图 3-105，4）。

标本 Ⅱ T0906④：16，夹砂红陶。侈口，圆唇，矮领，束颈，颈部以下残。素面。口径 16、残高 3.6 厘米（图 3-105，5）。

标本 Ⅱ T0906④：17，夹砂橙黄陶。侈口，圆唇，矮领，束颈，颈部以下残。颈部饰横向篮纹。口径 21.2、残高 3.6 厘米（图 3-105，6）。

标本 Ⅱ T0906④：18，夹砂橙黄陶。侈口，方唇，高领，束颈，颈部以下残。唇面有一道凹槽，颈部饰横向篮纹。口径 13、残高 4.2 厘米（图 3-105，7）。

标本 Ⅱ T0906④：19，夹砂红陶。侈口，尖唇，高领，束颈，颈部以下残。素面。口径 7.6、残高 3.4 厘米（图 3-105，8）。

标本 Ⅱ T0906④：20，夹砂橙黄陶。侈口，尖唇，高领，束颈，颈部以下残。颈部饰麻点纹。口径 16.8、残高 6 厘米（图 3-105，9）。

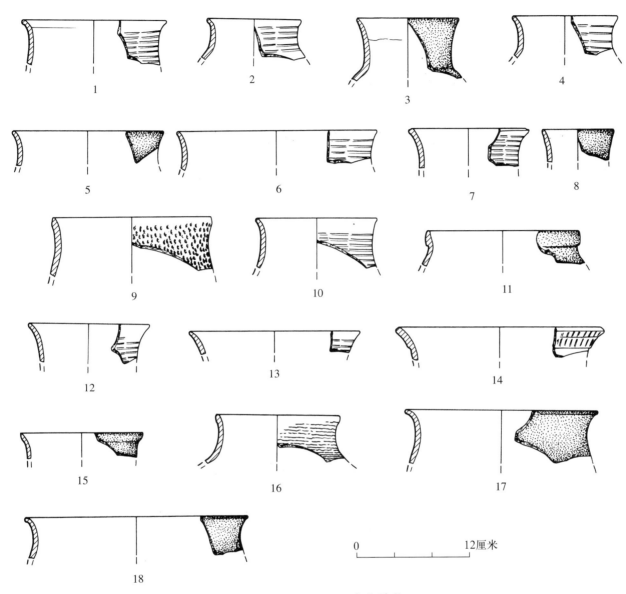

图3-105　ⅡT0906出土遗物

1~18.圆腹罐ⅡT0906④：5、13~23、25、26、53、54、8、55

标本ⅡT0906④：21，夹砂橙黄陶。侈口，圆唇，高领，束颈，颈部以下残。颈部饰横向篮纹。口径12.8、残高5.2厘米（图3-105，10）。

标本ⅡT0906④：22，夹砂橙黄陶。侈口，圆唇，矮领，束颈，颈部以下残。口沿外侧有一周折棱，素面。口径16、残高3.6厘米（图3-105，11）。

标本ⅡT0906④：23，夹砂橙黄陶。侈口，圆唇，高领，束颈，颈部以下残。颈部饰横向篮纹。口径12.8、残高4厘米（图3-105，12）。

标本ⅡT0906④：25，夹砂红陶。侈口，尖唇，口沿以下残。器表饰横向篮纹。口径18、残高2.4厘米（图3-105，13）。

标本ⅡT0906④：26，泥质橙黄陶。侈口，方唇，口沿以下残。口沿外侧饰一周折棱，折棱之上饰竖向篮纹。口径21.2、残高3.6厘米（图3-105，14）。

标本ⅡT0906④：53，夹砂橙黄陶。侈口，尖唇，矮领，束颈，颈部以下残。素面。口径13、残高2.6厘米（图3-105，15）。

标本ⅡT0906④：54，夹砂橙黄陶。侈口，圆唇，矮领，束颈，上腹斜，下腹残。器表饰横向绳纹。口径13.2、残高4.8厘米（图3-105，16）。

标本ⅡT0906④：8，泥质橙黄陶。侈口，圆唇，矮领，束颈，上腹圆弧，下腹残。素面。口径20、残高5.4厘米（图3-105，17）。

标本ⅡT0906④：55，泥质橙黄陶。侈口，圆唇，矮领，束颈，颈部以下残。素面。口径23.6、残高4.2厘米（图3-105，18）。

花边罐　14件。

标本ⅡT0906④：2，夹砂橙黄陶。侈口，圆唇，口沿以下残。口沿外侧饰一周附加泥条，泥条经手指按压呈波状。口径17.6、残高1.8厘米（图3-106，1）。

标本ⅡT0906④：9，夹砂橙黄陶。侈口，尖唇，矮领，束颈，颈部以下残。口沿外侧饰一周

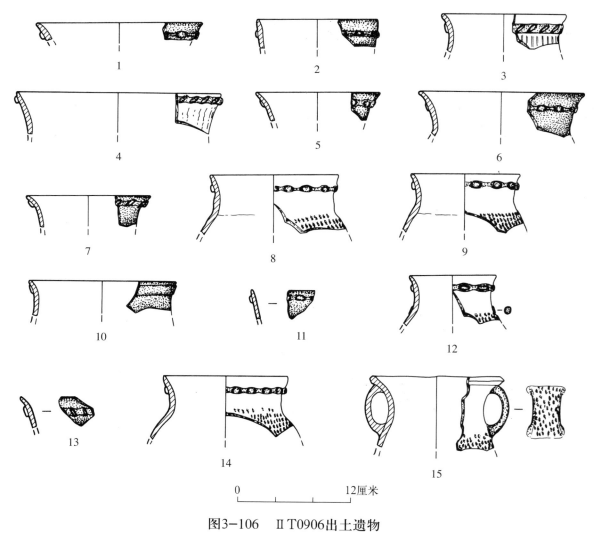

图3-106　ⅡT0906出土遗物

1~14.花边罐ⅡT0906④：2、9、10、12、24、31、32、38、39、42、46、52、57、60　15.双耳罐ⅡT0906④：37

附加泥条，泥条经手指按压呈波状。口径 12.8、残高 3.6 厘米（图 3-106，2）。

标本 ⅡT0906④：10，夹砂红陶。侈口，圆唇，矮领，束颈，颈部以下残。口沿外侧饰一周附加泥条，泥条之上饰斜向戳印纹，颈部饰竖向篮纹。口径 13.2、残高 4 厘米（图 3-106，3）。

标本 ⅡT0906④：12，夹砂红陶。侈口，圆唇，矮领，束颈，颈部以下残。口沿外侧饰一周附加泥条，泥条之上饰斜向戳印纹，颈部饰竖向绳纹。口径 21.6、残高 4.4 厘米（图 3-106，4）。

标本 ⅡT0906④：24，夹砂橙黄陶。侈口，圆唇，矮领，束颈，颈部以下残。口沿外侧饰一周附加泥条，泥条经手指按压呈波状。口径 13.2、残高 2.8 厘米（图 3-106，5）。

标本 ⅡT0906④：31，夹砂橙黄陶。侈口，圆唇，矮领，束颈，颈部以下残。颈部饰一周附加泥条，泥条经手指按压呈波状。口径 17.6、残高 4.6 厘米（图 3-106，6）。

标本 ⅡT0906④：32，夹砂橙黄陶。侈口，圆唇，高领，束颈，颈部以下残。口沿外侧饰一周附加泥条，泥条经手指按压呈波状。口径 13.2、残高 3.2 厘米（图 3-106，7）。

标本 ⅡT0906④：38，夹砂橙黄陶。侈口，圆唇，矮领，束颈，上腹圆弧，下腹残。口沿外侧饰一周附加泥条，泥条经手指按压呈波状，上腹饰麻点纹。口径 13.6、残高 6 厘米（图 3-106，8）。

标本 ⅡT0906④：39，夹砂红陶。侈口，圆唇，矮领，束颈，上腹圆弧，下腹残。口沿外侧饰一周附加泥条，泥条经手指按压呈波状，上腹饰麻点纹。口径 11.6、残高 6.2 厘米（图 3-106，9）。

标本 ⅡT0906④：42，夹砂橙黄陶。侈口，圆唇，高领，束颈，颈部以下残。口沿外侧饰一周附加泥条，素面。口径 15.6、残高 3.6 厘米（图 3-106，10）。

标本 ⅡT0906④：46，夹砂橙黄陶。侈口，尖唇，口沿以下残。口沿外侧饰一周附加泥条，泥条经手指按压呈波状。残高 3、残宽 3 厘米（图 3-106，11）。

标本 ⅡT0906④：52，夹砂橙黄陶。侈口，圆唇，矮领，束颈，上腹斜弧，下腹残。口沿外侧饰一周附加泥条，泥条经手指按压呈波状，颈腹直接饰一泥饼，上腹饰麻点纹。口径 9.2、残高 5 厘米（图 3-106，12）。

标本 ⅡT0906④：57，夹砂橙黄陶。侈口，圆唇，口沿以下残。口沿外侧饰一周附加泥条，泥条经手指按压呈波状。残高 3.2、残宽 3.8 厘米（图 3-106，13）。

标本 ⅡT0906④：60，夹砂红陶。侈口，尖唇，矮领，束颈，上腹圆弧，下腹残。颈部饰一周附加泥条，泥条经手指按压呈波状，上腹饰麻点纹。口径 13.2、残高 6.4 厘米（图 3-106，14）。

双耳罐　1 件。

标本 ⅡT0906④：37，夹砂橙黄陶。侈口，方唇，高领，束颈，上腹圆弧，下腹残。拱形双耳，颈部素面，耳面及上腹饰麻点纹。口径 14.4、残高 7.4 厘米（图 3-106，15）。

高领罐　12 件。

标本 ⅡT0906④：11，泥质橙黄陶。喇叭口，圆唇，高领，束颈，颈部以下残。素面。口径 23.6、残高 4.1 厘米（图 3-107，1）。

标本 ⅡT0906④：27，泥质橙黄陶。喇叭口，圆唇，高领，束颈，颈部以下残。素面。口径

17.6、残高 3.4 厘米（图 3-107，2）。

　　标本 II T0906④：28，泥质橙黄陶。喇叭口，平沿，圆唇，高领，束颈，颈部以下残。口沿外侧有一周折棱，颈部素面。口径 14、残高 6.8 厘米（图 3-107，3）。

　　标本 II T0906④：34，夹砂橙黄陶。侈口，圆唇，口沿以下残。素面。口径 14.8、残高 1.5 厘米（图 3-107，4）。

　　标本 II T0906④：35，泥质橙黄陶。喇叭口，方唇，高领，束颈，颈部以下残。颈部饰横向篮纹。口径 15.2、残高 4 厘米（图 3-107，5）。

　　标本 II T0906④：36，泥质橙黄陶。喇叭口，圆唇，高领，束颈，颈部以下残。素面。口径 14、残高 2.8 厘米（图 3-107，6）。

　　标本 II T0906④：40，泥质褐陶。喇叭口，尖唇，高领，束颈，颈部以下残。口沿外侧有一周折棱，器表饰横向篮纹。口径 20、残高 4 厘米（图 3-107，7）。

　　标本 II T0906④：41，泥质橙黄陶。喇叭口，圆唇，口沿以下残。素面。口径 16.4、残高 1 厘米（图 3-107，8）。

　　标本 II T0906④：44，泥质橙黄陶。喇叭口，圆唇，高领，束颈，颈部以下残。素面。口径 11.2、残高 3.6 厘米（图 3-107，9）。

　　标本 II T0906④：45，泥质橙黄陶。喇叭口，圆唇，高领，束颈，颈部以下残。口沿外侧饰一周折棱，颈部素面。口径 16、残高 2.8 厘米（图 3-107，10）。

　　标本 II T0906④：56，泥质橙黄陶。喇叭口，圆唇，高领，束颈，颈部以下残。素面。残高 5、残宽 6 厘米（图 3-107，11）。

　　标本 II T0906④：58，泥质橙黄陶。喇叭口，方唇，高领，束颈，溜肩，腹部残。口沿外侧饰一周折棱，素面。口径 19.9、残高 10.1 厘米（图 3-107，12）。

　　大口罐　1 件。

　　标本 II T0906④：29，夹砂橙黄陶。微侈口，方唇，口沿以下残。口沿外侧有一周折棱，折棱之上饰麻点纹。口径 19.6、残高 3.4 厘米（图 3-107，13）。

　　盆　7 件。

　　标本 II T0906④：3，泥质橙黄陶。敞口，圆唇，上腹斜弧，下腹残。素面。口径 19.6、残高 3.2 厘米（图 3-107，14）。

　　标本 II T0906④：7，泥质橙黄陶。敞口，尖唇，上腹斜弧，下腹残。素面。口径 29.2、残高 2.4 厘米（图 3-107，15）。

　　标本 II T0906④：30，泥质橙黄陶。敞口，折沿，圆唇，上腹斜直，下腹残。素面。口径 21.6、残高 2.4 厘米（图 3-107，16）。

　　标本 II T0906④：33，泥质橙黄陶。敞口，折沿，圆唇，上腹斜直，下腹残。口沿外侧有一周折棱，折棱之上饰竖向篮纹。口径 16.4、残高 3 厘米（图 3-107，17）。

　　标本 II T0906④：43，泥质橙黄陶。敞口，尖唇，上腹斜直，下腹残。腹部饰绳纹。口径 30、残高 2.4 厘米（图 3-107，18）。

　　标本 II T0906④：47，泥质橙黄陶。敞口，尖唇，上腹斜弧，下腹残。口沿外侧饰一周折棱，

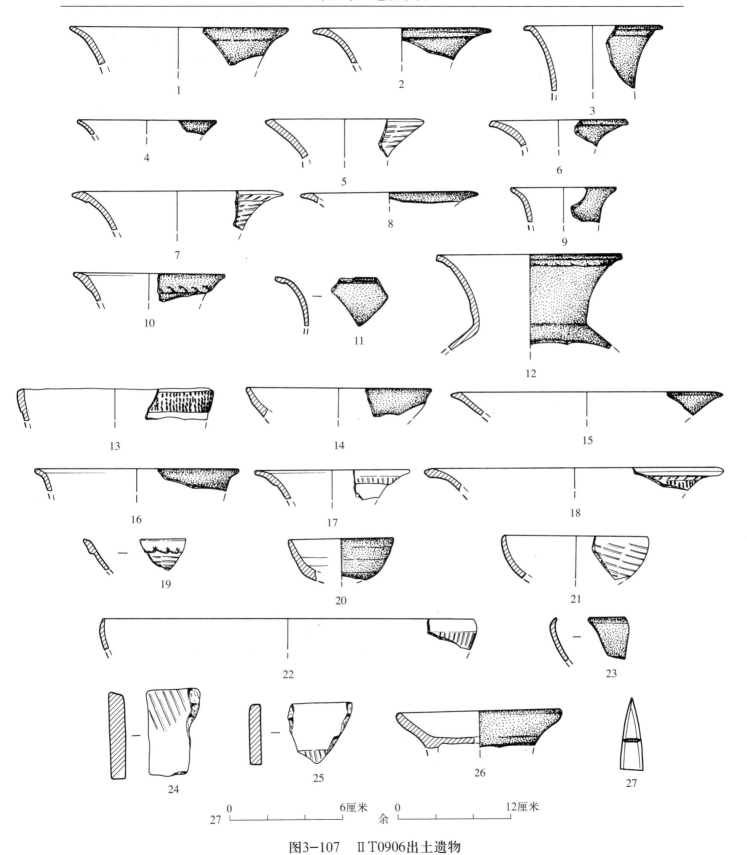

图3-107 ⅡT0906出土遗物

1～12.高领罐ⅡT0906④：11、27、28、34～36、40、41、44、45、56、58 13.大口罐ⅡT0906④：29 14～20.盆
ⅡT0906④：3、7、30、33、43、47、48 21～23.钵ⅡT0906④：4、6、59 24、25.方盘ⅡT0906④：49、50 26.器座
ⅡT0906④：51 27.石镞ⅡT0906④：1

腹部饰横向篮纹。残高 3.2、残宽 4.8 厘米（图 3-107，19）。

标本 ⅡT0906④：48，泥质橙黄陶。敞口，圆唇，弧腹，底残。素面，泥条盘筑痕迹明显。口径 11.2、残高 4.4 厘米（图 3-107，20）。

钵 3 件。

标本 ⅡT0906④：4，泥质橙黄陶。敞口，圆唇，弧腹，底残。腹部饰斜向篮纹。口径 15.2、残高 4.4 厘米（图 3-107，21）。

标本 ⅡT0906④：6，泥质橙黄陶。微敛口，尖唇，上腹弧，下腹残。腹部饰竖向篮纹。口径 39.2、残高 3.2 厘米（图 3-107，22）。

标本 ⅡT0906④：59，泥质橙黄陶。敛口，尖唇，弧腹，底残。素面。残高 4.6、残宽 4.4 厘米（图 3-107，23）。

方盘 2 件。

标本 ⅡT0906④：49，夹砂褐陶。一侧边规整，表面饰篮纹。长 9、残宽 5.6 厘米（图 3-107，24）。

标本 ⅡT0906④：50，夹砂褐陶。一侧边规整，边缘素面，偏中间饰篮纹。长 6.4、残宽 7 厘米（图 3-107，25）。

器座 1 件。

标本 ⅡT0906④：51，泥质橙黄陶。喇叭状，座以上残，素面。底径 17.2、残高 3.7 厘米（图 3-107，26）。

石镞 1 件。

标本 ⅡT0906④：1，石英岩。器体呈扁三角形，两侧边缘均为双面磨制的刃部，尖部较尖锐，尾端平整。长 3.7、宽 1.2、厚 0.2 厘米（图 3-107，27；彩版三八，1）。

（4）ⅡT0906⑤层

出土大量陶片，以腹部残片为主，可辨器形有圆腹罐、花边罐、双耳罐、高领罐、敛口罐、鹗面罐、盆、钵、斝，另出土兽牙 1 件（表 3-338、339）。

表3-338 T0906⑤层器形数量统计表

器形 \ 陶质 陶色	泥质				夹砂				合计
	红	橙黄	灰	黑	红	橙黄	灰	黑	
圆腹罐		3			1	7			11
钵	1								1
敛口罐			1						1
花边罐						1			1
双耳罐		4				1			5
盆	1	3							4
高领罐		1							1
斝						1			1
鹗面罐							1		1

表3-339 T0906⑤层陶片统计表

纹饰 \ 陶质 陶色	泥质				夹砂				合计
	橙黄	灰	红	灰底黑彩	橙黄	灰	红	褐	
素面	32	10	3		29				74
绳纹	2	1	3		14				20
篮纹	57	14	6						77
麻点纹					86				86
刻划纹	1				1				2
篮纹 + 麻点纹					2				2
附加堆纹					13				13
附加堆纹 + 篮纹			1		2				3
附加堆纹 + 麻点纹					2				2

圆腹罐 11件。

标本ⅡT0906⑤:2，夹砂橙黄陶。侈口，圆唇，矮领，束颈，上腹圆弧，下腹残。颈部素面，上腹饰竖向绳纹。口径12.8、残高5厘米（图3-108，1）。

标本ⅡT0906⑤:5，夹砂橙黄陶。侈口，圆唇，矮领，束颈，颈部以下残。素面。口径12.8、残高3.6厘米（图3-108，2）。

标本ⅡT0906⑤:6，夹砂橙黄陶。侈口，尖唇，矮领，束颈，颈部以下残。口沿外侧有一周折棱，颈部素面。口径18.4、残高4.4厘米（图3-108，3）。

标本ⅡT0906⑤:7，夹砂橙黄陶。口沿及颈部残，圆腹，平底内凹，腹部饰麻点纹。残高11.6、底径7.6厘米（图3-108，4）。

标本ⅡT0906⑤:8，泥质橙黄陶。侈口，圆唇，矮领，束颈，上腹圆弧，下腹残。素面。口径10、残高3.6厘米（图3-108，5）。

标本ⅡT0906⑤:9，泥质橙黄陶。侈口，圆唇，高领，束颈，上腹圆弧，下腹残。素面。口径10.8、残高5.4厘米（图3-108，6）。

标本ⅡT0906⑤:11，夹砂橙黄陶。侈口，圆唇，口沿以下残。口沿外侧有一周折棱。口径16.4、残高2.4厘米（图3-108，7）。

标本ⅡT0906⑤:12，泥质橙黄陶。侈口，方唇，矮领，束颈，颈部以下残。唇面有一道凹槽，颈部素面。口径16.4、残高3.6厘米（图3-108，8）。

标本ⅡT0906⑤:13，夹砂橙黄陶。侈口，圆唇，高领，微束颈，颈部以下残。素面，有刮抹痕迹。口径16.4、残高3.8厘米（图3-108，9）。

标本ⅡT0906⑤:26，夹砂红陶。侈口，圆唇，高领，束颈，上腹圆弧，下腹残。颈部素面，上腹饰麻点纹。口径16.2、残高7.4厘米（图3-108，10）。

标本ⅡT0906⑤:27，夹砂橙黄陶。侈口，圆唇，矮领，束颈，上腹圆弧，下腹残。口沿外侧有一周折棱，器表饰麻点纹。口径11.6、残高5.2厘米（图3-108，11）。

花边罐 1件。

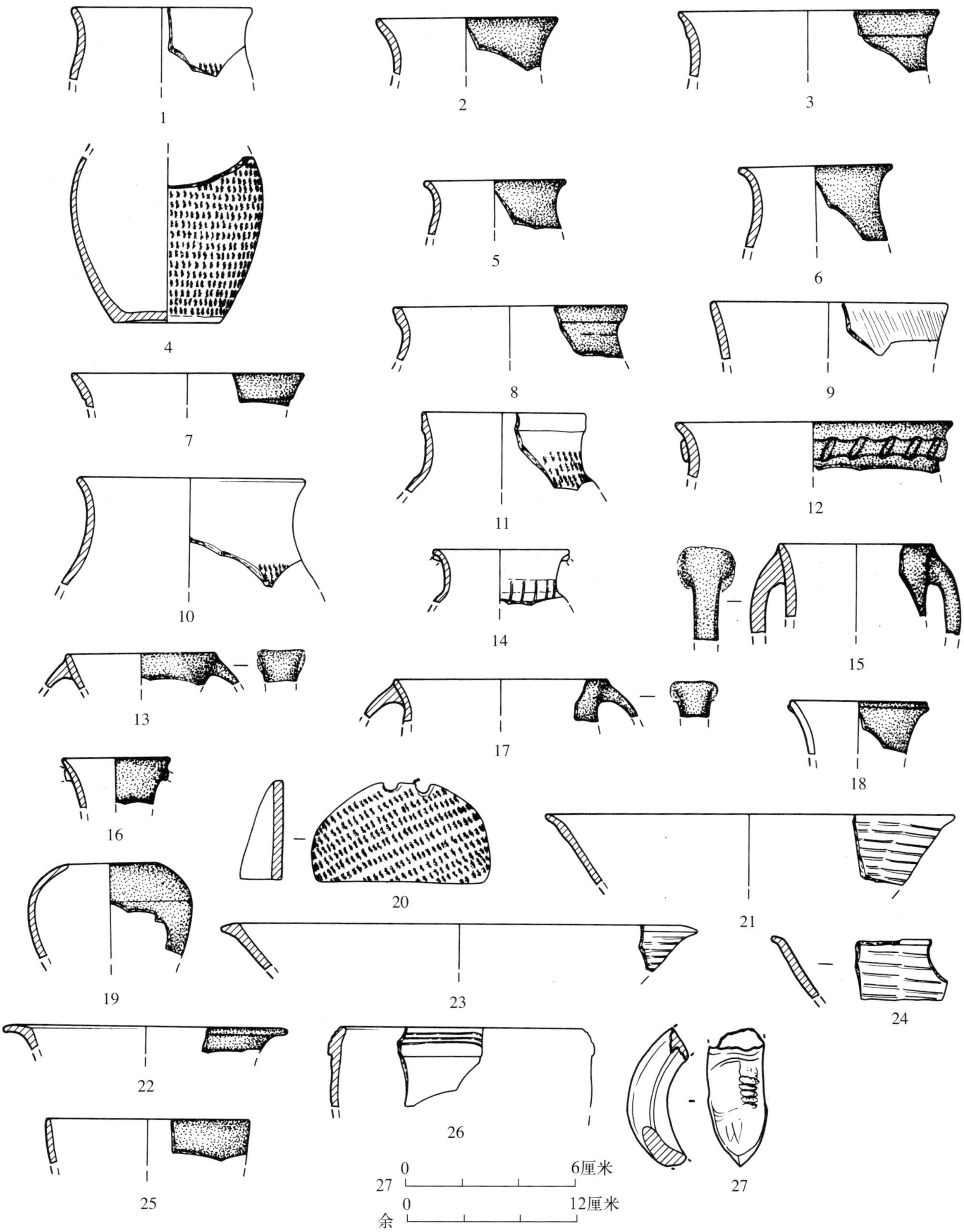

图3-108　ⅡT0906出土遗物

1～11.圆腹罐ⅡT0906⑤：2、5～9、11～13、26、27　12.花边罐ⅡT0906⑤：10　13～17.双耳罐ⅡT0906⑤：14～17、20　18.高领罐ⅡT0906⑤：19　19.敛口罐ⅡT0906⑤：4　20.鸮面罐ⅡT0906⑤：25　21～24.盆ⅡT0906⑤：18、22、23、24　25.钵ⅡT0906⑤：3　26.斝ⅡT0906⑤：21　27.兽牙ⅡT0906⑤：1

标本ⅡT0906⑤：10，夹砂橙黄陶。侈口，圆唇，矮领，束颈，颈部以下残。口沿外侧饰一周附加泥条，泥条之上饰斜向戳印纹。口径19.6、残高3.6厘米（图3-108，12）。

双耳罐　5件。

标本ⅡT0906⑤：14，泥质橙黄陶。侈口，圆唇，口沿以下残，耳残。素面。口径10.4、残高2.4厘米（图3-108，13）。

标本ⅡT0906⑤：15，夹砂橙黄陶。侈口，圆唇，矮领，束颈，上腹圆弧，下腹残。连口残耳，颈部素面，上腹饰竖向刻划纹。口径9.6、残高3.6厘米（图3-108，14）。

标本ⅡT0906⑤：16，泥质橙黄陶。侈口，圆唇，高领，束颈，颈部以下残。连口拱形双耳，素面。口径10.8、残高6.2厘米（图3-108，15）。

标本ⅡT0906⑤：17，泥质橙黄陶。侈口，圆唇，高领，束颈，颈部以下残，耳残。素面。口径7.6、残高3.4厘米（图3-108，16）。

标本ⅡT0906⑤：20，泥质橙黄陶。侈口，圆唇，矮领，束颈，颈部以下残。连口拱形双耳，素面。口径14.8、残高3厘米（图3-108，17）。

高领罐　1件。

标本ⅡT0906⑤：19，泥质橙黄陶。喇叭口，圆唇，高领，束颈，颈部以下残。素面。口径9.6、残高3.6厘米（图3-108，18）。

敛口罐　1件。

标本ⅡT0906⑤：4，泥质灰陶。敛口，尖唇，圆腹，底残。素面。口径6.4、残高6.4厘米（图3-108，19）。

鸮面罐　1件。

标本ⅡT0906⑤：25，夹砂灰陶。仅存面部，弧形面，面部饰麻点纹，边缘有两个残孔。残长12.6、残宽7厘米（图3-108，20）。

盆　4件。

标本ⅡT0906⑤：18，泥质橙黄陶。敞口，圆唇，斜弧腹，底残。腹部饰横向篮纹。口径28.8、残高4.8厘米（图3-108，21）。

标本ⅡT0906⑤：22，泥质红陶。敞口，平沿，圆唇，斜直腹，底残。素面。口径19.2、残高1.6厘米（图3-108，22）。

标本ⅡT0906⑤：23，泥质橙黄陶。敞口，圆唇，上腹斜弧，下腹残。腹部饰横向篮纹。口径31.6、残高3.2厘米（图3-108，23）。

标本ⅡT0906⑤：24，泥质橙黄陶。敞口，圆唇，斜弧腹，底残。腹部饰横向篮纹。残高4.2、残宽6.6厘米（图3-108，24）。

钵　1件。

标本ⅡT0906⑤：3，泥质红陶。敞口，圆唇，上腹微弧，下腹残。素面。口径14.4、残高3厘米（图3-108，25）。

斝　1件。

标本ⅡT0906⑤：21，夹砂橙黄陶。敛口，方唇，上腹微弧，下腹残。口沿外侧有三道凹槽，腹部素面。口径 16.8、残高 5.4 厘米（图 3-108，26）。

兽牙　1 件。

标本 ⅡT0906⑤：1，器身呈半环状，一端中空，一端为牙关部，磨损严重。长 4.8、宽 2.1 厘米（图 3-108，27；彩版三八，2）。

（5）ⅡT0906⑥层

出土大量陶片，以腹部残片为主，可辨器形有圆腹罐、花边罐、盆、豆、盘、陶拍。另出土石刀 2 件、石镞 1 件、石料 1 件、骨针 2 件（表 3-340、341）。

表3-340　T0906⑥层器形数量统计表

器形 ＼ 陶质 ＼ 陶色	泥质				夹砂				合计
	红	橙黄	灰	褐	红	橙黄	灰	黑	
圆腹罐	1				1	8	1		11
花边罐						1			1
盆		2							2
豆盘				1					1
陶盘							1		1

表3-341　T0906⑥层陶片统计表

纹饰 ＼ 陶质 ＼ 陶色	泥质				夹砂				合计
	橙黄	灰	红	灰底黑彩	橙黄	灰	红	褐	
素面	56	5	8		32				101
绳纹	6		1		31		2		40
篮纹	30	3	10		13		3		59
麻点纹					118				118
刻划纹		1							1
网格纹	1								1
篮纹＋麻点纹					4				4
附加堆纹					2				2
附加堆纹＋麻点纹					3				3
篮纹＋绳纹							2		2
附加堆纹＋篮纹					1				1

圆腹罐　11 件。

标本 ⅡT0906⑥：8，夹砂橙黄陶。侈口，圆唇，矮领，束颈，颈部以下残。素面。口径 13.6、残高 3 厘米（图 3-109，1）。

标本 ⅡT0906⑥：9，夹砂橙黄陶。侈口，尖唇，矮领，束颈，颈部以下残。素面。口径 20.8、残高 3.8 厘米（图 3-109，2）。

标本 ⅡT0906⑥：10，夹砂橙黄陶。侈口，方唇，高领，束颈，圆腹，底残。口沿外侧有一周凸棱，颈部素面，上腹饰横向篮纹，下腹饰竖向绳纹。口径 13.6、残高 9.2 厘米（图 3-109，3）。

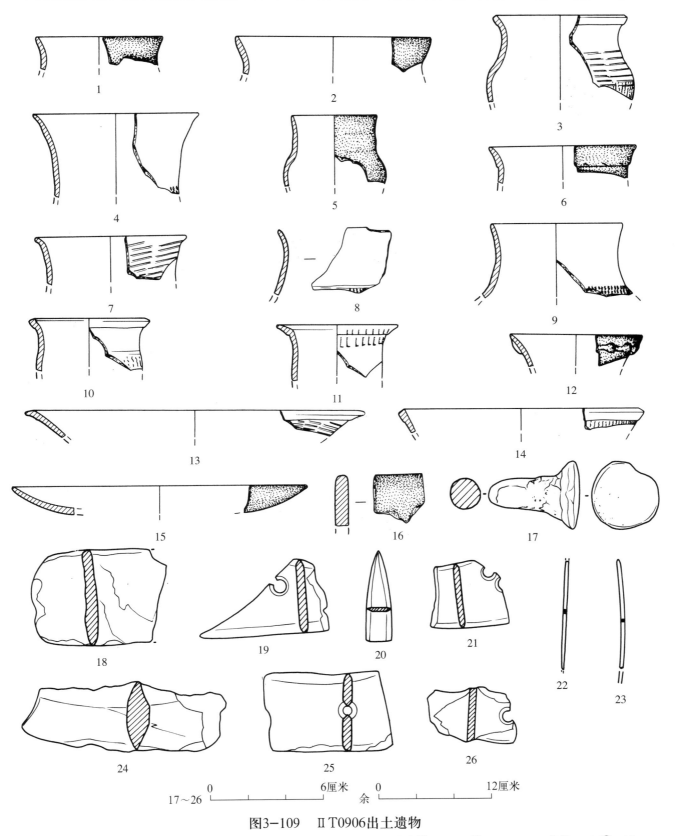

图3-109 ⅡT0906出土遗物

1~11.圆腹罐ⅡT0906⑥：8~10、15、18、20、21、23、17、11、19 12.花边罐ⅡT0906⑥：7 13、14.盆ⅡT0906⑥：12、14 15.豆ⅡT0906⑥：16 16.盘ⅡT0906⑥：22 17.陶拍ⅡT0906⑥：4 18、19.石刀ⅡT0906⑥：1、6 20.石镞ⅡT0906⑥：2 21.石料ⅡT0906⑥：3 22、23.骨针ⅡT0906⑥：5、13 24.石器ⅡT0906⑦：1 25.石刀ⅡT0906⑦：2 26.石器残片 ⅡT0906⑦：3

标本 II T0906⑥：15，夹砂红陶。侈口，圆唇，高领，束颈，颈部以下残。颈部素面，下颈部饰麻点纹。口径 17.6、残高 8.6 厘米（图 3-109，4）。

标本 II T0906⑥：18，泥质红陶。侈口，尖唇，高领，微束颈，圆腹，底残。素面。口径 9、残高 7.4 厘米（图 3-109，5）。

标本 II T0906⑥：20，夹砂橙黄陶。侈口，圆唇，矮领，束颈，颈部以下残。口沿外侧有一周折棱，颈部素面。口径 15.6、残高 3.6 厘米（图 3-109，6）。

标本 II T0906⑥：21，夹砂橙黄陶。侈口，圆唇，高领，束颈，颈部以下残。颈部饰斜向篮纹。口径 16、残高 4.8 厘米（图 3-109，7）。

标本 II T0906⑥：23，夹砂橙黄陶。侈口，圆唇，高领，束颈，上腹斜，下腹残。颈部素面，上腹饰竖向绳纹。残高 6.8、残宽 8.6 厘米（图 3-109，8）。

标本 II T0906⑥：17，夹砂橙黄陶。侈口，圆唇，高领，束颈，上腹斜，下腹残。颈部素面，上腹饰麻点纹。口径 14、残高 7.6 厘米（图 3-109，9）。

标本 II T0906⑥：11，夹砂橙黄陶。侈口，方唇，矮领，束颈，圆腹，底残。口沿外侧有一周凸棱，颈部素面，腹部饰竖向绳纹。口径 11.6、残高 5.6 厘米（图 3-109，10）。

标本 II T0906⑥：19，夹砂灰陶。侈口，折沿，圆唇，上腹直，下腹残。口沿外侧有一周折棱，折棱之上饰戳印纹，腹部素面。口径 12.8、残高 5.6 厘米（图 3-109，11）。

花边罐　1 件。

标本 II T0906⑥：7，夹砂红陶。侈口，尖唇，矮领，束颈，颈部以下残。口沿外侧饰一周附加泥条，泥条经手指按压呈波状，素面。口径 14、残高 3.4 厘米（图 3-109，12）。

盆　2 件。

标本 II T0906⑥：12，泥质橙黄陶。敞口，圆唇，上腹斜弧，下腹残。腹部饰斜向篮纹。口径 34、残高 2.8 厘米（图 3-109，13）。

标本 II T0906⑥：14，泥质橙黄陶。敞口，方唇，上腹斜，下腹残。口沿外侧有一周凸棱，上腹饰竖向绳纹。口径 24.8、残高 2.6 厘米（图 3-109，14）。

豆　1 件。

标本 II T0906⑥：16，泥质褐陶。仅存豆盘部分，敞口，圆唇，斜弧腹，底残。素面。口径 31.2、残高 2.8 厘米（图 3-109，15）。

盘　1 件。

标本 II T0906⑥：22，夹砂橙黄陶。直边圆弧，素面。残长 5.4、残宽 5.4 厘米（图 3-109，16）。

陶拍　1 件。

标本 II T0906⑥：4，钉帽状，圆形平顶。顶径 1.6、高 4.8 厘米（图 3-109，17）。

石刀　2 件。

标本 II T0906⑥：1，石英岩。器表未磨，侧边及刃部均为打制，双面刃。刃残长 5.6 厘米，刃角 63.1°，器身残长 7.1、宽 5.4 厘米（图 3-109，18）。

标本 II T0906⑥：6，石英岩。残呈三角形，平基部，侧边残，仅存小部分刃部，双面磨刃，残断处有一残孔。刃残长 0.8 厘米，刃角 48.2°，器身残长 6.8、宽 3.9 厘米（图 3-109，19；彩版三八，3）。

石镞　1 件。

标本 ⅡT0906⑥：2，石英岩。器身呈扁三角形，两侧边缘均为双面磨制的刃部，尖部较尖锐，尾端平整。长 4.8、宽 1.4、厚 0.2 厘米（图 3-109，20；彩版三八，4）。

石料　1 件。

标本 ⅡT0906⑥：3，石英岩。长方形，整体较平整，制作小石器材料，边缘磨痕明显。残长 4.2、残宽 3.2 厘米（图 3-109，21；彩版三八，5）。

骨针　2 件。

标本 ⅡT0906⑥：5，动物骨骼磨制而成，两端均残，中腰部分呈圆柱状。残长 5.7、直径 0.3 厘米（图 3-109，22；彩版三八，6）。

标本 ⅡT0906⑥：13，动物骨骼磨制而成，圆柱状，尾端残，尖端圆钝。残长 5.8 厘米（图 3-109，23）。

（6）ⅡT0906⑦层

出土石器 1 件、石刀 1 件、石器残片 1 件。

石器　1 件。

标本 ⅡT0906⑦：1，石英岩。长方形，器身边缘有打制痕迹，未见磨制痕迹。长 10.6、宽 3.8 厘米（图 3-109，24）。

石刀　1 件。

标本 ⅡT0906⑦：2，石英岩。长方形，器表磨制光滑，平基部，侧边残，中间有一钻孔，双面磨刃，刃部内凹，孔径 0.4～1 厘米。刃长 6 厘米，刃角 53.8°，器身残长 6.5、宽 4.1 厘米（图 3-109，25）。

石器残片　1 件。

标本 ⅡT0906⑦：3，页岩。不规则状，一面磨制光滑，面未磨，边缘有一残孔，器身残长 4.9、残宽 3、厚 0.4 厘米（图 3-109，26）。

58. ⅡT1003

ⅡT1003 属于新石器时代地层有②层。

ⅡT1003②层

出土少量陶片，以腹部残片为主，可辨器形有圆腹罐、花边罐、高领罐、敛口罐、盆等（表 3-342、343）。

圆腹罐　8 件。

标本 ⅡT1003②：2，夹砂橙黄陶。侈口，圆唇，高领，束颈，颈部以下残。素面。口径 19.2、残高 4.8 厘米（图 3-110，1）。

标本 ⅡT1003②：3，夹砂橙黄陶。侈口，圆唇，高领，束颈，上腹圆，下腹残。颈部饰横向篮纹，上腹饰麻点纹。口径 14、残高 7.4 厘米（图 3-110，2）。

表3-342　T1003②层器形数量统计表

器形 ＼ 陶质 陶色	泥质				夹砂				合计
	红	橙黄	灰	褐	红	橙黄	灰	黑	
圆腹罐		1			1	6			8
花边罐						1			1
高领罐		3	1						4
敛口罐						1			1
盆		2							2

表3-343　T1003②层陶片统计表

纹饰 ＼ 陶质 陶色	泥质				夹砂				合计
	橙黄	灰	红	灰底黑彩	橙黄	灰	红	褐	
素面	80	6			20				106
绳纹		1			16				17
篮纹	53				10				63
麻点纹			3		72				75
刻划纹					2				2
篮纹＋麻点纹					8				8
附加堆纹＋麻点纹					1				1

标本ⅡT1003②：4，夹砂橙黄陶。侈口，方唇，高领，束颈，颈部以下残。唇面有一道凹槽，口沿外侧有一周折棱，颈部饰斜向篮纹。口径19.2、残高5厘米（图3-110，3）。

标本ⅡT1003②：6，夹砂橙黄陶。侈口，尖唇，高领，束颈，颈部以下残。颈部饰横向篮纹。口径10.8、残高3.4厘米（图3-110，4）。

标本ⅡT1003②：7，泥质橙黄陶。侈口，尖唇，口沿以下残。素面。口径13.6、残高3厘米（图3-110，5）。

标本ⅡT1003②：9，夹砂橙黄陶。侈口，尖唇，高领，束颈，上腹圆弧，下腹残。颈部素面，上腹饰麻点纹。口径11.6、残高6.8厘米（图3-110，6）。

标本ⅡT1003②：14，夹砂橙黄陶。侈口，圆唇，高领，束颈，颈部以下残。颈部饰横向篮纹。口径16、残高4厘米（图3-110，7）。

标本ⅡT1003②：15，夹砂红陶。侈口，圆唇，高领，束颈，颈部以下残。素面。口径20.4、残高4.8厘米（图3-110，8）。

花边罐　1件。

标本ⅡT1003②：16，夹砂橙黄陶。侈口，圆唇，矮领，束颈，颈部以下残。口沿外侧饰一周附加泥条，泥条经手指按压呈波状，颈部素面。口径12.8、残高5.2厘米（图3-110，9）。

高领罐　4件。

标本ⅡT1003②：1，泥质橙黄陶。喇叭口，方唇，高领，束颈，颈部以下残。素面。口径16、残高4.6厘米（图3-110，10）。

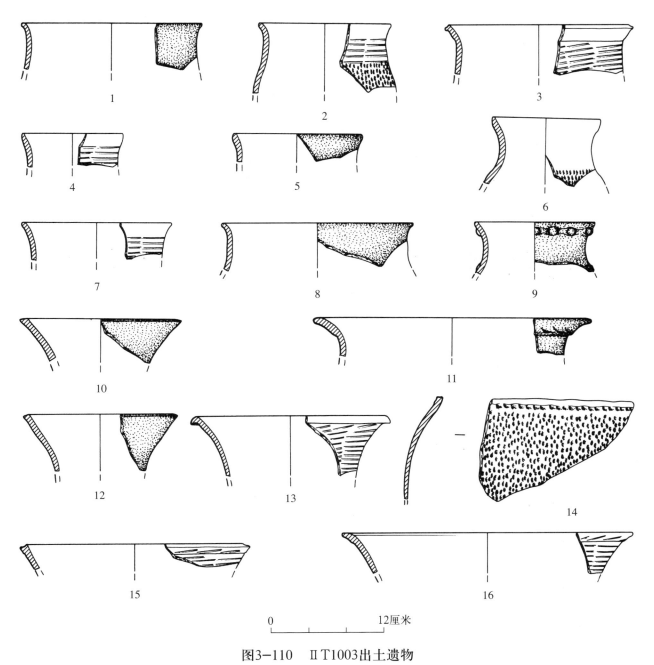

图3-110 ⅡT1003出土遗物

1~8.圆腹罐ⅡT1003②：2~4、6、7、9、14、15 9.花边罐ⅡT1003②：16 10~13.高领罐ⅡT1003②：1、10~12 14.敛口罐
ⅡT1003②：8 15、16.盆ⅡT1003②：5、13

标本ⅡT1003②：10，泥质橙黄陶。喇叭口，圆唇，高领，束颈，颈部以下残。口沿外侧饰一周折棱，颈部素面。口径28、残高3.8厘米（图3-110，11）。

标本ⅡT1003②：11，泥质橙黄陶。喇叭口，方唇，高领，束颈，颈部以下残。素面。口径15.2、残高6厘米（图3-110，12）。

标本ⅡT1003②：12，泥质褐陶。喇叭口，卷沿，尖唇，高领，束颈，颈部以下残。颈部饰横向篮纹。口径20、残高6.4厘米（图3-110，13）。

敛口罐 1件。

标本ⅡT1003②：8，夹砂红陶。敛口，方唇，圆腹，底残。器表饰麻点纹。残高11、残宽16.2厘米（图3-110，14）。

盆　2件。

标本ⅡT1003②：5，泥质橙黄陶。敞口，方唇，口沿以下残。唇面有一道凹槽，器表饰横向篮纹。口径22.8、残高2.6厘米（图3-110，15）。

标本ⅡT1003②：13，泥质橙黄陶。敞口，圆唇，斜直腹，底残。口沿外侧有一周折棱，折棱之上饰斜向篮纹，腹部饰横向篮纹。口径30.8、残高4.2厘米（图3-110，16）。

59. ⅡT1004

ⅡT1004属于新石器时代地层有③、④层。

（1）ⅡT1004③层

出土少量陶片，以腹部残片为主，可辨器形有圆腹罐（表3-344、345）。

表3-344　T1004③层器形数量统计表

器形	陶质 陶色	泥质				夹砂				合计
		红	橙黄	灰	黑	红	橙黄	灰	黑	
圆腹罐							1			1

表3-345　T1004③层陶片统计表

纹饰	陶质 陶色	泥质				夹砂				合计
		橙黄	灰	红	灰底 黑彩	橙黄	灰	红	褐	
素面		13	2		3					18
绳纹						1				1
篮纹		4				1				5
麻点纹						14				14
附加堆纹＋麻点纹						1				1

圆腹罐　1件。

标本ⅡT1004③：1，夹砂橙黄陶。侈口，圆唇，高领，束颈，颈部以下残。素面。口径19.2、残高4.8厘米（图3-111，1）。

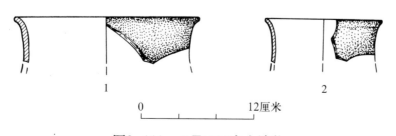

0　　　　　　　　12厘米

图3-111　ⅡT1004出土遗物
1.圆腹罐ⅡT1004③：1　2.圆腹罐ⅡT1004④：1

（2）ⅡT1004④层

出土少量陶片，以腹部残片为主，可辨器形有圆腹罐（表3-346、347）。

圆腹罐　1件。

标本ⅡT1004④：1，夹砂橙黄陶。侈口，圆唇，高领，束颈，颈部以下残。素面。口径12.4、残高4.4厘米（图3-111，2）。

表3-346　T1004④层器形数量统计表

器形 \ 陶质 \ 陶色	泥质				夹砂				合计
	红	橙黄	灰	黑	红	橙黄	灰	黑	
圆腹罐						1			1

表3-347　T1004④层陶片统计表

纹饰 \ 陶质 \ 陶色	泥质				夹砂				合计
	橙黄	灰	红	灰底黑彩	橙黄	灰	红	褐	
素面	8	4	2		3				17
绳纹					2				2
篮纹	12				1				13
麻点纹					12				12
席纹					1				1

60. ⅡT1005

ⅡT1005属于新石器时代地层有①～⑥层。

（1）ⅡT1005①、②层

出土少量陶片，以陶器腹部残片为主，无可辨器形标本，所以不具体介绍，只进行陶系统计（表3-348、349）。

表3-348　T1005①层陶片统计表

纹饰 \ 陶质 \ 陶色	泥质				夹砂				合计
	橙黄	灰	红	灰底黑彩	橙黄	灰	红	褐	
素面	3		1		2				6
绳纹					2				2

表3-349　T1005②层陶片统计表

纹饰 \ 陶质 \ 陶色	泥质				夹砂				合计
	橙黄	灰	红	灰底黑彩	橙黄	灰	红	褐	
素面	19	2	7		8				36
绳纹					8				8
篮纹	24	1			9				34

陶质 纹饰　　陶色	泥质				夹砂				合计
	橙黄	灰	红	灰底 黑彩	橙黄	灰	红	褐	
麻点纹					30				30
篮纹＋绳纹					1				1
附加堆纹					2				2
附加堆纹＋麻点纹					2				2

（2）ⅡT1005③层

出土少量陶片，以陶器腹部残片为主，无可辨器形标本，所以不具体介绍，只进行陶系统计（表3-350）。

表3-350　T1005③层陶片统计表

陶质 纹饰　　陶色	泥质				夹砂				合计
	橙黄	灰	红	白	橙黄	灰	红	褐	
素面	87	3	2	2	14				108
绳纹	3				10				13
篮纹	26	2			5				33
麻点纹					78				78
篮纹＋麻点纹					2				2
附加堆纹					1				1

（3）ⅡT1005④层

出土少量陶片，以腹部残片为主，可辨器形有圆腹罐（表3-351、352）。

表3-351　T1005④层器形数量统计表

陶质 器形　　陶色	泥质				夹砂				合计
	红	橙黄	灰	黑	红	橙黄	灰	黑	
圆腹罐							1		1

表3-352　T1005④层陶片统计表

陶质 纹饰　　陶色	泥质				夹砂				合计
	橙黄	灰	红	灰底 黑彩	橙黄	灰	红	褐	
素面	17	2	3		6				28
绳纹		1	1		11				13
篮纹	22				2				24
麻点纹					45				45
附加堆纹＋绳纹					2				2

圆腹罐　1件。

标本ⅡT1005④：1，夹砂灰陶。侈口，圆唇，矮领，束颈，上腹垂弧，下腹残。素面。口径8.8、残高6.8厘米（图3-112，1）。

（4）ⅡT1005⑤层

出土大量陶片，以腹部残片为主，可辨器形有圆腹罐、花边罐、单耳罐、高领罐、斝等（表3-353、354）。

表3-353　T1005⑤层器形数量统计表

器形＼陶质陶色	泥质				夹砂				合计
	红	橙黄	灰	黑	红	橙黄	灰	黑	
圆腹罐	1					1			2
花边罐					2				2
单耳罐		1							1
高领罐	1	2							3
斝						2			2

表3-354　T1005⑤层陶片统计表

纹饰＼陶质陶色	泥质				夹砂				合计
	橙黄	灰	红	灰底黑彩	橙黄	灰	红	褐	
素面	32	10	3		29				74
绳纹	2	1	3		14				20
篮纹	57	14	6						77
麻点纹					86				86
刻划纹	1				1				2
篮纹＋麻点纹					2				2
附加堆纹					13				13
附加堆纹＋篮纹			1		2				3
附加堆纹＋麻点纹					2				2

圆腹罐　2件。

标本ⅡT1005⑤：6，夹砂橙黄陶。侈口，方唇，高领，束颈，颈部以下残。唇面有一道凹槽，颈部饰横向篮纹。口径16.4、残高5厘米（图3-112，2）。

标本ⅡT1005⑤：10，泥质红陶。侈口，圆唇，矮领，束颈，鼓腹，凹底，颈部素面，腹部饰交错刻划纹。口径9.2、高9.3、底径4.4厘米（图3-112，3）。

花边罐　2件。

标本ⅡT1005⑤：3，夹砂红陶。侈口，圆唇，矮领，束颈，上腹圆，下腹残。口沿外侧饰一周附加泥条，泥条经手指按压呈波状，颈部素面，上腹饰麻点纹。口径11.2、残高5.6厘米（图3-112，4）。

标本ⅡT1005⑤：4，夹砂红陶。侈口，圆唇，矮领，束颈，上腹圆弧，下腹残。口沿外侧饰一周附加泥条，泥条经手指按压呈波状，颈部素面，上腹饰麻点纹。口径10.4、残高4.8厘米（图3-112，5）。

单耳罐　1件。

标本ⅡT1005⑤：9，泥质橙黄陶。侈口，方唇，口沿以下残。连口拱形单耳，素面。残高5、残宽6厘米（图3-112，6）。

高领罐　3件。

标本ⅡT1005⑤：1，泥质橙黄陶。喇叭口，圆唇，高领，束颈，溜肩，肩部以下残，口沿外侧饰一周折棱，沿下饰斜向篮纹，颈、肩部素面。口径16、残高9.6厘米（图3-112，7）。

标本ⅡT1005⑤：5，泥质红陶。喇叭口，圆唇，高领，束颈，颈部以下残。口沿外侧有一周折棱，颈部素面，口径16.8、残高4.2厘米（图3-112，8）。

标本ⅡT1005⑤：7，泥质橙黄陶。喇叭口，圆唇，高领，束颈，颈部以下残。口沿外侧有一周折棱，颈部素面。口径22、残高2.8厘米（图3-112，9）。

斝　2件。

标本ⅡT1005⑤：2，夹砂橙黄陶。敛口，圆唇，口沿以下残。唇面有三道凹槽，沿下饰竖向

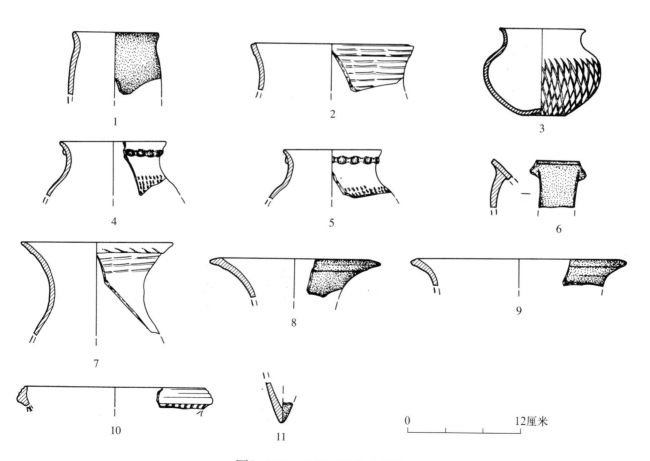

图3-112　ⅡT1005出土遗物

1~3.圆腹罐ⅡT1005④：1、ⅡT1005⑤：6、10　4、5.花边罐ⅡT1005⑤：3、4　6.单耳罐ⅡT1005⑤：9　7~9.高领罐ⅡT1005⑤：1、5、7　10、11.斝ⅡT1005⑤：2、8

篮纹，有烟炱。口径 19.2、残高 2.1 厘米（图 3-112，10）。

标本 II T1005⑤：8，夹砂橙黄陶。仅存斝足部分，牛角状空心足。素面。残高 4、残宽 3.8 厘米（图 3-112，11）。

（5）II T1005⑥层

出土大量陶片，以腹部残片为主，可辨器形有圆腹罐、花边罐、单耳罐、高领罐、小口罐、盆、尊等，另出土石刀、骨锥（表 3-355、356）。

表3-355　T1005⑥层器形数量统计表

器形 ＼ 陶质 陶色	泥质				夹砂				合计
	红	橙黄	灰	黑	红	橙黄	灰	黑	
圆腹罐		2			1	6	1		10
花边罐						2	2		4
单耳罐	1					1			2
高领罐		1							1
小口罐						1			1
盆	1								1
尊	1								1

表3-356　T1005⑥层陶片统计表

纹饰 ＼ 陶质 陶色	泥质				夹砂				合计
	橙黄	灰	红	灰底黑彩	橙黄	灰	红	褐	
素面	56	5	8		32				101
绳纹	6		1		31		2		40
篮纹	30	3	10		13		3		59
麻点纹					118				118
刻划纹		1							1
网格纹	1								1
篮纹＋麻点纹					4				4
附加堆纹					2				2
附加堆纹＋麻点纹					3				3
篮纹＋绳纹							2		2
附加堆纹＋篮纹					1				1

圆腹罐　10 件。

标本 II T1005⑥：6，夹砂橙黄陶。直口，圆唇，器表饰横向篮纹。残高 6、残宽 6 厘米（图 3-113，1）。

标本 II T1005⑥：7，夹砂红陶。侈口，圆唇，高领，束颈，圆腹，底残。颈部素面，腹部饰竖向绳纹。口径 11.6、残高 8.8 厘米（图 3-113，2）。

标本 II T1005⑥：9，泥质橙黄陶。侈口，圆唇，高领，束颈，颈部以下残。素面。口径 10、

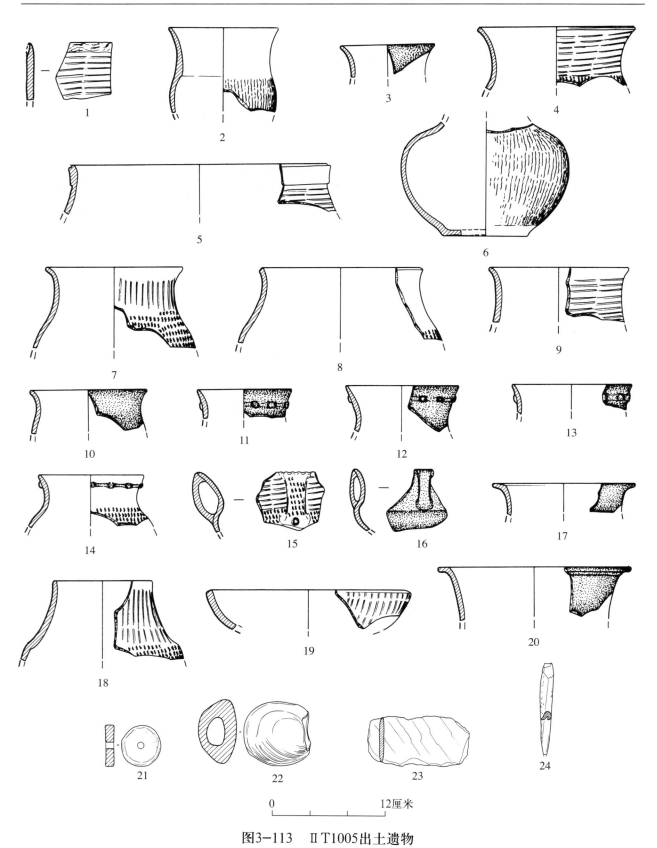

0   12厘米

图3-113 ⅡT1005出土遗物

1~10.圆腹罐ⅡT1005⑥：6、7、9、16~18、21~24　11~14.花边罐ⅡT1005⑥：8、10~12　15、16.单耳罐ⅡT1005⑥：19、20　17.高领罐ⅡT1005⑥：14　18.小口罐ⅡT1005⑥：5　19.盆ⅡT1005⑥：15　20.尊ⅡT1005⑥：13　21.陶纺轮ⅡT1005⑥：3　22.陶拍ⅡT1005⑥：4　23.石刀ⅡT1005⑥：1　24.骨锥ⅡT1005⑥：2

残高 3.2 厘米（图 3-113，3）。

标本ⅡT1005⑥：16，夹砂橙黄陶。侈口，方唇，高领，束颈，上腹圆弧，下腹残。唇面有一道凹槽，颈部饰横向篮纹，上腹饰麻点纹。口径 16.4、残高 6.4 厘米（图 3-113，4）。

标本ⅡT1005⑥：17，夹砂灰陶。侈口，方唇，高领，微束颈，颈部以下残。唇面有一道凹槽，口沿外侧饰一周凸棱，颈部饰横向篮纹。口径 26.8、残高 5 厘米（图 3-113，5）。

标本ⅡT1005⑥：18，夹砂橙黄陶。口沿及颈部残。鼓腹，平底微凹。腹部饰竖向绳纹。残高 11.8、底径 8.8 厘米（图 3-113，6）。

标本ⅡT1005⑥：21，夹砂橙黄陶。侈口，圆唇，高领，束颈，上腹圆弧，下腹残。颈部饰竖向篮纹，上腹饰麻点纹。口径 14.4、残高 8.6 厘米（图 3-113，7）。

标本ⅡT1005⑥：22，夹砂橙黄陶。侈口，方唇，高领，微束颈，上腹圆弧，下腹残。颈部素面，上腹饰麻点纹。口径 17.2、残高 7.6 厘米（图 3-113，8）。

标本ⅡT1005⑥：23，夹砂橙黄陶。侈口，圆唇，高领，束颈，颈部以下残。颈部饰横向篮纹。口径 14.8、残高 5.6 厘米（图 3-113，9）。

标本ⅡT1005⑥：24，泥质橙黄陶。侈口，圆唇，矮领，束颈，上腹圆弧，下腹残。素面。口径 12.4、残高 4.6 厘米（图 3-113，10）。

花边罐　4件。

标本ⅡT1005⑥：8，夹砂红陶。侈口，圆唇，矮领，束颈，颈部以下残。颈部饰一周附加泥条，泥条经手指按压呈波状。口径 10、残高 3 厘米（图 3-113，11）。

标本ⅡT1005⑥：10，夹砂橙黄陶。侈口，尖唇，矮领，束颈，颈部以下残。口沿外侧饰一周附加泥条，泥条经手指按压呈波状，颈部素面。口径 12、残高 4.8 厘米（图 3-113，12）。

标本ⅡT1005⑥：11，夹砂橙黄陶。侈口，圆唇，口沿以下残。口沿外侧饰一周附加泥条，泥条经手指按压呈波状。口径 12.8、残高 2.8 厘米（图 3-113，13）。

标本ⅡT1005⑥：12，夹砂红陶。侈口，圆唇，矮领，束颈，上腹圆弧，下腹残。口沿外侧饰一周附加泥条，泥条经手指按压呈波状，颈部素面，上腹饰麻点纹。口径 11.2、残高 5.6 厘米（图 3-113，14）。

单耳罐　2件。

标本ⅡT1005⑥：19，夹砂红陶。侈口，圆唇，高领，束颈，鼓腹，底残。连口拱形单耳。耳上端口沿呈锯齿状，颈部饰横向篮纹，耳面及腹部饰麻点纹。残高 6.4、残宽 7.2 厘米（图 3-113，15）。

标本ⅡT1005⑥：20，泥质红陶。侈口，圆唇，高领，束颈，鼓腹，底残。连口拱形单耳。素面。残高 6.6、残宽 6.4 厘米（图 3-113，16）。

高领罐　1件。

标本ⅡT1005⑥：14，泥质橙黄陶。喇叭口，折沿，圆唇，高领，束颈，颈部以下残。素面。口径 15.2、残高 3 厘米（图 3-113，17）。

小口罐　1件。

标本ⅡT1005⑥：5，夹砂橙黄陶。直口，圆唇，高领，微束颈，上腹圆弧，下腹残。颈部饰竖向篮纹，上腹饰麻点纹。口径 10.4、残高 8.2 厘米（图 3-113，18）。

盆　1 件。

标本 ⅡT1005⑥：15，泥质红陶。敞口，方唇，弧腹，底残。腹部饰竖向篮纹。口径 20.4、残高 4 厘米（图 3-113，19）。

尊　1 件。

标本 ⅡT1005⑥：13，泥质红陶。敞口，平沿，圆唇，高领，束颈，颈部以下残。素面。口径 20、残高 5 厘米（图 3-113，20）。

陶纺轮　1 件。

标本 ⅡT1005⑥：3，泥质灰陶。圆饼状，中间有一钻孔，器表素面。孔径 0.7、直径 4.3、厚 1 厘米（图 3-113，21；彩版三九，1）。

陶拍　1 件。

标本 ⅡT1005⑥：4，泥质橙黄陶。拍面近椭圆形，拍面弧形且光滑，背部为桥形空心鋬，素面，中间圆形孔直径为 2～3、器身长 7、宽 6.7、高 4 厘米（图 3-113，22；彩版三九，2、3）。

石刀　1 件。

标本 ⅡT1005⑥：1，石英岩。长方形，器身未磨，打制而成，边缘打制痕迹明显。长 10.8、宽 5.2 厘米（图 3-113，23；彩版三九，4）。

骨锥　1 件。

标本 ⅡT1005⑥：2，动物肢骨磨制而成，中腰至柄部呈扁平状，柄部修整痕迹明显，锥尖略残。残长 9.5、宽 1.3 厘米（图 3-113，24；彩版四〇，1）。

61. ⅡT1006

ⅡT1006 属于新石器时代地层有③～⑦层。

（1）ⅡT1006③层

出土大量陶片，以腹部残片为主，可辨器形有圆腹罐、花边罐、盆，另出土石刀（表 3-357、358）。

表3-357　T1006③层器形数量统计表

器形 \ 陶色	泥质				夹砂				合计
	红	橙黄	灰	褐	红	橙黄	灰	黑	
圆腹罐		1				1			2
花边罐					1				1
盆				1					1

表3-358　T1006③层陶片统计表

纹饰 \ 陶色	泥质				夹砂				合计
	橙黄	灰	红	灰底黑彩	橙黄	灰	红	褐	
素面	51	6	5		23				85
绳纹		1			25				26

续表

纹饰 ＼ 陶质 陶色	泥质				夹砂				合计
	橙黄	灰	红	灰底黑彩	橙黄	灰	红	褐	
篮纹	61								61
麻点纹					74				74
戳印纹					1				1
篮纹＋麻点纹					1				1
附加堆纹			1		1				2
篮纹＋绳纹					1				1

圆腹罐　2件。

标本ⅡT1006③：3，泥质橙黄陶。侈口，圆唇，高领，束颈，颈部以下残。素面。口径18、残高2.8厘米（图3-114，1）。

标本ⅡT1006③：4，夹砂橙黄陶。口沿及颈部残，圆腹，平底。腹部饰斜向绳纹。残高6.2、底径6.4厘米（图3-114，2）。

花边罐　1件。

标本ⅡT1006③：2，夹砂红陶。侈口，圆唇，矮领，束颈，上腹斜，下腹残。口沿外侧饰一周附加泥条，泥条经手指按压呈波状，上腹素面。口径15.2、残高5.2厘米（图3-114，3）。

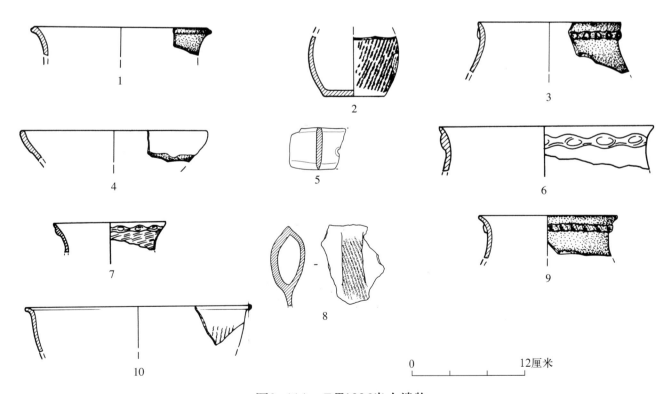

图3-114　ⅡT1006出土遗物

1、2.圆腹罐ⅡT1006③：3、4　3、6、7、9.花边罐ⅡT1006③：2、ⅡT1006④：2、3、ⅡT1006⑤：1　4、10.盆ⅡT1006③：5、ⅡT1006⑤：2　5.石刀ⅡT1006③：1　8.单耳罐ⅡT1006④：1

盆　1件。

标本ⅡT1006③：5，泥质褐陶。敞口，圆唇，口沿以下残。口沿外侧有一周折棱，素面。口径19.6、残高3.2厘米（图3-114，4）。

石刀　1件。

标本ⅡT1006③：1，石英岩。长方形，一半残，基部及侧边平整，器表粗磨，残断处有一残孔，双面磨刃。刃残长4.8厘米，刃角50.9°，器身残长5.9、宽4.4厘米（图3-114，5；彩版四〇，2）。

（2）ⅡT1006④层

出土少量陶片，以腹部残片为主，可辨器形有花边罐、单耳罐（表3-359、360）。

表3-359　T1006④层器形数量统计表

器形＼陶色	泥质				夹砂				合计
	红	橙黄	灰	黑	红	橙黄	灰	黑	
花边罐						1	1		2
单耳罐						1			1

表3-360　T1006④层陶片统计表

纹饰＼陶色	泥质				夹砂				合计
	橙黄	灰	红	灰底黑彩	橙黄	灰	红	白	
素面	23	4			30			2	59
绳纹	2				16				18
篮纹	10				12				22
麻点纹					50				50
压印纹	1								1
篮纹＋麻点纹					3				3
附加堆纹	1				5				6
刻划纹	1				1				2
交错绳纹					1				1
篮纹＋绳纹					1				1

花边罐　2件。

标本ⅡT1006④：2，夹砂橙黄陶。侈口，圆唇，矮领，束颈，上腹斜，下腹残。颈部饰一周附加泥条，泥条之上饰戳印纹，上腹素面。口径22.4、残高4.6厘米（图3-114，6）。

标本ⅡT1006④：3，夹砂灰陶。侈口，尖唇，矮领，束颈，颈部以下残。口沿外侧饰一周附加泥条，泥条经手指按压呈波状，颈部饰横向篮纹，有烟炱。口径12、残高3厘米（图3-114，7）。

单耳罐　1件。

标本ⅡT1006④：1，夹砂橙黄陶。侈口，圆唇，高领，束颈，上腹圆，下腹残。连口拱形单耳，颈部素面，耳面及上腹饰竖向绳纹。残高8.4、残宽5.8厘米（图3-114，8）。

（3）ⅡT1006⑤层

出土少量陶片，以腹部残片为主，可辨器形有花边罐、盆（表3-361、362）。

表3-361　T1006⑤层器形数量统计表

器形 ＼ 陶质 陶色	泥质				夹砂				合计
	红	橙黄	灰	黑	红	橙黄	灰	黑	
花边罐					1				1
盆		1							1

表3-362　T1006⑤层陶片统计表

纹饰 ＼ 陶质 陶色	泥质				夹砂				合计
	橙黄	灰	红	白	橙黄	灰	红	褐	
素面	5		2						7
篮纹	3								3
麻点纹					8				8

花边罐　1件。

标本ⅡT1006⑤：1，夹砂红陶。侈口，圆唇，高领，束颈，颈部以下残。口沿外侧饰一周附加泥条，泥条经手指按压呈波状，颈部素面。口径14.8、残高4.4厘米（图3-114，9）。

盆　1件。

标本ⅡT1006⑤：2，泥质橙黄陶。敞口，折沿，圆唇，弧腹，底残。腹部饰竖向绳纹。口径24、残高4.4厘米（图3-114，10）。

（4）ⅡT1006⑥层

出土大量陶片，以腹部残片为主，可辨器形有圆腹罐、花边罐、高领罐、尖底瓶，另出土石刀（表3-363、364）。

表3-363　T1006⑥层器形数量统计表

器形 ＼ 陶质 陶色	泥质				夹砂				合计
	红	橙黄	灰	黑	红	橙黄	灰	黑	
圆腹罐						5			5
花边罐						1			1
高领罐		1							1
尖底瓶		1							1

表3-364　T1006⑥层陶片统计表

纹饰 ＼ 陶质 陶色	泥质				夹砂				合计
	橙黄	灰	红	灰底黑彩	橙黄	灰	红	褐	
素面	130	11	69		129				339
绳纹		3	1		84				88

续表

纹饰 \ 陶色	泥质				夹砂				合计
	橙黄	灰	红	灰底黑彩	橙黄	灰	红	褐	
篮纹	89	5	10		10				114
麻点纹					206	1			207
刻划纹	2				2				4
篮纹＋麻点纹					2				2
附加堆纹＋麻点纹					1				1
交错绳纹	3								3
篮纹＋绳纹					1				1

圆腹罐　5件。

标本ⅡT1006⑥：1，夹砂橙黄陶。侈口，圆唇，高领，束颈，上腹斜，下腹残。颈部饰斜向篮纹，上腹饰竖向绳纹。口径18、残高6.2厘米（图3-115，1）。

标本ⅡT1006⑥：5，夹砂橙黄陶。侈口，圆唇，矮领，束颈，上腹圆弧，下腹残。口沿外侧有一周折棱，折棱之上饰斜向篮纹，颈部饰横向篮纹，上腹饰竖向绳纹。口径17.2、残高6.6厘米（图3-115，2）。

标本ⅡT1006⑥：7，夹砂橙黄陶。侈口，方唇，高领，束颈，上腹圆，下腹残。颈部饰横向篮纹，上腹饰麻点纹。口径15.2、残高8厘米（图3-115，3）。

标本ⅡT1006⑥：9，夹砂橙黄陶。侈口，方唇，矮领，束颈，颈部以下残。素面。口径18.8、残高4厘米（图3-115，4）。

标本ⅡT1006⑥：10，夹砂橙黄陶。侈口，尖唇，高领，束颈，上腹圆，下腹残。颈部饰横向篮纹，上腹饰麻点纹。口径14.8、残高7.6厘米（图3-115，5）。

花边罐　1件。

标本ⅡT1006⑥：6，夹砂橙黄陶。侈口，圆唇，口沿以下残。口沿外侧饰一周附加泥条，泥条经手指按压呈波状。口径13.6、残高2.8厘米（图3-115，6）。

高领罐　1件。

标本ⅡT1006⑥：4，泥质橙黄陶。喇叭口，平沿，尖唇，高领，束颈，颈部以下残。口沿外侧有一周折棱，颈部饰斜向篮纹。口径14.8、残高2.4厘米（图3-115，7）。

尖底瓶　1件。

标本ⅡT1006⑥：8，泥质橙黄陶。侈口，折沿，圆唇，高领，束颈，颈部以下残。素面。口径12、残高3厘米（图3-115，8）。

陶刀　1件。

标本ⅡT1006⑥：2，泥质橙黄陶。陶片打磨而成，一半残，平基部，侧边有一豁口，双面磨刃。刃残长4.3厘米，刃角55.4°，器身残长5.4、宽5厘米（图3-115，9；彩版四〇，3）。

石刀　1件。

标本ⅡT1006⑥：3，石英岩。长方形，基部及侧边平整，器身粗磨，近刃部有一钻孔，双面

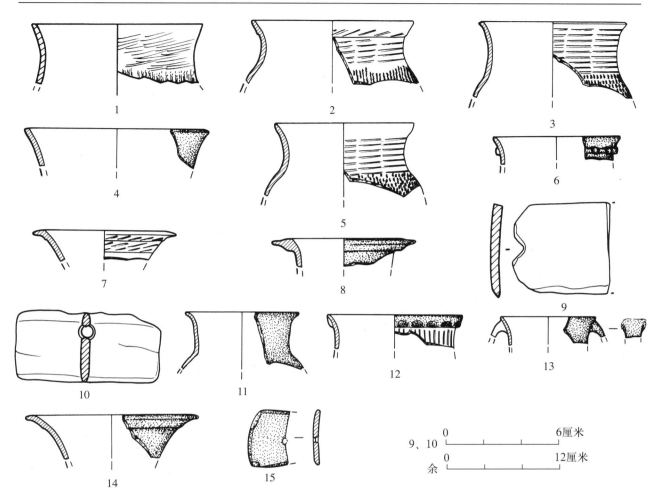

图3-115　ⅡT1006出土遗物

1～5、11.圆腹罐ⅡT1006⑥：1、5、7、9、10、ⅡT1006⑦：1　6、12.花边罐ⅡT1006⑥：6、ⅡT1006⑦：4　7、14.高领罐
ⅡT1006⑥：4、ⅡT1006⑦：3　8.尖底瓶ⅡT1006⑥：8　9、15.陶刀ⅡT1006⑥：2、ⅡT1006⑦：5　10.石刀ⅡT1006⑥：3
13.双耳罐ⅡT1006⑦：2

磨刃，孔径0.6～0.9、刃长6.3厘米，刃角43.7°，器身长7.6、宽3.7厘米（图3-115，10；彩版四〇，4）。

（5）ⅡT1006⑦层

出土少量陶片，以腹部残片为主，可辨器形有圆腹罐、花边罐、双耳罐、高领罐等（表3-365、366）。

表3-365　T1006⑦层器形数量统计表

器形 \ 陶质 陶色	泥质				夹砂				合计
	红	橙黄	灰	黑	红	橙黄	灰	黑	
圆腹罐		1							1
花边罐						1			1
双耳罐	1								1
高领罐		1							1

表3-366　T1006⑦层陶片统计表

纹饰＼陶质＼陶色	泥质				夹砂				合计
	橙黄	灰	红	灰底黑彩	橙黄	灰	红	褐	
素面	18	3	2		3				26
绳纹					1				1
篮纹	11	3							14
麻点纹					23				23
篮纹＋麻点纹					2				2

圆腹罐　1件。

标本ⅡT1006⑦：1，泥质橙黄陶。侈口，圆唇，高领，束颈，上腹圆弧，下腹残。素面。口径12、残高5.8厘米（图3-115，11）。

花边罐　1件。

标本ⅡT1006⑦：4，夹砂橙黄陶。侈口，圆唇，高领，束颈，颈部以下残。口沿外侧饰一周附加泥条，泥条经手指按压呈波状，颈部饰竖向篮纹，口径14.4、残高3.6厘米（图3-115，12）。

双耳罐　1件。

标本ⅡT1006⑦：2，泥质红陶。侈口，圆唇，束颈，颈部以下残。残耳，素面。口径10、残高2.8厘米（图3-115，13）。

高领罐　1件。

标本ⅡT1006⑦：3，泥质橙黄陶。喇叭口，圆唇，高领，束颈，颈部以下残。口沿外侧有一周折棱，颈部素面。口径16.8、残高4.6厘米（图3-115，14）。

陶刀　1件。

标本ⅡT1006⑦：5，泥质橙黄陶。陶片打磨而成，边缘磨制痕迹明显，残断处有一残孔，器表素面。残长4.6、残宽6厘米（图3-115，15）。

62. ⅡT1007

ⅡT1007属于新石器时代地层有③～⑥层。

（1）ⅡT1007③层

出土少量陶片，以腹部残片为主，可辨器形有圆腹罐、花边罐（表3-367、368）。

表3-367　T1007③层器形数量统计表

器形＼陶质＼陶色	泥质				夹砂				合计
	红	橙黄	灰	黑	红	橙黄	灰	黑	
圆腹罐						1			1
花边罐						1			1

表3-368 T1007③层陶片统计表

纹饰 \ 陶色	泥质				夹砂				合计
	橙黄	灰	红	灰底黑彩	橙黄	灰	红	褐	
素面	3	1			6				10
绳纹	1				2				3
篮纹	6								6
麻点纹					15				15

圆腹罐 1件。

标本ⅡT1007③：2，夹砂橙黄陶。侈口，圆唇，高领，束颈，颈部以下残。颈部素面，下颈部饰麻点纹。口径20.4、残高5.6厘米（图3-116，1）。

花边罐 1件。

标本ⅡT1007③：1，夹砂橙黄陶。侈口，圆唇，矮领，束颈，颈部以下残。口沿外侧饰一周附加泥条，泥条经手指按压呈波状，颈部饰斜向篮纹。口径12.8、残高4.6厘米（图3-116，2）。

（2）ⅡT1007④层

出土少量陶片，以腹部残片为主，可辨器形有圆腹罐、花边罐，另出土玉璧（表3-369、370）。

表3-369 T1007④层器形数量统计表

器形 \ 陶色	泥质				夹砂				合计
	红	橙黄	灰	黑	红	橙黄	灰	黑	
圆腹罐						1			1
花边罐						1			1

表3-370 T1007④层陶片统计表

纹饰 \ 陶色	泥质				夹砂				合计
	橙黄	灰	红	灰底黑彩	橙黄	灰	红	褐	
素面	11	3			23				37
绳纹	1				10				11
篮纹	6								6
麻点纹					16				16

圆腹罐 1件。

标本ⅡT1007④：2，夹砂橙黄陶。微侈口，方唇，高领，束颈，颈部以下残。颈部饰斜向篮纹。口径8.8、残高4.6厘米（图3-116，3）。

花边罐 1件。

标本ⅡT1007④：3，夹砂橙黄陶。侈口，尖唇，矮领，束颈，颈部以下残。口沿外侧饰一周附加泥条，泥条之上饰戳印纹。口径16.8、残高3.6厘米（图3-116，4）。

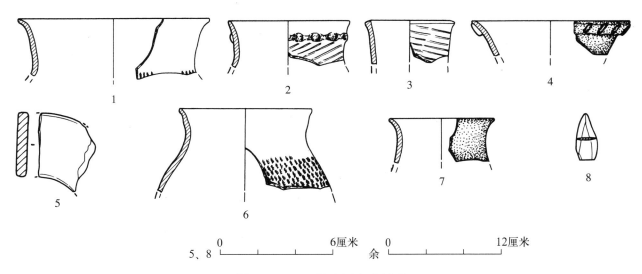

图3-116　ⅡT1007出土遗物

1、3、6、7.圆腹罐ⅡT1007③∶2、ⅡT1007④∶2、ⅡT1007⑤∶2、3　2、4.花边罐ⅡT1007③∶1、ⅡT1007④∶3　5.玉璧
ⅡT1007④∶1　8.石镞ⅡT1007⑤∶1

玉璧　1件。

标本ⅡT1007④∶1，白色，残呈半环状，外边及内边弧，两面磨制平整且光滑。残长3、宽
4.2、厚0.5厘米（图3-116，5；彩版四〇，5）。

（3）ⅡT1007⑤层

出土少量陶片，以腹部残片为主，可辨器形有圆腹罐，另出土石镞（表3-371、372）。

表3-371　T1007⑤层器形数量统计表

纹饰	陶质 陶色	泥质				夹砂				合计
		红	橙黄	灰	黑	红	橙黄	灰	黑	
圆腹罐							2			2

表3-372　T1007⑤层陶片统计表

纹饰	陶质 陶色	泥质				夹砂				合计
		橙黄	灰	红	灰底黑彩	橙黄	灰	红	褐	
素面			1	1		2				4
绳纹						6				6
篮纹		6								6
麻点纹						15				15

圆腹罐　2件。

标本ⅡT1007⑤∶2，夹砂橙黄陶。侈口，圆唇，矮领，束颈，上腹圆，下腹残。颈部素面，
上腹饰麻点纹。口径14、残高8.4厘米（图3-116，6）。

标本ⅡT1007⑤∶3，夹砂橙黄陶。侈口，圆唇，高领，束颈，颈部以下残。素面。口径
11.2、残高4.4厘米（图3-116，7）。

石镞 1件。

标本ⅡT1007⑤：1，页岩。器体呈扁三角形，两侧边缘均为双面磨制的刃部，尖部较尖锐，尾端平整。长2.4、宽1.2、厚0.2厘米（图3-116，8；彩版四〇，6）。

（4）ⅡT1007⑥层

出土少量陶片，以陶器腹部残片为主，无可辨器形标本，所以不具体介绍，只进行陶系统计（表3-373）。

表3-373 T1007⑥层陶片统计表

纹饰 \ 陶质 \ 陶色	泥质				夹砂				合计
	橙黄	灰	红	灰底黑彩	橙黄	灰	红	褐	
素面	1				3				4
绳纹					4				4
麻点纹					6				6

63. ⅡT1104

ⅡT1104属于新石器时代地层有②～⑤层。

（1）ⅡT1104②层

出土少量陶片，以腹部残片为主，可辨器形有圆腹罐、花边罐、高领罐、盆、钵（表3-374、375）。

表3-374 T1104②层器形数量统计表

器形 \ 陶质 \ 陶色	泥质				夹砂				合计
	红	橙黄	灰	褐	红	橙黄	灰	黑	
盆		2	1						3
花边罐						3			3
圆腹罐					3	2			5
高领罐		2	1						3
钵		2							2

表3-375 T1104②层陶片统计表

纹饰 \ 陶质 \ 陶色	泥质				夹砂				合计
	橙黄	灰	红	灰底黑彩	橙黄	灰	红	褐	
素面	20	5	3		22				50
绳纹	1				4				5
篮纹	12				2				14
麻点纹					36				36
戳印纹					1				1

圆腹罐　5件。

标本ⅡT1104②：3，夹砂橙黄陶。侈口，圆唇，高领，束颈，颈部以下残。素面。口径16、残高4.2厘米（图3-117，1）。

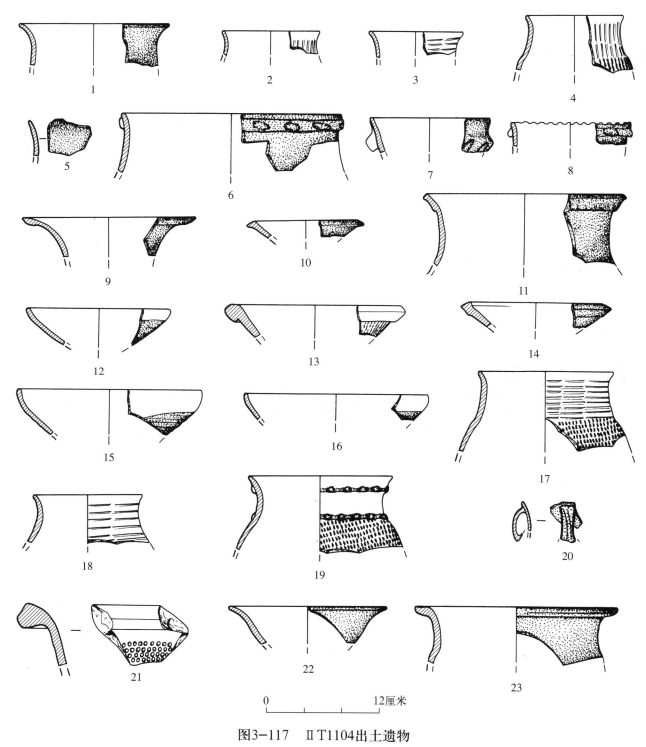

图3-117　ⅡT1104出土遗物

1～5、17、18.圆腹罐ⅡT1104②：3、5、6、13、15、ⅡT1104③：1、4　6～8、19.花边罐ⅡT1104②：2、7、8、ⅡT1104③：3　9～11.高领罐ⅡT1104②：4、9、12　12～14、21、22.盆ⅡT1104②：1、10、11、ⅡT1104③：2、6　15、16.钵ⅡT1104②：14、16　20.单耳罐ⅡT1104③：7　23.尊ⅡT1104③：5

标本ⅡT1104②：5，夹砂红陶。侈口，圆唇，矮领，束颈，颈部以下残。颈部饰竖向篮纹。口径10.4、残高2.4厘米（图3-117，2）。

标本ⅡT1104②：6，夹砂红陶。侈口，圆唇，矮领，束颈，颈部以下残。颈部饰横向篮纹。口径10、残高2.4厘米（图3-117，3）。

标本ⅡT1104②：13，夹砂红陶。侈口，圆唇，高领，束颈，上腹圆弧，下腹残。颈部饰竖向篮纹，上腹饰竖向绳纹。口径10.4、残高5.6厘米（图3-117，4）。

标本ⅡT1104②：15，夹砂橙黄陶。侈口，圆唇，矮领，束颈，颈部以下残。素面。残高3.6、残宽4.8厘米（图3-117，5）。

花边罐　3件。

标本ⅡT1104②：2，夹砂橙黄陶。侈口，圆唇，高领，束颈，颈部以下残。口沿外侧饰一周附加泥条，泥条之上饰戳印纹，颈部素面。口径23.2、残高6厘米（图3-117，6）。

标本ⅡT1104②：7，夹砂橙黄陶。侈口，圆唇，口沿以下残。口沿外侧饰一周附加泥条，泥条之上饰斜向戳印纹。口径12.8、残高3.6厘米（图3-117，7）。

标本ⅡT1104②：8，夹砂橙黄陶。侈口，锯齿唇，口沿以下残。口沿外侧饰一周附加泥条，泥条经手指按压呈波状。口径12.8、残高2.4厘米（图3-117，8）。

高领罐　3件。

标本ⅡT1104②：4，泥质褐陶。喇叭口，尖唇，高领，束颈，颈部以下残。口沿外侧有一周折棱，颈部素面。口径18.4、残高4厘米（图3-117，9）。

标本ⅡT1104②：9，泥质橙黄陶。喇叭口，尖唇，口沿以下残。素面。口径10.8、残高1.8厘米（图3-117，10）。

标本ⅡT1104②：12，泥质橙黄陶。喇叭口，方唇，高领，束颈，颈部以下残。口沿外侧有一周折棱，颈部素面。口径20.4、残高7.6厘米（图3-117，11）。

盆　3件。

标本ⅡT1104②：1，泥质橙黄陶。敞口，圆唇，斜弧腹，底残。素面。口径15.2、残高3.8厘米（图3-117，12）。

标本ⅡT1104②：10，泥质橙黄陶。敞口，卷沿，圆唇，斜弧腹，底残。腹部饰竖向绳纹。口径18、残高3.2厘米（图3-117，13）。

标本ⅡT1104②：11，泥质褐陶。敞口，方唇，斜直腹，底残。口沿外侧有一周折棱，腹部素面。口径14、残高2.6厘米（图3-117，14）。

钵　2件。

标本ⅡT1104②：14，泥质橙黄陶。直口，圆唇，斜弧腹，底残。腹部素面，有刮抹痕迹。口径19.6、残高4.8厘米（图3-117，15）。

标本ⅡT1104②：16，泥质橙黄陶。直口，圆唇，斜弧腹，底残。素面。口径19.6、残高2.6厘米（图3-117，16）。

（2）ⅡT1104③层

出土少量陶片，以腹部残片为主，可辨器形有圆腹罐、花边罐、单耳罐、盆、尊（表3-376、

377）。

圆腹罐　2件。

标本ⅡT1104③：1，夹砂橙黄陶。侈口，圆唇，高领，束颈，上腹圆弧，下腹残。颈部饰横向篮纹，上腹饰麻点纹。口径14.4、残高8.6厘米（图3-117，17）。

表3-376　T1104③层器形数量统计表

器形 \ 陶质·陶色	泥质				夹砂				合计
	红	橙黄	灰	黑	红	橙黄	灰	黑	
圆腹罐						2			2
盆		1	1						2
花边罐						1			1
尊	1								1
单耳罐	1								1

表3-377　T1104③层陶片统计表

纹饰 \ 陶质·陶色	泥质				夹砂				合计
	橙黄	灰	红	灰底黑彩	橙黄	灰	红	褐	
素面	17	1	4		11	2			35
绳纹	1						3	3	7
篮纹	18		5		3				26
麻点纹					30				30
交错绳纹			1						1

标本ⅡT1104③：4，夹砂橙黄陶。侈口，圆唇，矮领，束颈，颈部以下残。颈部饰横向篮纹。口径11.6、残高5厘米（图3-117，18）。

花边罐　1件。

标本ⅡT1104③：3，夹砂橙黄陶。侈口，圆唇，矮领，束颈，上腹圆，下腹残。颈部饰两周附加泥条，泥条经手指按压呈波状，上腹饰麻点纹。口径15.2、残高7.6厘米（图3-117，19）。

单耳罐　1件。

标本ⅡT1104③：7，泥质红陶。侈口，圆唇，束颈，颈部以下残。拱形单耳，耳面饰刻划纹，颈部素面。残高4.2、残宽3.4厘米（图3-117，20）。

盆　2件。

标本ⅡT1104③：2，泥质灰陶。敞口，卷沿，圆唇，上腹斜直，下腹残。上腹饰乳丁纹，残高6.4、残宽10.2厘米（图3-117，21）。

标本ⅡT1104③：6，泥质橙黄陶。敞口，圆唇，斜弧腹，底残。素面。口径16.8、残高4厘米（图3-117，22）。

尊　1件。

标本ⅡT1104③：5，泥质红陶。敞口，平沿，圆唇，高领，束颈，上腹圆，下腹残。素面。

口径 21.6、残高 5.8 厘米（图 3-117，23）。

（3）ⅡT1104④层

出土少量陶片，以腹部残片为主，可辨器形有圆腹罐、花边罐、盆（表 3-378、379）。

表3-378　T1104④层器形数量统计表

器形 ＼ 陶质 陶色	泥质				夹砂				合计
	红	橙黄	灰	褐	红	橙黄	灰	黑	
盆		4	2						6
花边罐						2			2
圆腹罐		2				1			3

表3-379　T1104④层陶片统计表

纹饰 ＼ 陶质 陶色	泥质				夹砂				合计
	橙黄	灰	红	灰底黑彩	橙黄	灰	红	褐	
素面	20	4	2		41				67
绳纹	2				7				9
篮纹	17	2			7				26
麻点纹					24				24
戳印纹					1				1
篮纹＋绳纹					2				2

圆腹罐　3 件。

标本ⅡT1104④：6，夹砂橙黄陶。侈口，圆唇，口沿以下残。器表饰斜向篮纹。口径 19.2、残高 2.6 厘米（图 3-118，1）。

标本ⅡT1104④：8，泥质橙黄陶。侈口，方唇，矮领，束颈，颈部以下残。素面。口径 8、残高 3.8 厘米（图 3-118，2）。

标本ⅡT1104④：9，泥质橙黄陶。侈口，方唇，口沿以下残。唇面有一道凹槽，口沿外侧有一周凸棱，器表饰斜向篮纹。口径 22、残高 3.2 厘米（图 3-118，3）。

花边罐　2 件。

标本ⅡT1104④：5，夹砂橙黄陶。侈口，圆唇，矮领，束颈，颈部以下残。颈部饰一周附加泥条，泥条经手指按压呈波状。口径 12.4、残高 3.6 厘米（图 3-118，4）。

标本ⅡT1104④：7，夹砂橙黄陶。侈口，圆唇，高领，束颈，上腹圆弧，下腹残。口沿外侧饰一周附加泥条，泥条经手指按压呈波状，上腹饰麻点纹。口径 11.2、残高 6.2 厘米（图 3-118，5）。

盆　6 件。

标本ⅡT1104④：1，泥质橙黄陶。喇叭口，平沿，圆唇，上腹斜弧，下腹残。素面。口径 34.8、残高 3.6 厘米（图 3-118，6）。

标本ⅡT1104④：2，泥质橙黄陶。敞口，方唇，斜弧腹，底残。素面。口径 13.2、残高 3.2

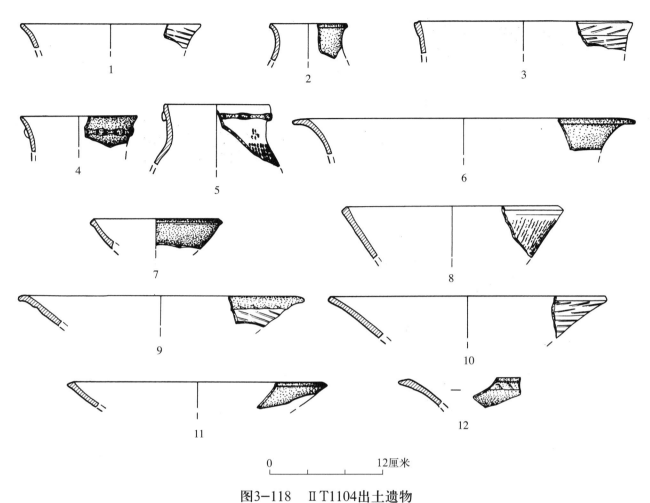

图3-118　ⅡT1104出土遗物

1~3.圆腹罐ⅡT1104④：6、8、9　4、5.花边罐ⅡT1104④：5、7　6~12.盆ⅡT1104④：1~4、10、11、ⅡT1104⑤：1

厘米（图3-118，7）。

标本ⅡT1104④：3，泥质褐陶。敞口，方唇，斜直腹，底残。腹部饰竖向绳纹。口径22.8、残高5.6厘米（图3-118，8）。

标本ⅡT1104④：4，泥质橙黄陶。敞口，圆唇，上斜直，下腹残。口沿外侧有一周折棱，腹部饰斜向篮纹。口径28.8、残高3.2厘米（图3-118，9）。

标本ⅡT1104④：10，泥质橙黄陶。敞口，方唇，斜腹微弧，底残。腹部饰横向篮纹。口径28.8、残高4.4厘米（图3-118，10）。

标本ⅡT1104④：11，泥质褐陶。敞口，方唇，斜弧腹，底残。素面。口径26、残高2.6厘米（图3-118，11）。

（4）ⅡT1104⑤层

出土少量陶片，以腹部残片为主，可辨器形有盆（表3-380、381）。

盆　1件。

标本ⅡT1104⑤：1，泥质橙黄陶。敞口，圆唇，上腹斜弧，下腹残。口沿外侧有一周折棱，腹部素面。残高3、残宽5厘米（图3-118，12）。

表3-380　T1104⑤层器形数量统计表

器形＼陶质／陶色	泥质				夹砂				合计
	红	橙黄	灰	黑	红	橙黄	灰	黑	
盆		1							1

表3-381　T1104⑤层陶片统计表

纹饰＼陶质／陶色	泥质				夹砂				合计
	橙黄	灰	红	灰底黑彩	橙黄	灰	红	褐	
素面	11				8				19
绳纹	1				2				3
篮纹	5				3				8
麻点纹					14				14

64. ⅡT1105

ⅡT1105属于新石器时代地层有①～⑤层。

（1）ⅡT1105①层

出土少量陶片，以陶器腹部残片为主，无可辨器形标本，所以不具体介绍，只进行陶系统计（表3-382）。

表3-382　T1105①层陶片统计表

纹饰＼陶质／陶色	泥质				夹砂				合计
	橙黄	灰	红	灰底黑彩	橙黄	灰	红	褐	
素面	21				5				26
绳纹					2				2
篮纹	5								5
麻点纹					13				13
戳印纹					1				1
席纹					1				1

（2）ⅡT1105②层

出土少量陶片，以腹部残片为主，可辨器形有圆腹罐、双耳罐、高领罐、彩陶罐、罜、陶刀（表3-383、384）。

圆腹罐　8件。

标本ⅡT1105②：3，夹砂红陶。侈口，圆唇，高领，束颈，颈部以下残。颈部饰竖向绳纹。口径14.4、残高6厘米（图3-119，1）。

标本ⅡT1105②：4，夹砂橙黄陶。侈口，圆唇，高领，束颈，上腹圆，下腹残。颈部素面，上腹饰竖向绳纹。口径13.6、残高6.8厘米（图3-119，2）。

标本ⅡT1105②：5，夹砂橙黄陶。直口，圆唇，矮领，微束颈，颈部以下残。素面，器表有刮抹痕迹。口径12.8、残高3.6厘米（图3-119，3）。

标本ⅡT1105②：6，夹砂红陶。侈口，圆唇，高领，束颈，颈部以下残。素面。口径15.6、残高3.4厘米（图3-119，4）。

表3-383　T1105②层器形数量统计表

器形	陶质 陶色	泥质				夹砂				合计
		红	橙黄	灰	褐	红	橙黄	灰	黑	
高领罐		1			1					2
圆腹罐						5	3			8
双耳罐		1								1
斝								1		1
彩陶罐			1							1

表3-384　T1105②层陶片统计表

纹饰	陶质 陶色	泥质				夹砂				合计
		橙黄	灰	红	灰底 黑彩	橙黄	灰	红	褐	
素面		33	7			10				50
绳纹			2			17				19
篮纹		11				5				16
麻点纹						24				24
刻划纹						6				6
篮纹＋麻点纹						4				4

标本ⅡT1105②：10，夹砂红陶。侈口，尖唇，高领，束颈，上腹圆，下腹残。口沿外侧有一周折棱，颈部素面，上腹饰麻点纹。残高9、残宽9.6厘米（图3-119，5）。

标本ⅡT1105②：12，夹砂橙黄陶。侈口，圆唇，矮领，束颈，颈部以下残。颈部饰竖向绳纹。口径18.4、残高6厘米（图3-119，6）。

标本ⅡT1105②：13，夹砂红陶。侈口，圆唇，高领，束颈，颈部以下残。素面。口径12.8、残高4.6厘米（图3-119，7）。

标本ⅡT1105②：14，夹砂红陶。侈口，圆唇，高领，束颈，颈部以下残。素面。口径16、残高5.4厘米（图3-119，8）。

双耳罐　1件。

标本ⅡT1105②：7，泥质红陶。侈口，圆唇，高领，束颈，颈部以下残。耳已脱落，素面。口径10.4、残高3.2厘米（图3-119，9）。

高领罐　2件。

标本ⅡT1105②：2，泥质红陶。喇叭口，平沿，圆唇，高领，束颈，颈部以下残。口沿外侧饰一周折棱，颈部素面，内壁素面磨光。口径18、残高2.6厘米（图3-119，10）。

标本ⅡT1105②：9，泥质褐陶。喇叭口，圆唇，高领，束颈，颈部以下残。口沿外侧有一周折棱，素面。口径 17.6、残高 3 厘米（图 3-119，11）。

彩陶罐　1 件。

标本 ⅡT1105②：11，泥质橙黄陶。微侈口，圆唇，口沿以下残。口沿内外均饰两周黑彩，器表饰火焰状黑彩。残高 4、残宽 3.4 厘米（图 3-119，12）。

斝　1 件。

标本 ⅡT1105②：8，夹砂橙黄陶。敛口，方唇，高领，微束颈，上腹圆弧，下腹残。拱形单耳，耳面上饰竖向绳纹。器身饰竖向绳纹。口径 13.2、残高 6.8 厘米（图 3-119，13）。

陶刀　1 件。

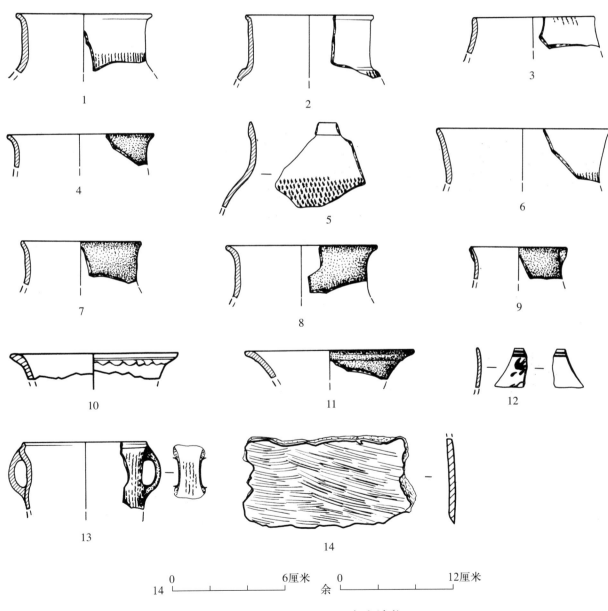

图3-119　ⅡT1105出土遗物

1～8.圆腹罐 ⅡT1105②：3～6、10、12～14　9.双耳罐 ⅡT1105②：7　10、11.高领罐 ⅡT1105②：2、9　12.彩陶罐 ⅡT1105②：11　13.斝 ⅡT1105②：8　14.陶刀 ⅡT1105②：1

标本ⅡT1105②∶1，泥质橙黄陶。陶片打磨而成，长方形，平基部，两侧边均有豁口，单面磨刃，器表饰斜向篮纹。刃长6.6厘米，刃角56°，器身长9.3、宽4.5厘米（图3-119，14）。

（3）ⅡT1105③层

出土大量陶片，以腹部残片为主，可辨器形有圆腹罐、花边罐、单耳罐、高领罐、盆、碗（表3-385、386）。

表3-385　T1105③层器形数量统计表

器形 \ 陶质→陶色	泥质				夹砂				合计
	红	橙黄	灰	褐	红	橙黄	灰	黑	
盆		2	1						3
花边罐					3	7			10
圆腹罐					4	13			17
高领罐		4							4
碗		1							1
单耳罐	1								1

表3-386　T1105③层陶片统计表

纹饰 \ 陶质→陶色	泥质				夹砂				合计
	橙黄	灰	红	灰底黑彩	橙黄	灰	红	褐	
素面	128	20	21		79				248
绳纹	8				61				69
篮纹	60	1	8		21				90
麻点纹					247	6			253
篮纹+麻点纹					3				3
附加堆纹					10				10
附加堆纹+麻点纹					6				6
席纹					1				1
刻划纹	1				1				2
抹断绳纹	1								1
附加堆纹+篮纹+麻点纹					1				1
附加堆纹+刻划纹					1				1

圆腹罐　17件。

标本ⅡT1105③∶3，夹砂橙黄陶。侈口，圆唇，矮领，束颈，上腹圆，下腹残。颈部饰横向篮纹，上腹饰麻点纹。口径14.4、残高7.6厘米（图3-120，1）。

标本ⅡT1105③∶7，夹砂橙黄陶。侈口，圆唇，高领，束颈，颈部以下残。素面。口径13.6、残高4.4厘米（图3-120，2）。

标本ⅡT1105③∶9，夹砂红陶。侈口，圆唇，高领，束颈，颈部以下残。颈部饰竖向绳纹。口径14.8、残高5.8厘米（图3-120，3）。

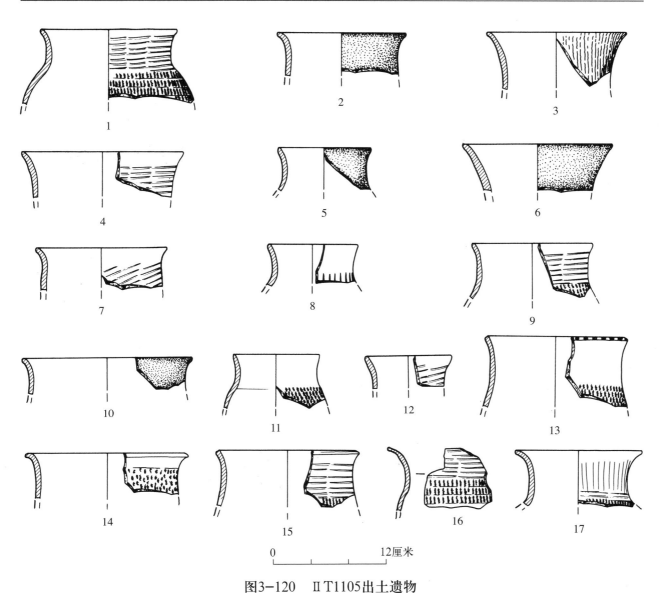

图3-120　ⅡT1105出土遗物

1～17.圆腹罐ⅡT1105③：3、7、9、14～16、18、21、23～25、27、30～33、36

标本ⅡT1105③：14，夹砂橙黄陶。侈口，圆唇，高领，束颈，颈部以下残。颈部饰横向篮纹。口径17.2、残高4.8厘米（图3-120，4）。

标本ⅡT1105③：15，夹砂橙黄陶。侈口，圆唇，矮领，束颈，颈部以下残。素面。口径10、残高4.4厘米（图3-120，5）。

标本ⅡT1105③：16，夹砂橙黄陶。侈口，圆唇，高领，束颈，颈部以下残。素面。口径16、残高5厘米（图3-120，6）。

标本ⅡT1105③：18，夹砂橙黄陶。侈口，圆唇，高领，束颈，颈部以下残。颈部饰斜向篮纹。口径14、残高4.4厘米（图3-120，7）。

标本ⅡT1105③：21，夹砂橙黄陶。侈口，圆唇，矮领，束颈，颈部以下残。颈部饰竖向刻划纹。口径9.6、残高4.2厘米（图3-120，8）。

标本ⅡT1105③：23，夹砂橙黄陶。侈口，圆唇，高领，束颈，上腹斜弧，下腹残。颈部饰横向篮纹，上腹饰麻点纹。口径12.8、残高5.6厘米（图3-120，9）。

标本ⅡT1105③：24，夹砂橙黄陶。侈口，圆唇，矮领，束颈，颈部以下残。素面。口径18、残高3.6厘米（图3-120，10）。

标本ⅡT1105③：25，夹砂橙黄陶。侈口，尖唇，矮领，束颈，上腹圆弧，下腹残。颈部素面，上腹饰麻点纹。口径9.2、残高5.6厘米（图3-120，11）。

标本ⅡT1105③：27，夹砂红陶。侈口，圆唇，高领，束颈，颈部以下残。颈部饰斜向篮纹。口径9.2、残高3.4厘米（图3-120，12）。

标本ⅡT1105③：30，夹砂橙黄陶。侈口，方唇，高领，微束颈，上弧腹，下腹残。唇面饰一周小凹坑，颈部素面，上腹饰麻点纹。口径14.8、残高7.4厘米（图3-120，13）。

标本ⅡT1105③：31，夹砂红陶。侈口，圆唇，上腹直，下腹残。上腹饰麻点纹。口径16.4、残高4.8厘米（图3-120，14）。

标本ⅡT1105③：32，夹砂橙黄陶。侈口，方唇，高领，束颈，上腹微弧，下腹残。唇面有一周凹槽，颈部饰横向篮纹，上腹饰竖向绳纹。口径14.4、残高5.8厘米（图3-120，15）。

标本ⅡT1105③：33，夹砂红陶。侈口，圆唇，高领，束颈，上腹圆弧，下腹残。颈部饰横向篮纹，上腹饰麻点纹。残高6.6、残宽7.2厘米（图3-120，16）。

标本ⅡT1105③：36，夹砂橙黄陶。侈口，圆唇，高领，束颈，上腹斜，下腹残。颈部有刮抹痕迹，上腹饰横向篮纹，篮纹下饰麻点纹。口径13.6、残高5.8厘米（图3-120，17）。

花边罐　10件。

标本ⅡT1105③：2，夹砂橙黄陶。侈口，尖唇，矮领，束颈，上腹斜弧，下腹残。口沿外侧饰一周附加泥条，泥条经手指按压呈波状，上腹饰麻点纹。口径14、残高5.4厘米（图3-121，1）。

标本ⅡT1105③：4，夹砂橙黄陶。侈口，圆唇，矮领，束颈，颈部以下残。口沿外侧饰一周附加泥条，泥条经手指按压呈波状，颈部素面。口径14.8、残高3.6厘米（图3-121，2）。

标本ⅡT1105③：8，夹砂红陶。侈口，圆唇，高领，束颈，颈部以下残。口沿外侧有一周折棱，下颈部饰竖向绳纹。口径14、残高6.6厘米（图3-121，3）。

标本ⅡT1105③：11，夹砂橙黄陶。侈口，尖唇，高领，束颈，颈部以下残。唇面有一道凹槽，口沿外侧饰一周附加泥条，泥条经手指按压呈波状，颈部饰斜向篮纹。口径19.6、残高5厘米（图3-121，4）。

标本ⅡT1105③：12，夹砂橙黄陶。侈口，圆唇，矮领，束颈，上腹圆弧，下腹残。颈部饰两周附加泥条，泥条经手指按压呈波状，上腹饰麻点纹。口径14、残高6.2厘米（图3-121，5）。

标本ⅡT1105③：13，夹砂红陶。微侈口，方唇，高领，束颈，颈部以下残。口沿外侧饰一周附加泥条，泥条之上饰斜向戳印纹，颈部饰横向篮纹。口径14.4、残高5.4厘米（图3-121，6）。

标本ⅡT1105③：17，夹砂红陶。侈口，圆唇，矮领，束颈，上腹斜，下腹残。颈部饰一周附加泥条，泥条经手指按压呈波状，上腹饰麻点纹。口径14、残高6厘米（图3-121，7）。

标本ⅡT1105③：19，夹砂橙黄陶。侈口，圆唇，高领，束颈，颈部以下残。口沿外侧饰一

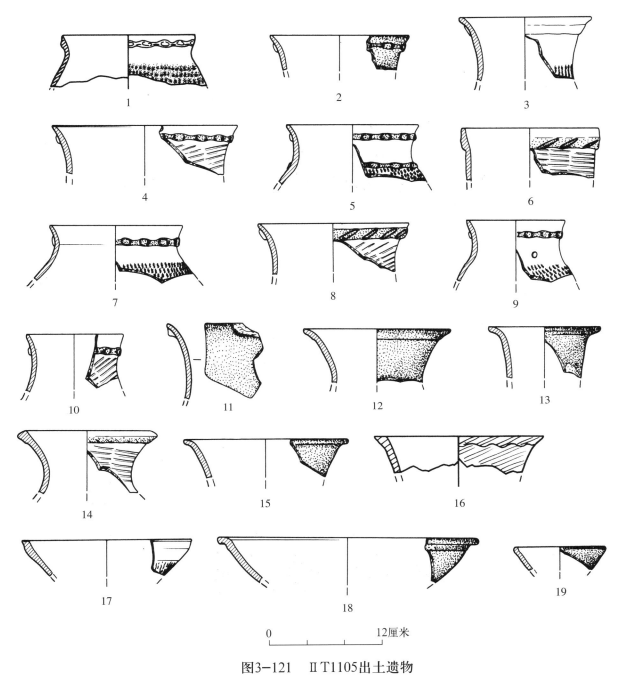

图3-121　ⅡT1105出土遗物

1～10.花边罐ⅡT1105③：2、4、8、11～13、17、19、20、26　11.单耳罐ⅡT1105③：34　12～15.高领罐ⅡT1105③：5、10、
29、35　16～18.盆ⅡT1105③：1、6、28　19.碗ⅡT1105③：22

周附加泥条，泥条之上饰斜向戳印纹，颈部饰斜向篮纹。口径 16、残高 5 厘米（图 3-121，8）。

标本ⅡT1105③：20，夹砂橙黄陶。侈口，圆唇，矮领，束颈，上腹圆弧，下腹残。口沿外侧饰一周附加泥条，泥条经手指按压呈波状，颈部饰附加泥条，上腹饰麻点纹。口径 10.4、残高6.4 厘米（图 3-121，9）。

标本ⅡT1105③：26，夹砂橙黄陶。侈口，圆唇，高领，束颈，颈部以下残。口沿外侧饰一周附加泥条，泥条经手指按压呈波状，颈部饰斜向篮纹。口径 10.4、残高 6 厘米（图 3-121，

10)。

单耳罐　1件。

标本ⅡT1105③：34，泥质红陶。高领，束颈，颈部以下残。耳残，素面。残高8、残宽6.2厘米（图3-121，11 ）。

高领罐　4件。

标本ⅡT1105③：5，泥质橙黄陶。喇叭口，圆唇，高领，束颈，颈部以下残。口沿外侧有一周折棱，颈部素面。口径15.6、残高5.6厘米（图3-121，12 ）。

标本ⅡT1105③：10，泥质橙黄陶。喇叭口，圆唇，高领，束颈，颈部以下残。素面。口径12、残高5.4厘米（图3-121，13 ）。

标本ⅡT1105③：29，泥质橙黄陶。喇叭口，方唇，高领，束颈，颈部以下残。口沿外侧有一周凸棱，颈部饰斜向篮纹。口径13.2、残高6.6厘米（图3-121，14 ）。

标本ⅡT1105③：35，泥质橙黄陶。喇叭口，圆唇，高领，束颈，颈部以下残。素面。口径17.6、残高4厘米（图3-121，15 ）。

盆　3件。

标本ⅡT1105③：1，泥质橙黄陶。敞口，平沿，尖唇，斜直腹，底残。口沿外侧有一周折棱，器表饰斜向篮纹，内壁素面磨光。口径18、残高3.8厘米（图3-121，16 ）。

标本ⅡT1105③：6，泥质橙黄陶。敞口，尖唇，斜弧腹，底残。腹部饰竖向绳纹。口径18、残高3.6厘米（图3-121，17 ）。

标本ⅡT1105③：28，泥质褐陶。敞口，微卷沿，圆唇，斜弧腹，底残。素面。口径27.2、残高4.6厘米（图3-121，18 ）。

碗　1件。

标本ⅡT1105③：22，泥质橙黄陶。敞口，圆唇，斜直腹，底残。素面。口径9.6、残高2.4厘米（图3-121，19 ）。

（4）ⅡT1105④层

出土大量陶片，以腹部残片为主，可辨器形有圆腹罐、花边罐、单耳罐、双耳罐、高领罐、大口罐、盆（表3-387、388）。

表3-387　T1105④层器形数量统计表

器形 \ 陶质 陶色	泥质				夹砂				合计
	红	橙黄	灰	褐	红	橙黄	灰	褐	
圆腹罐	1				2	4			7
盆		2		1					3
高领罐		2		1					3
花边罐						1			1
双耳罐	1								1
单耳罐	1								1
大口罐							1		1

表3-388 T1105④层陶片统计表

纹饰\陶质\陶色	泥质				夹砂				合计
	橙黄	灰	红	灰底黑彩	橙黄	灰	红	褐	
素面	62	8	11		32				113
绳纹		1			2	4	1		8
篮纹	13		4		9				26
麻点纹					71				71
附加堆纹					1				1

圆腹罐 7件。

标本ⅡT1105④：1，夹砂橙黄陶。侈口，尖唇，高领，束颈，上腹斜弧，下腹残。颈部饰斜向篮纹，上腹饰麻点纹。口径14、残高8.8厘米（图3-122，1）。

标本ⅡT1105④：2，泥质红陶。侈口，圆唇，矮领，束颈，圆腹，底残。素面。口径7.2、残高5厘米（图3-122，2）。

标本ⅡT1105④：3，夹砂橙黄陶。侈口，圆唇，矮领，束颈，颈部以下残。素面。口径13.2、残高4厘米（图3-122，3）。

标本ⅡT1105④：4，夹砂橙黄陶。侈口，圆唇，高领，束颈，颈部以下残。颈部饰斜向篮纹。口径16、残高3.2厘米（图3-122，4）。

标本ⅡT1105④：5，夹砂橙黄陶。侈口，圆唇，高领，束颈，颈部以下残。颈部饰斜向篮纹。口径10.8、残高4厘米（图3-122，5）。

标本ⅡT1105④：8，夹砂红陶。侈口，圆唇，高领，束颈，颈部以下残。素面。口径8.8、残高4厘米（图3-122，6）。

标本ⅡT1105④：9，夹砂红陶。侈口，方唇，高领，束颈，颈部以下残。口沿外侧有一周折棱，颈部饰斜向篮纹。口径14、残高5.8厘米（图3-122，7）。

花边罐 1件。

标本ⅡT1105④：11，夹砂橙黄陶。侈口，圆唇，口沿以下残。口沿外侧饰一周附加泥条，泥条经手指按压呈波状。口径15.2、残高2厘米（图3-122，8）。

单耳罐 1件。

标本ⅡT1105④：13，泥质红陶。侈口，圆唇，矮领，束颈，上腹圆弧，下腹残。耳残，素面。口径14、残高3.6厘米（图3-122，9）。

双耳罐 1件。

标本ⅡT1105④：12，泥质红陶。侈口，圆唇，高领，束颈，颈部以下残。耳残，素面。口径13.2、残高3.6厘米（图3-122，10）。

高领罐 3件。

标本ⅡT1105④：10，泥质褐陶。喇叭口，尖唇，口沿以下残。口沿外侧有一周折棱，素面。口径16、残高2厘米（图3-122，11）。

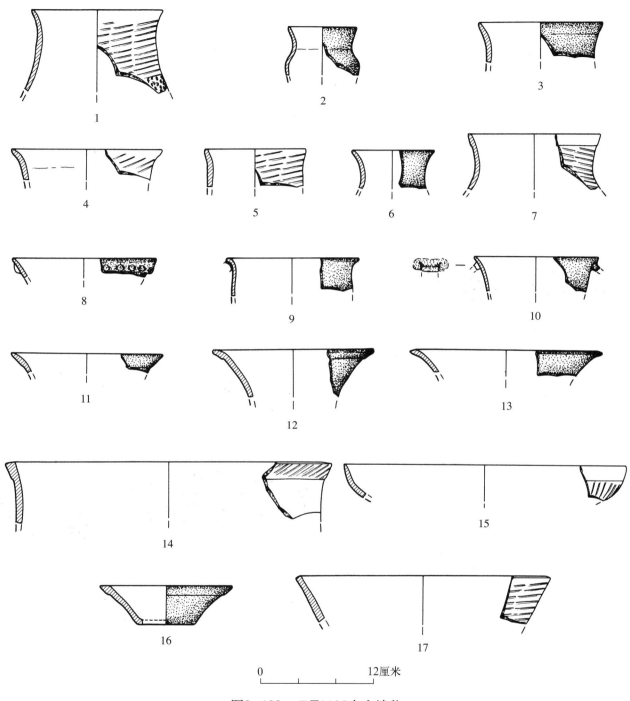

图3-122　ⅡT1105出土遗物

1~7.圆腹罐ⅡT1105④：1~5、8、9　8.花边罐ⅡT1105④：11　9.单耳罐ⅡT1105④：13　10.双耳罐ⅡT1105④：12　11~13.高领罐ⅡT1105④：10、15、16　14.大口罐ⅡT1105④：14　15~17.盆ⅡT1105④：6、7、17

　　标本ⅡT1105④：15，泥质橙黄陶。喇叭口，圆唇，高领，束颈，颈部以下残。口沿外侧有一周折棱，颈部素面。口径16.8、残高5厘米（图3-122，12）。

　　标本ⅡT1105④：16，泥质橙黄陶。喇叭口，尖唇，高领，束颈，颈部以下残。素面。口径19.2、残高2.6厘米（图3-122，13）。

　　大口罐　1件。

标本ⅡT1105④：14，夹砂褐陶。微侈口，方唇，上腹直，下腹残。口沿外侧有一周折棱，折棱之上饰斜向篮纹，上腹素面。口径32.4、残高6.4厘米（图3-122，14）。

盆　3件。

标本ⅡT1105④：6，泥质橙黄陶。敞口，尖唇，弧腹，底残。腹部饰竖向篮纹。口径30、残高3.6厘米（图3-122，15）。

标本ⅡT1105④：7，泥质褐陶。敞口，方唇，斜腹微弧，平底。口沿外侧有一周折棱，器表素面。口径14、高4、底径6厘米（图3-122，16）。

标本ⅡT1105④：17，泥质橙黄陶。敞口，方唇，斜直腹，底残。腹部饰横向篮纹。口径25.6、残高5厘米（图3-122，17）。

（5）ⅡT1105⑤层

出土大量陶片，以腹部残片为主，可辨器形有圆腹罐、花边罐、单耳罐、双耳罐、高领罐、敛口罐、盆，另出土石刀、骨锥等（表3-389、390）。

表3-389　T1105⑤层器形数量统计表

陶质	泥质				夹砂				合计
器形　陶色	红	橙黄	灰	褐	红	橙黄	灰	黑	
花边罐					1	5			6
盆		2		1					3
圆腹罐					2	5			7
敛口罐						1			1
高领罐		1		1					2
双耳罐	1					1			2
单耳罐						1			1

表3-390　T1105⑤层陶片统计表

陶质	泥质				夹砂				合计
纹饰　陶色	橙黄	灰	红	灰底黑彩	橙黄	灰	红	褐	
素面	49	6	6		40				101
绳纹	2				46				48
篮纹	23	4	8		3				38
麻点纹					94				94
戳印纹							1		1
附加堆纹					2				2
刻划纹					1				1
篮纹＋绳纹							2		2

圆腹罐　7件。

标本ⅡT1105⑤：10，夹砂橙黄陶。侈口，圆唇，矮领，束颈，上腹圆，下腹残。器表饰竖向绳纹。口径12.8、残高8.4厘米（图3-123，1）。

标本ⅡT1105⑤：15，夹砂橙黄陶。侈口，方唇，高领，束颈，颈部以下残。口沿外侧有一周折棱，折棱之上饰麻点纹，颈部素面。口径21.2、残高5.6厘米（图3-123，2）。

标本ⅡT1105⑤：17，夹砂红陶。侈口，圆唇，高领，束颈，上腹圆，下腹残。颈部饰横向篮纹，上腹饰麻点纹。口径8、残高5.2厘米（图3-123，3）。

标本ⅡT1105⑤：27，夹砂红陶。侈口，圆唇，高领，束颈，圆腹，平底，颈部饰横向篮纹，腹部饰麻点纹，近底部有刮抹痕迹。口径15、高21.6、底径11厘米（图3-123，4）。

标本ⅡT1105⑤：29，夹砂橙黄陶。侈口，尖唇，高领，束颈，圆腹，平底，颈部饰横向篮纹，颈、腹间饰一周附加泥饼，腹部饰麻点纹，近底部有刮抹痕迹。口径16、高24、底径11.2厘米（图3-123，5）。

标本ⅡT1105⑤：19，夹砂橙黄陶。侈口，方唇，矮领，束颈，上腹斜弧，下腹残。唇面有一道凹槽，口沿外侧有一周折棱，折棱之上饰斜向篮纹，上腹饰横向篮纹。口径26、残高5.6厘米（图3-123，6）。

标本ⅡT1105⑤：7，夹砂橙黄陶。口沿及颈部残，圆腹，平底。腹部饰竖向绳纹，近底部饰横向篮纹。残高19、底径13.2厘米（图3-123，7）。

花边罐　6件。

标本ⅡT1105⑤：6，夹砂橙黄陶。侈口，圆唇，矮领，束颈，上腹圆，下腹残。颈部饰两周附加泥条，泥条经手指按压呈波状，颈部麻点纹，上腹饰竖向绳纹。口径14、残高5.8厘米（图3-123，8）。

标本ⅡT1105⑤：11，夹砂橙黄陶。侈口，圆唇，高领，束颈，上腹斜弧，下腹残。口沿外侧饰一周附加泥条，泥条经手指按压呈波状，颈部饰斜向篮纹，上腹饰竖向绳纹。口径12.8、残高6厘米（图3-123，9）。

标本ⅡT1105⑤：12，夹砂橙黄陶。侈口，圆唇，矮领，束颈，上腹圆弧，下腹残。颈部饰一周附加泥条，泥条经手指按压呈波状，上腹饰麻点纹。口径14、残高5.8厘米（图3-123，10）。

标本ⅡT1105⑤：13，夹砂橙黄陶。侈口，圆唇，高领，束颈，颈部以下残。口沿外侧饰一周附加泥条，泥条经手指按压呈波状，颈部素面。口径12.8、残高5.6厘米（图3-123，11）。

标本ⅡT1105⑤：14，夹砂红陶。侈口，尖唇，矮领，束颈，颈部以下残。口沿外侧饰一周附加泥条，泥条之上饰斜向戳印纹，颈部饰斜向篮纹。口径15.2、残高3.6厘米（图3-123，12）。

标本ⅡT1105⑤：18，夹砂橙黄陶。侈口，尖唇，矮领，束颈，颈部以下残。口沿外侧饰一周附加泥条，泥条经手指按压呈波状，下颈部饰麻点纹。口径9.2、残高3.4厘米（图3-123，13）。

单耳罐　1件。

标本ⅡT1105⑤：30，夹砂红陶。侈口，方唇，矮领，束颈，上腹圆，下腹残。耳残，颈部素面，上腹饰麻点纹。残高10、残宽8厘米（图3-124，2）。

双耳罐　2件。

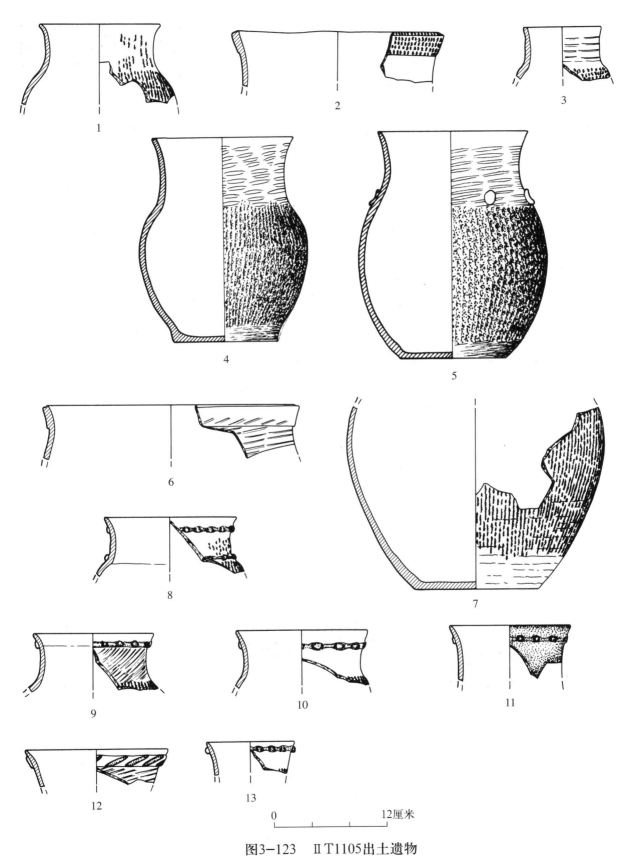

图3-123 ⅡT1105出土遗物

1~7.圆腹罐ⅡT1105⑤：10、15、17、27、29、19、7 8~13.花边罐ⅡT1105⑤：6、11~14、18

　　标本ⅡT1105⑤：23，泥质红陶。侈口，圆唇，高领，束颈，上腹圆弧，下腹残。拱形双耳，素面。口径 11.6、残高 7.2 厘米（图 3-124，1）。

　　标本ⅡT1105⑤：25，夹砂红陶。口沿及颈部残，圆腹，平底。耳残，腹部饰麻点纹。残高 13、底径 9.6 厘米（图 3-124，3）。

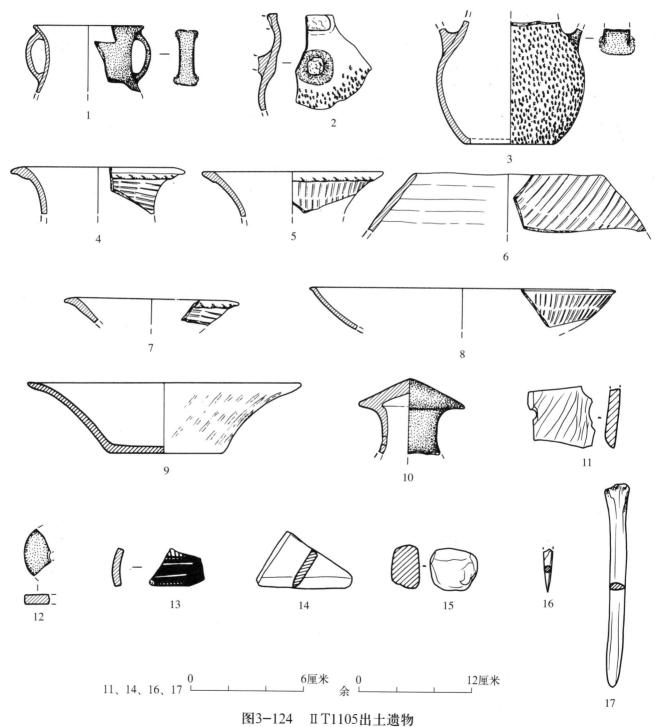

11、14、16、17 ⊢0————————6厘米⊣　余 ⊢0————————12厘米⊣

图3-124　ⅡT1105出土遗物

1、3.双耳罐ⅡT1105⑤：23、25　2.单耳罐ⅡT1105⑤：30　4、5.高领罐ⅡT1105⑤：20、21　6.敛口罐ⅡT1105⑤：16
7～9.盆ⅡT1105⑤：9、22、28　10.器盖ⅡT1105⑤：8　11.陶刀ⅡT1105⑤：2　12.陶纺轮ⅡT1105⑤：24　13.彩陶片
ⅡT1105⑤：26　14.石刀ⅡT1105⑤：4　15.石器ⅡT1105⑤：5　16、17.骨锥ⅡT1105⑤：1、3

高领罐　2件。

标本ⅡT1105⑤：20，泥质橙黄陶。喇叭口，平沿，尖唇，高领，束颈，颈部以下残。口沿外侧有一周折棱，颈部饰斜向篮纹。口径16.8、残高4.8厘米（图3-124，4）。

标本ⅡT1105⑤：21，泥质褐陶。喇叭口，圆唇，高领，束颈，颈部以下残。口沿外侧有一周折棱，颈部饰竖向篮纹。口径19.2、残高4.4厘米（图3-124，5）。

敛口罐　1件。

标本ⅡT1105⑤：16，夹砂橙黄陶。敛口，圆唇，上腹斜直，下腹残。上腹饰斜向篮纹，内壁泥条盘筑痕迹明显。口径20、残高5.8厘米（图3-124，6）。

盆　3件。

标本ⅡT1105⑤：9，泥质橙黄陶。敞口，平沿，尖唇，斜腹微弧，底残。口沿外侧有一周折棱，腹部饰横向篮纹。口径17、残高2.6厘米（图3-124，7）。

标本ⅡT1105⑤：22，泥质橙黄陶。敞口，方唇，弧腹，底残。腹部饰竖向篮纹。口径32、残高4.3厘米（图3-124，8）。

标本ⅡT1105⑤：28，泥质褐陶。敞口，圆唇，斜弧腹，平底。腹部饰斜向篮纹。口径29、高7.6、底径12.2厘米（图3-124，9；彩版四一，1）。

器盖　1件。

标本ⅡT1105⑤：8，泥质灰陶。圆锥状顶尖，筒状柄中空，素面。残高8、残宽11.2厘米（图3-124，10）。

陶刀　1件。

标本ⅡT1105⑤：2，泥质红陶。陶片磨制而成，基部及侧边残，单面磨刃，器表饰篮纹，有一残孔。刃残长3厘米，刃角53.1°，器身残长3.5、残宽3.1厘米（图3-124，11；彩版四一，2）。

陶纺轮　1件。

标本ⅡT1105⑤：24，残，泥质橙黄陶。半圆饼状，中间有一残孔，素面。残长5、残宽2.8厘米（图3-124，12）。

彩陶片　1件。

标本ⅡT1105⑤：26，泥质红陶。器表饰条形与网格状黑彩。残高4、残宽5.8厘米（图3-124，13）。

石刀　1件。

标本ⅡT1105⑤：4，页岩。残存呈三角形，基部及侧边残，双面磨刃。刃长4.4厘米，刃角48.5°，器身残长4.6、残宽3.2厘米（图3-124，14；彩版四一，3）。

石器　1件。

标本ⅡT1105⑤：5，石英岩。椭圆形，顶部及底部平，器表磨制圆润。长5、宽4.4、厚3厘米（图3-124，15）。

骨锥　2件。

标本ⅡT1105⑤：1，动物骨骼磨制而成，仅存锥尖部分，锥尖磨制尖锐。残长2.3、直径0.5

厘米（图3-124，16；彩版四一，4）。

标本ⅡT1105⑤：3，动物骨骼磨制而成，扁平长条状，器表磨制光滑，柄部略宽，锥尖磨制圆钝。长10.6、宽1.3、厚0.5厘米（图3-124，17；彩版四一，5）。

65. ⅡT1106

ⅡT1106属于新石器时代地层有①～③层。

（1）ⅡT1106①层

出土少量陶片，以腹部残片为主，可辨器形有花边罐、盆（表3-391、392）。

表3-391　T1106①层器形数量统计表

器形 ＼ 陶质／陶色	泥质				夹砂				合计
	红	橙黄	灰	黑	红	橙黄	灰	黑	
花边罐					1	1			2
盆		1							1

表3-392　T1106①层陶片统计表

纹饰 ＼ 陶质／陶色	泥质				夹砂				合计
	橙黄	灰	红	灰底黑彩	橙黄	灰	红	褐	
素面	10		2						12
篮纹			2		2				4
麻点纹					13				13
抹断绳纹	1								1
篮纹＋麻点纹					1				1

花边罐　2件。

标本ⅡT1106①：1，夹砂红陶。侈口，圆唇，矮领，束颈，颈部以下残。颈部饰一周附加泥条，泥条经手指按压呈波状。口径13.2、残高4.6厘米（图3-125，1）。

标本ⅡT1106①：3，夹砂橙黄陶。侈口，尖唇，矮领，束颈，上腹圆弧，下腹残。口沿外侧饰一周附加泥条，泥条经手指按压呈波状，颈部素面，上腹饰竖向绳纹，绳纹之上饰一周附加泥条，泥条经手指按压呈波状。口径19.2、残高6.4厘米（图3-125，2）。

盆　1件。

标本ⅡT1106①：2，泥质橙黄陶。敞口，方唇，斜弧腹，底残。唇面有一道凹槽，口沿外侧有一周凸棱呈波状，腹部素面。口径25.6、残高6厘米（图3-125，3）。

（2）ⅡT1106②层

出土少量陶片，以腹部残片为主，可辨器形有双耳罐（表3-393、394）。

双耳罐　4件。

标本ⅡT1106②：1，夹砂橙黄陶。侈口，圆唇，矮领，束颈，圆腹，平底。连口拱形双耳，唇面饰一周小凹坑，器表饰麻点纹。口径17.4、高21.4、底径11厘米（图3-125，4）。

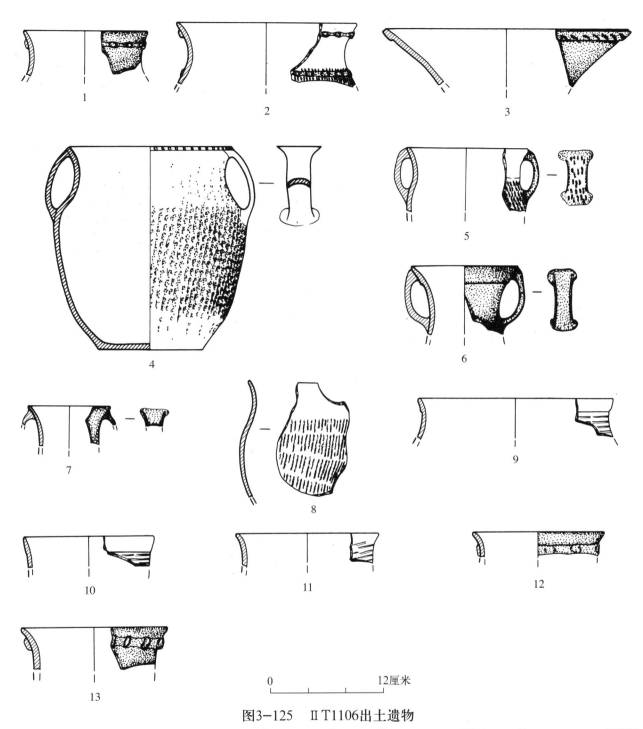

图3-125　ⅡT1106出土遗物

1、2、12、13.花边罐ⅡT1106①：1、3、ⅡT1106③：4、7　3.盆ⅡT1106①：2　4～7.双耳罐ⅡT1106②：1～4　8～11.圆腹罐
ⅡT1106③：1～3、6

标本ⅡT1106②：2，夹砂红陶。侈口，圆唇，高领，束颈，上腹圆，下腹残。连口拱形双耳。耳面及腹部饰麻点纹，颈部素面。口径12.4、残高6.6厘米（图3-125，5）。

标本ⅡT1106②：3，泥质橙黄陶。侈口，尖唇，高领，束颈，颈部以下残。连口拱形双耳，口沿外侧有一周折棱，器表素面。口径11.2、残高7厘米（图3-125，6）。

标本ⅡT1106②：4，泥质橙黄陶。侈口，圆唇，高领，束颈，颈部以下残。耳残，颈部素面。口径8.8、残高4厘米（图3-125，7）。

表3-393　T1106②层器形数量统计表

器形 ＼ 陶质 陶色	泥质				夹砂				合计
	红	橙黄	灰	黑	红	橙黄	灰	黑	
双耳罐		2			1	1			4

表3-394　T1106②层陶片统计表

纹饰 ＼ 陶质 陶色	泥质				夹砂				合计
	橙黄	灰	红	灰底黑彩	橙黄	灰	红	褐	
素面	10				7				17
绳纹					2				2
篮纹					3				3
麻点纹					11				11
篮纹＋麻点纹					2				2

（3）ⅡT1106③层

出土少量陶片，以腹部残片为主，可辨器形有圆腹罐、花边罐、双耳罐、高领罐、盆（表3-395、396）。

表3-395　T1106③层器形数量统计表

器形 ＼ 陶质 陶色	泥质				夹砂				合计
	红	橙黄	灰	黑	红	橙黄	灰	黑	
圆腹罐					1	3			4
花边罐						2			2
高领罐		1							1
双耳罐		1							1
盆			1						1

表3-396　T1106③层陶片统计表

纹饰 ＼ 陶质 陶色	泥质				夹砂				合计
	橙黄	灰	红	灰底黑彩	橙黄	灰	红	褐	
素面	31	4			21				56
绳纹			4		26				30
篮纹	26								26
麻点纹					63				63
刻划纹					1				1
篮纹＋麻点纹					1				1
附加堆纹					1		1		2

圆腹罐　4件。

标本ⅡT1106③：1，夹砂橙黄陶。侈口，圆唇，矮领，束颈，圆腹，底残。颈部素面，腹部饰竖向绳纹。残高12、残宽7.6厘米（图3-125，8）。

标本ⅡT1106③：2，夹砂橙黄陶。侈口，圆唇，矮领，束颈，颈部以下残。口沿外侧有一周折棱，颈部饰横向篮纹。口径20.8、残高4.2厘米（图3-125，9）。

标本ⅡT1106③：3，夹砂橙黄陶。侈口，尖唇，高领，束颈，颈部以下残。口沿外侧有一周折棱，颈部饰横向篮纹。口径14、残高3.2厘米（图3-125，10）。

标本ⅡT1106③：6，夹砂红陶。侈口，圆唇，矮领，束颈，颈部以下残。颈部饰斜向篮纹。口径15.2、残高3.4厘米（图3-125，11）。

花边罐　2件。

标本ⅡT1106③：4，夹砂橙黄陶。侈口，圆唇，口沿以下残。口沿外侧饰一周附加泥条，泥条经手指按压呈波状。口径14、残高2.4厘米（图3-125，12）。

标本ⅡT1106③：7，夹砂橙黄陶。侈口，圆唇，高领，束颈，颈部以下残。口沿外侧饰一周附加泥条，泥条经手指按压呈波状。口径15.6、残高4.4厘米（图3-125，13）。

双耳罐　1件。

标本ⅡT1106③：8，泥质橙黄陶。侈口，圆唇，高领，束颈，鼓腹，底残。连口拱形双耳。器表素面。口径16、残高8.4厘米（图3-126，1；彩版四二，1）。

高领罐　1件。

标本ⅡT1106③：5，泥质橙黄陶。喇叭口，折沿，圆唇，口沿以下残。素面。口径8.8、残高1.6厘米（图3-126，2）。

盆　1件。

标本ⅡT1106③：9，泥质灰陶。敞口，圆唇，上腹弧，下腹残。素面。口径29.2、残高5厘米（图3-126，3）。

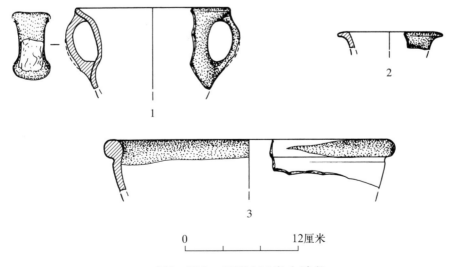

图3-126　ⅡT1106出土遗物

1.双耳罐ⅡT1106③：8　2.高领罐ⅡT1106③：5　3.盆ⅡT1106③：9

66. ⅡT1107

ⅡT1107属于新石器时代地层有③～⑤层。

（1）ⅡT1107③层

出土少量陶片，以腹部残片为主，可辨器形有圆腹罐、高领罐、钵（表3-397、398）。

表3-397　T1107③层器形数量统计表

器形 \ 陶质陶色	泥质				夹砂				合计
	红	橙黄	灰	黑	红	橙黄	灰	黑	
圆腹罐					1				1
高领罐		1							1
钵		1							1

表3-398　T1107③层陶片统计表

纹饰 \ 陶质陶色	泥质				夹砂				合计
	橙黄	灰	红	灰底黑彩	橙黄	灰	红	褐	
素面	8	7							15
绳纹	1								1
篮纹	11				3				14
麻点纹					15				15
篮纹＋刻划纹					1				1
网格纹	1								1
附加堆纹					1				1
篮纹＋麻点纹							3		3

圆腹罐　1件。

标本ⅡT1107③：1，夹砂红陶。口沿及颈部残，圆腹，平底。腹部饰麻点纹。残高11、底径12.8厘米（图3-127，1）。

高领罐　1件。

标本ⅡT1107③：2，泥质橙黄陶。喇叭口，方唇，口沿以下残。素面。口径21、残高2.8厘米（图3-127，2）。

钵　1件。

标本ⅡT1107③：3，泥质橙黄陶。敛口，尖唇，弧腹，底残。腹部饰竖向刻划纹，内壁泥条盘筑痕迹明显。口径6.4、残高3.8厘米（图3-127，3）。

（2）ⅡT1107④层

出土少量陶片，以腹部残片为主，可辨器形有双耳罐、盆（表3-399、400）。

双耳罐　1件。

标本ⅡT1107④：2，泥质橙黄陶。侈口，圆唇，高领，束颈，上腹圆，下腹残。拱形双耳，素面。口径11.2、残高6.2厘米（图3-127，4）。

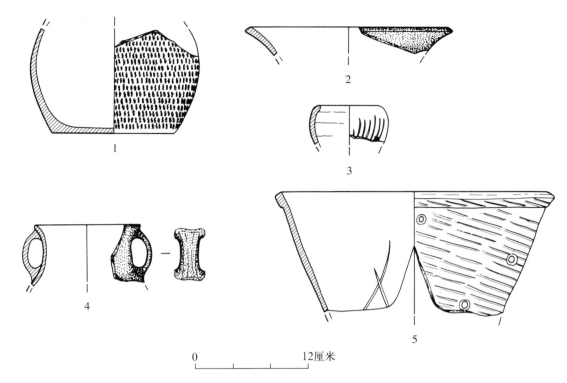

图3-127 ⅡT1107出土遗物

1.圆腹罐ⅡT1107③：1 2.高领罐ⅡT1107③：2 3.钵ⅡT1107③：3 4.双耳罐ⅡT1107④：2 5.盆ⅡT1107④：1

表3-399 T1107④层器形数量统计表

陶质	泥质				夹砂				合计
器形　　陶色	红	橙黄	灰	黑	红	橙黄	灰	黑	
盆		1							1
双耳罐		1							1

表3-400 T1107④层陶片统计表

陶质	泥质				夹砂				合计
纹饰　　陶色	橙黄	灰	红	灰底黑彩	橙黄	灰	红	褐	
素面	12	7			2				21
绳纹					3				3
篮纹	16	5			4				25
麻点纹					20				20
篮纹＋麻点纹					1				1

盆　1件。

标本ⅡT1107④：1，泥质橙黄陶。敞口，方唇，斜腹微弧，底残。口沿外侧有一周凸棱，器表通体饰斜向篮纹，器身有三个钻孔，内壁有刻划痕迹。口径28、残高13.6厘米（图3-127，5）。

（3）其他地层

其他地层出土陶片见下表（表3-401）。

表3-401　T1107④层陶片统计表

纹饰 \ 陶色	泥质				夹砂				合计
陶质	橙黄	灰	红	灰底黑彩	橙黄	灰	红	褐	
素面	9				3				12
绳纹	1								1
篮纹	4	1			5				10
麻点纹					7				7

67. ⅡT1205

ⅡT1205属于新石器时代地层有②～⑤层。

（1）ⅡT1205②层

出土少量陶片，以腹部残片为主，可辨器形有圆腹罐、花边罐（表3-402、403）。

表3-402　T1205②层器形数量统计表

器形 \ 陶色	泥质				夹砂				合计
陶质	红	橙黄	灰	黑	红	橙黄	灰	黑	
圆腹罐						1			1
花边罐						3			3

表3-403　T1205②层陶片统计表

纹饰 \ 陶色	泥质				夹砂				合计
陶质	橙黄	灰	红	灰底黑彩	橙黄	灰	红	褐	
素面	17	4			4				25
绳纹	4				1				5
篮纹	21								21
麻点纹					23				23
篮纹＋绳纹					1				1

圆腹罐　1件。

标本ⅡT1205②：1，夹砂橙黄陶。侈口，圆唇，高领，束颈，上腹斜弧，下腹残。颈部饰横向篮纹，上腹饰麻点纹。口径14、残高6厘米（图3-128，1）。

花边罐　3件。

标本ⅡT1205②：2，夹砂橙黄陶。侈口，尖唇，矮领，束颈，上腹圆弧，下腹残。口沿外侧饰一周附加泥条，泥条经手指按压呈波状，颈部素面，上腹饰麻点纹。口径21.2、残高11.6厘米（图3-128，2）。

标本ⅡT1205②：3，夹砂橙黄陶。侈口，尖唇，矮领，束颈，上腹圆弧，下腹残。颈部饰一周附加泥条，泥条经手指按压呈波状，上腹饰麻点纹。口径18、残高4.8厘米（图3-128，3）。

标本ⅡT1205②：5，夹砂橙黄陶。侈口，圆唇，高领，束颈，颈部以下残。颈部饰一周附加泥条饰戳印纹。口径12、残高2.8厘米（图3-128，4）。

器盖　1件。

标本ⅡT1205②：4，泥质灰陶。柄部残，斜直面，敞口，圆唇。素面。直径15.2、残高3.8厘米（图3-128，5）。

（2）ⅡT1205③层

出土大量陶片，以腹部残片为主，可辨器形有圆腹罐、花边罐、盆、器盖（表3-404、405）。

表3-404　T1205③层器形数量统计表

器形 \ 陶色	泥质				夹砂				合计
陶质	红	橙黄	灰	黑	红	橙黄	灰	黑	
花边罐		2			1	6			9
圆腹罐						6			6
盆		1							1

表3-405　T1205③层陶片统计表

纹饰 \ 陶色	泥质				夹砂				合计
陶质	橙黄	灰	红	灰底黑彩	橙黄	灰	红	褐	
素面	23	3	3		25				54
绳纹	3	1			12				16
篮纹	32	1	3		7				43
篮纹＋压印纹					2				2
麻点纹					62				62
戳印纹		1							1
附加堆纹					12				12
附加堆纹＋麻点纹					2				2

圆腹罐　7件。

标本ⅡT1205③：4，夹砂橙黄陶。侈口，方唇，高领，束颈，颈部以下残。颈部素面。口径16、残高4.7厘米（图3-128，6）。

标本ⅡT1205③：6，夹砂橙黄陶。侈口，圆唇，高领，束颈，上腹圆弧，下腹残。器表饰斜向篮纹。口径14.4、残高6.4厘米（图3-128，7）。

标本ⅡT1205③：9，夹砂橙黄陶。侈口，圆唇，矮领，束颈，颈部以下残。素面。口径14、残高3.8厘米（图3-128，8）。

标本ⅡT1205③：14，夹砂橙黄陶。侈口，圆唇，高领，束颈，颈部以下残。颈部饰横向篮纹。口径19.2、残高3.6厘米（图3-128，9；彩版四二，2）。

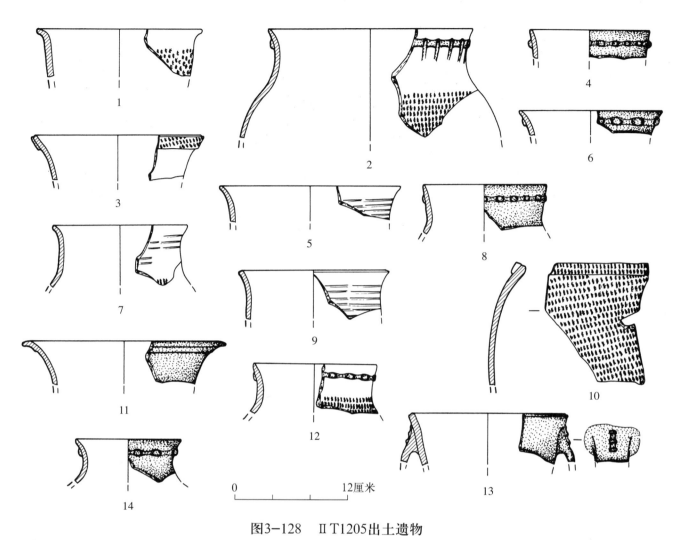

图3-128　ⅡT1205出土遗物

1、6～12.圆腹罐ⅡT1205②：1、ⅡT1205③：4、6、9、14、16、18、10　2～4、13、14.花边罐ⅡT1205②：2、3、5、
ⅡT1205③：1～2　5.器盖ⅡT1205②：4

　　标本ⅡT1205③：16，夹砂橙黄陶。侈口，圆唇，高领，束颈，上腹斜弧，下腹残。颈部饰横向篮纹，上腹饰麻点纹。口径14.4、残高6.2厘米（图3-128，10）。

　　标本ⅡT1205③：18，夹砂橙黄陶。侈口，方唇，高领，束颈，颈部以下残。颈部饰横向篮纹。口径15.2、残高5.2厘米（图3-128，11）。

　　标本ⅡT1205③：10，夹砂橙黄陶。侈口，圆唇，上腹微弧，下腹残。腹部饰麻点纹。口径17.6、残高5厘米（图3-128，12）。

　　花边罐　9件。

　　标本ⅡT1205③：1，夹砂橙黄陶。侈口，尖唇，矮领，束颈，颈部以下残。颈部饰一周附加泥条，泥条经手指按压呈波状。口径10、残高4厘米（图3-128，13）。

　　标本ⅡT1205③：2，夹砂橙黄陶。侈口，尖唇，矮领，束颈，颈部以下残。颈部饰一周附加泥条，泥条经手指按压呈波状。口径12.4、残高5厘米（图3-128，14）。

标本ⅡT1205③：3，泥质橙黄陶。侈口，尖唇，矮领，束颈，颈部以下残。口沿外侧饰一周附加泥条，泥条经手指按压呈波状，颈部素面。口径12.8、残高4厘米。

标本ⅡT1205③：7，夹砂红陶。侈口，尖唇，矮领，束颈，上腹圆弧，下腹残。口沿外侧饰一周附加泥条，泥条经手指按压呈波状，上腹饰麻点纹。口径14、残高5.8厘米。

标本ⅡT1205③：11，泥质橙黄陶。侈口，方唇，高领，束颈，颈部以下残。口沿外侧饰一周附加泥条，泥条之上饰麻点纹，颈部素面。口径17.6、残高4.6厘米。

标本ⅡT1205③：12，夹砂橙黄陶。侈口，圆唇，矮领，束颈，上腹圆，下腹残。口沿外侧饰一周附加泥条，泥条之上饰戳印纹，颈部素面，上腹饰麻点纹。口径21.6、残高11.4厘米。

标本ⅡT1205③：13，夹砂橙黄陶。侈口，圆唇，口沿以下残。口沿外侧饰一周附加泥条，泥条经手指按压呈波状。口径12.8、残高2.8厘米。

标本ⅡT1205③：15，夹砂橙黄陶。侈口，圆唇，口沿以下残。口沿外侧饰一周附加泥条，泥条经手指按压呈波状。口径15.2、残高2.5厘米。

标本ⅡT1205③：17，夹砂橙黄陶。侈口，尖唇，矮领，束颈，颈部以下残。口沿外侧饰一周附加泥条，泥条经手指按压呈波状，颈部素面。口径13.2、残高4.8厘米。

盆　1件。

标本ⅡT1205③：8，泥质橙黄陶。敞口，尖唇，斜弧腹，底残。腹部饰竖向绳纹。口径18.4、残高4.4厘米。

器盖　1件。

标本ⅡT1205③：5，泥质橙黄陶。柄部残，盖面呈喇叭状。素面，直径12、残高2.8厘米。

（3）ⅡT1205④层

出土少量陶片，以腹部残片为主，可辨器形有花边罐、双耳罐、高领罐、敛口罐（表3-406、407）。

表3-406　T1205④层器形数量统计表

器形＼陶质陶色	泥质				夹砂				合计
	红	橙黄	灰	黑	红	橙黄	灰	黑	
敛口罐					1				1
高领罐		1							1
花边罐						2			2
双耳罐		2							2

表3-407　T1205④层陶片统计表

纹饰＼陶质陶色	泥质				夹砂				合计
	橙黄	灰	红	灰底黑彩	橙黄	灰	红	褐	
素面	22	5	4						31
绳纹					18				18

续表

纹饰	陶质 陶色	泥质				夹砂				合计
		橙黄	灰	红	灰底黑彩	橙黄	灰	红	褐	
篮纹		22	1			22				45
麻点纹						32				32
附加堆纹						1				1

花边罐　2件。

标本ⅡT1205④：3，夹砂橙黄陶。侈口，尖唇，矮领，束颈，上腹斜，下腹残。颈部饰一周附加泥条，泥条经手指按压呈波状，上腹饰麻点纹。口径13.2、残高5厘米（图3-129，1）。

标本ⅡT1205④：5，夹砂橙黄陶。侈口，圆唇，矮领，束颈，颈部以下残。颈部饰一周附加泥条，泥条经手指按压呈波状。口径11.2、残高2.4厘米（图3-129，2）。

双耳罐　2件。

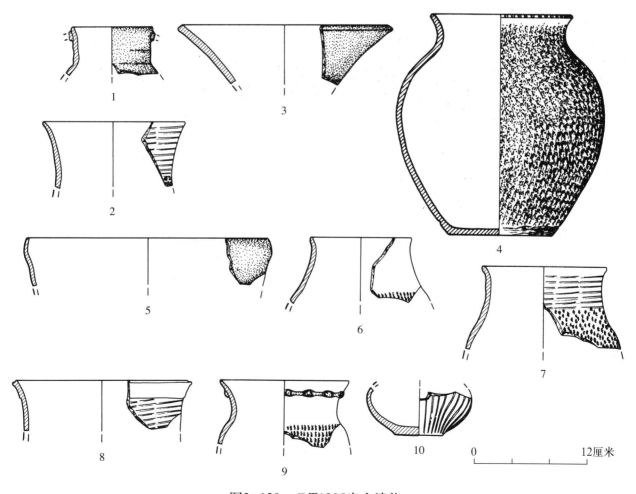

图3-129　ⅡT1205出土遗物

1、2.花边罐ⅡT1205④：3、5　3、4.双耳罐ⅡT1205④：4、6　5.高领罐ⅡT1205④：2　6.敛口罐ⅡT1205④：1　7～10.圆腹罐ⅡT1205⑤：2、3、5、6

标本ⅡT1205④：4，泥质橙黄陶。侈口，方唇，上腹斜弧，下腹残。唇面有一道凹槽，拱形残耳，耳面有竖向泥条，泥条经手指按压呈波状，素面。口径6.4、残高5.4厘米（图3-129，3）。

标本ⅡT1205④：6，泥质橙黄陶。侈口，圆唇，高领，束颈，上腹圆弧，下腹残。耳残，素面。口径8.4、残高5厘米（图3-129，4）。

高领罐 1件。

标本ⅡT1205④：2，泥质橙黄陶。喇叭口，圆唇，高领，束颈，颈部以下残。口沿外侧有一周折棱，素面。口径20、残高4.4厘米（图3-129，5）。

敛口罐 1件。

标本ⅡT1205④：1，夹砂橙黄陶。敛口，圆唇，圆腹，底残。口沿外侧饰一周附加泥条，器表通体饰麻点纹。残高12.8、残宽11厘米（图3-129，6）。

（4）ⅡT1205⑤层

出土大量陶片，以腹部残片为主，可辨器形有圆腹罐、花边罐、盆、斝（表3-408、409）。

表3-408 T1205⑤层器形数量统计表

陶质 器形	泥质				夹砂				合计
陶色	红	橙黄	灰	黑	红	橙黄	灰	黑	
圆腹罐	1					5			6
盆		1							1
斝						1			1
花边罐						1			1

表3-409 T1205⑤层陶片统计表

陶质 纹饰	泥质				夹砂				合计
陶色	橙黄	灰	红	白	橙黄	灰	红	褐	
素面	30	2	1	1	15				49
绳纹	3		3		11				17
篮纹	24	3			9				36
麻点纹					82				82
刻划纹					2				2
附加堆纹					3				3
交错篮纹	1								1

圆腹罐 6件。

标本ⅡT1205⑤：2，夹砂橙黄陶。侈口，圆唇，矮领，束颈，圆腹，平底，唇面有一周小凹坑，器表饰麻点纹。口径15、高23.6、底径11厘米（图3-129，7）。

标本ⅡT1205⑤：3，夹砂橙黄陶。侈口，圆唇，高领，束颈，颈部以下残。颈部饰横向篮纹，篮纹下饰麻点纹。口径15.2、残高6.8厘米（图3-129，8）。

标本ⅡT1205⑤：5，夹砂橙黄陶。侈口，尖唇，矮领，微束颈，上腹圆弧，下腹残。颈部素面，上腹饰麻点纹。口径10.8、残高6.6厘米（图3-129，9）。

标本ⅡT1205⑤：6，夹砂橙黄陶。侈口，圆唇，高领，束颈，上腹圆弧，下腹残。颈部饰横向篮纹，上腹饰麻点纹。口径13.2、残高8.5厘米（图3-129，10）。

标本ⅡT1205⑤：7，夹砂橙黄陶。侈口，方唇，高领，束颈，颈部以下残。唇面有一道凹槽，口沿外侧有一周折棱，颈部饰横向篮纹。口径18.2、残高5.2厘米。

标本ⅡT1205⑤：9，泥质红陶。口沿及上腹残，鼓腹，平底。腹部饰竖向刻划纹。残高4.8、底径4.8厘米。

花边罐　1件。

标本ⅡT1205⑤：8，夹砂橙黄陶。侈口，尖唇，矮领，束颈，上腹圆，下腹残。口沿外侧饰一周附加泥条，泥条经手指按压呈波状，上腹饰麻点纹。口径13.6、残高6.6厘米。

盆　1件。

标本ⅡT1205⑤：1，泥质橙黄陶。敞口，方唇，斜弧腹，底残。素面。口径21.6、残高6.4厘米。

斝　1件。

标本ⅡT1205⑤：4，夹砂橙黄陶。敛口，圆唇，上腹弧，下腹残。素面。口径25.6、残高5厘米。

68. ⅡT1206

ⅡT1206属于新石器时代地层有①～⑤层。

（1）ⅡT1206①层

出土少量陶片，以腹部残片为主，可辨器形有盆（表3-410、411）。

表3-410　T1206①层器形数量统计表

器形 \ 陶色	泥质				夹砂				合计
	红	橙黄	灰	黑	红	橙黄	灰	黑	
盆		1							1

表3-411　T1206①层陶片统计表

纹饰 \ 陶色	泥质				夹砂				合计
	橙黄	灰	红	灰底黑彩	橙黄	灰	红	褐	
素面	2				1				3
篮纹	2								2

盆　1件。

标本ⅡT1206①：1，泥质橙黄陶。敞口，圆唇，斜弧腹，底残。腹部饰竖向篮纹。口径16.8、残高2.8厘米（图3-130，1）。

（2）ⅡT1206②层

出土少量陶片，以腹部残片为主，可辨器形有花边罐（表3-412、413）。

花边罐　1件。

表3-412　T1206②层器形数量统计表

器形 ＼ 陶质陶色	泥质				夹砂				合计
	红	橙黄	灰	黑	红	橙黄	灰	黑	
花边罐						1			1

表3-413　T1206②层陶片统计表

纹饰 ＼ 陶质陶色	泥质				夹砂				合计
	橙黄	灰	红	灰底黑彩	橙黄	灰	红	褐	
素面	13	1			6				20
绳纹					2				2
篮纹	4				1				5
麻点纹					7				7
戳印纹					1				1

标本ⅡT1206②：1，夹砂橙黄陶。侈口，尖唇，矮领，束颈，颈部以下残。口沿外侧饰一周附加泥条，泥条经手指按压呈波状，颈部素面。残高4、残宽3.8厘米（图3-130，2）。

（3）ⅡT1206③层

出土少量陶片，以腹部残片为主，可辨器形有花边罐、单耳罐、双耳罐，另出土石器残片（表3-414、415）。

表3-414　T1206③层器形数量统计表

器形 ＼ 陶质陶色	泥质				夹砂				合计
	红	橙黄	灰	黑	红	橙黄	灰	黑	
双耳罐	1								1
花边罐						2			2
单耳罐	1								1

表3-415　T1206③层陶片统计表

纹饰 ＼ 陶质陶色	泥质				夹砂				合计
	橙黄	灰	红	灰底黑彩	橙黄	灰	红	褐	
素面	13				12				25
绳纹					8				8
篮纹	4	1							5
麻点纹					22				22
篮纹＋麻点纹					1				1
附加堆纹＋绳纹＋麻点纹					1				1

花边罐　2件。

标本ⅡT1206③：4，夹砂橙黄陶。侈口，尖唇，高领，束颈，颈部以下残。口沿外侧饰一周

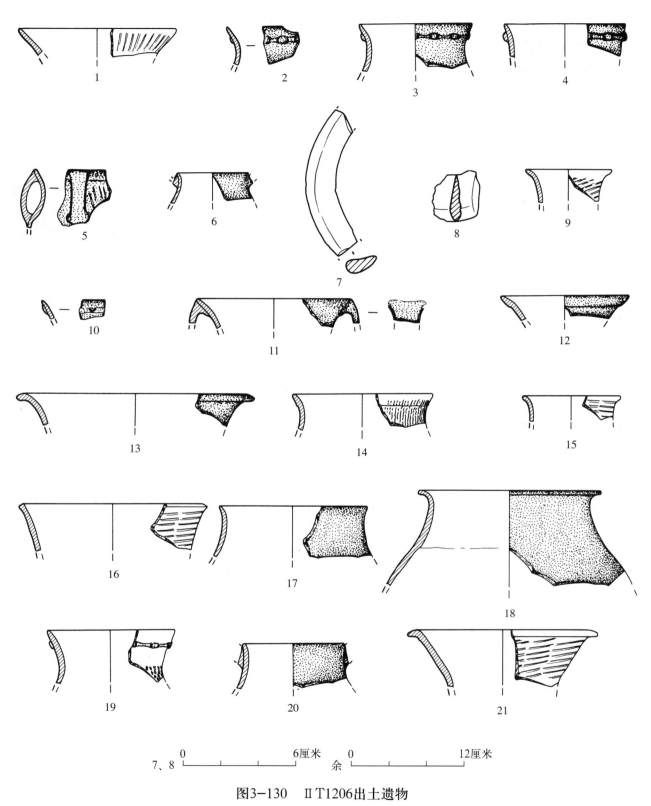

图3-130　ⅡT1206出土遗物

1.盆ⅡT1206①：1　2～4、10、19.花边罐ⅡT1206②：1、ⅡT1206③：4、5、ⅡT1206④：5、ⅡT1206⑤：7　5.单耳罐ⅡT1206③：6　6、11、20.双耳罐ⅡT1206③：3、ⅡT1206④：3、ⅡT1206⑤：9　7.陶环ⅡT1206③：1　8.石器残片ⅡT1206③：2　9、14～18.圆腹罐ⅡT1206④：2、ⅡT1206⑤：3、5、6、8、10　12、13、21.高领罐ⅡT1206④：1、4、ⅡT1206⑤：2

附加泥条，泥条经手指按压呈波状，颈部素面。口径 12、残高 4.8 厘米（图 3-130，3）。

标本ⅡT1206③：5，夹砂橙黄陶。侈口，圆唇，高领，束颈，颈部以下残。颈部饰一周附加泥条，泥条经手指按压呈波状。素面。 口径 12.8、残高 3.4 厘米（图 3-130，4）。

单耳罐 1 件。

标本ⅡT1206③：6，泥质红陶。侈口，圆唇，高领，束颈，上腹圆，下腹残。连口拱形单耳。颈部饰斜向篮纹。残高 6.2、残宽 5.6 厘米（图 3-130，5）。

双耳罐 1 件。

标本ⅡT1206③：3，泥质红陶。侈口，尖唇，矮领，束颈，上腹斜弧，下腹残。连口残耳，素面。口径 7.6、残高 3 厘米（图 3-130，6）。

陶环 1 件。

标本ⅡT1206③：1，泥质红陶。残存呈扁半环状。素面。残长 7.7、宽 1.6、厚 0.7 厘米（图 3-130，7；彩版四二，3）。

石器残片 1 件。

标本ⅡT1206③：2，页岩。表面磨制精细且光滑。残长 2.8、残宽 2.5、厚 0.6 厘米（图 3-130，8）。

（4）ⅡT1206④层

出土少量陶片，以腹部残片为主，可辨器形有圆腹罐、花边罐、双耳罐、高领罐（表 3-416、417）。

表3-416 T1206④层器形数量统计表

陶质 陶色 器形	泥质				夹砂				合计
	红	橙黄	灰	黑	红	橙黄	灰	黑	
高领罐	1	1							2
圆腹罐						1			1
双耳罐		1							1
花边罐						1			1

表3-417 T1206④层陶片统计表

陶质 陶色 纹饰	泥质				夹砂				合计
	橙黄	灰	红	灰底黑彩	橙黄	灰	红	褐	
素面	15		2		18				35
绳纹						3			3
篮纹	12								12
麻点纹					25				25
篮纹＋麻点纹						1			1
附加堆纹	1		1						2

圆腹罐　1件。

标本ⅡT1206④：2，夹砂橙黄陶。侈口，圆唇，高领，束颈，颈部以下残。颈部饰斜向篮纹。口径9.2、残高3.4厘米（图3-130，9）。

花边罐　1件。

标本ⅡT1206④：5，夹砂橙黄陶。侈口，尖唇，口沿以下残。口沿外侧饰一周附加泥条，泥条经手指按压呈波状。残高2.2、残宽2.8厘米（图3-130，10）。

双耳罐　1件。

标本ⅡT1206④：3，泥质橙黄陶。侈口，圆唇，束颈，颈部以下残。连口拱形双耳，素面。口径16.4、残高3厘米（图3-130，11）。

高领罐　2件。

标本ⅡT1206④：1，泥质橙黄陶。喇叭口，圆唇，口沿以下残。口沿外侧有一周折棱，素面。口径13.6、残高2.6厘米（图3-130，12）。

标本ⅡT1206④：4，泥质红陶。喇叭口，圆唇，高领，束颈，颈部以下残。素面。口径23.6、残高3.4厘米（图3-130，13）。

（5）ⅡT1206⑤层

出土少量陶片，以腹部残片为主，可辨器形有圆腹罐、花边罐、双耳罐、高领罐、盆、碗（表3-418、419）。

表3-418　T1206⑤层器形数量统计表

器形＼陶色（陶质）	泥质				夹砂				合计
	红	橙黄	灰	褐	红	橙黄	灰	黑	
盆		2	1						3
高领罐		1							1
圆腹罐		1			1	3			5
花边罐						1			1
双耳罐	1								1
碗		1							1

表3-419　T1206⑤层陶片统计表

纹饰＼陶色（陶质）	泥质				夹砂				合计
	橙黄	灰	红	灰底黑彩	橙黄	灰	红	褐	
素面	27	2	1		6				36
绳纹	1		6		11				18
篮纹	15								15
麻点纹					53				53
篮纹＋麻点纹	1				1				2
绳纹＋麻点纹	1								1

圆腹罐　5件。

标本ⅡT1206⑤：3，夹砂橙黄陶。侈口，圆唇，矮领，束颈，颈部以下残。口沿外侧有一周折棱，器表饰竖向绳纹。口径14.8、残高3.6厘米（图3-130，14）。

标本ⅡT1206⑤：5，夹砂橙黄陶。侈口，圆唇，高领，束颈，颈部以下残。颈部饰横向篮纹。口径10.4、残高2.6厘米（图3-130，15）。

标本ⅡT1206⑤：6，夹砂橙黄陶。侈口，方唇，高领，束颈，颈部以下残。颈部饰横向篮纹。口径19.2、残高5厘米（图3-130，16）。

标本ⅡT1206⑤：8，夹砂红陶。侈口，尖唇，高领，束颈，颈部以下残。素面。口径15.6、残高5.2厘米（图3-130，17）。

标本ⅡT1206⑤：10，泥质橙黄陶。喇叭口，圆唇，矮领，束颈，上腹圆弧，下腹残。素面。口径19.2、残高10厘米（图3-130，18）。

花边罐　1件。

标本ⅡT1206⑤：7，夹砂橙黄陶。侈口，尖唇，矮领，束颈，上腹斜，下腹残。颈部饰一周附加泥条，泥条经手指按压呈波状，上腹饰麻点纹。口径13.6、残高5.4厘米（图3-130，19）。

双耳罐　1件。

标本ⅡT1206⑤：9，泥质红陶。侈口，圆唇，矮领，束颈，颈部以下残。连口残耳，素面。口径10.8、残高4.6厘米（图3-130，20）。

高领罐　1件。

标本ⅡT1206⑤：2，泥质橙黄陶。喇叭口，圆唇，高领，束颈，颈部以下残。颈部饰斜向篮纹。口径18、残高5.8厘米（图3-130，21）。

盆　3件。

标本ⅡT1206⑤：1，泥质褐陶。敞口，平沿，尖唇，斜弧腹，底残。沿下有一周折棱，折棱之上饰戳印纹，腹部素面。口径25.6、残高7.6厘米（图3-131，1）。

标本ⅡT1206⑤：4，泥质橙黄陶。敞口，圆唇，斜直腹，底残。腹部饰一周附加泥条，泥条

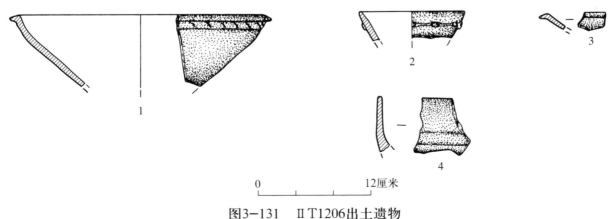

图3-131　ⅡT1206出土遗物

1～3.盆ⅡT1206⑤：1、4、11　4.碗ⅡT1206⑤：12

经手指按压呈波状。素面。口径 11.2、残高 2.8 厘米（图 3-131，2）。

标本 ⅡT1206⑤：11，泥质橙黄陶。敞口，平沿，尖唇，上腹斜弧，下腹残。素面。残高 1.8、残宽 3 厘米（图 3-131，3）。

碗　1 件。

标本 ⅡT1206⑤：12，泥质橙黄陶。直口，圆唇，上腹直，下腹弧，底残。素面，器表泥条盘筑痕迹明显。残高 6、残宽 6 厘米（图 3-131，4）。

69. ⅢT2715

ⅢT2715 属于新石器时代地层有②、③层。

（1）ⅢT2715②层

出土少量陶片，以腹部残片为主，可辨器形有圆腹罐、高领罐（表 3-420、421）。

圆腹罐　1 件。

表3-420　T2715②层器形数量统计表

器形 \ 陶质·陶色	泥质				夹砂				合计
	红	橙黄	灰	黑	红	橙黄	灰	黑	
圆腹罐						1			1
高领罐		1							1

表3-421　T2715②层陶片统计表

纹饰 \ 陶质·陶色	泥质				夹砂				合计
	橙黄	灰	红	灰底黑彩	橙黄	灰	红	褐	
素面	3	1			3				7
绳纹	3				4				7
麻点纹					9				9
篮纹	4	1			3				8
戳印纹					1				1

标本 ⅢT2715②：2，夹砂橙黄陶。侈口，方唇，高领，束颈，颈部以下残。颈部饰竖向绳纹。口径 16、残高 3.6 厘米（图 3-132，1）。

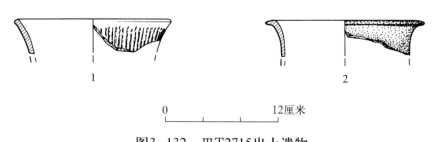

0　　　　　　　　12厘米

图3-132　ⅢT2715出土遗物

1.圆腹罐ⅢT2715②：2　2.高领罐ⅢT2715②：1

高领罐　1件。

标本ⅢT2715②：1，泥质橙黄陶。喇叭口，尖唇，高领，束颈，颈部以下残。素面。口径16、残高3.6厘米（图3-132，2）。

（2）其他地层

其他地层出土陶片见下表（表3-422）。

表3-422　T2715③层陶片统计表

纹饰 \ 陶色	泥质				夹砂				合计
	橙黄	灰	红	灰底黑彩	橙黄	灰	红	褐	
素面	10				4				14
绳纹	1				1				2
麻点纹					13				13
篮纹	7	1			2				10
篮纹＋麻点纹					1				1
附加堆纹＋绳纹					1				1

70. ⅢT2716

ⅢT2716属于新石器时代地层有②、③层。

（1）ⅢT2716②层

出土少量陶片，以陶器腹部残片为主，无可辨器形标本，所以不具体介绍，只进行陶系统计（表3-423）。

表3-423　T2716②层陶片统计表

纹饰 \ 陶色	泥质				夹砂				合计
	橙黄	灰	红	灰底黑彩	橙黄	灰	红	褐	
素面	3	2			1				6
绳纹	1				3				4
篮纹			1		4				5
麻点纹					4				4
戳印纹					1				1

（2）ⅢT2716③层

出土少量陶片，以腹部残片为主，可辨器形有盆（表3-424、425）。

表3-424　T2716③层器形数量统计表

器形 \ 陶色	泥质				夹砂				合计
	红	橙黄	灰	黑	红	橙黄	灰	黑	
盆		1							1

表3-425　T2716③层陶片统计表

纹饰＼陶色	泥质				夹砂				合计
	橙黄	灰	红	灰底黑彩	橙黄	灰	红	褐	
素面	10		1		3				14
绳纹	1								1
篮纹	4				2				6

盆　1件。

标本ⅢT2716③：1，泥质橙黄陶。敞口，方唇，上腹斜直，下腹残。唇面有一道凹槽，口沿外侧有一周折棱，上腹饰横向绳纹。口径33.6、残高4.4厘米（图3-133）。

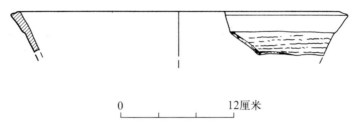

0　　　　　　　　12厘米

图3-133　ⅢT2716出土盆ⅢT2716③：1

71. ⅢT2815

ⅢT2815属于新石器时代地层有①、②层。

（1）ⅢT2815①层

出土少量陶片，以腹部残片为主，可辨器形有圆腹罐、盆、尊，另出土石刀（表3-426、427）。

表3-426　T2815①层器形数量统计表

器形＼陶色	泥质				夹砂				合计
	红	橙黄	灰	黑	红	橙黄	灰	黑	
圆腹罐					1	5	1		7
尊	1								1
盆	1								1

表3-427　T2815①层陶片统计表

纹饰＼陶色	泥质				夹砂				合计
	橙黄	灰	红	灰底黑彩	橙黄	灰	红	褐	
素面	13	2	9		7				31
篮纹	2								2
麻点纹					10				10
附加堆纹＋麻点纹					2				2

圆腹罐　7 件。

标本ⅢT2815①：1，夹砂橙黄陶。侈口，方唇，高领，束颈，颈部以下残。唇面有一道凹槽。颈部饰横向篮纹。口径 17.2、残高 7 厘米（图 3-134，1）。

标本ⅢT2815①：2，夹砂橙黄陶。侈口，方唇，矮领，束颈，上腹圆，下腹残。器表饰斜向绳纹，有烟炱。口径 18、残高 9 厘米（图 3-134，2）。

标本ⅢT2815①：5，夹砂橙黄陶。侈口，圆唇，圆腹，底残。器表通体饰麻点纹。口径 18.2、残高 14.2 厘米（图 3-134，3）。

标本ⅢT2815①：7，夹砂红陶。侈口，圆唇，矮领，束颈，上腹斜弧，下腹残。颈部素面，上腹饰横向篮纹。口径 19.2、残高 10.8 厘米（图 3-134，4）。

标本ⅢT2815①：8，夹砂橙黄陶。侈口，方唇，口沿以下残。器表饰斜向篮纹。口径 21.2、残高 3.4 厘米（图 3-134，5）。

标本ⅢT2815①：10，夹砂橙黄陶。直口，圆唇，矮领，束颈，上腹斜，下腹残。素面。口径 10.8、残高 5 厘米（图 3-134，6）。

标本ⅢT2815①：3，夹砂灰陶。直口，圆唇，高领，颈部以下残。颈部饰横向篮纹，有烟

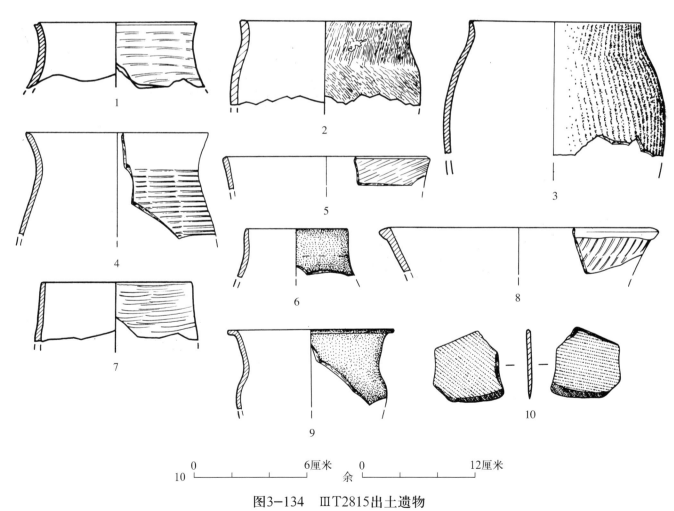

图3-134　ⅢT2815出土遗物

1～7.圆腹罐ⅢT2815①：1、2、5、7、8、10、3　8.盆ⅢT2815①：9　9.尊ⅢT2815①：6　10.石刀ⅢT2815①：4

炱。口径 16、残高 6.2 厘米（图 3-134，7）。

盆　1 件。

标本ⅢT2815①：9，泥质红陶。敞口，方唇，斜弧腹，底残。腹部饰斜向篮纹。口径 27.2、残高 4.8 厘米（图 3-134，8）。

尊　1 件。

标本ⅢT2815①：6，泥质红陶。敞口，平沿，圆唇，高领，束颈，圆腹，底残。素面。口径 17.6、残高 8.2 厘米（图 3-134，9）。

石刀　1 件。

标本ⅢT2815①：4，石英岩。背部及侧边均残，两面磨制平整，双面磨刃。刃残长 3 厘米，刃角 54°，器身残长 3.7、残宽 3.7 厘米（图 3-134，10）。

（2）ⅢT2815②层

出土少量陶片，以腹部残片为主，可辨器形有圆腹罐、花边罐、高领罐、大口罐，另出土石刀、兽牙（表 3-428、429）。

表3-428　T2815②层器形数量统计表

陶质 陶色 器形	泥质				夹砂				合计
	红	橙黄	灰	黑	红	橙黄	灰	黑	
大口罐						1			1
圆腹罐						2			2
花边罐					1				1
高领罐		2							2

表3-429　T2815②层陶片统计表

陶质 陶色 纹饰	泥质				夹砂				合计
	橙黄	灰	红	灰底黑彩	橙黄	灰	红	褐	
素面	11	2			2				15
绳纹	2	1			9		1		13
篮纹	9				3				12
麻点纹					4				4
刻划纹＋绳纹					2				2
附加堆纹					1				1
附加堆纹＋麻点纹＋压印纹					1				1

圆腹罐　2 件。

标本ⅢT2815②：4，夹砂橙黄陶。侈口，方唇，矮领，束颈，上腹弧，下腹残。唇面有一道凹槽，颈部素面，上腹饰竖向绳纹。口径 20.4、残高 5.6 厘米（图 3-135，1）。

标本ⅢT2815②：5，夹砂橙黄陶。侈口，圆唇，矮领，束颈，上腹斜弧，下腹残。器表饰竖向绳纹。口径 11、残高 4.8 厘米（图 3-135，2）。

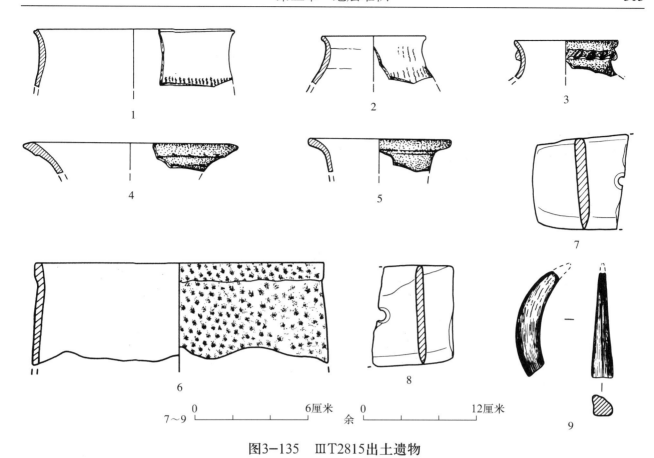

图3-135　ⅢT2815出土遗物

1、2.圆腹罐ⅢT2815②：4、5　3.花边罐ⅢT2815②：6　4、5.高领罐ⅢT2815②：8、9　6.大口罐ⅢT2815②：1　7、8.石刀
ⅢT2815②：2、3　9.兽牙ⅢT2815②：7

花边罐　1件。

标本ⅢT2815②：6，夹砂红陶。侈口，圆唇，矮领，束颈，颈部以下残。颈部饰一周附加泥
条，泥条经手指按压呈波状。口径11、残高3.6厘米（图3-135，3）。

高领罐　2件。

标本ⅢT2815②：8，泥质橙黄陶。喇叭口，尖唇，口沿以下残。口沿外侧有一周折棱，素
面。口径20.8、残高2.8厘米（图3-135，4）。

标本ⅢT2815②：9，泥质橙黄陶。喇叭口，圆唇，高领，束颈，颈部以下残。口沿外侧有一
周折棱，颈部素面。口径14.8、残高3.6厘米（图3-135，5）。

大口罐　1件。

标本ⅢT2815②：1，夹砂橙黄陶。直口，方唇，上腹微弧，下腹残。口沿外侧有一周折棱，
器表通体饰麻点纹，有烟炱。口径30.4、残高10.8厘米（图3-135，6）。

石刀　2件。

标本ⅢT2815②：2，石英岩。一半残，基部及侧边平直，双面磨刃，残断处有一残孔。刃残
长3.8厘米，刃角61°，器身残长5.4、宽5厘米（图3-135，7；彩版四二，4）。

标本ⅢT2815②：3，石英岩。一半残，基部及侧边平直，一面磨制精细，一面粗磨，双
面磨刃，残断处有一残孔。刃残长4.3厘米，刃角42°，器身残长4.3、宽5.4厘米（图

3–135，8）。

兽牙　1件。

标本ⅢT2815②：7，半环月牙状，两端均残，一端粗，一端细。残长5.5厘米（图3–135，9）。

72. ⅢT2817

ⅢT2817属于新石器时代地层有①～④层。

（1）ⅢT2817①层

出土少量陶片，以腹部残片为主，可辨器形有圆腹罐、花边罐、高领罐（表3–430、431）。

表3–430　T2817①层器形数量统计表

器形 \ 陶色	泥质				夹砂				合计
	红	橙黄	灰	黑	红	橙黄	灰	黑	
花边罐					2	1			3
圆腹罐					1				1
高领罐	1								1

表3–431　T2817①层陶片统计表

纹饰 \ 陶色	泥质				夹砂				合计
	橙黄	灰	红	灰底黑彩	橙黄	灰	红	褐	
素面	16	6			17		1		40
绳纹					14	1			15
篮纹	12				4				16
麻点纹					24				24
刻划纹					3				3

圆腹罐　1件。

标本ⅢT2817①：2，夹砂红陶。侈口，尖唇，矮领，束颈，颈部以下残。素面。口径16、残高5.4厘米（图3–136，1）。

花边罐　3件。

标本ⅢT2817①：1，夹砂橙黄陶。侈口，圆唇，矮领，束颈，上腹斜弧，下腹残。颈部饰一周附加泥条，泥条经手指按压呈波状，上腹饰麻点纹。口径12、残高5.8厘米（图3–136，2）。

标本ⅢT2817①：3，夹砂红陶。侈口，圆唇，矮领，束颈，上腹圆弧，下腹残。口沿外侧饰一周附加泥条，泥条经手指按压呈波状，上腹饰麻点纹。口径13、残高6.4厘米（图3–136，3）。

标本ⅢT2817①：4，夹砂红陶。侈口，圆唇，矮领，束颈，上腹圆弧，下腹残。口沿外侧饰一周附加泥条，泥条经手指按压呈波状，上腹饰麻点纹。口径11.6、残高6厘米（图3–136，4）。

高领罐　1件。

标本ⅢT2817①：5，泥质红陶。喇叭口，圆唇，高领，束颈，颈部以下残。颈部饰竖向篮纹。口径16.4、残高4.4厘米（图3–136，5）。

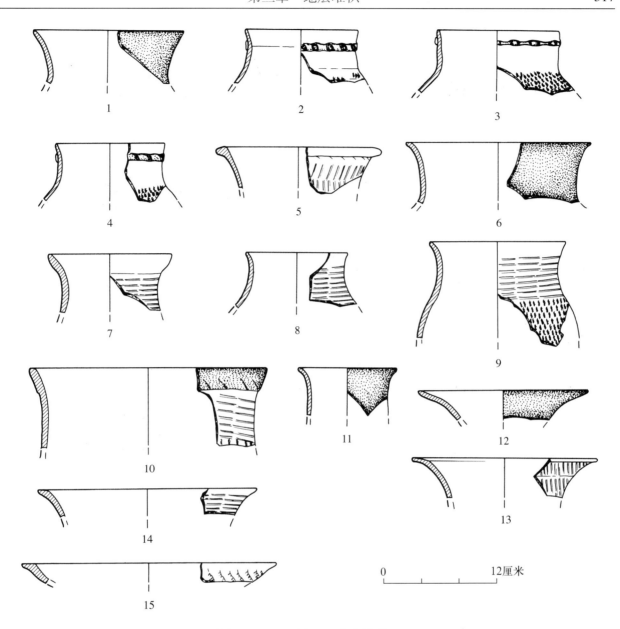

图3-136　ⅢT2817出土遗物

1、6～11.圆腹罐ⅢT2817①：2、ⅢT2817②：1、2、8～10、6　2～4.花边罐ⅢT2817①：1、3、4　5、12～14.高领罐
ⅢT2817①：5、ⅢT2817②：3、4、7　15.盆ⅢT2817②：5

（2）ⅢT2817②层

出土大量陶片，以腹部残片为主，可辨器形有圆腹罐、高领罐、盆（表3-432、433）。

表3-432　T2817②层器形数量统计表

器形 \ 陶质·陶色	泥质				夹砂				合计
	红	橙黄	灰	黑	红	橙黄	灰	黑	
圆腹罐					2	4			6
高领罐	1	2							3
盆		1							1

表3-433　T2817②层陶片统计表

纹饰	陶色 陶质 泥质				夹砂				合计
	橙黄	灰	红	灰底黑彩	橙黄	灰	红	白	
素面	51	7	2		44			1	105
绳纹					33				33
篮纹	32	8			3		1		44
麻点纹					42				42
刻划纹					1				1
篮纹＋麻点纹							1		1
附加堆纹					1				1

圆腹罐　6件。

标本ⅢT2817②：1，夹砂红陶。侈口，圆唇，高领，束颈，颈部以下残。素面。口径19.6、残高6.2厘米（图3-136，6）。

标本ⅢT2817②：2，夹砂橙黄陶。侈口，圆唇，高领，束颈，颈部以下残。颈部饰横向篮纹。口径12.8、残高6厘米（图3-136，7）。

标本ⅢT2817②：8，夹砂橙黄陶。侈口，圆唇，矮领，束颈，上腹斜，下腹残。器表饰横向篮纹。口径10.8、残高5.8厘米（图3-136，8）。

标本ⅢT2817②：9，夹砂橙黄陶。侈口，圆唇，高领，束颈，上腹圆，下腹残。颈部饰横向篮纹，上腹饰麻点纹。口径14.4、残高10.2厘米（图3-136，9）。

标本ⅢT2817②：10，夹砂红陶。侈口，圆唇，高领，束颈，颈部以下残。口沿外侧饰一周折棱，颈部饰斜向篮纹。口径25.2、残高8.6厘米（图3-136，10）。

标本ⅢT2817②：6，夹砂橙黄陶。侈口，圆唇，上腹直，下腹残。素面。口径10.4、残高5厘米（图3-136，11）。

高领罐　3件。

标本ⅢT2817②：3，泥质红陶。喇叭口，圆唇，高领，束颈，颈部以下残。素面。口径18、残高3厘米（图3-136，12）。

标本ⅢT2817②：4，泥质橙黄陶。喇叭口，圆唇，高领，束颈，颈部以下残。颈部饰竖向篮纹。口径19.6、残高4.2厘米（图3-136，13）。

标本ⅢT2817②：7，泥质橙黄陶。喇叭口，圆唇，高领，束颈，颈部以下残。颈部饰横向篮纹。口径23.2、残高2.8厘米（图3-136，14）。

盆　1件。

标本ⅢT2817②：5，泥质橙黄陶。敞口，平沿，圆唇，上腹弧，下腹残。沿下有按压痕迹。口径27、残高2厘米（图3-136，15）。

（3）ⅢT2817③层

出土大量陶片，以腹部残片为主，可辨器形有圆腹罐、花边罐、单耳罐、双耳罐、高领罐、盆、壶、彩陶片（表3-434、435）。

表3-434　T2817③层器形数量统计表

陶质	泥质				夹砂				合计
器形＼陶色	红	橙黄	灰	褐	红	橙黄	灰	黑	
双耳罐						2			2
高领罐		4	1						5
单耳罐	1								1
花边罐						1			1
盆		1							1
圆腹罐	1					1			2
壶			1						

表3-435　T2817③层陶片统计表

陶质	泥质				夹砂				合计
纹饰＼陶色	橙黄	灰	红	灰底黑彩	橙黄	灰	红	褐	
素面	154	15	17		103				289
绳纹	5		6		45				56
篮纹	84		19		41				144
麻点纹					99				99
抹断绳纹	2		1						3
篮纹＋麻点纹					8				8
附加堆纹					3				3
附加堆纹＋麻点纹＋篮纹					2				2
戳印纹					1				1
压印纹	2								2
网格纹					5				5

圆腹罐　2件。

标本ⅢT2817③：10，夹砂橙黄陶。侈口，圆唇，高领，束颈，颈部以下残。颈部饰斜向篮纹。口径14.8、残高4.4厘米（图3-137，1）。

标本ⅢT2817③：11，泥质红陶。侈口，圆唇，高领，束颈，颈部以下残。素面。口径9.2、残高4厘米（图3-137，2）。

花边罐　1件。

标本ⅢT2817③：7，夹砂橙黄陶。侈口，方唇，高领，束颈，颈部以下残。颈部饰横向篮纹，篮纹之上饰一周附加泥条，泥条经手指按压呈波状。口径14、残高4.4厘米（图3-137，3）。

单耳罐　1件。

标本ⅢT2817③：5，泥质红陶。侈口，圆唇，矮领，束颈，鼓腹，底残。连口拱形单耳。腹部饰竖向刻划纹。残高5.4、残宽5.6厘米（图3-137，4）。

双耳罐　2件。

标本ⅢT2817③：1，夹砂橙黄陶。侈口，方唇，矮领，束颈，圆腹，底残。连口拱形双耳。

耳面饰三道附加泥条，泥条经手指按压呈波状，颈部素面，腹部饰交错刻划纹。口径12、残高9.8厘米（图3-137，5）。

标本ⅢT2817③：12，夹砂橙黄陶。侈口，圆唇，高领，束颈，颈部以下残。连口残耳，颈部饰横向篮纹。口径10.8、残高3.8厘米（图3-137，6）。

高领罐　5件。

标本ⅢT2817③：2，泥质橙黄陶。喇叭口，卷沿，圆唇，高领，束颈，颈部以下残。沿下饰斜向篮纹，颈部素面。口径14.4、残高6.8厘米（图3-137，7）。

标本ⅢT2817③：3，泥质橙黄陶。喇叭口，圆唇，高领，束颈，颈部以下残。沿下饰横向篮纹，颈部素面。残高6.4、残宽9厘米（图3-137，8）。

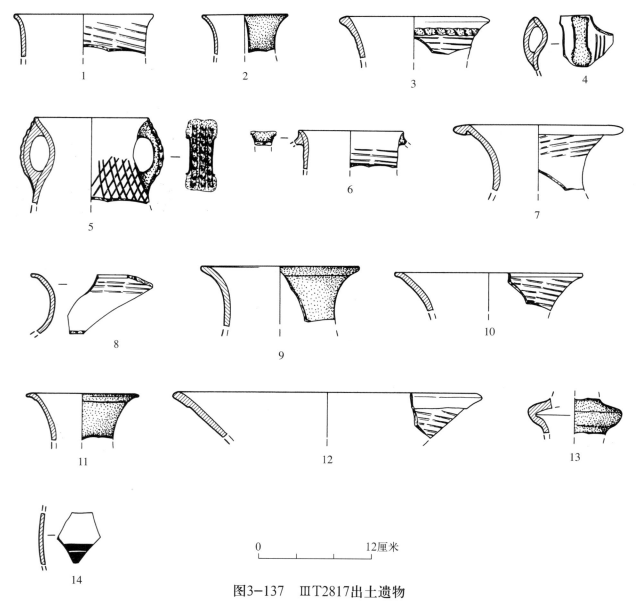

图3-137　ⅢT2817出土遗物

1、2.圆腹罐ⅢT2817③：10、11　3.花边罐ⅢT2817③：7　4.单耳罐ⅢT2817③：5　5、6.双耳罐ⅢT2817③：1、12　7～11.高领罐ⅢT2817③：2、3、6、9、13　12.盆ⅢT2817③：8　13.壶ⅢT2817③：14　14.彩陶片ⅢT2817③：4

标本ⅢT2817③:6，泥质橙黄陶。喇叭口，圆唇，高领，束颈，颈部以下残。口沿外侧有一周折棱，颈部素面。口径16.8、残高6.4厘米（图3-137，9）。

标本ⅢT2817③:9，泥质橙黄陶。喇叭口，圆唇，高领，束颈，颈部以下残。颈部饰斜向篮纹。口径20、残高4厘米（图3-137，10）。

标本ⅢT2817③:13，泥质褐陶。喇叭口，尖唇，高领，束颈，颈部以下残。口沿外侧有一周折棱，颈部素面。口径12、残高4.8厘米（图3-137，11）。

盆 1件。

标本ⅢT2817③:8，泥质橙黄陶。敞口，方唇，斜直腹，底残。口沿外侧有一周折棱，腹部饰斜向篮纹。口径31.2、残高4.8厘米（图3-137，12）。

壶 1件。

标本ⅢT2817③:14，泥质灰陶。残存近扁铃铛状，敛口，唇残，颈部残。素面。残高3.4、宽10厘米（图3-137，13）。

彩陶片 1件。

标本ⅢT2817③:4，泥质红陶。器表饰条带形黑彩。残高5.4、残宽4.6厘米（图3-137，14）。

（4）ⅢT2817④层

出土大量陶片，以腹部残片为主，可辨器形有圆腹罐、高领罐、盆（表3-436、447）。

表3-436 T2817④层器形数量统计表

器形 \ 陶质 陶色	泥质				夹砂				合计
	红	橙黄	灰	黑	红	橙黄	灰	黑	
圆腹罐					4	1			5
高领罐	2	1							3
盆	1	1							2

表3-437 T2817④层陶片统计表

纹饰 \ 陶质 陶色	泥质				夹砂				合计
	橙黄	灰	红	灰底黑彩	橙黄	灰	红	褐	
素面	69	5	7		32				113
绳纹	6		2		19				27
篮纹	45				5				50
麻点纹					64				64
篮纹+麻点纹					1				1
附加堆纹+篮纹					1				1
刻划纹					1				1

圆腹罐 5件。

标本ⅢT2817④:1，夹砂红陶。侈口，圆唇，高领，束颈，上腹斜弧，下腹残。器表饰横向篮纹。口径15.6、残高8.2厘米（图3-138，1）。

标本ⅢT2817④：2，夹砂红陶。侈口，圆唇，高领，束颈，上腹圆弧，下腹残。颈部饰横向篮纹，上腹饰斜向绳纹。口径17.6、残高9.2厘米（图3-138，2）。

标本ⅢT2817④：3，夹砂橙黄陶。侈口，圆唇，高领，束颈，颈部以下残。颈部饰横向篮纹。口径12.8、残高6厘米（图3-138，3）。

标本ⅢT2817④：4，夹砂红陶。侈口，圆唇，高领，束颈，颈部以下残。素面。口径14.8、残高5厘米（图3-138，4）。

标本ⅢT2817④：10，夹砂红陶。侈口，圆唇，高领，束颈，颈部以下残。上颈部饰横向篮纹，下颈部饰竖向绳纹。口径19.6、残高5.6厘米（图3-138，5）。

高领罐　3件。

标本ⅢT2817④：5，泥质红陶。喇叭口，圆唇，高领，束颈，颈部以下残。口沿外侧有一周折棱，颈部素面。口径21.6、残高3.6厘米（图3-138，6）。

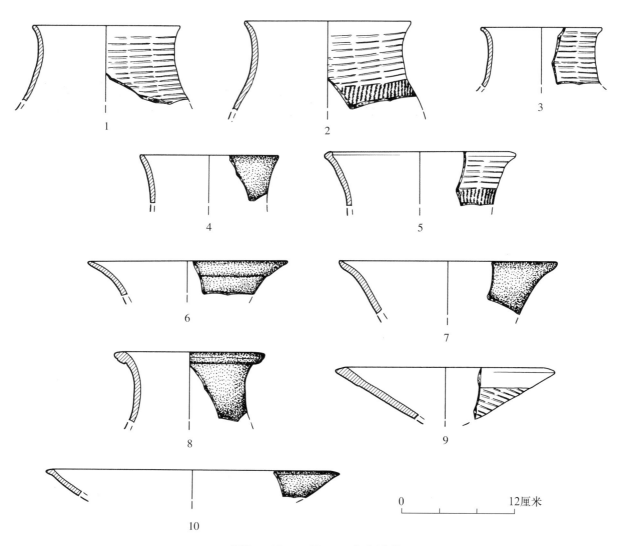

图3-138　ⅢT2817出土遗物

1～5.圆腹罐ⅢT2817④：1～4、10　6～8.高领罐ⅢT2817④：5、8、9　9、10.盆ⅢT2817④：6、7

标本ⅢT2817④：8，泥质橙黄陶。喇叭口，圆唇，高领，束颈，颈部以下残。素面。口径22.8、残高5.6厘米（图3-138，7）。

标本ⅢT2817④：9，泥质红陶。喇叭口，圆唇，高领，束颈，颈部以下残。唇下有一周凹槽，颈部素面。口径14.4、残高7.2厘米（图3-138，8）。

盆　2件。

标本ⅢT2817④：6，泥质红陶。敞口，方唇，斜弧腹，底残。口沿外侧有一周折棱，腹部饰斜向篮纹。口径21.2、残高5.4厘米（图3-138，9）。

标本ⅢT2817④：7，泥质橙黄陶。敞口，方唇，斜弧腹，底残。素面。口径29.6、残高2.8厘米（图3-138，10）。

73. ⅢT2915

ⅢT2915属于新石器时代地层有②～④层。

（1）ⅢT2915②层

出土少量陶片，以腹部残片为主，可辨器形有圆腹罐、大口罐、盆、尊、深腹盆等（表3-438、439）。

表3-438　T2915②层器形数量统计表

器形＼陶质＼陶色	泥质				夹砂				合计
	红	橙黄	灰	黑	红	橙黄	灰	黑	
圆腹罐		1				1			2
尊	1								1
大口罐		1							1
盆	1								1
深腹盆		1							1

表3-439　T2915②层陶片统计表

纹饰＼陶质＼陶色	泥质				夹砂				合计
	橙黄	灰	红	灰底黑彩	橙黄	灰	红	褐	
素面	24		1		8				33
篮纹	20		2		4				26
交错篮纹	5								5
刻划纹＋绳纹					1				1
篮纹＋绳纹						1			1
绳纹					9	2			11
麻点纹					22				22
交错绳纹	4								4
附加堆纹＋绳纹					1				1
篮纹＋麻点纹					1				1

圆腹罐　2件。

标本ⅢT2915②：1，夹砂橙黄陶。侈口，方唇，矮领，束颈，颈部以下残。唇面有一道凹槽，颈部素面。口径15、残高5厘米（图3-139，1）。

标本ⅢT2915②：6，泥质橙黄陶。侈口，圆唇，上腹直，下腹残。腹部饰竖向篮纹。口径15.2、残高6.4厘米（图3-139，2）。

大口罐　1件。

标本ⅢT2915②：3，泥质橙黄陶。微侈口，圆唇，上腹直，下腹残。素面，器表泥条盘筑痕迹明显。口径25.2、残高3.6厘米（图3-139，3）。

盆　1件。

标本ⅢT2915②：4，泥质红陶。敞口，平沿，圆唇，上腹斜弧，下腹残。腹部饰斜向篮纹。口径24.8、残高3厘米（图3-139，4）。

深腹盆　1件。

标本ⅢT2915②：5，泥质橙黄陶。敞口，方唇，上腹斜直，下腹残。唇面有一道凹槽，腹部

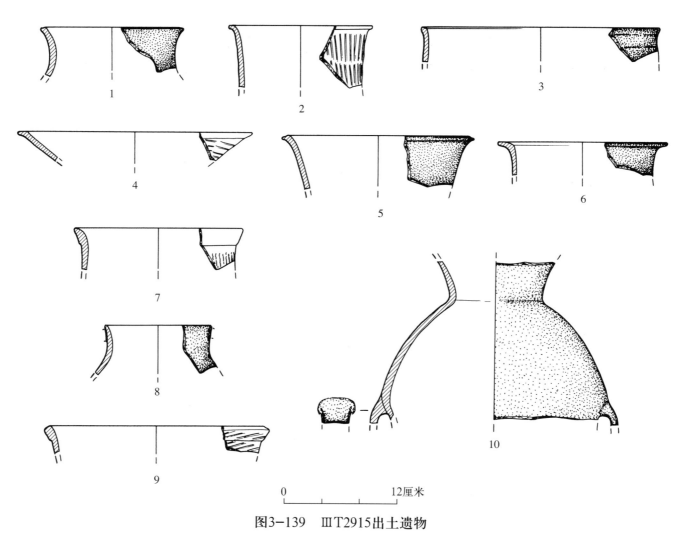

图3-139　ⅢT2915出土遗物

1、2、7.圆腹罐ⅢT2915②：1、6、ⅢT2915③：3　3.大口罐ⅢT2915②：3　4、9.盆ⅢT2915②：4、ⅢT2915③：2　5.深腹盆
ⅢT2915②：5　6.尊ⅢT2915②：2　8.双耳罐ⅢT2915③：4　10.双耳壶ⅢT2915③：1

素面。口径 19.2、残高 5.8 厘米（图 3-139，5）。

尊 1 件。

标本Ⅲ T2915②：2，泥质红陶。敞口，折沿，圆唇，高领，束颈，颈部以下残。素面。口径 18、残高 3.6 厘米（图 3-139，6）。

（2）Ⅲ T2915③层

出土少量陶片，以腹部残片为主，可辨器形有圆腹罐、双耳罐、盆、双耳壶（表 3-440、441）。

表3-440 T2915③层器形数量统计表

器形＼陶色	泥质				夹砂				合计
	红	橙黄	灰	黑	红	橙黄	灰	黑	
双耳壶		1							1
盆		1							1
圆腹罐					1				1
双耳罐		1							1

表3-441 T2915③层陶片统计表

纹饰＼陶色	泥质				夹砂				合计
	橙黄	灰	红	灰底黑彩	橙黄	灰	红	褐	
素面	3				3				6
绳纹	1				3	1			5
篮纹	10	2			4	1			17
麻点纹					4				4
网格纹					1				1
篮纹＋麻点纹	1								1

圆腹罐 1 件。

标本Ⅲ T2915③：3，夹砂红陶。侈口，尖唇，高领，束颈，颈部以下残。口沿外侧有一周折棱，颈部饰竖向绳纹。口径 18、残高 4.4 厘米（图 3-139，7）。

双耳罐 1 件。

标本Ⅲ T2915③：4，泥质橙黄陶。侈口，尖唇，矮领，束颈，上腹斜弧，下腹残，耳部已脱落。素面。口径 11.2、残高 4.8 厘米（图 3-139，8）。

盆 1 件。

标本Ⅲ T2915③：2，泥质橙黄陶。敞口，方唇，口沿以下残。口沿外侧有一周折棱，器表饰斜向篮纹。口径 22.4、残高 2.8 厘米（图 3-139，9）。

双耳壶 1 件。

标本Ⅲ T2915③：1，泥质橙黄陶。口部残，高领，束颈，上腹圆，下腹残。腹部有残耳，素面。残高 16.8、残宽 26.2 厘米（图 3-139，10）。

（3）ⅢT2915④层

出土少量陶片，以陶器腹部残片为主，无可辨器形标本，所以不具体介绍，只进行陶系统计（表3-442）。

表3-442　T2915④层陶片统计表

纹饰 ＼ 陶色 ＼ 陶质	泥质				夹砂				合计
	橙黄	灰	红	灰底黑彩	橙黄	灰	红	褐	
素面	12	1	3		3				19
绳纹					6				6
篮纹	17				4				21
麻点纹					23				23
篮纹＋麻点纹					2				2

74. ⅢT2916

ⅢT2916属于齐家文化的地层有②、④、⑤层。

（1）ⅢT2916②层

出土少量陶片，以腹部残片为主，可辨器形有圆腹罐、单耳罐、双耳罐、高领罐、盆（表3-443、444）。

表3-443　T2916②层器形数量统计表

器形 ＼ 陶色 ＼ 陶质	泥质				夹砂				合计
	红	橙黄	灰	褐	红	橙黄	灰	黑	
圆腹罐					2	2			4
双耳罐							1		1
单耳罐	1	1				2			4
盆				1					1
高领罐		1							1

表3-444　T2916②层陶片统计表

纹饰 ＼ 陶色 ＼ 陶质	泥质				夹砂				合计
	橙黄	灰	红	灰底黑彩	橙黄	灰	红	褐	
素面	30	7	6		25				68
绳纹	6				8				14
篮纹	40	3	10		15				68
麻点纹					39				39
网格纹					1				1
篮纹＋麻点纹					4				4
附加堆纹＋篮纹＋麻点纹					1				1

续表

纹饰 \ 陶质 陶色	泥质				夹砂				合计
	橙黄	灰	红	灰底黑彩	橙黄	灰	红	褐	
附加堆纹 + 麻点纹					1				1
戳印纹	1								1
压印纹	2								2
篮纹 + 绳纹	1				1				2

圆腹罐　4 件。

标本ⅢT2916②：1，夹砂橙黄陶。侈口，圆唇，高领，束颈，颈部以下残。素面。口径 20、残高 6.4 厘米（图 3-140，1）。

标本ⅢT2916②：2，夹砂红陶。侈口，圆唇，高领，束颈，颈部以下残。素面。口径 16、残高 7.4 厘米（图 3-140，2）。

标本ⅢT2916②：3，夹砂橙黄陶。侈口，圆唇，矮领，束颈，上腹斜，下腹残。颈部饰横向篮纹，上腹饰绳纹。口径 20、残高 5.8 厘米（图 3-140，3）。

标本ⅢT2916②：4，夹砂红陶。侈口，圆唇，束颈。颈部饰斜向篮纹。口径 29.4、残高 3.6 厘米（图 3-140，4）。

单耳罐　4 件。

标本ⅢT2916②：6，夹砂橙黄陶。侈口，方唇，口沿以下残。连口残耳，耳上端饰戳印纹。残高 3、残宽 6.8 厘米（图 3-140，5）。

标本ⅢT2916②：9，泥质橙黄陶。侈口，圆唇，口沿以下残。耳残，素面。残高 6、残宽 7.4 厘米（图 3-140，6）。

标本ⅢT2916②：10，夹砂橙黄陶。侈口，圆唇，高领，束颈，上腹圆，下腹残。连口拱形单耳。耳面及上腹饰麻点纹，颈部饰横向篮纹，上腹麻点纹之上饰一周附加泥条，泥条经手指按压呈波状。残高 10、残宽 10.8 厘米（图 3-140，7）。

标本ⅢT2916②：11，泥质红陶。侈口，圆唇，高领，束颈，上腹圆，下腹残。拱形单耳，素面。残高 7.2、残宽 9 厘米（图 3-140，8）。

双耳罐　1 件。

标本ⅢT2916②：5，夹砂灰陶。侈口，圆唇，高领，束颈，上腹斜弧，下腹残。连口残耳，器表饰横向篮纹。口径 12、残高 6 厘米（图 3-140，9）。

高领罐　1 件。

标本ⅢT2916②：8，泥质橙黄陶。喇叭口，圆唇，颈部残，沿下有一周折棱。口径 17.6、残高 3 厘米（图 3-140，10）。

盆　1 件。

标本ⅢT2916②：7，泥质褐陶。敞口，微卷沿，尖唇，上腹斜直，下腹残。上腹饰斜向篮纹。口径 20.8、残高 2.2 厘米（图 3-140，11）。

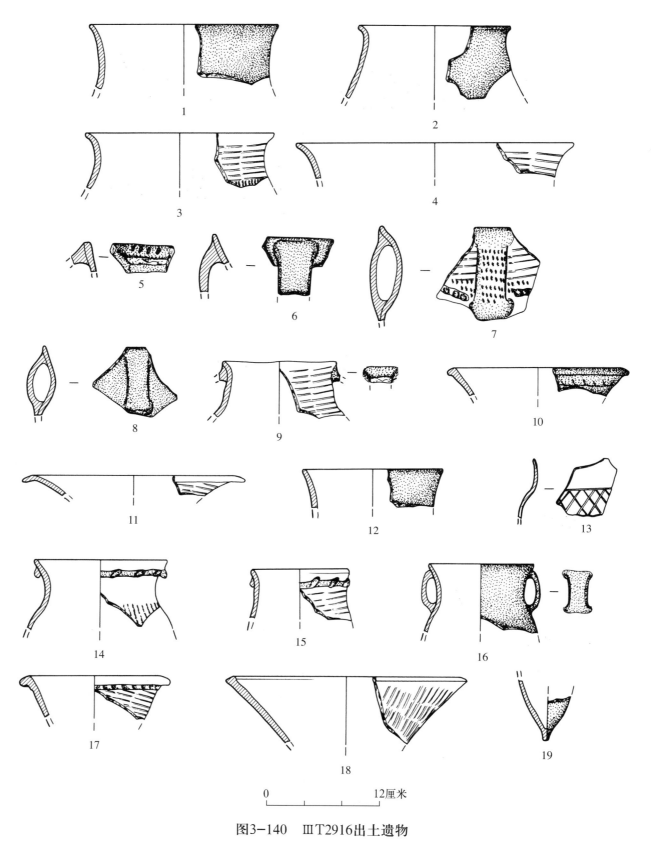

图3-140　ⅢT2916出土遗物

1～4、12、13.圆腹罐ⅢT2916②：1～4、ⅢT2916④：4、6　5～8.单耳罐ⅢT2916②：6、9～11　9、16.双耳罐ⅢT2916②：5、ⅢT2916④：2　10.高领罐ⅢT2916②：8　11、17、18.盆ⅢT2916②：7、ⅢT2916④：5、7　14、15.花边罐ⅢT2916④：1、3　19.罕ⅢT2916④：8

（2）ⅢT2916④层

出土少量陶片，以腹部残片为主，可辨器形有圆腹罐、花边罐、双耳罐、盆、斝（表3-445、446）。

表3-445 T2916④层器形数量统计表

器形	陶质	泥质				夹砂				合计
	陶色	红	橙黄	灰	褐	红	橙黄	灰	黑	
花边罐							2			2
双耳罐		1								1
圆腹罐			1			1				2
盆			1	1						2
斝								1		1

表3-446 T2916④层陶片统计表

纹饰	陶质	泥质				夹砂				合计
	陶色	橙黄	灰	红	灰底黑彩	橙黄	灰	红	褐	
素面		54	4	4		25				87
绳纹		3	1			20		2		26
篮纹		27	1	6		3				37
麻点纹						25				25
戳印纹								1		1
篮纹＋麻点纹						1				1
附加堆纹						1				1
刻划纹		3						1		4

圆腹罐 2件。

标本ⅢT2916④：4，夹砂红陶。侈口，圆唇，矮领，束颈，颈部以下残。素面。口径15、残高4厘米（图3-140，12）。

标本ⅢT2916④：6，泥质橙黄陶。侈口，圆唇，矮领，束颈，上腹圆，下腹残。颈部素面，上腹饰交错刻划纹。残高6、残宽6厘米（图3-140，13）。

花边罐 2件。

标本ⅢT2916④：1，夹砂橙黄陶。侈口，圆唇，矮领，束颈，上腹圆，下腹残。口沿外侧饰一周附加泥条，泥条经手指按压呈波状，颈部素面，上腹饰竖向绳纹。口径14、残高7厘米（图3-140，14）。

标本ⅢT2916④：3，夹砂橙黄陶。侈口，圆唇，矮领，束颈，上腹斜弧，下腹残。口沿外侧饰一周附加泥条，泥条经手指按压呈波状，颈、腹部饰横向篮纹。口径10、残高5.2厘米（图3-140，15）。

双耳罐 1件。

标本ⅢT2916④：2，泥质红陶。侈口，圆唇，高领，束颈，上腹圆，下腹残。拱形双耳，素面。口径 11.2、残高 7 厘米（图 3-140，16）。

盆 2 件。

标本 III T2916④：5，泥质褐陶。敞口，卷沿，圆唇，上腹斜弧，下腹残。沿下有一周折棱，腹部饰斜向篮纹。口径 14、残高 4.2 厘米（图 3-140，17）。

标本 III T2916④：7，泥质橙黄陶。敞口，方唇，斜直腹，底残。腹部饰斜向篮纹。口径 23.6、残高 6.8 厘米（图 3-140，18）。

鬶 1 件。

标本 III T2916④：8，夹砂橙黄陶。仅存鬶足部分，牛角状空心足。素面。残高 6、残宽 5.2 厘米（图 3-140，19）。

（3）III T2916⑤层

出土少量陶片，以腹部残片为主，可辨器形有圆腹罐、盆（表 3-447、448）。

表3-447 T2916⑤层器形数量统计表

器形 \ 陶色	泥质				夹砂				合计
陶质	红	橙黄	灰	褐	红	橙黄	灰	黑	
盆	1	1		1					3
圆腹罐						1			1

表3-448 T2916⑤层陶片统计表

纹饰 \ 陶色	泥质				夹砂				合计
陶质	橙黄	灰	红	灰底黑彩	橙黄	灰	红	褐	
素面	17		4		20				41
绳纹					10				10
篮纹	13		3		3				19
麻点纹					18				18
戳印纹	1								1

圆腹罐 1 件。

标本 III T2916⑤：2，夹砂橙黄陶。侈口，圆唇，高领，束颈，上腹圆弧，下腹残。颈部饰横向篮纹，上腹饰竖向绳纹。口径 15.6、残高 7 厘米（图 3-141，1）。

盆 3 件。

标本 III T2916⑤：1，泥质褐陶。敞口，卷沿，圆唇，斜弧腹，底残。素面。口径 19.2、残高 2.6 厘米（图 3-141，2）。

标本 III T2916⑤：3，泥质红陶。敞口，方唇，斜直腹，底残。腹部饰斜向篮纹。口径 25.2、残高 6.8 厘米（图 3-141，3）。

标本 III T2916⑤：4，泥质橙黄陶。敞口，方唇，斜弧腹，底残。口沿外侧有一周折棱，器表饰斜向篮纹。口径 32、残高 6.8 厘米（图 3-141，4）。

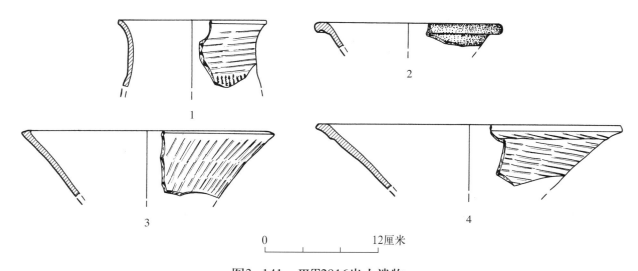

图3-141　ⅢT2916出土遗物

1.圆腹罐ⅢT2916⑤：2　2～4.盆ⅢT2916⑤：1、3、4

75. ⅢT2917

ⅢT2917属于新石器时代地层有①～③层。

（1）ⅢT2917①层

出土少量陶片，以陶器腹部残片为主，无可辨器形标本，所以不具体介绍，只进行陶系统计（表3-449）。

表3-449　T2917①层陶片统计表

纹饰＼陶质陶色	泥质				夹砂				合计
	橙黄	灰	红	灰底黑彩	橙黄	灰	红	褐	
素面	12		1		4	2			19
绳纹					10				10
篮纹	12				7				19
麻点纹					13				13
交错绳纹					2				2

（2）ⅢT2917②层

出土少量陶片，以腹部残片为主，可辨器形有圆腹罐、花边罐、盆、豆（表3-450、451）。

表3-450　T2917②层器形数量统计表

器形＼陶质陶色	泥质				夹砂				合计
	红	橙黄	灰	黑	红	橙黄	灰	黑	
圆腹罐					1	1			2
花边罐					1	1			2
豆盘	1								1
盆		1							1

表3-451　T2917②层陶片统计表

纹饰 ＼ 陶质 陶色	泥质				夹砂				合计
	橙黄	灰	红	灰底黑彩	橙黄	灰	红	褐	
素面	35				18				53
绳纹		3			10				13
篮纹	20		6		7				33
麻点纹					23				23
刻槽纹		1							1
刻划纹			1		1				2
交错绳纹	3								3
附加堆纹					2				2
篮纹＋绳纹					2				2

圆腹罐　2件。

标本ⅢT2917②：1，夹砂红陶。侈口，圆唇，高领，束颈，颈部以下残。颈部饰横向篮纹。口径14、残高4厘米（图3-142，1）。

标本ⅢT2917②：2，夹砂橙黄陶。侈口，圆唇，矮领，束颈，颈部以下残。颈部有两道刻划纹。口径14.4、残高5厘米（图3-142，2）。

花边罐　2件。

标本ⅢT2917②：3，夹砂橙黄陶。侈口，圆唇，矮领，束颈，颈部以下残。颈部饰一周附加泥条，泥条之上饰斜向戳印纹。口径14、残高5厘米（图3-142，3）。

标本ⅢT2917②：4，夹砂红陶。侈口，方唇，矮领，束颈，上腹圆弧，下腹残。口沿外侧饰一周附加泥条，泥条之上饰戳印纹，颈部素面，上腹饰竖向绳纹。口径10.8、残高5.6厘米（图3-142，4）。

盆　1件。

标本ⅢT2917②：6，泥质橙黄陶。敞口，圆唇，斜弧腹，底残。口沿外侧有一周折棱，腹部饰斜向篮纹。口径24、残高6.8厘米（图3-142，5）。

豆　1件。

标本ⅢT2917②：5，泥质红陶。仅存豆盘部分，敞口，方唇，上腹斜直，下腹残。唇面有三道凹槽，上腹素面。口径18、残高1.5厘米（图3-142，6）。

（3）ⅢT2917③层

出土少量陶片，以腹部残片为主，可辨器形有圆腹罐、花边罐、陶杯（表3-452、453）。

圆腹罐　2件。

标本ⅢT2917③：2，夹砂橙黄陶。侈口，圆唇，高领，束颈，颈部以下残。素面。口径20、残高5.2厘米（图3-142，7）。

标本ⅢT2917③：3，夹砂橙黄陶。侈口，圆唇，矮领，束颈，颈部以下残。颈部饰竖向绳纹。口径13.6、残高4.8厘米（图3-142，8）。

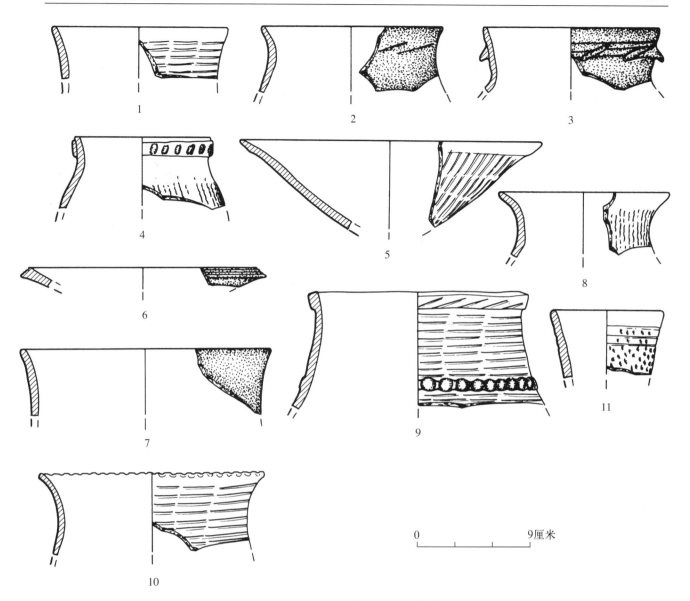

图3-142　ⅢT2917出土遗物

1、2、7、8.圆腹罐ⅢT2917②：1、2、ⅢT2917③：2、3　3、4、9、10.花边罐ⅢT2917②：3、4、ⅢT2917③：1、5　5.盆
ⅢT2917②：6　6.豆ⅢT2917②：5　11.陶杯ⅢT2917③：4

表3-452　T2917③层器形数量统计表

器形 ＼ 陶色 陶质	泥质				夹砂				合计
	红	橙黄	灰	黑	红	橙黄	灰	黑	
圆腹罐						2			2
陶杯	1								1
花边罐						2			2

花边罐　2件。

标本ⅢT2917③：1，夹砂橙黄陶。侈口，方唇，高领，束颈，上腹斜，下腹残。口沿外侧有
一周折棱，折棱之上饰斜向篮纹，颈与上腹饰横向篮纹，篮纹之上饰一周附加泥条，泥条经手指

按压呈波状。口径 16、残高 9 厘米（图 3-142，9）。

标本ⅢT2917③：5，夹砂橙黄陶。侈口，锯齿唇，高领，束颈，颈部以下残。颈部饰横向篮纹。口径 18、残高 6.2 厘米（图 3-142，10）。

表3-453　T2917③层陶片统计表

纹饰 \ 陶质 陶色	泥质				夹砂				合计
	橙黄	灰	红	灰底黑彩	橙黄	灰	红	褐	
素面	5		3		4				12
绳纹			2						2
篮纹	4		3						7
麻点纹					6				6
交错篮纹		1							1

陶杯　1件。

标本ⅢT2917③：4，泥质红陶。敞口，圆唇，斜直腹，底残。腹部饰麻点纹，上腹有一周刻划纹。口径 8.6、残高 5.2 厘米（图 3-142，11）。